蔡东藩中华史

五代

现代白话版

蔡东藩◎著　闻幼◎译释

北京联合出版公司
Beijing United Publishing Co.,Ltd.

序言

　　一批年轻的文化人，为了让更多读者体会蔡东藩《中国历朝通俗演义》的魅力，经过艰苦努力，以专业的精神和严谨的态度，将蔡著的"旧白话"——这种"白话"今天已经不大读得懂了——重新译为今人能够轻松理解的当代白话。毫无疑问，这是让蔡著得到传承的最好方式。他们的工作"活化"了蔡著，既是对于原著的一次致敬，也是一种新的可能性的展开。翻译整理后的作品，为普通读者提供了方便，无论任何人，都可以轻松地进入中国历史的深处。

　　蔡东藩的《中国历朝通俗演义》是一部让我印象深刻的书，少年时代曾经激起过我的强烈兴趣。那是二十世纪七十年代中期，可以读的书少得可怜，但一个少年求知的兴致是极高的，阅读的兴趣极强，加上当时的课业没有什么压力，因此可以读现在的青少年未必有时间去读的"杂书"。当时中华书局出版的蔡东藩的《民国通俗演义》就是让我爱不释手的"杂书"，它把民国时期纷乱的历史讲得有条有理，还饶有兴味。虽然一些大段引用当时文件的部分比较枯燥，看的时候跳过了，但这部书还是深深吸引了我。后来就要求母亲将《中国历朝通俗演义》都借来看。通过这部书，我对历史产生了兴趣。历史的复杂、深刻，实在超出一个少年人的想象，看到那些征战杀伐、宫闱纷争之中人性的难测，确实感到真正的历史与那种黑白分明的历史观大不相同。当时，我们的历史知识都是从"儒法斗争"的框架里来的，历史在那个框架里是那么单纯、苍白；而蔡东藩所给予我的，却是一个丰富和芜杂得多的历史。在这部书里，王朝的治乱兴衰，人生的枯荣沉浮，都让人感慨万千，不得不去思考在渺远的时间深处的人的命运。可以说，我对于中国历史的真正了解，就是从这部历史演义开始的。

　　三十多年前的印象一直延续到今天。不得不承认，这部从秦朝一直叙述到民国的煌煌巨著，确实是了解中国历史的最佳读本。这是一部难得的线索清楚、故事完整、细节生动的作品。它以通俗小说"演义"历史，以历史知识"丰富"通俗小说，既可信又可读。

蔡东藩一生穷愁潦倒，他的经历是一个普通中国人的经历，他对于历史的描述是从普通人的视角出发的。他不是一个鲁迅式的启蒙者，但他无疑具有一种另类的现代性，一种与五四新文学不同的表达策略。蔡东藩并不高调激越，他的现代性不是启蒙性的，不是高高在上的"我启你蒙"，而是讲述历史，延续传统。他的作品具有现代的想象力，表现了现代市民文化的价值观。

在《清史通俗演义》结尾，蔡东藩对于自己做了一番评价，足以表现一个落寞文人的自信："录一代之兴亡，作后人之借鉴，是固可与列代史策，并传不朽云。"他自信自己的这部著作，足以与司马迁以来的史学名著"并传不朽"。

蔡著的不可替代之处，不仅在于他准确地挑出了历史的大线索，更重要之处在于，他关注了历史深处的人的命运。有些历史叙述者，过于追求所谓"历史理性"，结果常常忘记历史是鲜活生命的延展。在这些人笔下，历史变成了一种刻板和单调的表达。而蔡著不同，他的历史有血液、有温度，是可以触摸的。他的历史是关于人性的故事。

从蔡著中，我们可以感受到活的历史，体验到个人命运与国家、文化之间密不可分的关联。冯友兰先生在《西南联大纪念碑》的碑文中这样阐释中国文明的命运："我国家以世界之古国，居东亚之天府，本应绍汉唐之遗烈，作并世之先进。将来建国完成，必于世界历史，居独特之地位。盖并世列强，虽新而不古；希腊罗马，有古而无今。惟我国家，亘古亘今，亦新亦旧，斯所谓'周虽旧邦，其命维新'者也。"今天，中国文化所具有的历史连续性和不断更新的魅力正在焕发光芒，冯先生对于中国未来的期许正在成为现实。

在这样的时机，蔡著《中国历朝通俗演义》的新译，就更显其价值。我们期望读者能够从中获得阅读的乐趣，并从历史中得到启示，走向更好的未来。

让我们和读者一起进入这个丰富的世界。

是为序。

张颐武

张颐武：著名评论家、学者，北京大学中文系教授，博士生导师。

目　录

燕雀安知鸿鹄之志

五代史上的第一个朝代是后梁，后梁的第一个皇帝是大盗朱阿三。朱阿三出生在宋州砀山午沟，父亲叫朱诚，读过一些书，在乡里做老师；母亲王氏先后生了三个孩子，大儿子叫朱全昱，二儿子叫朱存，小儿子叫朱温。朱温排行第三，小名就叫朱阿三。据说，朱温出生的时候，屋顶上红光闪闪，把天都照红了。乡亲们大吃一惊，以为朱家着火了，纷纷提着水桶跑去救火。可是，到了朱家门外，却没看见什么火光，只听见婴儿的哭声。乡亲们更加疑惑，后来才知道，朱家新生了一个孩子。大家都认为这个婴儿不是寻常人物，将来必定会有一番作为。

朱温三五岁时，并没有什么奇特的地方，只喜欢弄棒使棍，与邻居家的孩子们吵闹。二哥朱存跟他一样，也是个淘气的孩子。父母多次训斥他们，二人都不肯改。只有长兄朱全昱，生性忠厚，温文尔雅，很像他们的父亲。朱诚曾对别人说："我这一辈子熟读五经，就靠教书糊口。生的三个孩子，只有全昱像我，存和温都很淘气，不知道他们长大了会怎样！"

三个孩子逐渐长大，饭量也越来越大。朱诚教书挣的钱不够养家，因此抑郁成疾，最终病逝。朱诚死后，家里连丧葬费都凑不起来，幸亏亲戚邻里帮助，才得以将他草草埋葬。但是，一个母亲抚养三个儿子，要生存下去也非常困难。不得已，母子四人投奔萧县，在富人刘崇家里做帮佣。朱全昱很勤劳，但是体力不够；朱存和朱温力气很大，但是一个粗心大意，一个狡猾懒惰。

刘崇曾经斥责朱温："朱阿三，你整天吹牛皮，说自己无所不能，其实你只不过是个窝囊废！你在我家做佣人，哪块田是你耕的，哪个园是你浇的？"朱温答道："你们这些粗俗的人只知道种地，哪里懂得好男儿的雄心壮志？难道我会一辈子给别人种地吗？"刘崇见他出言顶撞，禁不住怒气冲天，顺手抓起一根棍子就向他扑过去。朱温一把夺过棍子，折成了两段。刘崇更加恼火，四处找更大的棍子。刘崇的母亲看见了，问刘崇是怎么回事。刘崇嘴里嚷着："一定要打死朱阿三！"刘母慌忙阻止说："打不得！打不得！你不要小看朱阿三，他将来可是了不得。"原来，朱温刚到刘崇家时，晚上睡觉，他的屋里忽然发出一阵响声。刘母被惊醒了，起来一看，朱温的床上竟然有一条赤蛇，鳞甲森森，光芒闪闪，吓得她毛发都竖了起来，禁不住大叫一声。朱温被惊醒后，那条赤蛇就消失了。此后，刘母便知道朱温不是寻常人，所以对他格外好，还常常告诫家里人不要欺负朱温。刘崇的家人都半信半疑，有的甚至笑话刘母老糊涂了。刘崇很孝顺，母亲不允许他责骂朱温，他也只好作罢。朱温因此又能在刘家安居，但是他整天无所事事，长到二十岁，还是经常闯祸。

一天，朱温偷走了刘崇家的饭锅，刘崇要惩罚朱温，又多亏刘母出来庇护。刘母告诫朱温："你已经成年了，不应该再这样顽皮。你不想种地，那你准备做什么呢？"朱温回答说："我喜欢骑射，不如给我一副弓箭，我去打些野味来吧。"刘母答应了。从此，朱温天天出去打猎，每次都是满载而归。朱存看了心里痒痒，也向刘崇要了一副弓箭，跟着朱温一道出去打猎。两个人的日子过得逍遥自在。

一天，春光明媚、艳阳高照，他们来到宋州郊外。朱温正陶醉在美景之中，忽然看见几百名士兵，护拥着两辆香车走过。他不由自主地尾随两辆香车，朱存也随他一块儿跟去。他们来到山脚下，看见绿树掩映下一个大禅园慢慢地显露出来。两辆香车已经停住，婢女们扶出两个人。一个是半老妇人，举止大方，很有官宦人家的气派；一个是年轻闺秀，年龄不过十七八岁，容貌秀雅，眉宇间更露出一种英气。朱温猜测，这应该是母女二人入寺烧香。等她们进殿之后，朱温也大胆地跟了进去。她们拜过如来，参过罗汉，由主客僧引着走向客堂。朱温三步并作两步，走到女子前面仔细端详，不禁被她的美貌深深吸引住了。母女二人在客室里休息了一会儿，就由仆人们伺候着出了寺门，上车走了。

朱温去询问主客僧，才知道那年长的是宋州刺史张蕤的妻子，年轻的是张蕤的女儿。朱温惊诧地问："真的是张蕤吗？他原来是砀山的富人，和我是同乡。他现在做了宋州刺史？"主客僧答道："听说他快要卸任了。"

回去的路上，朱温问朱存："二哥，父亲曾给我们讲过汉朝光武帝的故事，你还记得吗？"朱存满脸疑惑地看着他。朱温接着说："光武帝还没做皇帝时，曾经感叹道，做官就要做执金吾那样的官，娶妻要就娶阴丽华那样的女子。后来他果然如愿。今天看到张蕤的女儿，我想当日的阴丽华也不过如此吧！你说我能像光武帝那样吗？"朱存嘲笑他癞蛤蟆想吃天鹅肉。朱温愤然说道："时势造英雄！想当年刘秀有什么官爵，有什么财产？后来还不是平地升天，做了皇帝，娶了阴丽华？你怎么就知道我不能做到那一步呢？"朱存又笑道："你真是够痴的！我们寄人篱下，能吃饱穿暖就不错了，还想什么娇妻美妾、做皇帝？怎么你也得靠谱一点儿，什么都没有能成大事吗？"朱温直截了当地说："不是投军，就是为盗。现如今唐王朝已经变乱，兵戈四起，前一阵子听说王仙芝在濮州起义，最近又听说黄巢在曹州起义。像你我这样的勇士，如果跟着他们去做个大盗，抢些美女钱财，是很容易的事。何必在这里瞎混，埋没英雄！"

一席话把朱存给说动了，二人商定后，便回去向母亲辞别，只是说要外出谋生。朱母放心不下，却又劝阻不住。朱全昱听说两个弟弟要出远门，就来询问他们要去哪里。二人回答说："现在还说不准。哥哥如果要去，就和我们一起去；要不去，就留在这儿陪着母亲也好。"朱全昱是个安分守己的人，说要留下来侍奉母亲。朱温很感激刘母一直以来对自己的照顾，就去向她道别。刘母叮嘱一番后，就让他们去了。

当时是唐僖宗乾符四年，黄巢占据了曹州，四处抢掠，横行山东。郓州、沂州一带，也逐渐被黄巢的军队占领。各地的亡命之徒，纷纷跑来投奔黄巢。朱温兄弟二人也投奔了黄巢。二人表现很好，不久就被提拔为队长。朱存趁势掠夺妇女，而朱温心里却惦记着张女，仍然是贼党中的光棍儿。

过了一年多，朱温在军中多次立功，因此做了亲军头目。于是，他怂恿黄巢去攻打宋州。黄巢便派他率领数千名士兵，去围攻宋州城。哪知宋州刺史张蕤早已离任，继任的守吏还有些能耐，宋州城久攻不下。朱温大失所望，又听说对方的援兵快到了，就率领士兵撤回。

后来，黄巢率众南下，朱存跟随黄巢南行，朱温则留守山东。黄巢转战浙闽一带，随后又进入广南。南方瘟疫盛行，黄巢损失了很多部下，加上官军四面围攻，险些陷入死路。黄巢于是改变计划，决定北归，从桂州渡江，沿湘江而下。途中免不了会与官军相遇，大大小小数十战，互有杀伤，朱存战死。黄巢从湘南渡过长江，沿着淮河西行，召集留守山东的贼众，合力西攻，占领洛阳。进入潼关后，竟攻陷了长安。唐僖宗逃往兴元，黄巢号称大齐皇帝，改元金统，命朱温在东渭桥屯兵，以防御官军。后来又令朱温为东南面行营先锋，攻打南阳。朱温返回长安时，黄巢亲自来到灞上，迎接并慰劳朱温。

没过多久，黄巢又派朱温迎战邠、岐、鄜、夏各路官军，到处扬威。后来黄巢又打算向东扩张，任命朱温为同州防御使。朱温从丹州出兵，攻入左冯翊，后来攻陷同州。这时候的唐室江山，一大半已经被黄巢占领，中原一带已经破败不堪，民间村落大都成了瓦砾场。百姓死的死，伤的伤，最可怜的是青年妇女，被贼众掠取，作为行乐的玩物，任意糟蹋，不顾她们的死活。

朱温在短短的几年中，多次被黄巢提拔，东征西战，平时掠得的美女成百上千。朱温一向好色，但是因为心里一直惦记着张女，即便身边美女不断，他心中仍觉得不满足。他认为这些女子味同嚼蜡，没什么可取的。今日受用，明日就舍去，不给她们名分。也许是老天有意成人之美，他的心上人也流落到了同州，被他的部下掠取，献到座前，匍伏于案下。朱温定神一瞧，这不正是心中念念不忘的好女子吗？虽然她头发散乱，衣服粗陋，但仍然倾国倾城。朱温问道："你是前宋州刺史的女儿吗？"女子低声称是。朱温连声道："请起！请起！姑娘是我同乡，遭遇兵祸，想必是受惊不小！"

张女含羞道谢，起身站在一旁。朱温问及她的父母亲族，张女答道："父亲已经过世，母亲也失散了，我跟着一群乡民，流离到这儿，幸好遇到将军，顾念乡谊，才得以保全。"朱温拍掌道："自从宋州郊外看见姑娘后，我就已经倾心。近年来东奔西走，时常打探你的消息，可是毫无音信。我已私下立誓，如果不能娶到你，情愿终身不娶，所以到现在我都还没娶妻。天助我也，能再见到你，真是三生有幸啊！"

张女听后，不禁两颊泛红，低头不语。朱温随即召唤婢仆带张女到别室，然后择日成婚。到了良辰吉日，朱温穿着官服，张女珠围翠绕，打扮得天仙一般，与朱温站在一起，行过了交拜礼，然后洞房花烛，曲尽绸缪。

朱阿三痛别娇妻

唐僖宗往西逃到兴元，转入蜀中，号召各镇将士跟他一起合力讨贼，收复长安。河中节度使王重荣本来已经投靠黄巢，因黄巢多次派遣他，他不胜烦扰，于是决定反叛。随即驱逐杀害黄巢军，并联合四方镇帅，决计复兴唐室。黄巢得知消息，立即命朱温出兵河中。当时朱温正新婚宴尔，不愿出师，但为命令所迫，只好备了粮草，带了人马，向河中进发。途中与河中兵相遇，交战一场，朱温的军队被河中兵杀得一败涂地，丧失粮草四十余船。幸亏朱温逃得快，才侥幸保全了性命。

王重荣进兵渭北，与朱温相持。朱温自知力不能敌，急忙派人去长安请求援助，黄巢却不肯发兵。朱温又接连呈表请求，前后有十次之多。起初黄巢不答一词，后来却严词驳责，说朱温手握强兵，不肯效力。朱温十分恼怒，等探明究竟，才知道是中尉孟楷暗中进谗，才弄成这样的局面。幕下宾客谢瞳，进来献计说："黄巢起自草莽，乘唐朝衰乱，伺隙入关，并非是因为功德过人而称王天下。这江山得来容易，败亡起来必定也很快。如今唐天子在蜀地，诸镇兵马都愿为唐天子效命，云集影从，共谋复兴，可见唐朝虽衰，但人心还在。况且将军在外力战，小人在内牵制，这样将来能成功吗？章邯背秦归楚不失为智，愿将军三思！"

朱温此时对黄巢怀恨在心，听了这番言语，自然觉得有理。又写信给张氏，说自己将背巢归唐，张氏也回信赞成。朱温于是杀死了监军严实，提着他的首级号令于军前，说即日起归唐。并写信给王重荣，请他代奏唐僖宗，说明朱温愿意归顺唐朝。当时唐僖宗派来的诸道行营都统王铎，听说朱温愿意投降，喜出望外，也替他保奏。唐僖宗看了两份奏章，非常欣慰，对左右说道："这是上天赐给朕的一员勇将！"于是下诏授予朱温左金吾大将军，让他在河中行营做招讨副使，赐名全忠。自此，朱温与官军联合，一同攻打黄巢。

僖宗乾符六年，改元广明，一年后又改元中和。朱温降唐，是在中和二年的秋季。中和三年三月，唐朝廷封朱温为汴州刺史，兼任宣武军节度使，治理汴州。朱温做了节度使后，仍担任河中行营招讨副使。当年四月，朱温在河东治理晋阳。节度使李克用等人攻克长安，驱逐出黄巢，黄巢逃到蓝田。朱温于是带着爱妻张氏，来到宣武军，留下来治理汴州。之后他派遣仆役百人，带着车马，到萧县刘崇家，迎回母亲王氏和刘母。

刘崇家住在僻静的乡里，不处于要害之地，虽经地方变乱，但没有遭到焚掠，所以全家无恙。只是自朱温兄弟出去后，一别就是五年，杳无音信。五年间朱温不曾跟家里联系，但并没有忘记亲人和恩人。朱全昱已经娶妻生子，一直都没离开过刘崇家。朱母时常惦念在外面的两个儿子，四处托人探问，有人说他们做了强盗，有人说他们已死在岭南了，始终没有确切的音信。当朱温从汴州派来的人到了刘崇家门前，车声辘辘，马声啸啸，村中百姓吓得纷纷离家逃走，还说是大祸临头，不是大盗进村劫掠，就是乱兵过路骚扰，就连刘崇全家老小，也觉得惊恐万分。后来汴使进门，说是奉汴帅差遣，来迎接朱太夫人及刘太夫人。朱母心虚胆怯，误会了使者的话，以为是两个儿子做了强盗，官兵派人捉拿家属，因此吓得魂飞魄散，连忙跑到灶下躲藏起来，杀鸡似的乱抖。刘崇还算有点胆识，出去问明汴使，才知道朱温已为国立功，官居宣武军节度使，因而特命人前来迎接太夫人。

刘崇当下就进去禀报朱母，四处寻找，才在灶下找着朱母。刘崇将来使的话一一转述，朱母还是不信，战战兢兢地说道："朱……朱三，放荡不羁，他做贼送掉了性命！汴州镇帅恐怕不是我儿子，想必是官差弄错了。"刘母却从容地说道："我原本就说过朱三不是常人，看现在都做了汴帅，有什么值得怀疑的！我从今以后要称你为太夫人了！一人有福，得挈千人，我刘氏一门，还要仰仗太夫人庇护呢！"说到这儿，刘母便向朱母行礼称贺。朱母慌忙答礼，说道："不要折杀老奴！"刘母握着朱母的手，要她走出厅堂，随自己去问个清楚，朱母这才硬着头皮，随刘母出来。刘母笑着对汴使说道："朱太夫人出来了！"汴使向朱母下拜，并询问刘母的身份，得知是刘太夫人，于是再次行礼。将朱温先前作乱，后来归正，如何建功，如何拜爵等事情，一一详述无遗。朱母这才相信，不禁喜极而泣。

汴使呈上两套盛装，请两位太夫人更衣上车，然后起程。朱母说："还有我的长子全昱及刘氏一家，难道阿三没有提及吗？"汴使道："等两位太夫人到了汴州，自然会有后命。"朱母于是与刘母入内，换了衣服，然后出门乘车而去。萧县离汴城不远，一两天就到了。在距离汴州十里的地方，朱温早已排着全副仪仗，亲自前来迎接朱母及刘母。看见她们到来，朱温连忙下马施礼，问过了安，随即让两车先行，自己上马跟随，周围的人都啧啧赞叹。到了城中，驶入军营，朱温下马，扶朱母及刘母进堂，设盛筵为她们接风。刘母坐在左边，朱母坐在右边。朱温叫出妻子张氏，让她拜过两位老人，这才与张氏一并坐在下面，陪两位老人欢饮。

数杯过后，朱母问到朱存，朱温答道："母亲已经有了朱温，还问他做什么？"朱母说："你们都是我的骨肉，怎么能不问呢？"朱温又说："二哥早已死在岭南，据说生有两个儿子，因为现在还没有安定下来，所以还没来得及寻回这两个侄儿。母亲不用惦记了，一切由我来处理就是了！"朱母转喜为悲，见朱温带有酒意，就没有斥责，另说道："你哥哥全昱还在刘家，他如今虽已娶妻生子，但一贫如洗，只能勉强度日。你既然发达了，应该照顾一下兄长。还有刘家主人，也养你好几年，刘太夫人是怎么待你的，你也应当还记得，现在你该如何报恩呢？"朱温笑道："这何劳母亲嘱咐，自然是大家安乐与共了。"朱母这才无言。畅饮之后，撤下残肴，军营中早已腾出静室，供两位太夫人居住。朱温还派人前往刘家，赠送刘崇和朱全昱各黄金千两。

后来黄巢在逃亡途中死在泰山。唐僖宗从蜀地返还京都，随后改元光启，大封功臣。朱温也得到了提升，被任命为检校司徒、同平章事，封为沛郡侯。朱母被封为晋国太夫人，朱全昱也被封官，就连刘崇及刘母也得到封赏。朱温捧着酒来到母亲面前道贺，对母亲说道："朱诚辛苦一生，也没得个一官半职，如今有个儿子做了节度使，晋升相位，受封侯爵，总算是光耀门楣，不辱先人了！"说完，便哈哈大笑起来。

母亲见他得意扬扬，有些忍耐不住，便随口应道："你能有现在这样的地位，的确是光宗耀祖了。但你的所做所为，恐怕未必比得上先人呢。"朱温惊讶地问为什么，母亲凄然说道："其他的事就不必说了。你二哥与你同行，随黄巢为盗，他一个人战死蛮岭，尸骨不能还乡，他的孩子还在异地飘零，穷苦没有依靠。你有幸富贵了，却把他们忘了。你的良心哪里去了？"朱温哭着向母亲谢罪，接着便派人去南方寻找朱存留下的两个孩子。孩子找到后，差人将他们带到汴州。朱温给他们取名友宁、友伦。朱全昱早已经来过汴州，见过母亲和弟弟。受封做官后，他就带着家眷回到午沟里，修建府第，安安静静地过日子。他也生有三子，长子友谅，次子友能，三子友诲。

光启二年，朱温已经晋封为王，权势日益扩张。俗话说得好，江山易改，本性难移。朱温生就一副盗贼心肠，喜欢损人利己。困难的时候，即便要他下跪，他也会欣然从命；困难过去了，他就趾高气扬，目中无人，甚至以怨报德，将救命恩公置于死地。先是黄巢的党羽尚让率领贼众进逼汴州，河东军帅李克用好意援救朱温，驱逐尚让。朱温邀李克用到上源驿，假装设宴犒劳他，夜间却暗中派遣士兵围攻驿馆。幸亏李克用命不该绝，翻墙逃脱，朱温只杀死了河东兵士数百人。这是唐僖宗中和四年的事。后来尚让投降，又出了一个秦宗权。秦宗权也是黄巢余党，他占据蔡州，多次与朱温争锋。朱温败多胜少，于是向兖郓求救。兖郓为天平军驻地，节度使朱瑄与弟弟朱瑾先后几次赶来援助朱温。朱温借助他们的兵力，才赶走秦宗权。之后，朱温故态复发，谎称朱瑄兄弟杀死汴州士兵，发兵袭击朱瑄兄弟，把他们所管辖的曹、濮二州硬夺了去。与此同时，朱温进攻蔡州，擒住秦宗权并将他押送到京都，之后朱温被晋封为东平郡王。这是唐僖宗光启三年的事。

唐僖宗驾崩，其弟昭宗继承王位。朱温暗中贿赂唐相张濬，唆使他出征河东。后来张濬被李克用打败，张濬也因此被贬到远州。这是唐昭宗大顺元年的事。朱温却趁机牟利，故意向魏博军统领说，要发兵助讨河东。魏博军统帅罗弘信与河东一向没有仇怨，当然不同意，朱温就带兵攻打魏博军，连战连胜。罗弘信敌不过他，没办法只好贿赂朱温并向他求和。朱温得了丰厚的贿赂后，不向河东进兵了，转兵攻打兖郓。朱温的前军被朱瑾打败，没能达成朱温的愿望，他索性迁怒于徐州。徐州节度使时溥，威望本来在朱温之上，但权位不及朱温，因此对朱温颇有微词。适逢秦宗权的弟弟秦宗衡骚扰淮扬，唐朝廷命朱温兼任淮南节度使，令他出剿秦宗衡。朱温于是借道徐州，时溥不答应，朱温以此为把柄，移军攻打徐州，连拔濠、泗二州。时溥连战连败，只得死守彭城，朱温再三进攻，终于攻破彭城，时溥举族自焚。这是昭宗景福二年的事。

朱温兵势日益强大，便打算进攻兖郓。朱瑄兄弟因连年征战，弄得师劳力竭，没法支撑，不得已向河东求救。李克用对朱温的刁滑怀恨在心，答应发兵东援。而这时罗弘信已与朱温和好，他带兵在中途截住李克用，不让他东行。兖郓属城陆续被朱温夺去，朱瑄被擒，随后被朱温杀害。朱瑾逃到淮南，妻子落入朱温手中。朱温见她姿色可人，强迫她侍寝，之后带着她回到汴梁。爱妻张氏婉言讽谏，朱温这才答应放出朱瑾的妻子，让她出家为尼。这是昭宗乾宁四年的事。

朱母在汴州时，经常告诫朱温不要妄加淫戮。朱温虽不肯全听母亲的，但还算稍稍收敛。朱母回午沟里后，得病身亡。朱温没有了母亲的训导，自然更加任意横行。幸亏妻子张氏贤明谨慎，无论内外之事，都会劝谏。朱温本来就对她异常宠爱，加上张氏说的很多话，朱温觉得都很有理，所以对她更加敬畏，一举一动，都会向妻子求教。有时朱温督兵出行，途中接到汴使，说是张夫人让他回去，朱温就会立即拨马回军。

朱温已占据兖郓等地，兼任宣武、宣义和天平三军的节度使。后来又会同魏博军，攻打李克用，占领洺、邢、磁三州。这时的李唐朝廷已被朱温控制，唐昭宗什么都不敢过问，朱温要什么，就给他什么。昭宗光化三年，中官刘季述将昭宗软禁，立太子李裕为皇帝。宰相崔胤召朱温回来解救昭宗，当时朱温正在攻打河中，不肯立刻回去。一场复辟大功，归了神策指挥使孙德昭。刘季述被杀，太子被废，昭宗复位后改元天复。朱温没有参与复辟，后来也免不了后悔。还好，河中已被攻下，朱温上表朝廷，要求做元帅，昭宗也不敢不从。

这时，唐宫里面出了一个韩全诲，代替刘季述做了中尉。他比刘季述还要狡黠。韩全诲暗通凤翔节度使岐王李茂贞，随后劫了帝驾前往凤翔。唐相崔胤又召朱温去解救天子。朱温带兵前往凤翔城东，耀武扬威，在那里一住数日。李茂贞胁迫昭宗下诏，命朱温回去。朱温本来就无心迎驾，此行的目的不过是要堵住天下悠悠之口。既然接到昭宗的诏命，他便回到河中，继续派兵进攻河东，攻取慈、隰、汾三州，直达晋阳。在晋阳却被河东军打败，朱温于是下令退师，丢下慈、隰、汾三州。这时崔胤来到河中，力劝朱温解救昭宗。于是朱温带兵五万，进攻凤翔。李茂贞连战失利，于是杀死韩全诲，放出唐昭宗，与朱温议和。朱温护驾返还京都。唐昭宗改元天佑，大杀宦官。昭宗下诏封朱温为回天再造竭忠守正大功臣，晋爵梁王，兼任各道兵马副元帅。

当时唐朝大权已全部落到朱温手中，朱温于是打算篡夺唐室江山，因而把宫廷内外的禁卫军，一概换成自己的子侄和心腹将士。待部署好后，他就会立刻强迫昭宗退位。就在这时，朱温接到汴梁的消息，说张夫人病危。朱温于是放弃让昭宗退位的计划，回汴州探望妻子。

朱温返回汴州，看见爱妻僵卧在床上，骨瘦如柴，奄奄一息，一时忍不住痛哭起来。张氏听到哭泣声，惊醒过来，勉强睁开眼睛，见朱温正站在床前流泪，便强打起精神，凄声问道："大王已经回来了吗？"朱温连连说是。张氏说："妾已病危，不久将与大王长别了。"朱温越发觉得难过，握住妻子的手，伤心地说道："自从与夫人结为夫妇，到如今已二十多年，不但内事都由夫人打理，就连外事也多靠夫人帮忙。如今大功告成，转眼间将登上王位，我一心想与夫人共享荣华富贵，再做几十年夫妻，谁知道夫人竟病成这样，叫我如何是好啊？"张氏也流泪道："人生总有一死，况且妾做了王妃，已经很满足了，还想什么其他的富贵？就是为大王自己打算，大王备受唐朝厚恩，还应该再辅佐唐天子几年，不能马上废帝夺位。想想看，从古到今，能有几个太平天子？可见皇帝是不容易做的！"朱温随口应道："时势逼人，不得不这样做。"张氏感叹道："大王既然大志已定，估计妾也不能挽回，但上台容易下台难。大王还是要三思而后行。纵使妾去了，大王你登上宝座，妾还有一句话，作为遗谏，好吗？"朱温答道："夫人尽管说吧，我什么都听你的。"张氏过了一会儿才说道："大王英武过人，其他事都不用担心；只有'戒杀远色'四个字，希望大王能随时注意！那样妾死也瞑目了。"说到这儿，张氏突然痰喘交作，挨了一昼夜便逝世了。朱温失声大哭，汴军将士也大都垂泪。原来，朱温性情残暴，发起脾气来，杀人如麻，部下将士无人敢谏，只有张氏出面婉言几句，才能使朱温的铁石心肠软化，不再滥杀。

朱温还有两个妾，一个姓陈，一个姓李，张夫人对她们都是和颜相待，从不曾陷害她们。就连朱温掠夺回来的朱瑾之妻，虽已出家为尼，张氏也会时不时地给她送去衣食。张氏受封为魏国夫人，生子朱友贞，是朱温的第四个儿子。后来朱温篡夺唐室权位，追封张氏为贤妃，之后又追封她为元贞皇后。张氏死后，丧葬完毕，野心勃勃的朱阿三就立刻谋划着要篡夺唐室江山了。

大盗皇帝朱阿三

朱温要篡夺唐室江山，最先反对朱温的是平卢军节度使王师范。王师范自幼好学，以忠孝闻名。岐王李茂贞从凤翔写信给王师范，说朱温威逼天子，包藏祸心。王师范很愤怒，立即讨伐朱温，派行军司马刘郡攻打兖州，自己督兵攻打齐州。朱温派二哥之子朱友宁带兵去援助齐州，击退王师范，又派将领葛从周支援兖州。朱友宁乘胜攻克了博昌、临淄各城，一直抵达青州城下。王师范因有淮南兵相助，大破汴军，朱友宁被杀害。

朱温听到兵败的消息后，亲自率强兵二十万，日夜兼程地赶到青州城东，与王师范大战一天，王师范大打败。朱温留下部将杨师厚继续攻打青州，自己则率军回到汴州。之后，杨师厚又连挫王师范，并抓获了他的胞弟王师克。王师范担心弟弟的安危，一时又没有其他办法只好投降。刘郡也将兖州城献还。朱温将王师范的族人移到汴梁，本来打算提升王师范为河阳节度使，但因朱友宁的妻子一直哭着请求为夫复仇，朱温于是将王师范连同族人一并杀死。而刘郡则被封为元帅府都押牙，任鄜州留后。

这时，朱温听说李茂贞与其养子李继徽带兵向京都逼近。于是朱温又回河中驻守，并让昭宗将都城迁到洛阳。唐相崔胤知道朱温肯定有其他的打算，于是招募六军十二卫，暗中防备。崔胤还与京兆尹郑元规等人整顿兵马。朱温正想问个清楚，凑巧侄子朱友伦在击球时，坠马而死。那时朱友伦在京中统领禁军，朱温就说朱友伦猝死，是被崔胤、郑元规等人暗中加害，于是上表请奏昭宗将罪犯绳之以法，不要让他们专权乱政。昭宗看完奏章后大为震惊，立刻将崔胤等人免职。朱温还是不肯罢休，派大哥的儿子朱友谅，带兵到京都，做护驾都指挥使，一方面胁迫昭宗迁都洛阳，一方面捉拿崔胤、郑元规等人，并将其杀死。

此时昭宗已跟傀儡差不多了，只好跟随朱友谅，带领何皇后等人离开京都。到了陕州，朱温从河中前来拜见，昭宗带他进入居室，当面赐给他酒器和衣物。何皇后哭泣着说："以后我们夫妇，就全靠你了。"昭宗命朱温兼管左右神策军。朱温随后将昭宗左右，如小黄门等十余人，连同内园的二百余名侍婢，一并引入行幄斩首，并偷偷把尸体掩埋了。然后重新选了二百多人来侍奉昭宗。这样，昭宗名为皇帝，实则像犯人一样，什么都受人管束。

朱温表面上十分恭顺，先到洛阳整修宫阙，然后再迎驾到洛阳，而这一切部署完毕以后，他自己则返回汴州。昭宗已入牢笼，知道自己危在旦夕，于是颁发诏书，告难四方。晋王李克用、岐王李茂贞、蜀王王建、吴王杨行密都声讨朱温。朱温索性一不做二不休，命令养子朱友恭和部将氏叔琮、蒋玄晖等人杀了昭宗，改立昭宗第九子辉王李祚为帝。然后他自己假惺惺地来到洛阳，俯伏在昭宗灵柩前，放声大哭。还将朱友恭、氏叔琮定罪斩首。朱友恭临刑前大呼道："拿我来蒙蔽天下人耳目，骗得了人，骗得了鬼神吗?"之后，朱温离开洛阳返回汴州。

辉王李祚只有十三岁，后世称其为昭宣帝。他虽然身居帝位，但什么都不懂，连年号都不敢更改。何皇后则被尊为皇太后，移居积善宫，一个女流之辈，也没什么能耐。她如坐针毡，知道母子性命难保，只能以泪洗面。朱温又命令蒋玄晖诱杀唐室诸亲王，昭宗长子德王李裕以下，有九人被杀。还上奏将唐室故相裴枢、独孤损、崔远、陆扆、王溥等人贬谪流放。等他们到达白马驿，朱温便派兵围捕，一股脑儿将他们全部杀害，并将尸体投到河中。唐相柳璨一直讨好朱温，多次为朱温献计。朱温觉得谋反已经成功了，于是派人传示各镇，说自己要称帝。晋、岐、蜀、吴当然不同意，山南东道节度使赵匡凝与弟弟荆南留后赵匡明，也不愿听从。朱温立即派大将杨师厚，率兵去攻打襄州，赶走赵匡凝，再向江陵进攻，赶走赵匡明，于是荆、襄二州都为朱温所有。柳璨等人称朱温有南征大功，上奏请求封朱温为相国，兼任二十一道节度使。朱温夺位心急，还要什么荣封，当即暗中嘱咐蒋玄晖，让他与柳璨商量，尽快迫使唐帝禅位。而蒋玄晖与柳璨比较迂腐，说必须封过大国，加过九锡之后，才能禅位，只有这样才符合魏、晋以来的制度。于是又奏请晋封朱温为魏王，加九锡，兼任天下兵马元帅。朱温勃然大怒："我要这些虚名有什么用？叫他把帝位让给我，就可了事。"于是拒绝听命，不愿受赐。宣徽副使王殷、赵殷衡与柳璨等人有矛盾，于是趁机去朱温那儿进谗，说柳璨等人想让唐朝延续下去，所以才处处为难，其实是在等待外援。朱温因此更加愤怒，准备杀掉柳璨、蒋玄晖。柳璨听到消息后怕得要死，急忙上奏请求禅位，还亲自跑去汴州，想说明原因，但吃了个闭门羹。回到洛阳，刚好宫里人传何太后旨意，请求柳璨保全他们母子的性命，柳璨含含糊糊地答应了。蒋玄晖、张廷范也接到太后谕旨，内容跟柳璨的差不多。王殷、赵殷衡又得了机会，暗中传消息到汴梁，称柳璨与蒋玄晖、张廷范，齐聚积善宫，与太后焚香为誓，立志复兴唐朝。朱温性情一向暴戾，还管什么虚实，立即令赵殷衡等人抓捕蒋玄晖。赵殷衡等人说蒋玄晖私通太后，索性把何太后一并杀死。蒋玄晖被取首级，焚骨扬灰。赵殷衡又押着柳璨来到东门，赏他一刀，柳璨大呼："负国贼柳璨，该死！该死！"张廷范也被车裂。

朱温打算立即奔赴洛阳，篡夺帝位。这时魏博军帅罗绍威传密信到汴州，请求朱温带兵除掉悍将。朱温于是前往魏州，杀死魏州牙军八千人。幽州军帅刘仁恭，也是魏州的心腹大患，朱温便顺道渡河，围攻沧州。刘仁恭向河东求助，李克用派将领周德威、李嗣昭等人，出兵潞州，作为声援。潞州节度使丁会，本已归顺汴梁，被河东兵围攻，力不能支，加上对朱温滥杀无辜心怀抱怨，于是举城向河东军投降。朱温攻打不下沧州，又听说潞州已经失守，于是带兵返回魏州，再从魏州返回汴梁。经过这番奔波，唐朝又苟延了一年。唐昭宣帝天佑四年三月，洛阳派御史大夫薛贻矩到汴城，传诏禅位。朱温先是说有祥云笼罩在自己府第上空，之后又说家中长出五色芝，厅堂的神主身上披上了五色衣，并说这些显然是自己称帝的预兆。薛贻矩下跪称贺，俯首称臣，返回洛阳后，就让昭宣帝即日退位。昭宣帝无可奈何，只得派张文蔚、杨涉、薛贻矩、苏循、张策、赵光逢等一班大臣，捧着御册、传国御玺，前往汴梁。朱温下令将皇宫设在上源驿，改名为晃，即阳光普照的意思。四月甲子日，张文蔚等人从驿馆来到汴城。朱温头戴通天冕，身穿龙袍，大摇大摆地从殿后出来，汴将早已分立两旁。张文蔚、苏循将册文交给朱温，再由张策、杨涉、薛贻矩、赵光逢呈上御玺。朱温一一接受，然后坐上皇位。张文蔚等人退到殿下，带着百官一起称贺。

礼毕之后，朱温休息了半日。午后在内殿设宴，赏赐群臣。内殿叫做玄德殿，是朱温把自己比作尧舜，引用"玄德升闻"而起的。张文蔚等都受到赏赐，坐在两旁。朱温举杯说道："朕执政不久，区区功德，不能遍及百姓，今天能位居于此，全靠各位大力相助，朕感到很惭愧！就请各位尽情畅饮吧！"张文蔚等人听完这番话，离席叩谢，但一时不知道怎么回答，也只有闭口不言。只有苏循、薛贻矩及刑部尚书张祎，极力献谀，说些陛下功高德厚，是天顺人意，臣等毫无功劳，只有感谢陛下鸿恩，发誓效忠之类的话。朱温大笑，开怀痛饮，直到夜深，众人才离席谢恩，各自回去。

第二天朱温大赦天下，改国号为大梁，废昭宣帝为济阴王。然后改汴州为开封府，定为东都。原来的唐朝东都洛阳，改称西都。废除京兆府，改名大安府，长安县改为大安县。设置佑国军节度使，令前镇国军节度使韩建担任。任命张文蔚、杨涉为门下侍郎，薛贻矩为中书侍郎及同平章事。改枢密院为崇政院，命太府卿敬翔为院使。敬翔是朱温的第一功臣，谋划篡唐的一切事宜，他都参与了。所以朱温即位后，派他掌管机要是理所当然的。军国大事，必须经崇政院裁定，然后上报宰相；宰相没及时奏请，就由崇政院代为请奏。朱温还特设建昌院，管理国家钱谷，令养子朱友文掌管院事。朱友文原本姓康名勤，朱温对他特别宠爱，视同己出，改赐他姓名，把他纳入亲子行列之中。朱温共有七子，长子名友裕，次为友珪、友璋、友贞、友雍、友徽、友孜。友孜也叫友敬。七子再加上友文，共称八儿。友裕那时已经去世，追封为郴王。友珪为郢王，友璋为福王，友贞为均王，友雍为贺王，友徽为建王，友文也受封为博王。友孜还小，没有封王。追封朱氏四代庙号，高祖黯为肃祖皇帝，妣范氏为宣僖皇后，曾祖茂琳为敬祖皇帝，妣杨氏为光孝皇后，祖信为宪祖皇帝，妣刘氏为昭懿皇后，父诚为烈祖皇帝，母王氏为文惠皇后。封长兄全昱为广王，追封次兄存为朗王。全昱之子友谅为衡王，友能为惠王，友海为邵王，朱存的儿子友宁、友伦已死，但也得到追封，友宁为安王，友伦为密王。

朱温特意开设家宴，召集诸王宗戚，在宫中酣饮。他喝得酩酊大醉，还是余兴未消，于是取出五色骰子，与亲族们赌起钱来，一掷千金，出手阔绰。几乎把那皇帝架子丢抛干净，仍旧是个砀山无赖，满口脏话，醉骂不休。

朱全昱本无心贪恋富贵，一直居住在砀山故里，过着逍遥自在的生活。唐朝时曾授他为岭南西道节度使，命他治理桂州，朱全昱不愿赴任，辞官住在家中。这次听说朱温即位，不得已来到大梁，得封王爵后，也不过是随遇而安，没怎么特别高兴。见朱温纵酒狂赌，很看不过去，便斜视着朱温说道："朱阿三，你本是砀山小民，跟从黄巢为盗，目无法纪。后来归顺唐朝，受到唐天子的厚待，天子封你为四镇节度使，位极人臣，享尽富贵，也算没有辜负你的大志。你怎么起了歹心，竟篡夺了唐室三百年的社稷？如此忘恩负义，恐怕鬼神也不会保佑你。我担心朱氏一族，也会受到连累！你还赌什么啊！"说到这儿，朱全昱顺手取过骰盆，将骰子散掷到地上。

朱温怎么忍受得了，不由得愤然起身，要与朱全昱拼命。亲族们慌忙劝解，让朱全昱退出宫外，朱温还是不解恨，乱呼乱骂，几乎把朱氏祖宗十七八代骂遍了。众人把他劝回寝宫，才算了事。朱全昱飘然自去，仍回砀山故里，芒鞋竹杖，安享清福去了。朱温第二天起来，细思兄言，也有道理，这事便搁过一边，不再提及。朱全昱得享天年，直至贞明二年而终。

唐朝已亡，正统已改，梁廷传诏四方，不准再沿用唐朝年号。各镇都畏于梁主的势力，不敢抗命。只有四镇不服，仍旧尊唐为正统，还声讨大梁，力图兴复唐室。这四镇就是晋、岐、吴、蜀。具体情况如下：

晋，即河东，为沙陀人李克用占据。李克用原名朱邪，父名赤心，因有功升任云州刺史，朝廷赐姓名李国昌。李克用为云中守捉使，擅自杀了大同防御使段文楚，占据云州，后来逃到鞑靼。因黄巢变乱，李克用征战有功，被授为河东节度使，加封为晋王。唐亡后，他不服梁命，仍称天佑四年。

岐，即凤翔，为深州人李茂贞占据。李茂贞本姓宋名文通，因征讨黄巢有功，被改赐姓名，官至凤翔节度使，被封为岐王。唐亡后也不服梁命，仍称天佑四年。

吴，即淮南，为庐州人杨行密占据。杨行密年轻时作乱，后来转投军中，乘乱占据庐州，铲平黄巢余党，被封为淮南节度使，晋封为吴王。唐昭宣帝第二年，杨行密去世，儿子杨渥继承爵位，他见晋、岐不受梁命，也仍奉唐为正统，称天佑四年。

蜀，即西川，为许州人王建占据。最初他贩盐为盗，后来做了忠武军，治理许州。入关驱逐黄巢有功，升为禁军八都头之一。后入蜀合并两川，被封为蜀王。唐亡后不受梁命，并因天佑为朱氏年号，于是称为天复七年。

那时四镇变做四国，与梁国分峙中原。晋最强，次为吴、蜀、岐。四国都声讨梁国，大梁也传檄声讨四国，真可谓是五国纷争，中原逐鹿了。

虎子李存勖

晋王李克用、岐王李茂贞、吴王杨渥、蜀王王建有志抗梁，传檄四方，力图兴复唐室。当时四方各镇，最大的是吴越、湖南、荆南、福建、岭南五区。这五区见了檄文，并没有响应，使得晋、岐、吴、蜀四国也不敢发难。这五镇军帅分别如下：

吴越是临安人钱镠的据守地。钱镠曾贩盐为盗，后改投石镜镇将董昌麾下，因立功升为都知兵马使。后来与董昌分据杭、越，董昌占据越州，改号称帝。钱镠从杭州出兵，打败董昌，并将其斩首。钱镠将其首级带到唐廷，唐廷封钱镠为越王，不久又改封为吴王。

湖南是许州人马殷的据守地。马殷起初是秦宗权的党羽孙儒的部将，孙儒战死，马殷与同党刘建锋逃到洪州。刘建锋占据湖南，后来被下属所杀，众人推马殷为元帅。马殷上表唐廷，被封为淮南节度使。

荆南是陕州人高季昌的据守地。高季昌年轻时是汴州富人李让的家僮。朱温坐守汴州，李让见朱温时带去很多珍宝，朱温认李让为义子，给他改姓名为朱友让。高季昌被朱友让认为义子，因此改姓朱。后来高季昌跟随朱温攻打凤翔有功，被封为宋州刺史，仍改为高姓。朱温赶走赵匡凝兄弟之后，保奏高季昌为荆南留后，唐廷听从了他的意见。

福建是光州人王审知的据守地。王审知的哥哥王潮曾做过县史，后来因乱从军，平定了闽邑，由福建观察使陈岩举荐，得以任泉州刺史。

陈岩死后，王潮继任陈岩之职，王审知也因此做了福建观察副使。王潮死后，王审知继任节度使，加封琅玡王。

岭南是闽人刘隐的据守地。刘隐的祖父刘安仁曾在南海经商，父亲刘谦为封州刺史，兼贺江镇遏使。刘谦死后，刘隐继任。岭南节度使徐彦若，推荐刘隐为岭南节度副使。徐彦若死后，军中人士推举刘隐继任。刘隐表奏唐廷，还贿赂朱温，于是被授予岭南节度使。

这五镇中，高季昌为梁主朱温所提拔，当然为朱温效力；刘隐也得到朱温的好处，自然也不会背叛大梁。吴越、湖南、福建与朱温没有仇怨，自然袖手旁观。而且自从朱温即位后，对他们格外笼络，加封钱镠为吴越王，马殷为楚王，王审知为闽王，高季昌为节度使，刘隐为检校太尉兼侍中，没多久又晋封为南平王。这五镇自然对梁国俯首称臣，哪里还记得唐朝厚恩？

此外，河北许多大镇，在唐朝时就开始称雄割据，不奉朝命，到唐朝衰亡，各镇逐渐被削弱。成德军节度使王镕治理镇州，是唐朝的老臣，年龄不高，但资力最老。他一直与河东联合。朱温得势后，会同魏博军攻打河东，取得邢、洺、磁三州并写信给王镕，让他绝晋归梁。王镕犹豫不决，朱温率军进逼镇州城下，焚去南关，王镕这才求和，愿派儿子王昭祚作为人质。朱温带王昭祚回到汴州，把自己的女儿嫁给他，与王镕结成了儿女亲家。开平元年，封王镕为赵王。这时成德军已归顺大梁了。

魏博军节度使罗绍威，一直都与朱温关系很好，长子罗廷规娶朱温的女儿为妻。朱温曾替罗绍威消灭悍将，排除内患。因此罗绍威也不会无故背叛梁国。朱温即位，罗绍威向他进贡魏州良木，作为建造宫殿的材料；朱温赐给他宝带名马，作为报酬，彼此十分欢洽。

卢龙军节度使刘仁恭治理幽州，占据幽、沧二州，与魏博军不和。朱温曾经替魏博军去攻打过刘仁恭，因刘仁恭有河东兵声援，没能成功。刘仁恭是与晋通好，与梁为仇。刘仁恭一向骄奢，击退梁兵后，越发穷奢极欲，纵情淫逸。幽州有个大安山，四面悬绝，他偏在山上修建宫室，装饰极其华丽，并挑选良家妇女入内居住，以供他游幸。他还担心自己精力不继，从镇里召集道士，修炼丹药，希望能长生不老。百姓所得的钱财都被勒令全部交出，然后藏于山中。百姓买卖交易，都用堇土代钱，各处怨声载道。他的第一爱姜罗氏，生得杏脸桃腮，千娇百媚。次子刘守光暗中艳羡，勾搭上手，代父进寝，与罗氏做云雨欢。刘仁恭知道后，痛打刘守光，并将他逐出幽州。后来梁将李思安奉朱温的命令，领兵进攻幽州，刘仁恭对外面的事一无所知，还在大安山淫乐。刘守光引兵到来，击退了梁军，然后派部将李小喜、元行钦等人袭入大安山，把刘仁恭幽禁起来，自称卢龙节度使。父亲的妻妾，只要是姿色可人的，一概被他带回城中轮流陪寝。刘守光一天到晚只知淫乐。他的哥哥刘守文是义昌军节度使，听到父亲被囚的消息后，召集将吏，边哭边说："没料到我家出了个混账，我发誓要去讨伐他！"刘守文于是带领众官兵来到芦台，与刘守光交战。打了半天，双方都有死伤，两边都鸣金收兵。第二天，刘守文进攻蓝田，被刘守光给打败了，不得已带兵返回沧州，派使者向契丹求救。刘守光怕刘守文再来侵扰，还担心梁兵也会趁机来攻打，于是派人去梁国投降。朱温颁发诏命，授刘守光为卢龙节度使。这样，幽州、沧州一带，也成为朱梁的属镇了。

此外，还有义武军节度使王处直、夏州节度使李思谏、朔方节度使韩逊、匡国军节度使冯行袭等人，都已臣服于大梁，没有叛变的意思。

所以晋、岐、吴、蜀的檄文发下去之后，无论远近，都没有人响应。蜀王王建写信给晋王李克用，建议各自称帝。李克用回信说："我发誓不会变节！"李克用一生，有功也有过，说的这句话尤其显得忠诚。王建得到回信后，又延迟了几个月，但毕竟一心想着做皇帝，最后还是改号称尊。国号大蜀，改元武成，任用王宗佶、韦庄为宰相，唐道袭为内枢密使，立子宗懿为皇太子。接着又自封尊号，称为英武睿圣皇帝。岐王李茂贞，本也想称尊，但因地窄兵少，没敢称帝，却也设置府衙和官吏，还给所有宫殿取了名字。

朱温最怕的是晋王，篡位后就派大将康怀贞，率兵数万，进攻潞州。晋将李嗣昭坚守潞州，康怀贞不分昼夜地猛攻，还是没能攻克。于是，康怀贞四面筑垒，修成蚰蜒堑，分兵屯守，作长久的打算。李嗣昭向晋王告急。晋王李克用派周德威率同李嗣本、史建瑭、安元信、李嗣源、安金全等人，去潞州救援李嗣昭。到了高河，梁将秦武前来拦阻，周德威率兵杀去，秦武被打败。康怀贞也向朱温请求救援。朱温恨他无能，另授亳州刺史李思安为潞州行营都统，将康怀贞降职为行营都虞侯。李思安带领河北兵向西而行，在潞州城下修筑重城，内防城中冲突，外拒城中援军，取名夹寨。李思安还召集山东百姓帮忙运送军粮。晋将周德威不与他力争，但整天派少数兵马偷袭梁兵。梁兵一出，周德威就收兵；梁兵收兵，他又出兵，以此来牵制梁军。李思安担心粮车被劫，又在东南出口修筑兵道，与夹寨相接，以防疏漏。无奈周德威率部下轮番进攻，毁墙填堑，时常骚扰，害得梁军没有一天的安宁，只好坚守着不出兵，与晋军相持。李克用又命李存璋等人分别进攻晋州、洺州，使梁军无法兼顾。朱温派陕州将士赶到行营，以增强兵力。两方旗鼓相当，从梁开平元年秋季开战，直到二年正月，仍未决出胜负。

李克用因军务繁忙，忧劳交集，竟导致背部长疽。躺了好些天，疽患更加严重，无药可治，李克用知道自己快不行了。于是命弟弟振武军节度使李克宁、监军张承业及李存璋、吴珙、吴质等人，立长子李存勖为继承人。李存勖是李克用第二个妻子曹氏所生，小名亚子，年幼时就擅长骑射，胆力过人，李克用一开始就视其为奇儿。十一岁时，李存勖跟随李克用征战，立了功，去唐廷受赏。唐昭宗特赏他鹨鹕卮、翡翠盘，还抚摸着他的背说："你日后富贵了，别忘了我啊！"因此李克用对李存勖更加宠爱，让他继承自己的职位。李克用对李克宁等人说："这孩子志气远大，肯定能完成我的遗愿，希望你们能好好地教导他，这样我死也无恨了！"又把李存勖叫到床前，嘱咐道："嗣昭坚守潞州，被重重围困，我恨不能亲身前去救援，恐怕要与他长别了。我死后，丧葬完毕，你快与周德威等人竭力去救他！"说到这儿，叫人取来箭袋，拔出三支箭，交给李存勖。第一支是叫他灭梁，第二支是叫他扫燕，第三支是叫他驱逐契丹。梁晋是世仇，生前不能灭梁，是李克用一生最大的遗憾。燕指的是刘守光，刘守光叛晋降梁，李克用十分痛恨他，一心想灭掉他。契丹酋长耶律阿保机，曾与李克用结为兄弟，等到梁主即位，阿保机与梁通好，把以前与李克用的约定都忘了，所以李克用也很恨他。李存勖哭着受命，李克用又对李克宁说："以后亚子就交给你了，你不要辜负我啊！"说完，大叫一声后死去，享年五十三岁。

李存勖痛哭流涕，非常哀伤。李克宁等人料理丧事，忙乱了好几天。李克用在时，养子很多，与李存勖年龄相当的也有六七人。李存勖即位，他们心里不服，四处散布谣言，意图作乱。李克宁久握兵权，又很受士兵们爱戴，因此李存勖怀疑他要密谋作乱。监军张承业本是唐朝宦官。朱温挟驾入京，与崔胤大杀宦官时，曾令各镇诛杀监军。李克用与张承业的关系很好，于是李克用杀了一名罪犯，冒充张承业，张承业因此得以保全。因为感激李克用的恩情，张承业格外效力。见李存勖久居丧庐，不曾出来处理政事，他进去对李存勖说："让基业不要衰落才是大孝。现在汴军当前，趁我们服丧之时大举进逼。再加上我们内政没处理好，谣言四起，很容易发生祸变，请大王节哀听政，挽救时局，这样才是尽孝。"李存勖于是出来理事。他见军中私议纷纷，也感到很担心。便召李克宁入室，凄然地对他说："我还年轻，不通政事，恐怕不能完成父亲的遗命。叔父德高望重，大家都很服从，所以请叔父即位，我一切都听叔父的。"李克宁感慨道："你是亡兄死前指定的继承人，谁敢有异议？"于是扶着李存勖走出来，召集军中将士，拥立李存勖为晋王，兼河东节度使。李克宁首先拜贺，将士们不敢不从，相继下拜。只有李克用的养子李存颢等人，托词有病在身，没来拜贺。

李克宁回到家里后，李存颢乘夜独自拜见，挑拨道："兄终弟及，也是情理之中的事，怎么能以叔拜侄呢？"李克宁正色道："我亡兄尸骨未寒，你们就把他的遗言忘了吗？"话刚说完，忽然屏后有人窃笑道："叔可以拜侄，将来侄要杀叔，叔也只好引颈就了！"李克宁回头一看，原来是妻室孟氏，便说："你怎么也来胡说！"孟氏说道："上天赐予的如果不接受，必将遭受天谴！你以为李存勖是好人？"李存颢得了一个大帮手，又对李克宁说了一番，说得李克宁也有些动心。李克宁叹息道："名位已定，我能怎么办？"李存颢说："这有什么难的？只要杀死张承业、李存璋，就能成功。李克宁说："你先去与同党商量妥当，然后再作打算。"

李存颢大喜，出来后就去找同党商量，决定拥立李克宁为节度使，然后举晋降梁，愿做梁国的藩属。都虞侯李存质，也是李克用的养子，当时也在场，他跟李克宁有仇，说话时很不客气。李存颢告诉李克宁，说李存质有罪，应该将他杀死。李克宁向李存勖请求让自己做云中节度使，并割蔚、应、朔三州为属郡。李存勖虽然有些怀疑，但仍含糊答应了。

后来，史敬镕拜见太夫人曹氏，将李克宁及李存颢等人的阴谋详细地告诉了曹氏。曹氏大惊，急忙告诉李存勖。李存勖召张承业、李存璋入内，哭着对他们说道："我叔父想谋害我们母子，一点儿也不顾念叔侄之情。但骨肉至亲不该自相残杀，我还是不忍心除掉他。你们说该怎么办？"张承业勃然大怒："先王说的话臣还记忆犹新。李存颢等人想要举晋降贼，大逆不道，大王再不大义灭亲，恐怕要不了多久，先王创下的基业就要白白断送了！"李存勖于是与李存璋等人定下计谋，在府署布下伏兵，引诱李克宁、李存颢等人入宴。他们刚一坐下，伏兵立即四起，将李克宁、李存颢等人拿下。李存勖哭着对李克宁说道："我曾让位给叔父，叔父不肯接受。如今我已继位，你为什么又要害我？竟打算将我母子送入敌寇手中，你忍心吗？"李克宁十分惭愧，不能应答。李存璋等人要求快快将其杀死，李存勖于是取出列祖列宗的牌位，摆起香案，然后将李克宁、李存颢等人一并斩首，让李克宁的妻子孟氏自尽。

李存勖正打算去援救潞州，听到唐废帝在济阴暴死的消息，知道肯定是被朱温所害，于是缟素举哀，声讨朱温。李存勖的部下认为周德威握有重兵，担心他谋变，加上周德威一向与李嗣昭不和，不肯出力相援，于是怂恿晋王李存勖调回周德威。这时，梁主朱温亲自到泽州，罢黜李思安，换用刘知俊，另外派范君实、刘重霸为先锋，牛存节为抚遏使，驻兵长子。朱温还派人到潞州，招李嗣昭归降。李嗣昭焚书斩使，督兵死守。梁军再次猛攻，流箭射中了李嗣昭的脚，李嗣昭悄悄将箭拔去，毫不动容，仍然指挥士兵抵抗。

朱温听说潞州难以攻下，打算退师，诸将争相说道："李克用已死，周德威也被召回，潞州孤立无援，指日可下。请陛下再坚持半月，一定可以攻破潞州城。"朱温勉强留了几天，怕岐人乘虚来攻，截断他的后路，于是决定从泽州还师，只留刘知俊围攻潞州。周德威由潞州回晋阳，留兵城外，只身一人入城，到李克用灵柩前，哭祭一番，然后拜见嗣王。李存勖很高兴，与他商量军情，还说先王留下遗命，让自己援助潞州。周德威很感动，请求再次前往潞州。李存勖于是召诸将商量，说道："潞州是河东城的屏障，如果没有了潞州，就没有了河东。从前朱温忌惮的，只是先王一个人。如今听说我年少即位，肯定认为我不懂军事，不会用兵。如果我精简兵马，快马兼行，乘他不备，用愤卒进击惰兵，哪里还用担心失败？解救潞州，就在此一举了！"张承业回答道："大王所言极是，请即日起兵。"诸将也一致赞成。

李存勖于是检阅士兵，命丁会为都招讨使，与周德威等人先行，然后自己再率军跟上。到了三垂岗下，距离潞州只有十多里路，天色已晚，李存勖命军士稍稍休息。等到黎明时分，大雾漫天，咫尺之内都看不清楚，李存勖驱军疾进，直抵夹寨。梁军毫无防备，刘知俊还在睡梦中，一听说晋兵杀到，慌忙穿好衣服，整甲上马，召集将士，出寨抵御。哪知西北面李嗣源已经杀来，东北面周德威也带兵杀来，两面敌军，手中统统拿着火把，连烧带杀，异常勇猛。梁军吓得东逃西窜，刘知俊见不能支撑下去了，就领着数百人逃走了。梁招讨使符道昭，也情急狂奔，用鞭向马尾乱抽，马受到惊吓，把符道昭掀落在地上。凑巧周德威追到，手起刀落，将符道昭剁成两段。梁军大败，将士死伤过万，丢弃的粮食兵器堆积如山。失败的消息传到了汴梁，朱温惊叹道："生子就该像李亚子那样，李克用虽死犹生！看看我自己的儿子，简直与猪狗一般！"

刘守光杀兄

周德威来到潞州城下，叫李嗣昭打开城门，并喊道："先王已逝，如今嗣王亲自来援，攻破夹寨，敌兵都逃走了。快开门迎接大王！"李嗣昭听后，竟拔箭打算射杀周德威。左右连忙劝阻，李嗣昭说："我怕他是被贼军击败，贼军派他来欺骗我呢！"左右说道："他既然说大王来了，将军何不先求见大王？"李嗣昭于是对周德威说道："大王既然已来到这儿，能让我先见见大王吗？"周德威于是退回去告诉李存勖。李存勖亲自来到城下，叫李嗣昭开门。李嗣昭见李存勖身穿丧服，不禁大哭起来，军士们也纷纷落泪。李嗣昭于是下来打开城门，迎接李存勖入城。李存勖慰劳了李嗣昭一番，对他说了李克用的遗言，说自己奉遗命与周德威同来援助潞州。李嗣昭于是与周德威相见，彼此冰释前嫌，和好如初。

周德威请求进攻泽州，李存勖令李存璋等人与他一起前去。梁国抚遏使牛存节，刚好率兵前来接应夹寨，在天井关遇见晋兵，才知夹寨已被攻破，又听说晋军有进攻泽州的打算，便号令军中："泽州地处要害，万万不能失守，虽然没有诏命，我们也应当前去救援才是！"众人都面露惧色，牛存节又说："看见别人有难而不去救援，怎能称得上义？害怕敌军而只会躲避，怎能称得上勇？你们怎么能这样气馁呢！"于是他举起马鞭，领兵前进。到了泽州城下，城中将士已经人心惶惶，因为牛存节入城坚守，众人才安稳下来。周德威等人率兵到来，围攻了十几天，牛存节多方抵御，防备得非常严密。刘知俊又收集兵力，来援助牛存节，周德威于是焚去攻城器具，退到高平。

晋王李存勖也带兵回到了晋阳，休整军队，论功行赏。任命周德威为振武军节度使，还重重赏赐了张承业。李存勖一方面整顿州县，广招贤才，罢黜贪官，减免税租，安抚穷苦之人，鼓励百姓申冤，搜捕奸盗，境内得到很好的治理。另一方面他训练士卒，严定军律，赏罚分明，边防也得到加强。潞州由李嗣昭治理，他减轻了徭役赋税，放宽刑法。没过几年，潞州成了强镇。从此晋国与梁国抗衡，成为梁国的劲敌。

梁主朱温逼死唐帝后，又因苏循等唐室旧臣要求升职，就将他们一齐罢免。张文蔚被杀，杨涉也被罢官，改用吏部侍郎于兢、礼部侍郎张策为同平章事。后来因韩建尽忠梁国，也加封他为同平章事。第二年迁都洛阳，改称大梁为东都，朱温命养子博王朱友文留守。岐、蜀、晋三国联兵攻打梁国的雍州，被梁将刘知俊击退。三国军队又决定联合淮南，一起大举攻梁。而淮南此时发生了内乱，闹出杀君谋反的大事来。

淮南节度使杨渥，少年继位，喜好饮酒游玩，善于击球。为父亲服丧时，他曾点着蜡烛围成圈，与左右击球作乐。有时候独自骑马外出，好几天都不回来，连帐前亲卒都不知他的去向。左牙指挥使张颢、右牙指挥使徐温，是杨行密的旧臣，当面领受遗命，答应辅佐杨渥。杨渥曾袭击洪州，掳回镇南节度使钟匡时。杨渥拥有了江西地盘，更加骄奢，日夜荒淫行乐。张颢与徐温哭泣进谏，杨渥怒斥道："你们两个说我没才能，怎么不杀了我，你们继位，这样你们也好省心？"张颢、徐温大惊失色。杨渥担心张、徐二人叛变，召进心腹将士陈璠、范遇，令他们掌管东院马军，以护卫自己。谁知张颢、徐温已看穿杨渥的意图，乘杨渥不防备时，率兵数百人，闯入宫中。杨渥惊恐地说道："你们真打算杀我吗？"张颢、徐温齐声说道："这倒不敢，但大王身边有人多年掌权，扰乱政事，必须杀死他们，才能让国家安定下来。"杨渥来不及说话，张颢、徐温见陈璠、范遇站在两旁，立即指挥士兵上前，把陈璠、范遇二人拿下，双刀举起，二人首级落地。然后张颢、徐温退下认罪，还说是兵谏遗风，并非故意无礼。杨渥也无可奈何，只好强压怒火，赦免二人。从此淮南军政大事，全归张颢、徐温掌控。

杨渥一直在想办法除去张颢、徐温。张、徐二人心里也不安稳，打算杀掉杨渥，然后分据淮南，向梁国称臣。张颢尤其迫不及待，竟派遣同党纪祥等人，深夜潜入杨渥帐中，拔刀刺杀杨渥。杨渥当时还没就寝，见他们闯进自己的账中，惊问什么事。纪祥直言不讳，杨渥惊讶地说道："你们如果能杀了张颢、徐温，我将提拔你们为刺史。"众人都满口答应，只有纪祥不同意，拿刀砍向杨渥。杨渥无从闪避，被砍倒在地，还有余气未尽，又被纪祥用绳勒颈，杨渥便立刻死去。纪祥出来向张颢禀报，张颢带兵赶进去，令士兵站立两旁，露出刀刃，然后召入将吏，厉声问道："大王暴死，军府当归谁人主持？"众人都不敢答话，张颢接连问了三次，仍没人回答，不由得暴躁起来。这时，幕僚严可求缓步上前，低声对他说道："军府这么大，四面都是敌军，除了你没人能主持？但变化还是有些太快了。"张颢问为什么，严可求说道："先王旧时的下属还有刘威、陶雅、李简、李遇等人，都在外面，你打算自立，他们怎肯做你的下属？还不如暂立幼主，等到刘威他们都愿意顺从你，那时就可以成事了。"张颢听了这番话，觉得有理，十分怒气消了九分，只是感到很失望。严可求知道他灰心丧气，于是带着众人出去，来到大堂，站着等待，众人都感到莫名其妙。严可求进入旁室，不到半刻出来，扬声喊道："太夫人有教令，请大家静听！"说着，即从袖中取出一张纸，跪下宣读，诸将也依次跪下。严可求朗声读道：

先王创业艰难，中道薨逝。嗣王又不幸早逝，次子隆演，依次当立。诸将多为先王旧臣，应无负杨氏，善辅导之，予有厚望焉。

严可求读完便站起来，众人也全都起身，说道："太夫人的教令，我们应该遵从，快快迎新王嗣位。"

张颢此时也已经出来，听到严可求所读的教令，也不敢有异议。就由严可求把杨隆演迎接进来，奉为淮南留后。杨行密的正室史氏，本没什么能耐，只不过生了杨渥，并且她是杨行密元配，所以被奉为太夫人。严可求趁乱行权，特地在旁室中草草写就一道教令，谎称为史氏教令，诸将领都被欺瞒，就连张颢也以为是真的，因此不敢轻举妄动。这样杨氏一族才没有灭亡。

张颢专权如故，暗自思量徐温本是自己的同谋，这次迎立杨隆演，徐温却置之不理，令自己孤掌难鸣，这中间肯定有可疑之处，因此准备将他调出去，省得日后担心。于是张颢向杨隆演上奏，请求调徐温为浙西观察使。严可求得知消息后，暗中对徐温说："张颢要调你出去，肯定会把杀君的大罪推到你身上，你大祸将至啊！"徐温大惊，问该怎么办，严可求说："张颢有勇无谋，可以设计引诱他过来。你如果愿意，我这就为你想办法。"徐温十分感激。严可求于是对张颢说："你与徐温同受遗命，如今你要调出徐温，别人都说你想夺徐温的兵权，企图加害于他，这是真的吗？"张颢惊道："我并无此意。"严可求说："人言可畏，如果徐温也因此怀疑你，然后召来外兵来侵犯。你将怎么办呢？"张颢本来就是个优柔寡断的人，听严可求这么一说，果然改变了想法，让杨隆演仍旧任用徐温。杨隆演也是个没有主见的人，张颢所说的他都一一依从。

后来，行军副使李承嗣知道严可求有扶助徐温的打算，暗中告诉了张颢。张颢派刺客刺杀严可求，幸亏严可求眼明手快，将刀挡住，问询刺客来意。刺客回答说是张颢派来的。严可求神色不变，对刺客说："我不怕死，但请让我辞别府主，然后再受死。"刺客答应了，执刀站在一旁，严可求持笔写去，言辞激烈，说得有理有据。刺客略识文字，不禁折服，便说："你是长者，我不忍心杀害你，但请你给我些钱财，我好复命。"严可求让他自己拿，刺客随便取了些东西，便回去复命，说严可求已经听到风声逃走了，只能静待时机。张颢也只好等着。

严可求怕张颢会再次加害他，急忙让徐温发动变乱，先发制人。他还让左监门卫将军钟泰章也参与进来。徐温于是派亲将翟虔，去邀请钟泰章，一起商量杀死张颢。钟泰章愿一力承担，带来壮士三十人，与徐温商定密谋，刺臂流血，沥酒共饮。第二天早晨起来，钟泰章穿戴整齐，直入左牙都堂，正赶上张颢在处理政事，钟泰章一刀砍中张颢的脑袋，张颢顿时毙命。壮士一齐下手，杀死张颢左右数十人。徐温率右牙兵亲自来接应，左牙兵没了首领，不敢妄动。徐温宣布道："张颢杀害君王，依法就该被处死，如今已将他杀死，但他的余党还在，无论左右牙兵，只要能除掉逆党的，一概论功行赏！"左牙兵得此命令，踊跃而出，捉拿纪祥等人，由徐温下令，将张颢的余党推出市曹，处以极刑。

徐温然后告知史太夫人，史氏惶恐失色，对徐温哭诉道："我儿还年幼，不能担此重任，如今祸变至此，我愿意带着全家返回庐州原籍。请你放我们一条生路。"徐温犹豫了一会儿，拜答道："张颢大逆不道，不能不杀。我怎敢辜负先王厚恩，愿太夫人不要再怀疑我！"史氏这才收住眼泪，朱温于是告退。当时淮南人都说徐温是杨氏忠臣，哪知徐温、张颢本是同谋，不过张颢被徐温利用了，成了替罪羊。

徐温杀掉张颢后，得以兼任左右牙都指挥使，军府大小事都由他决定。杨隆演只不过是个傀儡，毫无主意。严可求则升任扬州司马，辅佐徐温治理军队。支计官骆知祥被徐温委任治理财务。徐温原籍海州，年少时跟随杨行密为盗，杨行密富贵后，将他视为心腹。徐温掌握重权后，对严可求说："大事已定，我们应当大力实行仁政，让百姓安居乐业，这样才算是尽职。否则就与张颢一般，怎能安民？"严可求当然赞成。于是他们将弊政尽行废除，建立法度，减轻刑罚，军民从此安定。

徐温来到广陵，治理水师，任用养子徐知诰为楼船副使，防御升州。徐知诰是徐州人，原来姓李名升，幼年丧父，流落在濠、泗一带。杨行密攻打濠州时，李升被掳走，当时他年仅八岁，却生得样貌不凡，身材魁梧。杨行密收李升为养子，但杨渥不能与他和睦相处。李升于是改拜徐温为义父，徐温给他取名知诰。徐知诰长大后，喜欢读书，擅长骑射，有勇有谋，徐温曾对家人说："这孩子是人中俊杰，将来肯定比我亲生的孩子强。"从此更加宠爱他，徐知诰也对徐温毕恭毕敬。所以徐温修治战舰，特任徐知诰为副使，徐知诰果然很称职，把水师治理得非常好。

过了三个月，抚州刺史危全讽，联合抚、信、袁、吉各州官吏，进攻洪州。节度使刘威派使者到广陵告急，自己却与同僚们登城宴饮，假装从容。危全讽以为刘威早有准备，不敢轻易进攻，屯兵于象牙潭，还派人到湖南请求支援。楚王马殷派指挥使苑玟围攻高安，以做声援。广陵派来的将领周本，率七千人援助洪州，快马加鞭，日夜兼程，一直抵达象牙潭。危全讽在溪边扎营，绵延数十里。周本隔溪布阵，让弱兵叫战，引诱危全讽率兵来追赶。危全讽想给周本一个下马威，于是倾寨追击，不管好歹，率领众兵渡溪。还没渡到一半，周本就带领精兵前来截击。危全讽这才知道中计，慌忙抵抗，但是部下已经溃散，只剩下亲信数百人，又被周本杀伤大部分，好不容易冲开一条血路，逃到溪边，才得以登岸。谁知当头碰到冤家，危全讽只好束手就擒了。究竟是谁捉住了危全讽？原来就是周本。他见部兵围住危全讽，便趁机渡溪，截断了危全讽的归路，正好危全讽逃回来。周本趁他不备，于是顺手将他擒来。然后又乘胜攻克袁州，捉住刺史彭彦章。吉州刺史彭玕率领众兵向湖南奔去。信州刺史危仔倡只身逃到吴越。湖南将领苑玟听说危全讽被擒，立即撤去高安的围军。正想引兵返回，淮南大将米志诚杀到，苑玟吃了一个败仗，灰溜溜地逃走了。

义昌节度使刘守文，因弟弟刘守光大逆不道、囚禁父亲，于是派兵前去讨伐，但连战数日都不能取胜，不得已只好向契丹借兵。契丹酋长阿保机派兵万人，和吐谷浑军队数千人，一起援助刘守文。刘守文将沧、德二州士兵通通调用，共两万多人。然后与契丹、吐谷浑两军会合，大概有四万兵力，屯守于蓟州。刘守光听说刘守文又来了，忙将幽州士兵全部调来，并亲自率领，准备与刘守文在鸡苏决一死战。兵阵刚布定，契丹、吐谷浑两路铁骑，分两头杀来，锐气十足。刘守光的部下见敌人来势汹汹，知道抵抗不住，便立即退兵。刘守光也无法抵抗，只好跟着退下。刘守文见契丹、吐谷浑兵得胜，快马出阵，边跑边说："不要伤害我弟弟!"话音未落，忽然听见嗖的一声，刘守文知道是暗箭射来，急忙勒马一跃，来箭不偏不倚正射中马的头部。马倒了下来，刘守文也随马倒地。仓促中不知道谁，把他提起，快马离开了。仔细辨认，才知是刘守光的部将元行钦。刘守文这时暗暗叫苦，但已毫无办法了。刘守光见元行钦擒住刘守文，勇气大增，立即指挥士兵杀回。沧、德军已失去主帅，无心恋战，瞬间大败。契丹、吐谷浑两路人马也受影响，索性各走各路，一散而去。刘守光命部将押回刘守文，将他囚禁起来，然后又指挥军队进攻沧州。

沧州节度判官吕兖、孙鹤，推立刘守文的儿子刘延祚为帅，登城防守。刘守光连日猛攻，不能攻下，于是堵住粮道，将沧州围得水泄不通。相持百日，城中粮食吃完了，一斗米三万钱都买不到，百姓只能吃红土。吕兖挑选体弱男女，将他们杀死，和着面粉，煮熟后当做食物。终究人肉有限，不够士兵吃，整个城中白骨累累，惨不忍睹。孙鹤不得已带刘延祚出去投降。刘守光进城后，下令将沧州将士家属全都掳回幽州，连刘延祚也被带了去。刘守光留下儿子刘继威镇守义昌军，命大将张万进、周知裕辅佐。然后高奏凯歌，班师西去，上下都得意扬扬。刘守光派人向梁廷告捷，还代父请求升官。梁主朱温批准了他的请求，封刘仁恭为太师，养老幽州。封刘守光为燕王，兼卢龙、义昌两军节度使。刘继威留守义昌，后被张万进所杀，刘守光也不能制服张万进。刘守光派人刺死刘守文，假哭装泣，然后将罪名归于刺客，把他杀死偿命。还大杀沧州将士，将吕兖灭族，仅留孙鹤没杀。吕兖的儿子吕琦才十五岁，被带到市曹中处斩。吕氏门客赵玉急忙赶到法场，大呼道："这是我弟弟赵琦，误投吕家，请不要杀死他。"监刑官于是下令停止行刑。赵玉带着吕琦逃走，吕琦脚痛不能走路，赵玉就背着他跑。二人隐姓埋名，沿途乞讨，辗转到了代州。吕琦牢记灭门之痛，刻苦学习，逐渐自立。晋王李存勖听闻吕琦之名，任命他为代州判官，并嘉奖赵玉的节义，赐给他许多金帛。

贤将周德威

梁将刘知俊奉梁主朱温之命，防御岐国和晋国。节度使王重师与刘知俊是好朋友，二人在幕谷会师，随后大破岐兵。梁廷闻得捷报，命令刘知俊乘胜进军。刘知俊一举攻下了丹、延、鄜、坊四州。梁主朱温当即封牛存节为保大军节度使，镇守鄜、坊二州；封高万兴为保塞军节度使，镇守丹、延二州。

随后，朱温又命令刘知俊攻打邠州。邠州是岐王李茂贞的养子李继徽的领地。李继徽原本姓杨名崇本，他拥兵不多，但还有一定的势力。刘知俊怕攻不下邠州，就借口军粮不足，不肯进攻。朱温怀疑刘知俊有异心，便命他回朝。刘知俊正要赶回洛阳，忽然得到消息说王重师被捕，并被株连九族，朝廷另封刘捍为留后。刘知俊不由得大吃一惊。原来，王重师镇守长安已有多年，统军刘捍想要夺他的位置，就向梁主进谗，诬陷王重师暗通邠王和岐王。朱温于是召回王重师，给他治了重罪，让刘捍继任其位。刘知俊又得到弟弟刘知浣的密信，叫他切勿入朝，入朝必死。刘知俊因而更加恐惧。

刘知浣曾任指挥使，此时他向朱温请命，去接兄长回朝。朱温不知是假，立刻批准了。刘知浣带着家人一起逃到刘知俊的军营。家人能保全性命，刘知俊非常高兴。于是他占领同州，归顺岐王。并暗中贿赂长安诸将，让他们抓住刘捍，自己则率领一部分人占领潼关。

朱温再次命令刘知俊回朝，刘知俊不肯听命。朱温就罢免了刘知俊的官爵，派山南东道节度使杨师厚，率领马步军都指挥使刘鄩，去讨伐刘知俊。刘鄩到了关东，抓到刘知俊的伏兵，叫他们在前面带路，趁夜攻打关东。关吏还没看明情况就开了门，刘鄩率兵一拥而入，刘知俊措手不及，只好放弃关西，带领家人投奔岐王。

岐王李茂贞杀死了刘捍，正要发兵援应刘知俊，不料刘知俊突然狼狈逃来，只得好言抚慰他一番。然后封他为中书令，命他去攻打灵州，并且承诺一旦攻下，便封他为镇帅。刘知俊率领几千岐兵直奔灵州城，把城池围困起来。梁国朔方节度使韩逊告急，朱温立刻派镇国军节度使康怀贞和感化军节度使寇彦卿，前去支援韩逊，一并攻打邠、宁二州。康怀贞等人日夜前进，攻下宁、衍二州，直入泾州境内。刘知俊解除包围，等待支援，康怀贞等人也退兵三水。偏偏刘知俊绕到前面，据险出击，把康怀贞麾下的兵士冲成数段。康怀贞仓皇失措，不知怎么办才好，幸亏左龙骧军使王彦章相救，康怀贞才逃了出来。偏将李德遇、许从实、王审权等人都失散了，下落不明。

康怀贞狼狈逃到升平，突然看见大山当道，两面峭壁，只有一条窄路可通人马。正在担忧，猛闻一声呼哨，岐兵从山谷中冲出来堵住山口，为首的一员大将正是刘知俊，大呼："康怀贞快来受死！"康怀贞吓得手足冰冷，看着王彦章说："这……这可怎么办？"王彦章说："你跟我走就是了，干吗怕他？"说完，王彦章舞动两枪，杀入山口。一杆枪有一百斤重，经他两手舞动，就像篾片一样。刘知俊上前阻拦，三五个回合下来，已杀得汗流浃背，招架不住，慌忙勒马退回。王彦章边战边逃，康怀贞紧随其后，费了很大力气才杀出山谷，得以逃脱。而手下的军士多被岐兵截住，不是杀死就是受擒，没有一人生还。只有与康怀贞分途进兵的寇彦卿，接到康怀贞战败的消息，便急忙收军回去，还算没吃大亏。

刘知俊向岐王报捷，岐王封他为彰义节度使，管辖泾州。梁主朱温因为康怀贞兵败，懊悔了好多天，接到外镇许多军报，也无心批阅，只是敷衍了事。一是夏州节度使李思谏病逝，他的儿子李彝昌袭位，不久被部将高宗益杀害，高宗益又被官兵杀死，部众另选李彝昌的堂叔李仁福为帅，向朝廷请示，朱温立刻批准了，封李仁福为夏州节度使。二是魏博节度使罗绍威病亡，罗绍威的长子罗廷规也已去世，部下请求让罗绍威的次子罗周翰袭位，朱温也批准了。三是楚王马殷请求赐号天策上将军，梁主想："我既封他为王，他还要这上将军的名号做什么？"刚要驳回，又想到要笼络人心，不如依了他，免得他造反。于是赐给马殷名号，封他为上将军。楚王马殷非常高兴，就借天策上将军的名号，开府置官，封弟弟马賨和马存为左、右相，居然也独霸一方了。

成德军节度使赵王王镕忽然报称祖母寿终，朱温就派人前去吊丧。派去的人回来说，晋国使臣也去吊丧了。朱温疑心大起，便想吞并河北，免得王镕成为晋国的爪牙。于是派供奉官杜廷隐和丁延徽去赵国，命二人派几千名魏博兵分别驻扎在深、冀二州，借口帮助赵国御敌，暗中攻打赵国。

赵将石公立那时驻守深州，得到消息后，急忙派人告诉赵王，让他拒绝杜廷隐和丁延徽。赵王不听，反而命令石公立回镇州。石公立走出城门，指着城下哭道："姓朱的灭了唐国，三岁的孩子都知道他居心叵测，赵王反而视他为姻亲，让他驻兵，这是开门揖盗啊。眼看着全城百姓都要成为俘虏了！"等石公立离开，杜廷隐等人就率魏博兵进了城。深州百姓非常害怕，都逃到城外去了。杜廷隐便将城门关上，杀尽赵国守兵，然后又攻下了冀州。石公立回去禀告赵王，说梁人非常不讲信用，赵王半信半疑。直到深、冀二州失守的消息报入镇州，赵王才命石公立去将失地夺回。杜廷隐等人严兵以待，哪里还能攻入！

　　成德军的管辖地只有镇、赵、深、冀四州，此时已失去一半，王镕怎能不慌？于是四处求援，先派说客去定州，用金钱买通义武节度使王处直，约他一起抗击梁国，又派使臣到燕国和晋国告急。燕王刘守光拒绝接见来使。晋王李存勖见了赵国的使臣，毫不迟疑地答应出援。晋国的将领们劝阻道："王镕做了朱温多年的臣子，而且和他是姻亲。此次王镕向我们求救，一定有诈，大王千万不要答应啊！"李存勖摇摇头说："你们只知其一，不知其二。在唐朝时，王氏尚且叛服无常，怎么肯长期做朱氏的臣子呢？今天朱氏反目，王镕哪里还顾得上什么姻亲？我如果不救王镕，正中朱氏的计谋。所以应该迅速发兵，会同赵军，共破朱氏，免得他踏平河朔，侵及河东！"话未说完，定州也派来使臣，说愿意联合镇州，推举晋王为盟主，合兵攻打梁国。李存勖答应下来，将两国使臣遣回，马上命周德威率领几万兵马前去赵州，助王镕一臂之力。

　　朱温听说晋军援赵，便命王景仁、韩勍、李思安等人率领十万兵马，逼近镇州，直到柏乡。王镕非常恐惧，再次派人向晋国求援。于是，李存勖亲自出马，率大军东下，留下蕃汉副总管李存番等人镇守晋阳。王处直也派了五千兵马一起出征。李存勖到了赵州，与周德威会师，在野河安营扎寨，离柏乡只有五里。

　　梁军拒不出战，李存勖命周德威率兵挑衅，仍然没有一人出来应战。周德威命部分骑兵逼近梁营，痛骂梁军，并且向梁军的营帐射箭，终于惹恼了梁军副使韩勍，他出兵三万应战。韩勍怒马奔来，周德威立即鸣金收兵。韩勍哪里肯罢休，将三万人分为三队追击晋军。晋军见梁军盔甲鲜明，光耀夺目，不禁军心动摇。见此情形，周德威说："敌军不过是些屠夫走贩，铠甲虽然鲜明，但都是些无用之才，十人不顶你们一人，大家不要怕！你们只要能抓住一个敌人，就保你们富贵，不要坐失良机啊！"将士们听了都想与梁军拼个你死我活。周德威兵分两路，攻打梁军两头，左冲右突，出入数次，俘获了一百多人。晋军边战边退，回到野河，李存勖出兵接应，梁军便退了回去。

周德威回到大营，向李存勖献计说："敌军来势凶猛，我们应该暂时按兵不动，等他们疲劳了再进攻。"李存勖说："我率大军远道而来，救人于危难之中，要速战速决，怎么可以按兵不动呢？"周德威说："镇、定兵只能守城，不能野战；而我们的士兵只有在旷野间才能发挥优势；更何况敌众我寡，实力悬殊啊！倘若敌军知道了我军实情，我们就危险了！"李存勖没有回答，退回帐中。周德威出来跟张承业说："大王自不量力，想要速战速决。现在与敌军只有一水相隔，他们如果筑桥，我们就危险了。不如退回高邑，坚守城池。然后引诱敌军离营，他出我归，他归我出，再派轻骑抢他粮饷，不出一个月，就能破敌。"张承业点点头，进入帐中，对李存勖说："周德威是老将，知兵善战，他的话不能不听啊！"李存勖一跃而起，说道："我正在考虑呢，他的话还是蛮有道理的。"李存勖于是召周德威入帐，命他拔营退回高邑。

后来，晋军抓到梁军的侦察兵，得知王景仁果然正在搭造浮桥。李存勖称赞周德威有先见之明，对他大加褒奖。当时是梁开平四年冬季，两军休兵不战。

过了残冬，第二年正月，晋军多次派出游骑进行侵扰，割草喂马的梁兵多被俘虏。梁兵于是闭门不出。周德威命游骑进犯梁营，梁兵怀疑外面有埋伏，越发不敢动，只好拿坐席喂养战马，大部分战马都饿死了。周德威见梁兵连日不战，越发想引诱他们出来，于是就和史建瑭、李嗣源二将带着三千精骑，亲自去诱敌。

到了梁军的寨门前，周德威命骑兵辱骂梁将和梁主，寨门却依然紧闭。于是周德威命令骑兵下马，席地而坐，破口大骂，直把那汴梁君臣的丑史一股脑儿宣扬了出来。晋兵骂了约一两个时辰，才把寨门骂开。梁兵潮水似的涌了出来，为首的是梁将李思安。周德威忙令骑兵上马接战。双方仅仅杀了几个回合，周德威便领兵撤退。一路逃，一路追，直到野河旁。河上已筑好了浮桥，由晋将李存璋率领镇定兵守护。周德威等人过桥之后，李存璋领兵上前拦住梁军。梁军横亘数里，向前夺桥。镇定兵左右防御，都被梁军杀退，眼看抵挡不住了。李存勖登高观战，对都指挥使李建及说："敌人如果过了桥，我们就无力回天了。"李建及愤然跃出，率领二百名长枪兵，支援李存璋。一当十，十当百，努力向前，竟把梁兵杀退了。梁军稍稍休息了一会儿，再次来夺桥。李存璋和李建及等人仍然死战，不叫梁兵向前一步。两军杀了许久，也没能分出胜负。

李存勖对周德威说："两军对垒，胜负难分，我军兴亡，在此一举！我愿意做先驱，你们随后行军。一定要把他们打败，才能解我心头之恨！"说完，李存勖跨上战马就要走。周德威上前拦住战马，拼命劝说："梁兵众多，只能计取，不可硬拼。他们远离营寨，虽然带着干粮，也没有时间吃，等敌军饥渴疲惫之时，再命精骑出击，一定能够大获全胜，但是现在还得耐心等等！"李存勖这才下马。两军依旧杀声震天，激战不休。

夕阳西下，暮色降临，梁军还没有吃饭，而且疲惫不堪，渐渐地退了回去。周德威见时机成熟，立即站到高处，大喊一声："梁兵逃跑了！"然后跨上战马，率领精骑鸣鼓追击。梁兵已经毫无斗志，纷纷逃跑。王景仁、韩勍、李思安等人也拍马飞奔，逃命去了。李存璋领兵追击，并且命军士一起呼喊："只要投降，就能免死！"梁兵听后，纷纷丢盔弃甲，举手投降。但是赵军怀着旧恨，不愿受降，一路将梁兵赶尽杀绝。汴梁精兵，顷刻间几乎全军覆没，从野河到柏乡，尸横遍野，血流成河。晋军追到柏乡，梁营里已经没有一个人，丢下的军粮和兵器不可胜数。晋军一共杀敌两万余人，缴获战马三千匹，铠甲兵器七万余件，俘虏梁将陈思权及其部下二百八十五人。

李存勖收兵驻扎在赵州，想休息一夜，再去攻打深、冀二州。谁知梁国节度使杜廷隐等人也弃城而逃，两个州的所有壮丁都被杜廷隐抓去，做了奴役，老弱病残则被活埋。等赵军进城，只剩了一片废墟。

晋王李存勖因魏博军助梁为虐，决定会同镇、定两军攻打魏州。于是他先颁发一篇檄文进行声讨，说得有理有据，慷慨激昂。檄文颁发后，李存勖即命周德威、史建瑭攻打魏州，张承业、李存璋攻打邢州，自己则带领李嗣源等人随后出发。魏博军军师罗周翰急忙请求梁国支援，并派了五千兵马堵住石灰窑口。周德威率骑兵出击，攻入观音门。李存勖带兵到了魏州，得知梁主亲自率兵支援魏州，已在白马坡驻扎下来。李存勖派杨师厚带几万人马先到邢州，想尽快攻下魏州城，再与梁军作战。

忽然镇州王镕送来一封信，晋王连忙打开，原来是刘守光写给王镕，并由王镕转送而来的。李存勖匆匆一看，禁不住冷笑起来。

李存审智退梁兵

燕王刘守光上次不肯出兵救赵，想让两虎相斗，斗得两败俱伤，自己好坐收渔人之利。可是，偏偏晋军大破梁兵，势如破竹，威震四方，他未免有些后悔，便想出了乘虚袭击晋国的计谋。刘守光整治军队，并写信给镇、定二州。信的大意是：镇、定二州连同晋国，南下破梁，燕州拥有三十万精兵，愿意做联军的先驱。但四镇合兵，谁来做盟主呢？王镕收到信后，将信转交给了李存勖。李存勖读后，冷笑几声，回头对大将们说："当初赵王向燕王求援，刘守光拒绝发兵相助。现在他见我军战胜，便想离间三镇，实在是太可笑了！"大将们纷纷说："云州、代州与燕州接壤。刘守光极有可能侵犯我们的边城，侵扰百姓。他可是我们的心腹大患。不如先攻打刘守光，然后南下。"李存勖点头称好，立即下令班师回赵州。赵王王镕出城迎接晋王，大赏将士，并且派养子王德明跟随晋军。王德明原本姓张，名文礼，是个非常狡猾的人，王镕后来就是被他害死的。李存勖留下周德威等人助守赵州，自己则率大军返回晋阳。

朱温命杨师厚屯兵驻守邢州，又派了户部尚书李振做魏博节度副使，带兵进入魏州。朱温借口罗周翰年纪太小，不能抵挡贼寇，于是添兵防戍。其实，他是暗图魏博，阳窥成德。

王镕得到消息后，大吃一惊，再次写信给李存勖，约他面谈。李存勖来到承天军，与王镕握手叙谈，很是亲昵。李存勖因王镕与自己的父亲同辈，便称他叔叔。王镕正在为梁军的事情担忧，表面上强作欢颜，其实很不开心。李存勖说："朱温恶贯满盈，一定不会有好下场。虽然有杨师厚等人助他作恶，但也不会猖狂太久。如果他来侵犯赵国，我肯定会去支援您的，请叔叔不要担心。"王镕转忧为喜，亲自举杯，祝晋王健康长寿。晋王一饮而尽，并斟酒回敬。王镕命小儿子王昭海出来拜见李存勖。王昭海当时只有四五岁，李存勖见他非常可爱，便把女儿许配给他，与王镕割襟为盟。他们觥筹交错，开怀畅饮，直到黄昏。晋王和赵王的友谊从此更加深厚。

王镕回到镇州，正好燕国的使臣来了，要他推尊刘守光为尚父。王镕踌躇了半天，不知道该怎么办，只好将使臣留在馆中，派人速去告诉晋王李存勖。李存勖愤怒地说："刘守光也配称尚父？我正要兴师问罪，去讨伐他，他竟敢夜郎自大！"于是下令立即出师。大臣们纷纷劝阻："刘守光罪大恶极，确实应该讨伐。但是，军队刚刚回来，还没有休整。不如假装推尊他做尚父，让他得意忘形，那时就更容易下手了。大王认为这个主意怎么样？"李存勖沉吟半晌，才微笑道："这样也好。"于是派人将这一切告诉王镕。王镕立即答应了燕国使臣的要求，然后将他遣回。义武节度使王处直也学着王镕的样子，与晋、赵二镇一起推尊刘守光做尚父，兼任尚书令。

刘守光于是上表梁主，说虽然晋、赵等国一致推戴，但是梁主对自己恩重如山，自己不敢接受尚父的称号，请求梁主授封他为河北都统，愿意为梁主平定镇、定二州及河东。梁主朱温笑他张狂愚昧，只任命他为河北采访使。

刘守光令人起草仪注，给自己追加尚父尊号。礼官取来唐朝册封太尉的礼仪，呈给刘守光。刘守光翻阅了一下，问道："这仪注中为什么没有郊天改元礼？"礼官回答说："尚父是臣子，不可以行郊天改元礼。"刘守光将仪注摔在地上，怒目圆睁道："如今天下四分五裂，大则称帝，小则称王。我拥地三千里，带兵三十万，应该做河北天子，谁敢不服我！尚父的称号我不要了！你们快去起草帝制，我要选择好日子做大燕皇帝！"

刘守光自己穿上皇袍，作威作福。部下稍微不顺着他，就会被关进大牢，甚至被关进铁笼，用炭火炙烤至死，或者被铁刷刷面，直到体无完肤。孙鹤看不过去，时常进谏，并劝刘守光不要称帝。刘守光哪里听得进去！大臣们私下里议论纷纷。刘守光竟然命人在院子里陈列斧锧，并说："谁敢进谏，一律处斩！"梁国的使臣王瞳和史彦章来到燕国，刘守光竟将他们拘禁起来。各国的使臣，来一个，刘守光就囚禁一个。

刘守光打算在八月上旬登基称帝。孙鹤再次劝说道："沧州一战，臣就罪该万死，幸蒙大王怜惜，才苟活到今天。臣怎么会忘记大王的恩情！但是，大王实在不宜称帝！"刘守光怒吼道："你敢违抗我的命令！"话音刚落，便令军吏把孙鹤押到斧锧下。孙鹤大声喊道："三个月以后一定会有敌兵来犯！"刘守光更加生气，命人用泥土塞住孙鹤的嘴巴，然后将其处死。

过了几天，刘守光便登基称帝，国号大燕，改元应天。刘守光从狱中释放出梁使，逼迫他们向自己称臣。任用王瞳为左相，卢龙判官齐涉为右相，史彦章为御史大夫。消息传到晋阳，晋王李存勖大笑道："不出今年，我就要向他问鼎了。"张承业说："我们应派使者去致贺，好叫刘守光更加得意忘形。"李存勖便将太原少尹李承勋派去燕国道贺。刘守光以君臣之礼接见李承勋。李承勋说："我是大唐的太原少尹，你凭什么视我为臣子？"刘守光大怒，把他关入大牢，数天后才放他出狱，凶狠地问道："你现在愿意做我的臣子了吧？"李承勋回答说："如果燕王能征服我的主人，我就愿意称臣。否则要杀就杀，何必多问？"刘守光怒上加怒，命人将李承勋推出去斩首。李存勖听说李承勋被杀，当即大阅军马，筹备伐燕，对外却说要南征。

梁主朱温改开平五年为乾化元年，大赦天下，封赏功臣。他听说清海军节度使刘隐病逝，就三日不上朝，以示哀悼，并命刘隐的儿子刘岩袭爵。此后，朱温连日生病，无心处理朝政，就连刘守光拘留梁国使者，自称皇帝，也只好听之任之。

到了七八月间，朱温听说河南尹张宗奭家的园林很漂亮，就带着侍从去了张宗奭家。张宗奭原名张全义，濮州人，曾跟从黄巢，担任伪齐国的吏部尚书。黄巢失败后，张全义与同党李罕之分据河阳。李罕之是个贪得无厌的人，不时地敲诈勒索张全义。张全义忍无可忍，便偷袭李罕之。李罕之逃到晋国，搬来晋军围攻张全义。张全义被围困，便向汴梁求救。朱温派大军前去支援，把李罕之击退了。后来，张全义被封为河南尹。他非常感激朱温，对朱温一直尽心尽力。张全义在自己家中修建会节园，枕山引水，极其雅致，简直就是一个小世外桃源。朱温篡位后，仍旧让张全义做河南尹。张全义阿谀奉承，请求改名，朱温便赐名宗奭，并多次给他封赏。此次朱温到他家避暑，张全义自然格外巴结，殷勤侍奉，并命家中的妻妾侍女一一拜见朱温。

朱温住了一阵子，病竟然好了一大半。他食欲大增，色欲复燃，便暗暗惦记上了张全义的家眷。朱温仗着皇帝的威风，把她们召进来陪侍。第一次朱温召入张全义的两个爱妾，逼迫她们与他同寝，第二次又改召张全义的女儿，第三次轮到了张全义的儿媳，甚至张全义的继妻储氏，已是个半老徐娘，也被他搂住求欢，演了一出高唐梦。

张全义的儿子张继祚，羞愤交加，忍无可忍。于是，他拿了一把快刀，夜间潜入园中要刺杀朱温。偏偏被张全义看到了，硬把他拉了回来，小声说道："当年我被李罕之围困在河阳，饿了只能吃木屑，情况十分危急，朝不保夕。幸亏梁军相助，救了我们全家人的性命。此恩此德，怎么能忘记？你不要鲁莽行事，否则我先杀了你！"张继祚只好就此罢手。

第二天，有人将夜间发生的事告诉了朱温。朱温召集群臣，传见张全义。张全义害怕张继祚的事被揭发出来，吓得乱抖。他的妻子储氏在一边笑道："这么胆小怕事，你算个什么男人？我跟你一起去，包管没事！"她便与张全义一起去拜见朱温。储氏见朱温面带怒容，便也竖起柳眉，厉声问道："张宗奭在河南守了三十年，开荒掘土，聚敛财富，帮助陛下创业，拼死效命。陛下却听信别人的谗言，猜疑张宗奭，究竟是什么意思？"朱温被她一驳，也说不出什么道理，又害怕储氏变脸，将往日的暧昧情事和盘托出，越传越丑，只好勉强挤出笑脸，对储氏说："其实我并没有什么恶意，你就别再多说了！"储氏夫妇谢恩退出，朱温也不免心虚，立即命侍从起驾回都。

忽然得到消息说，晋国和赵国将要联军南下，朱温便想出出风头。他来到兴安兵场，传令召集将士，校阅之后下令亲征。大队人马到了卫州，朱温正在吃饭，有人来报，晋军已经过了井陉。朱温只好匆匆把饭吃完，立即拔寨北上，马不停蹄，日夜兼程。朱温到了相州才接到真实情报，说晋军并没有南下。他便下令停止前进，然后移军洹水。后来，又接到了边吏的奏报，说晋赵联军已经出境，朱温坐立不安，急忙引军赶往魏县。军中谣言四起。一天早上，不知从哪里得到消息，军中传言沙陀骑兵马上就杀过来了，全营顿时大乱，军士四处乱逃。后来侦察兵回来报告说，附近并没有敌人的骑兵，军心这才安定下来。

朱温年事已高，但是因为夹寨、柏乡两地失利，不得不率军北上，谁知又中了晋王声东击西的诡计，只落得奔波跋涉，疲惫不堪。他不禁烦躁异常。所有功臣宿将，略犯过错，不是被诛杀，就是被流放。因此朱温越来越不得人心。

等了一个多月，仍不见一个敌兵，朱温便领兵退回怀州。怀州刺史段明远出城迎接，很是恭谨。朱温入城，段明远盛宴款待。段明远有个妹妹，正值豆蔻年华，生得颇有姿色，不巧被朱温看见了，便要他妹妹侍寝。段明远没办法，只好叫妹妹盛装打扮一番，入内侍寝。朱温当面封段明远的妹妹为美人，并把她带回了洛阳。

朱温年过花甲，禁不住途中辛苦，又因为色欲过度，导致精力衰竭。回到洛阳后，便旧病复发，吃了无数人参鹿茸才略见好转。就在这时，之前派到燕国的使者史彦章回来了，替刘守光请兵支援。朱温生气地说："你已经向刘守光称臣了，还敢来见朕吗？"史彦章跪在地上："臣怎么敢背叛大王，向刘守光称臣呢？晋赵各镇推尊刘守光为尚父，怂恿刘守光背叛陛下，他们好坐收渔利。臣与王瞳暂时住在燕国，苦苦规劝刘守光，不要做大逆不道的事。刘守光于是与各镇绝交，并为陛下去攻打易、定二州。定州的王处直从晋国和赵国请来援兵，夹攻幽州，幽州现在危急万分。如果陛下坐视不管，恐怕梁国将要失去河朔了！”这一番花言巧语，把朱温的怒气平了下去。史彦章又叫一起来的燕国使臣拜见朱温，呈上刘守光的表文，表文中满是悔过乞怜之语。朱温终于答应出师援救，后来又督兵亲征。

到了白马顿，随从的官员都不想继续行军。有三个人落在了后面，一是左散骑常侍孙隲，一是右谏议大夫张衍，一是兵部郎中张俊。他们第二天才追上大部队。朱温恨他们不守法纪，将三人一并处斩。到了怀州，段明远再次大摆宴席，比起前一次，有过之而无不及。朱温非常高兴，大加赏赐段明远，并且赐名凝。行军至魏州，朱温决定攻打赵国，以使燕国陷入困境。于是朱温命杨师厚为都招讨使，李周彝为副使，率三万人马围攻枣强县；命贺德伦为招讨接应使，袁象先为副使，率三万人马围困蓨县。

两路兵马同时出发，朱温安居帐中，专候捷音。突然有哨兵踉踉跄跄跑进来，大声奏报道：“晋兵来了！”朱温仓皇失措，急忙出帐，骑上御马，只带了几百名亲兵，奔往杨师厚军前。其实来的并不是晋军，而是赵将符习带领几百骑兵巡逻。梁兵误以为是晋军到了，竟然丢盔弃甲逃命去了。

杨师厚到了枣强县，督兵急攻。枣强县城虽小，但十分牢固，而且赵国派了精兵驻守，想要拿下谈何容易！一连攻了好几天，城墙坏了又修，修了又坏，内外死伤约有一万人。后来城中的兵器快用尽了，赵军商量着要投降。一名士兵愤然说道：“敌人自从柏乡战败，对我们赵人恨之入骨。如果现在去投降，纯粹是自己找死。我倒乐得杀他一两名大将，说不定还能突出重围！”于是这名士兵趁夜爬出城外，直奔梁营，假装投降。李周彝召他入帐，询问城中情形，赵兵回答说：“城中还有些粮食和兵器，可以维持半个多月。您既然把我收下了，请赐给我一把剑。我愿意先登城门，砍下守城将领的头颅。”李周彝还算小心，不肯给他剑，只是命他荷担从军。这名赵兵瞅准机会，抢起扁担打向李周彝。李周彝大喊一声，倒在了地上。左右随从急忙上前抢救，并将赵兵砍死。朱温听说后大怒，限令三日之内攻下枣强城。杨师厚亲自出马，昼夜猛攻。第二天，枣强县城沦陷。梁军进入城中，不问老幼，一律将其杀害。可怜这枣强城，变成了一座血污城。

贺德伦等人奉命进攻蓨县。蓨县是赵州属地。赵州本来由晋将周德威驻守，后来周德威被调到振武军，只留下了李存审、史建瑭、李嗣肱等人。得到梁军来攻的消息后，李存审与史建瑭、李嗣肱商议说："晋王日理万机，事务繁忙，没有时间来这里，南方的军事就交给我们了。现在敌军来攻打蓨县，我们不能坐视不管。更何况敌人如果攻下蓨县，一定会向西侵犯深州和冀州，那时我们的麻烦就大了。所以，我们应该尽快想办法，让敌兵自己退去。"史建瑭与李嗣肱齐声说道："如果真有好的退敌办法，我们愿意听您的指挥！"

李存审带兵来到下博桥，命史建瑭和李嗣肱分道巡逻，遇到放马的梁兵立刻抓来。他又将手下的士兵分为五队，叫他们分头行动，遇着梁兵，无论是侦察兵，还是炊事兵，统统抓住，带回下博桥。史建瑭和李嗣肱一共抓回来一二百名俘虏。李存审下令把大部分人杀死，只留几个人活着，砍去他们的一只胳膊后，再放回去，并对他们说："你们替我转告朱温，晋王大军已到，叫他前来受死！"

断臂兵跑回梁营，依言禀报。当时，朱温带领杨师厚的兵马，驻扎在贺德伦的军营，帮助贺德伦攻打蓨县。听了断臂兵的话，朱温大吃一惊，立即与贺德伦分驻营寨，相隔有几里地。贺德伦非常小心，派兵四处巡逻，以防敌军偷袭。

没想到，黄昏时候，营门外忽然起了大火。接着是杀声震天，箭镞齐来。贺德伦急忙命士兵把守营门，严令禁止各军乱动。外面乱了一两个时辰，直到天色昏黑，敌军才散去。贺德伦检点军士，发现又损失了一二百人。有人认为是军中自乱，贺德伦最终也没查清是真是假。偏偏朱温营前又有断臂兵跑来，大喊："晋军来了，贺德伦的军营已经被攻陷了。"朱温异常恐惧，立即下令毁去营寨，趁夜逃跑。天太黑了，看不清东西南北，朱温竟然迷路了，曲曲折折走了二三百里，才到达贝州。

贺德伦听说朱温逃跑了，也立即下令退军。后来，他派出侦察兵探听虚实。侦察兵回来说，晋军并没有出动，不过是令先锋游骑来示威。贺德伦听了，虽然有些惭愧，但转念一想，反正是朱温逃跑在先。但朱温知道事情的原委后，又气又羞，病情又加重了许多。朱温不得不先在贝州养病，命各军陆续退回。

晋军智退大敌，上下一片欢腾。原来，李存审得到消息，说梁主朱温御驾亲征，与贺德伦分营驻扎，便知道朱温已进了圈套。李存审命人将被斩梁兵的衣服脱下，令游骑穿上，扮成梁兵，混到贺德伦的军营前。贺德伦的巡逻兵以为是本营士兵，便不加查问。伪装成梁兵的晋兵在梁营前放火射箭，喊杀连天。他们趁机抓了几十个梁兵，按照李存审的密计，将他们砍去胳膊之后，仍旧放回。朱温被断臂兵一吓，果然逃跑了，连贺德伦也拔营退去。区区几百个晋军，却吓退了七八万梁兵，这都是李存审的妙计。

朱温一连病了几个月，好不容易有了起色，便从贝州回到魏州。博王朱友文自东都来到魏州，请求朱温起驾还都，朱温于是起程南归。

朱友珪杀父

朱温回到洛阳后，身体稍微好了一点。正好博王朱友文新建了一个餐堂，朱温便召集宰相及文武从官，在新建的餐堂吃饭。朱温酒兴大发，非要泛舟九曲池。池水并不很深，船又很大，本来是没有什么危险，没想到，划到池心时，忽然来了一阵怪风，把船吹翻了。朱温掉进池中，幸亏侍从竭力捞救，他才没有被淹死。朱温另乘小舟上了岸，拖泥带水，狼狈不堪。那时正是初夏，天气比较暖和。朱温急忙换了龙袍，进入后宫。此后，朱温的病情更加严重，常常失眠。妃嫔宫女通宵陪着，他还是惊魂不定。

燕王刘守光屡次战败，一再求援。朱温有病在身，不能带兵打仗，便对近臣说："我治理天下三十多年，想不到太原余孽还是如此猖獗。我看李存勖志向不小，今后一定会成为我们的心腹之患。我年纪大了，如果我死了，你们没有一个人是他的对手，恐怕我要死无葬身之地了！"说到这里，哽咽数声，竟然晕了过去。近臣急忙抢救，朱温这才慢慢醒了过来。从此以后，他多半时间卧病在床，内政尚且不能治理，外事更不会过问了。

那年岐国与蜀国失和，战争不断，硝烟四起。蜀主王建将爱女普慈公主，嫁给了岐王的侄子李继崇。岐王仗着亲戚关系，经常向蜀国要这要那，蜀主无不照给。后来，岐王变本加厉，向蜀主索要巴、剑二州。王建生气地说："我对李茂贞也算是情至义尽了，难道他还不知足吗？如果我割地给他，就是抛弃黎民百姓。宁可多给他些东西，我也不能割地。"于是蜀主王建又拿出许多丝茶布帛，交给来使。李茂贞为此愤愤不平，多次向李继崇说起这件事情。李继崇本来就爱喝酒发疯，夫妻间经常吵架，从此以后吵得更厉害。普慈公主暗中派宦官宋光嗣禀报蜀主，请求让她回成都。于是王建召公主回家省亲，并将她留下，不让她回去了，还让宦官宋光嗣担任合门南院使。

岐王大怒，立即与蜀国断绝关系，派兵攻打蜀国的兴元。岐军被蜀将唐道袭击退。岐王派彰义节度使刘知俊及侄子李继崇率领大军攻打蜀国。王建命王宗侃为北路行营都统，出兵迎战，被刘知俊等人打败。王宗侃投奔了安远军。刘知俊等人进军围攻兴元。王建倾国支援兴元，大破岐兵。后来，岐王听信谗言，削去了刘知俊的兵权。刘知俊举族迁往秦州。过了三年，秦州被蜀国夺下。刘知俊因家人被俘虏，便背叛岐国，投降蜀国去了。

朱温虽然年过花甲，连年抱病，但依旧十分好色。自从张妃去世，朱温虽然篡夺了大唐的江山，登基称帝，但始终不册立皇后。昭仪陈氏与昭容李氏起初都是借美色得幸，渐渐地人老珠黄，便被抛弃在冷宫。后来，陈氏出家为尼，居住在宋州佛寺，李氏则抑郁而终。后宫的其他妃嫔也不时地被召入侍寝。不是她们不漂亮，只是朱温喜新厌旧，今天爱这个，明天爱那个，甚至连生得略有姿色的儿媳，他都不放过。

博王朱友文颇有才艺，虽是义子，朱温却很是怜爱，待他比对自己的亲生儿子还要好。朱温迁都到洛阳，留下朱友文驻守汴梁。朱友文的妻子王氏生得如花似玉，被朱温看上了。朱温便借口叫她来服侍自己，把她召到洛阳，逼她侍寝。王氏并不推辞，反而曲意奉承，但是王氏提出一个条件，要朱温将来传位给朱友文。

朱温既喜欢朱友文，也喜欢王氏，自然痛快地答应下来。偏偏有人暗中反对，与王氏势不两立，竟想与王氏拼个你死我活。这个人就是朱友珪的妻子张氏。张氏也生得十分妖艳，但略逊王氏一筹。王氏没到洛阳的时候，她已经在朱温那里得宠。王氏应召进来后，朱温的心思一大半转移到了王氏身上，渐渐冷落了张氏。张氏含酸吃醋，愤愤不平，买通宫女暗中搜集王氏的隐私。

一天，朱温屏退左右，专召王氏入内，悄悄地对她说道："我的病越来越厉害了，恐怕活不了多久了。明天你去东都，把友文叫来。我要嘱咐后事，免得耽误了。"王氏非常高兴，便去收拾行李，准备第二天起程。这个消息，竟有人报告了张氏，张氏又马上告诉了朱友珪。张氏一边哭一边说道："你爹把传国御玺交给王氏，叫王氏带到东都。他们夫妇一旦得志，我们就只能等死了！"朱友珪惊得目瞪口呆，又见爱妻哭个不停，不由得潸然泪下。

两人正沉思着，突然有人插嘴说："想要活命，就趁早想办法，难道对着哭一阵子，就没事了吗？"朱友珪吓了一跳，回头一看，是仆人冯廷谔。朱友珪呆呆地看了他一会儿，然后与他密谈了许久。此时，崇政院派来的诏使已进入大厅，朱友珪慌忙出来接旨，才知道自己被调任为莱州刺史。他越发惊愕，勉强定了定神，送走诏使，进去与冯廷谔继续商议对策。冯廷谔说："近来左迁的官吏多半被诛杀。事情已经到了紧急关头，再不举事，一切都晚了！"

朱友珪换了衣服，偷偷跑到左龙虎军营，与统军韩勍秘密议事。韩勍见功臣宿将多半被诛杀，心中正惴惴不安，愤然说道："郴王早逝，陛下应该依次传位。为什么反倒让一个养子继位呢？陛下是老糊涂了，竟会有这种想法。您应该早作打算啊！"韩勍派了五百牙兵，跟随朱友珪掺杂在控鹤兵中，混入禁门，分头埋伏。

等到夜深人静时，他们冲进宫去，直接来到朱温的寝室。侍从奴仆四散逃窜，单剩了一个老头儿。朱温揭开帐子，愤怒地看着朱友珪说："我原来就怀疑你要造反，真后悔为什么不早杀了你！你个逆子！你竟敢害你的父亲，真是天理不容！"朱友珪也怒目而视，说道："你个老贼，早该碎尸万段！"冯廷谔拔剑上前，直逼朱温。朱温围着柱子逃跑。冯廷谔的剑三次砍在柱子上。朱温毕竟年老体迈，再加上有病在身，跑了三圈，头眼昏花，一下子倒在了床上。冯廷谔抢步向前，一剑刺中朱温的腹部。朱温一声惨叫，命赴黄泉。

朱友珪见他胃肠都出来了，血流满床，便命人用被褥裹尸，塞到床下，秘不发丧。接着，他派供奉官丁昭溥带着伪诏，驰往东都。伪诏中命东都均王朱友贞尽快杀死朱友文。朱友贞不知是假，便杀了朱友文。朱友文的妻子王氏还没上路，已被朱友珪派人杀死。

第二天，丁昭溥从东都返回，说朱友文已经被杀死了。朱友珪心花怒放，又下了一道伪诏，说是朱温病逝留下遗嘱，要传位给次子。朱友珪将朱温的遗体草草棺殓，自己在灵柩前继位，并封韩勍为侍卫诸军使。韩勍劝朱友珪封赏诸军，以收买人心。诸军得了封赏，也乐得束手旁观。只是内廷虽已被他笼络，外敌却依旧猖獗。

匡国军的将士得到内乱的消息，纷纷向节度使请求举事。镇帅韩建对此置之不理，结果被士兵杀死了。戍守邢州的杨师厚趁机进入魏州，赶走了罗周翰。朱友珪畏于杨师厚的强大势力，只好将罗周翰派往宣义，封杨师厚为天雄军节度使。天雄军就是魏博军，唐朝时就有这个名号，多次被废除，又多次被起用。梁国曾称魏博军为天雄军。

护国军节度使朱友谦原名简，年轻时是石壕间的大盗，后来归附朱温，改名友谦。朱温篡位后，命朱友谦镇守河中，加封他为冀王。朱友谦得到朱温死去的消息，哭着对手下的人说："先帝辛辛苦苦十多年，才创下了这番基业。前几天，宫中起变，谣言四起。我没能为先帝做点什么，真是太遗憾了！"话未说完，又有洛阳使臣来到，加封他为侍中、中书令，并召他入朝。朱友谦对来使说："先帝驾崩，现在是什么人继位？我正要前去问罪，还用得着征召吗？"

使者回去后，将朱友谦的话转告朱友珪。朱友珪立即命韩勍等人去攻打河中。朱友谦投靠了晋国，向晋王请求支援。晋王李存勖马上派兵出征。晋军大破梁军，韩勍等人退了回去。朱友珪的生母原来是亳州的一个营娼。朱温镇守宣武时，攻下了亳州，和她生了个男孩，取名友珪，排行第二。兄弟们都瞧不起朱友珪。朱友珪杀父弑君，还凭空诬陷朱友文，坏事做尽，怎么可能长享荣华富贵？

糊糊涂涂地过了半年，已是梁乾化三年元旦。朱友珪居然稳坐太庙，接受群臣的朝贺。第二天，大赦天下，改元凤历。均王朱友贞代替朱友文，做了东都留守。朱友珪加封他为检校司徒，命驸马都尉赵岩去东都报信。朱友贞私下里对赵岩说："你和我是郎舅至亲，有什么话不妨直说。先帝去世，外面传言纷纷。你在内廷供职，消息应该比较准确。这究竟是怎么回事？"赵岩哭着说："你就是不问，我也要告诉你，真正的罪魁祸首是朱友珪。只可惜我们内臣无力讨伐，一切全靠外镇了。"朱友贞说："我早有此意，只是找不到人来帮忙。"赵岩说："魏州的杨师厚拥有强兵，掌握大权，最近又被封为天雄军节度使。只要让他开口说话，把事实真相告诉内外军士，事情就好办多了！"朱友贞点头称赞："是个好办法！"

朱友贞派心腹马慎骑上快马，赶往魏州。马慎见了杨师厚，给他传话说："郢王朱友珪弑父杀君，大逆不道，为天下人共知。您如果趁机起义，可就立大功了。这可是千载难逢的机会！"杨师厚还犹豫不决，马慎又转述了均王朱友贞的话，说事成之后，必有重赏。于是，杨师厚召集将士，向众人问道："朱友珪杀害梁主时，我们没去讨伐他。现在君臣名分已定，却要发兵征讨，你们认为可行吗？"众人还没来得及回答，有一名大将应声说道："郢王朱友珪杀死国君，是乱贼。均王朱友贞兴兵复仇，是忠义之士。我们奉义讨贼，这跟君臣名分有什么关系？一旦均王朱友贞打败郢王朱友珪，请问您将怎么办？"杨师厚吃惊地站起来说："我差一点就误入歧途，多亏你提醒。我应该做讨贼的先驱！"于是把马慎遣回，让均王等他的好消息。

　　杨师厚派将校王舜贤偷偷去洛阳，与龙虎统军袁象先商定计谋；派都虞侯朱汉宾屯兵驻扎在滑州，作为外应。王舜贤到了洛阳，碰巧赵岩从汴梁回来，也到袁象先那里商量对策。赵岩是朱温的女婿，袁象先是朱温的外甥，自然都有报仇雪恨的意思。于是他们在一起商议好了大计，并秘密告诉了杨师厚。

　　怀州的三千龙骧军推举刘重霸做领袖，借口讨伐逆臣贼子，占领了怀州。朱友珪派人去围剿，战争持续了一年，也没有平息。梁军中混进了许多龙骧军，朱友珪便把他们一并召回了洛阳。朱友贞派人四散谣言，说："朱友珪因龙骧军曾经背叛怀州，所以现在怀疑到了你们梁军头上，便想召你们回去。你们一到洛阳，他就会把你们全部活埋。均王那里已得到密诏。他不忍心看着你们被杀害，先把事情向你们讲明白。"

　　士兵们听了，统统来到均王府前，跪在地上，请求均王指一条生路。朱友贞早已写好伪诏，给他们传阅了一番，然后哭着说："先帝与你们一起打天下，有三十多年了，千征万战，才有了今天。如今先帝尚且被人暗算，你们怎么可能活命呢？"说到这里，朱友贞把士兵们带到府内，让他们仰视墙上的悬像。众人望去，见是梁主朱温的遗像，便都跪伏在厅前，一边叩拜一边痛哭。朱友贞感叹道："郢王朱友珪杀害先帝，实在是大逆不道。现在他又要屠灭亲军，残忍到了极点。如果你们能去洛阳，把那个逆臣贼子杀了，以告慰先帝在天之灵，或许可以转祸为福。"士兵们点头称是，纷纷向朱友贞求要兵器，要去洛阳讨伐逆贼。朱友贞立刻下令给他们分发兵器，众人高呼"朱友贞万岁"，然后领了兵器，奔赴洛阳。

　　朱友贞派人速去报告赵岩等人。赵岩和袁象先打开城门，将士兵们放了进去。他们买通了守夜的士兵，一起进入宫中。朱友珪听到外面起了哗变，慌忙带着妻子张氏和冯廷谔，一起跑到北垣楼下，打算越城而逃。这时后面的追兵已到，大喊杀贼。朱友珪知道自己逃不掉了，于是命冯廷谔先杀死妻子，再把自己杀死。冯廷谔最后也自杀了。洛阳城中各军趁机烧杀抢掠，文武百官都逃跑了。中书侍郎兼同平章事杜晓及侍讲学士李珽均被乱兵杀死，门下侍郎兼同平章事于兢及宣政院使李振都受了伤。折腾了一整天，直到黄昏时分，洛阳城才平静下来。

　　袁象先拿到传国御玺，派赵岩去汴梁，把均王朱友贞接回洛阳。朱友贞说："这里也是大梁的领土，何必要去洛阳呢？如果你们同意，我就在东都受册吧。等把乱贼除尽，再去洛阳祭祀祖庙就是了。"赵岩回来后，把朱友贞的话传达给了文武百官，众臣都没有意见。于是，均王朱友贞在东都即位，削去凤历年号，改称乾化三年，追尊父亲朱温为太祖神武元圣孝皇帝，母亲张氏为元贞皇太后，恢复朱友文的官爵，将朱友珪贬为庶民。

朱友贞改名为锽，任命天雄军节度使杨师厚为检校太师，兼任中书令，加封邺王；任命西京左龙虎统军袁象先为检校太保，兼同平章事，加封开国公。这二人最为出力，所以封爵最高。其余的人也都得到了不同程度的封赏。朱友贞派人招抚朱友谦，朱友谦归顺了梁国，但仍然与晋国保持着密切的关系，算是一个骑墙派的人。

梁国得以苟安。第二年春，朱友贞改元贞明，并且改名为瑱。

皇帝讨饭

刘守光做了皇帝后，便想吞并邻镇。于是他整编军队，要出兵攻打易定。参军冯道力劝刘守光不要出兵，刘守光不听，反而将他关入大牢。冯道性格温和，平易近人，很得人心。燕国百姓听说冯道被关进大牢，都想尽办法通过各种渠道解救他。刘守光只好把冯道放了。冯道料到刘守光一定不会有好下场，便带着全家老小逃到晋阳。晋王李存勖任命他为书记，并询问了燕国的事情，得知刘守光要出兵攻打易定。

李存勖正要发兵攻打燕国，就在这时，王处直派人来请求支援。李存勖便派振武军节度使周德威率领三万兵马，援救定州。周德威向东到了飞狐，与赵将王德明和义武军将领程严在易水会师，一起攻打岐国的沟关。他们的部队把涿州包围得水泄不通。刺史刘知温命令偏将刘守奇拒守。刘守奇的门客刘去非向城里大声喊道："河东兵讨伐贼寇，关你们什么事，要你们在这里死守？"守城的士兵听了他的话，都失去了斗志，多半逃跑了。刘知温见守不住，便打开城门投降了。刘守奇逃到梁国，被任命为博州刺史。晋将周德威率领众兵赶往幽州城，另外还派了裨将李存晖等人去攻打瓦桥关，守关的将吏以及莫州刺史李严纷纷投降。刘守光连连接到失败的消息，惊慌不已，急忙派人带了贵重的礼品，向梁国求援。朱友贞督兵攻赵，被晋将李存审打败。幽州失去了援军，处境更加危险，士兵们只好誓死坚守。

周德威因幽州城大而且坚固，自己兵马不够用，便向晋阳求援。李存勖派李存审去援应。李存审率领吐谷浑、契苾两部番兵，去支援周德威。周德威有了援军，便命将士们四面筑垒，打算围攻幽州城。刘守光更加惊惧。

燕将单廷珪骁勇善战，主动请缨，要求出城迎战。刘守光拨给他一万精兵，令他开城反击。单廷珪披甲上马，一声狂呼，率领众人冲出城外。晋军抵挡不住，退到龙头冈。龙头冈地势异常险峻，周德威便倚冈立寨，据险自固。突然单廷珪骑马飞奔而来，气势凶猛。周德威命令部将排好阵势，自己登上山冈，准备迎敌。单廷珪远远看见周德威，便对左右部将说道："今天我一定能捉到周阳五！"阳五正是周德威的乳名。

说完，单廷珪拿着一支长枪，率先出击。他一路杀去，所向披靡。单廷珪冲破兵阵后，也不管什么死活，竟然单枪匹马上冈去捉周德威。周德威毕竟是老将，丝毫不畏惧，却假装十分害怕，掉转马头就跑。单廷珪上马追去，冲着周德威的后背，一枪刺去。周德威早有防备，躲开枪头，闪到了一旁。他右手拿出马鞭子，向单廷珪的马头猛抽过去。马忍不住疼痛，滚了下去。冈峦崎岖不平，马滚出去好几丈远。不管单廷珪多么骁勇强悍，此时勒不住马，最终人仰马翻，单廷珪跌了个皮开肉绽。冈峦下面的晋军顺手抓住单廷珪，把他捆了起来。燕兵见主将被擒，都慌忙逃走了。晋军追了一阵，杀死燕兵三千多人。

周德威斩了单廷珪，然后兵分两路，攻下了顺州和檀州。后来他又打败芦台军，攻克居庸关。刘守光异常恐慌，多次派人赴梁告急。正值梁廷发生内乱，自顾不暇，哪里还有时间管燕国的事情？刘守光只好自己想办法。他命大将元行钦屯兵驻守山北，命骑将高行珪出兵驻守武州。李存勖立刻派李嗣源去攻打武州。高行珪打了败仗，投降了李嗣源。元行钦听说武州失守，高行珪投降，急忙带兵去攻打高行珪。高行珪把弟弟高行周送到晋军做人质，求晋军出兵援助。李嗣源出兵攻打元行钦，八战八胜。元行钦实在抵挡不住，便投降了。李嗣源看他是个人才，便收元行钦做义子，任命他为代州刺史。

高行周被留了下来，为李嗣源做事。他常常与李嗣源的养子李从珂率领牙兵，一起作战，并且屡立战功。李从珂的母亲魏氏本来是王氏的妻子，生了个孩子取名阿三。李嗣源跟随李克用出师河北，把魏氏抢到手，见她秀色可餐，便纳她为妾。阿三则拜李嗣源为义父，取名李从珂。等到成年之后，李从珂因英勇过人而名扬四海。晋王李存勖曾说："阿三与我同岁，和我一样勇敢，是个不寻常的人。"后来叛唐篡国的，就是这个阿三。

周德威围攻幽州，已经有一年多了。开始，因为幽州附近有燕兵散布，需要远近兼顾，内外合筹，不能贸然进攻，周德威只好连营竖栅，与燕兵对峙。后来得到消息说，附近的燕国游兵已被扫灭，周德威于是下令进军南门，专力攻城。刘守光知道自己兵力不足，所以昼夜不安。迫不得已写信给周德威，约他到城下结盟修好。周德威笑着对来使说："你们的大燕皇帝还没死呢，你磕什么头！我只是奉命讨伐他，其他的事一概不管。至于结盟修好，本人更是没兴趣。请代我转告刘守光，叫他别耍什么花招，快来与我决一死战！"说完便把燕国的使臣赶了出去。

刘守光听了使臣的回话，更加惊慌。他又派大将周遵业带了一千匹绢、一千两银子和一百段锦，献给周德威，并哀求道："胜负成败是人生常事，录功叙过也是霸主盛业。刘守光不想替朱温做事，所以背叛梁国，自己称帝，没想到得罪了贵国，现在我已知罪，并真心悔过。希望贵国能够原谅我！"周德威说："想打仗就快点来，不想打仗就投降，说那么多废话干什么！"周遵业刚要开口，见周德威起身入内，只好怏怏退回。周遵业如实禀报刘守光。刘守光抓耳挠腮，无计可施，踌躇了许久。突然城外喊声震天，晋军又来攻城。刘守光不得已，硬着头皮登城督战。

远远看见周德威骑着骏马，手执令旗，指挥士兵作战，刘守光凄声喊道："周将军，你是三晋贤士，为什么非要把我逼上绝路？难道就不能网开一面吗？"周德威答道："你已经是案板上的肉了。要怪就怪你自己吧，用不着责备别人！"刘守光无言以对，涕泪俱下。

不久，平州、营州、莫州及瀛州都投降了晋国。这时，刘守光急中生智，趁晋军不备，带兵连夜出城。他偷偷来到顺州城下，假冒晋军，大喊开门。守门的士兵上了他的当，打开城门把他放了进去。城门一开，刘守光立即麾兵大进，一阵乱杀乱砍，杀死守城的士兵，占住城池，又乘胜转战檀州。那时周德威已经得到消息，急忙率兵赶往檀州，两军相遇，一场混战。周德威大胜刘守光，刘守光带领一百多名残兵，逃回幽州。

李存勖派张承业前去犒慰将士，并与周德威商议军事。这件事情被刘守光知道了，他便写信给张承业，表明自己愿意举城乞降。张承业知道刘守光非常狡猾，就拒绝了。刘守光没了办法，便派人去契丹搬救兵。契丹酋长阿保机也听说他不讲信用，不肯出兵援救。刘守光急上加急，除了投降外别无出路，于是再次派人向周德威乞降，周德威始终不肯答应。刘守光登城对周德威说："我已经走投无路了，只求将军宽限片刻。等晋王来了，我就打开城门，听凭您处置！"

于是，周德威命张承业回去报告晋王。李存勖命张承业留下守城，自己赶往幽州。李存勖来到幽州城下，向刘守光喊道："朱温篡位，大逆不道。我本想会合河朔五镇兵马，兴复唐祚，你不肯与我同心，还效仿逆贼朱温僭号称帝，而且想吞并镇州和定州。你激怒了众人，才落得如此下场。胜负是常有的事，必须你自己选择。你打算怎么办？"刘守光哭着说："我现在已经成了釜中鱼，瓮中鳖。我愿意听晋王的！"李存勖心生怜悯，折断弓矢，向他发誓说："你出来我们谈谈吧，我可以保证你的安全。"刘守光听了，又想到李存勖心慈手软好欺负，便含含糊糊地答应道："改天再见吧！"

李存勖又好气又好笑，回到周德威的营中，决定第二天督军猛攻，发誓一定要拿下幽州城。这天傍晚，燕将李小喜来投降，说城中已弹尽粮绝。李小喜本来是刘守光的心腹，开始时，他力劝刘守光千万不要降晋。刘守光听信了他的话，遇着危急时候，不得不写信乞降，其实是借此缓兵，并非真心投诚。没想到李小喜却先走一步，竟然投奔了晋营。李存勖立即下令五更做饭，让各军饱餐一顿。等到黎明，一声鼓响，全营将士一起拥出。李存勖亲自披上甲胄，督军进攻。这边竖梯，那边爬墙，四面八方，同时动手。燕兵已经精疲力竭，哪里还能支撑，就是有心拒守，也是防不胜防。霎时间，全城鼎沸，燕兵纷纷逃命去了。晋军一齐登城，拔去燕国的旗帜，改换成晋国的旗帜，并趁势下城去捉刘守光。刘守光已经带着妻妾李氏、祝氏和儿子刘继珣、刘继方、刘继祚等人，逃出城外，奔向沧州。只有他的父亲刘仁恭还在城中，被晋军擒住。此外有三百多口族人来不及逃跑，一起做了俘虏。

晋王李存勖进入幽州城，严令禁止官兵侵扰百姓。他封周德威为卢龙节度使，兼任侍中。改任李嗣本为振武军节度使，并派其他将领去追捕刘守光。可怜刘守光抱头南逃，中途迷了路，在荒野中走了好几天，身上又没带干粮，只好饿着肚子逃难。到了燕乐境内，刘守光见有几处村落，便命祝氏到农家去讨饭。农家主人见她衣服华丽，并不像乞丐，于是盘问了一番。祝氏直言不讳。农家主人张师造假意留她食宿，并且让家人接回刘守光，暗中却派人告诉了晋军。晋军火速赶到，将刘守光及他的两个妻妾、三个儿子一并捉住，押送到军门。李存勖正在宴赏将士，见士兵押回刘守光，便笑着说道："你是幽州城的主人，为什么要出城避客呢？"刘守光跪在地上，磕头如捣蒜。李存勖命人把他与刘仁恭关在一处，并给他们送去了酒和饭。刘守光正饿得不得了，便狼吞虎咽地大吃起来。

过了几天，李存勖下令班师，命刘守光父子随行。刘守光的父母对着刘守光唾骂道："你这个逆贼，竟然把我们害到这步田地！"刘守光低下头，无言以对。路过赵州，赵王王镕大摆宴席，迎接晋军。王镕请李存勖上座，向他举杯祝贺。酒兴正酣时，王镕起身说道："我想见大燕皇帝刘守光一面。"李存勖便命士兵把刘仁恭父子牵了进来，卸去桎梏，让他们入席。刘仁恭父子上前拜谢王镕。王镕答拜，还赠给他们衣服鞍马。刘守光仍然是狼吞虎咽，大吃大喝，丝毫不感到惭愧。

李存勖辞别了赵王，回到晋阳，立刻将刘仁恭父子用白链牵入太庙，并亲自监刑。刘守光大声喊道："我刘守光死而无怨！但是叫我不要投降的是李小喜！"李存勖命李小喜来对证。李小喜瞪着眼，呵斥刘守光说："囚父杀兄，难道也是我教你的吗？"李存勖生气地指着李小喜说："你毕竟做过燕臣，不应该如此无礼！"于是喝令左右，先斩了李小喜，再杀刘守光。刘守光又大声喊道："我刘守光善于骑射，大王欲成霸业，何不开恩赦罪？我愿意为您效力！"李存勖没有说话。刘守光的两个妻妾在一旁斥责道："事已至此，活着又有什么意思？我们愿意先死！"刘守光临刑前还在哀求不已，直到刀起头落才住了口。只留下刘仁恭，没有被立即处斩。李存勖另派节度副使卢汝弼把刘仁恭押到代州，剖了他的心脏祭祀先王李克用，然后将其斩首示众。至此，刘氏一家全部被处死。

王镕与王处直共同推尊晋王李存勖为尚书令。李存勖再三推让，最后不得不接受。从此，他也开府设置行台。李存勖再次命李嗣源会同周德威及镇州兵马，攻打梁国的邢州。梁国的天雄军节度使杨师厚发兵救援邢州。晋军前锋失利，便立即收兵退回。

淮南节度使杨隆演继位之后，徐温派大将周本驻守江西，至此内外无事。杨隆演命军将万全感分别到晋国和岐国，报称袭位之事。晋、岐两国承认他是吴王，杨隆演非常高兴。只是徐温辅政，权势一天比一天大。镇南节度使刘威、歙州观察使陶雅、宣州观察使李遇以及常州刺史李简都是杨行密的老部下，恃有旧功，蔑视徐温。李遇曾经跟人说："徐温算什么！我还没见过他呢，他怎么就成了吴国的宰相？"

这话传到了徐温的耳朵里。徐温于是派馆驿使徐玠出使吴越，命他经过宣州时，顺便召李遇入朝。李遇犹豫不决。徐玠说道："如果你不立即入朝，恐怕会有人会怀疑你要造反呢！"李遇生气地说道："你说我李遇要造反？那以前某人杀害侍中，算不算造反呢？"徐玠回来把这话告诉了徐温，这话触着了徐温的隐情，徐温顿时大怒，便令淮南节度副使王坛出任宣州制置使，还给李遇定下抗命不入朝的罪名。派都指挥使柴再用及徐知诰两人，领兵讨伐李遇。

李遇怎么肯听命，当然闭城拒守。柴再用等人围攻了一个多月，也没能攻下宣州。李遇的小儿子是淮南牙将，被徐温抓住，送到军前。柴再用向李遇喊道："如果你继续抗命，我们就把你的小儿子杀死。"李遇见儿子哭着哀求自己，心中仿佛刀割一般，于是对柴再用说："给我两天的时间，我会答复你的。"柴再用便带着李遇的小儿子回营。碰巧典客何荛奉徐温之命，来劝李遇。何荛立刻进城对李遇说："如果你还是执迷不悟，何荛既然来了，也没打算活着回去。但是只靠这一座城，你恐怕坚持不了多久，不如投降吧，还能保全家人！"李遇左思右想，也没有别的办法，只好听了何荛的话，开门请降。谁知徐温凶狠异常，竟然命柴再用杀死李遇，并且将李遇家人一并诛杀。于是，其他人都非常害怕徐温，再也不敢逆命。

徐知诰因立了功升为升州刺史。他选用廉吏，修明政教，隐然有笼络众心、缔造宏基的意思。只有在徐温面前，始终恪守臣子之道，卑躬屈膝，一点儿也不露骄态。徐温曾经对人说："你们对我能像知诰对我一样吗？"从此以后，凡是刘知诰的请求，徐温没有不依从的。

徐知诰密告刘威专政，不可不防。徐温打算兴兵去讨伐刘威。刘威的幕客黄讷，向刘威献计说："你遭到谗谤，但他们毕竟没有确凿的证据。如果你乘轻舟去见徐温，自然就会尽释嫌疑了。"刘威听了他的话，便乘着一只小舟，只带了两三个侍从，直奔广陵。陶雅也来见徐温。徐温毕恭毕敬地接待了他们，并以后进自居，还说吴王杨隆演要给他们二人加官晋爵。刘威和陶雅很是高兴，住了半个月才告别离去。徐温盛宴饯行，席间极其殷勤，装做恋恋不舍的样子，使得刘威、陶雅二人死心塌地，誓不相负，然后才依依不舍地各自回去了。

后来，徐温与刘威、陶雅共同推尊吴王杨隆演为太师。徐温也升官加爵，做了镇海军节度使，兼同平章事。徐温派大将陈章攻打楚国，取得岳州，抓回刺史苑玫。陈章又在无锡击退吴越兵。楚与吴越先后向梁主朱友贞诉苦。朱友贞命大将王景仁为淮南招讨使，率领一万兵马，进攻庐、寿二州。徐温与东南诸道副都统朱瑾联兵出击，大破梁军。于是徐温被提拔为马步诸军都指挥使，兼任侍中，晋爵为齐国公。徐温迁到润州，留下儿子徐知训在广陵。徐知训已经做了淮南行军副使，现在更是包揽了内政。小事都由徐知训裁决，大事则与徐温商量。当时淮南只知道有徐氏父子，不知道有杨隆演。

梁主朱友贞得知淮南势力强大，担心东南各镇与淮南连兵，将来成为梁国的隐患，于是设法拉笼淮南。这时，荆南节度使高季昌造了五百艘战舰，招兵买马，有志称雄。朱友贞立刻封他为渤海王，赐给他冕衮佩剑。这越发助长了高季昌的气焰。他正在想办法开辟疆土，打听到蜀国起了内讧，便亲率战船，去攻打蜀国的夔州。

蜀主王建自僭号称帝后，与岐王失和，打了一年仗，才将岐兵击退。从此以后，他更加嚣张。左相王宗佶是王建的养子，他与太子王宗懿的关系十分紧张。最终蜀主王建听信了太子王宗懿的谗言，把王宗佶杀了。王宗懿改名元膺，勇猛异常，善于骑射，喜欢当面侮辱大臣。王宗懿最喜欢戏谑唐道袭。他曾在大庭广众之下，让唐道袭扮成舞童，任意揶揄。唐道袭恼羞成怒，恨他入骨。唐道袭是王建的宠臣，王建不管遇到什么事都要与他商量。唐道袭乘隙进谗，诬蔑王元膺谋乱。王建开始时不相信，但禁不住唐道袭再三唠叨，其他大臣也添油加醋，王建便起了疑心。于是，他命令唐道袭带兵守卫后宫。王元膺得到消息后，非常惊慌，便暗中命大将徐瑶、常谦等带兵偷袭唐道袭。唐道袭身重数箭，坠马而亡。那时王建得到消息，以为是王元膺叛变，立即派王宗侃调集大军，讨伐王元膺。王建把王元膺贬为庶人，改立幼子王宗衍为太子。

高季昌因蜀国起了内乱，有隙可乘，便进攻夔州。夔州刺史王成先出兵迎战。高季昌令军士乘风纵火，烧了蜀国的浮桥。蜀兵都很害怕，幸亏蜀将张武阻挡了敌舰，高季昌才不能进军。忽然间风势倒吹，害得荆南兵不是被烧死，就是被淹死。高季昌急忙换乘小舟，落荒而逃。

李存勖统一河北

梁主朱友贞任命杨师厚为天雄军节度使，加封邺王。杨师厚晚年拥兵自傲，几乎不听从朱友贞的命令。还好，没过几年他就死了。杨师厚死后，梁廷上下暗暗庆贺。租庸使赵岩和判官邵赞请求分天雄军为两镇，减削兵权。朱友贞按照他们的提议做了。天雄军原来管辖魏、博、贝、相、澶、卫六个州。朱友贞任命贺德伦为天雄节度使，命他管辖魏、博、贝三州；另在相州驻扎昭德军，管辖澶、卫二州，任命张筠为昭德军节度使。二人受命赴任。朱友贞又怕魏人不服，派开封尹刘鄩率兵六万名，自白马顿渡河，扬言攻打镇、定二州，实际是预防魏人变乱，暗作后援。

贺德伦到了魏州，依着梁主的命令，将魏州原有将士分派一半，迁到相州。魏兵都是父子相承，族姻结合，不愿分离，甚至全营痛哭，怨声载道。贺德伦怕他们谋变，立即将情况告诉了刘鄩。那时，刘鄩屯兵南乐。他先派澶州刺史王彦章率龙骧军五百人，赶往魏州。魏兵聚在一起商议道："朝廷怕我们军府太过强盛，所以要我们分离。我们六州兵士世世代代住在这里，不曾出过河门，一旦骨肉分离，生还不如死呢！"于是，他们乘夜作乱，纵火大掠，围住了王彦章的军营。王彦章斩关逃跑了。乱兵拥入牙城，杀死贺德伦的士兵五百人，把贺德伦囚禁在城楼上。贺德伦焦急万分。这时，乱军首领张彦禁止士兵烧杀抢掠，逼贺德伦转达梁廷，请求朝廷收回成命，恢复旧制，贺德伦只好依了他。朱友贞得知后大吃一惊，立刻派供奉官扈异去安抚魏军，任命张彦为刺史，但不同意恢复旧制。张彦一再恳求，梁国的使者一再往返，但是朱友贞始终不允许恢复旧制。张彦一怒之下撕毁诏书，扔到地上，大骂梁廷，生气地对贺德伦说："天子愚昧无知，昏庸无道，我们忍无可忍。虽然我们势力强大，但终究难以自立。请镇帅写信给晋阳，求得一个外援，才不会有后患。"贺德伦顾命要紧，只得依了他，向晋国投降，并请求支援。

李存勖收到信，立即命令李存审驻守临清，自己率大军东下，与李存审会师。途中他又接到贺德伦的来信，说是梁将刘鄩进军洹水，恳求晋王火速支援。李存勖正在担心魏人使诈，不肯轻易进军。贺德伦派判官司空颋去迎接并犒赏晋军。司空颋是贺德伦的心腹，到了临清，秘密报告了魏州起乱的原因，并向李存勖献计说："除乱当除根。张彦凶狠狡猾，不可不除。大王应为百姓平定乱党，不要纵容乱贼作乱！"

李存勖屯兵驻扎在永济，召张彦到军营议事。张彦率五百人，各持兵仗，去拜见李存勖。李存勖命军士分立驿门两侧，自己登上驿楼等着。张彦等人来到之后，李存勖即喝令军士将他拿下，并且擒获了另外七个头目。张彦等人大喊冤枉。李存勖质问道："你威胁主帅，残虐百姓，还敢说无罪吗？我现在举兵来此，只是为黎民百姓着想，并非是要抢占他人的土地。你对我来说是有功，对魏国百姓却是有罪，终究功小罪大，我不得不杀了你们以谢魏人。"张彦无言以对。李存勖下令把他们八个人都杀了，其余乱党吓得乱颤，李存勖下令说："有罪的只是他们八个人，其他人一概不再追究。"众人拜倒在地，感激涕零。

第二天，李存勖命剩下的乱党做帐前亲兵，自己轻裘缓带，令他们擐甲执兵，骑马前进，众人越发心悦诚服。贺德伦听说晋王来了，率将吏出城迎接。李存勖从容入城，贺德伦奉上印信，请晋王兼领天雄军。李存勖谦让道："我听说城中生灵涂炭，才来救百姓于水火之中。还没来得及考察民情，你就把印信给了我，这可不是我的本意。"贺德伦再次拜道："德伦不才，心腹纪纲惨遭张彦毒手，以至形势危急，怎么能继续统帅天雄军？况且敌兵逼近，一旦有什么闪失，就辜负了大王的恩情。请大王不要再推辞了！"李存勖便接受了印信，调贺德伦为大同节度使。贺德伦辞别晋王，行军到了晋阳，被张承业留下。张承业不让他赴任。

李存勖得到了魏城，令沁州刺史李存进为天雄军都巡按使，巡察城内，遇到散布谣言者，或者抢劫偷盗的，一律杀无赦。城中因此一片安静，没有人敢寻衅滋事。李存勖派兵攻陷了德、澶二州。梁将王彦章逃到刘鄩的军营，他的家人还在澶州城内，被晋军抓走了。晋王仍然优待王彦章的家属，并且派人告知王彦章。王彦章不顾全家人的性命，杀死了晋使，晋军于是把王彦章的家人全部杀死。刘鄩进攻魏州，李存勖率军抵御。

李存勖喜欢冒险，只率领一百多名骑兵就去了刘鄩的军营。偏偏被刘鄩知道了，他便设下了埋伏。待晋王到达，伏兵鼓噪而出，把晋军围得水泄不通。李存勖跃马大呼，左冲右杀，所向披靡。骑将夏鲁奇手持利刃，帮助李存勖突围。战了好几个时辰，晋军杀死梁兵百余名，才冲出包围。梁军还不肯罢休，在后面急追。夏鲁奇请晋王先行，自己率百名骑兵断后。他杀死梁兵数十人，身上多处受伤。在这千钧一发的时刻，救星到了。李存审率军前来，击退梁兵，跟随李存勖回营。李存勖检点骑兵，大部分都受了伤，七人阵亡。他对骑兵说道："差点让敌人看了笑话。"骑兵应声道："敌人怎么敢笑话大王，正好叫他们见识见识大王的英武呢！"李存勖因夏鲁奇格外出力，大加奖赏，赐他姓名李绍奇。

刘鄩驰入魏州城中，数日不出，杳无声迹。李存勖起了疑心，便命侦察兵去打探消息。侦察兵回来说，城中并无烟火，只有旗帜树着，很是整齐。李存勖说："我听说刘鄩用兵，诡计多端，这里面一定有诈！"于是再次命人侦探，才得到准确消息。刘鄩扎了许多稻草人，拿着旗帜，分立城上。李存勖笑道："他以为我军都在魏州，便想乘虚偷袭晋阳，计策的确是很厉害。但他的长处在于主动出击，短处在于不能决战。我料他前行不远，我军只要飞速追击，不难取胜。"于是派骑兵万人，急追而去。

果然，刘鄩的军队偷偷翻越黄泽岭，想袭击晋阳。他们途中遇到暴雨，道险泥滑。众军牵藤援葛，越岭西行，害得腹痛足肿，有的甚至失足摔死，因此不能疾进。晋阳城内也已接得军报，戒备森严。刘鄩行军至乐平，粮食已经没有了，又听说晋阳早有防备，后面又有追兵到来，免不得进退两难，惊恐交迫。刘鄩的军队军心动摇，众人都想散去。刘鄩哭着说道："我们离家万里，深入敌境，腹背皆有敌兵，山谷高深，能逃到哪里去呢？只有奋力作战才有生路，否则以死报君就是了。"众人都被他的忠诚感动。

晋将周德威本来留守幽州，听说刘鄩西袭晋阳，急忙带了一千骑兵去支援晋阳。走到土门，刘鄩已整军下山，自邢州绕出宗城，打算攻下临清，断了晋国的粮道。周德威日夜兼程，追赶刘鄩，到了南宫，抓住刘鄩的几名间谍，砍断了他们的胳膊。然后把他们放了回去，令他们回去报告说："周侍中已到临清了！"刘鄩因此大吃一惊，按兵不动。哪知他是中了周德威的诡计。

直到第二天早上，才有周德威的军队经过刘鄩的军营，驰入临清。刘鄩非常后悔上了周德威的当，急忙引兵赶往贝州。李存勖连连接到军报，知道刘鄩由西返东，追兵不能得手，于是屯兵驻守在博州，呼应周德威。周德威追着刘鄩到了堂邑，打了一仗，互有死伤。刘鄩移军莘县，设堑固守，修筑甬道以运粮饷。李存勖出兵驻扎在莘县偏西。两军一天之内打了好几仗，也没分出胜负。李存勖分兵攻打刘鄩的甬道，用大刀阔斧斩伐栅木，刘鄩督兵坚守，随坏随修。晋军也无可奈何，只是抓了十几个人，便退了回去。

梁主朱友贞责怪刘鄩劳师费粮，催他速战速决。刘鄩回奏了行军的情形，并且说晋国是强敌，不能轻战，只能养精蓄锐，慢慢进攻。奏章呈上去后，刘鄩又接到梁主手谕，问他何时决胜。刘鄩很是懊丧，回奏道："臣现在没有办法，只要给每人千斛粮，就能破贼。"朱友贞虽然生性优柔寡断，见了这话，也有些忍耐不住，便再次下手谕道："将军屯军积粮，究竟是因为饥饿呢，还是为了破贼呢？"刘鄩接得此谕，不得已召问诸将说："主上深居宫中，不了解军情。他只知道和那群年轻人谋划军机，急功近利，不知道敌人的强大，速战一定不利。我们该怎么办才好呢？"他的智囊团也没了办法。诸将都说："胜负总需一决，打持久战也不是什么好办法。"刘鄩不禁变色，回来对亲军说道："主暗臣谀，将骄卒惰，我实在没辙了！"

第二天，刘鄩召集诸将，在每人面前放一杯水，令他们一口饮尽。众人面面相觑，无人敢饮。刘鄩便对诸将说道："一杯水尚难一口饮尽，滔滔河流能一口饮尽吗？"众人这才知道他是借水喻意，都不敢出言。偏偏朝廷派的人到来，总是催促他决战。刘鄩于是自选精兵万余人，开城攻打镇州和定州的军营。镇、定两军猝不及防，不免惊乱。这时，晋将李存审、李建及等人赶来支援，冲断刘鄩的军队。刘鄩腹背受敌，慌忙收兵退回，却已经丧失了千余人。刘鄩于是决计坚守，不再出兵，并且将情况详细地禀报了梁主朱友贞，请他不要再催战。

朱友贞半信半疑，连日不安，又因为宠妃张氏忽然得病，所以终日郁郁寡欢。张妃是梁国功臣张归霸的女儿，才色兼优，朱友贞早就想册封她为皇后。张妃请求等皇帝行了郊天改元大礼再受册封。朱友贞因为连年争战，无心改元，所以郊天大礼也一拖再拖。直到张妃病得很严重了，朱友贞才急忙册封她为德妃。谁知白天行完礼，张妃半夜就去世了。

朱友贞悲悼了好几天，觉得形神俱惫，没到天黑就睡了。到了夜间，梦中似乎有人行刺，突然吓醒了。正在纳闷，突然听到御榻中有击刺声，越发觉得惊异。仔细一听，那声音出自剑匣中。朱友贞就开匣取剑，披衣急起，自言自语道："难道果真有急变吗？"话未说完，寝室的门忽然开了。有一个人持刀进来，想要行凶，没料到朱友贞持剑以待，那人急忙转身往回跑。朱友贞抢前一步，将他刺倒，结果了他的性命。

朱友贞急忙呼喊卫士入室，令他们验尸。有人认出他是康王朱友孜的门客。朱友贞便命令卫士去抓捕朱友孜。朱友孜正在等刺客回来，一听见有人敲门，就亲自去开，却被卫士顺手抓住，押入内廷，由朱友贞当面审讯。朱友孜没法抵赖，低着头不说话，朱友贞喝令将他处斩。朱友孜是朱友贞的弟弟，双目有重瞳，于是认为自己有天子相，想弑兄自立。想不到弄巧成拙，皇帝没当上，反而丢了性命。

第二天，朱友贞上朝，对租庸使赵岩及张妃的兄弟张汉鼎和张汉杰说："我差一点就再也见不到你们了！"赵岩等人听得一头雾水。朱友贞讲述了事情的经过。赵岩等人点头称奇，奏道："陛下登基已经三年多了，还没有行郊天改元礼，以致被奸人觊觎。如果陛下早点亲郊改元，就不会有这样的事了！"朱友贞于是改乾化五年为贞明元年，祭祀祖庙，颁诏大赦，还命令次妃郭氏暂时掌管六宫事宜。

郭氏是登州刺史郭归厚的女儿，因颇有姿色而得到朱友贞的宠幸。自从朱友孜伏诛，朱友贞便疏远了宗室，只信任赵岩及张妃的兄弟，只与他们共商国家大事。赵岩等人依势弄权，卖官鬻爵，进谗言离间老将。像敬翔、李振等功臣，名义上参政，但他们的话都不起什么作用。众人心灰意冷，眼看着梁国的七十八个州陆续地被人占去，不能长享安乐了。

朱友贞改元贞明是在乾化五年十一月，转瞬间就是贞明二年。刘鄩仍坚守莘城，闭门不出。晋军屡次叫战，始终没有人出来应战，而城上却守得很严密，无隙可乘。晋王李存勖留下李存审守营，亲自去贝州督军作战。李存勖扬言要返回晋阳。刘鄩于是奏请袭击魏州。朱友贞答道："朕把全国兵士托付给将军了，社稷存亡关系重大，愿将军谨慎行事！"刘鄩便命令杨师厚的故将杨延直带一万兵马，去袭击魏州。杨延直半夜到达城南，以为城中没有防备，于是就慢慢地扎营。不料军营还没有扎好，突然来了一队人马，都是些精兵强将，且夜深天黑，也不知道有多少敌军，杨延直只好趁机逃跑。其实城中只有五百名壮士，不守是偷偷出来劫寨，没想到却吓退了一万梁兵。

第二天早上，刘鄩率兵到了城东，与杨延直相会。刘鄩正要督兵进攻，只听见城中鼓声震天，城门大开，有一员大将领军杀来。刘鄩远远认出是李嗣源，便也摆开阵势，与他交锋。将对将，兵对兵，正杀得起劲，突然贝州路上，也有一路军马杀到。当先的一员统帅，衣着很不寻常，相貌英俊，手中拿着令旗，风一般地骑马而来。刘鄩吃惊地说道："来帅是晋王，莫非我又被他骗了？"刘鄩连忙引兵退回。

李存勖与李嗣源合兵，步步紧逼。刘鄩且战且行，逃到故元城西。后面喊声又起，李存审驱军杀来。刘鄩叫苦不迭，急忙麾兵布成圆阵，以保存自己的实力。西北是晋王的军队，东南是李存审的军队，两军都布成方阵，鼓噪而进，害得刘鄩的军队四面受敌。交战多时，刘鄩的军士支撑不住了，纷纷逃跑。刘鄩急忙引数十名骑兵突围逃走。七万步兵经晋军一阵环击，死了一大半，其余的士兵侥幸逃脱，又被晋军追到河上，不是被杀死，就是淹死。最后，仅有数千人过河，跟着刘鄩退回滑州。

梁国匡国军节度使王檀密奏朝廷，请求派出关西兵偷袭晋阳。大臣们都认为是妙计，朱友贞便允准了。王檀率领河中、陕、同华等镇的兵马，共有三万人，过了阴地关，偷偷来到晋阳城下。果然城中没来得及预防，监军张承业立刻召集军民共同登城拒守。王檀昼夜猛攻，险些攻下晋阳城。张承业异常慌急。代北老将安金全回到晋阳，对张承业说："晋阳是我们的根基，一旦失守，大势将去！我虽然老了，还可以为国为民分忧。请把库中的兵甲器械给我，我愿意为国拒敌。"张承业转忧为喜，立即把库中的兵甲器械给了安金全。安金全召集子弟及老将，一共数百人，连夜走出北门，袭击梁营。梁兵被打退，安金全凯旋而归。

过了一天，昭义军节度使李嗣昭拨出牙将石君立，引五百骑兵来支援晋阳。石君立早上从潞州出发，傍晚到了晋阳，他飞夺汾河桥，击败梁兵，直抵晋阳城下，大声呼道："昭义全军都来了！"张承业大喜，开城迎接。石君立便与安金全等人半夜出动，分头袭劫梁营。梁兵死伤很多。王檀料想不能攻克晋阳，又害怕援军四集，于是大肆抢掠了一回，就退了回去。那时贺德伦还留守晋阳。大部分士兵缒城逃出，去投降了梁军。张承业怕他们是内应，便斩了贺德伦，然后报告晋王。晋王没有向他问罪。晋阳解围，晋王也没有行赏。幸亏张承业抚慰有方，众人才没有怨言。

梁主朱友贞听说刘鄩大败而回，王檀也没有立功，忍不住长叹道："我大势已去！"于是召刘鄩入朝。刘鄩怕战败受诛，托言晋军未退，不便离开滑州。朱友贞任命刘鄩为宣义节度使，命他带兵进屯黎阳。晋王李存勖命李存审去攻打贝州。贝州刺史张源德固守，李存审屡攻不下。李存勖亲自率兵攻打卫、磁二州，一攻而下。卫州刺史米昭投降，磁州刺史靳绍被斩。李存勖派将士分别去攻打洺、相、邢三州，守城的官吏有的投降，有的逃跑，三个州全部顺利得手。李存勖命相州仍归天雄军管辖，在邢州设置安国军，安国军管辖洺、磁二州。

李存勖任命李嗣源为安国军节度使，命他进兵沧州。沧州那时被梁国占有，守城的将士毛璋投降了李嗣源。只有贝州刺史张源德始终与晋军抗衡。贝州城中粮尽，梁军甚至开始吃人。军士将张源德杀死，献到晋营。因为害怕久守被杀，梁军请求穿着铠甲，拿着兵器，出城投降。李存审假装同意，打开城门后，李存审麾兵拥入，将梁军抚慰了一番，便命他们放下兵器，脱掉铠甲。降众不知是计，纷纷将兵甲卸掉。不料，李存审突然一声号令，梁军立即被四面包围。晋军见一个，杀一个，把降众三千人，杀得干干净净，一个不留。从此，河北一带成了晋国的领土。只有黎阳由刘鄩守着，还是梁国的国土。晋军攻克不下，于是班师。

李存勖快马加鞭，驰回晋阳。原来，李存勖十分孝顺，多年以来转战河北，抽空便回家探望生母曹氏。此次因为出门时间太长了，怕母亲惦念，所以急急忙忙往回赶。晋祖李克用的正室本是刘氏。李克用起兵代北，转战中原，令刘氏随行。刘氏熟悉兵法，又擅长骑射，曾组织了一队宫女，教她们武技，带她们跟随军队四处作战。李克用所向披靡，这个贤内助有一半的功劳。李克用封王后，刘氏受封为秦国夫人。只是刘氏无子，她便给李克用纳妾曹氏。刘氏经常对李克用说曹氏能生贵子，后来曹氏果真生了李存勖。李存勖继位，曹氏被封为晋国夫人。母以子贵，曹氏的地位差不多超过了刘氏。刘氏毫不妒忌，十分疼爱李存勖。李存勖每次回来看望曹氏，曹氏一定要他去问候嫡母。

晋王李存勖归省后，过了残年，忽然得到消息说契丹酋长阿保机称帝改元，攻下了晋国的新州，又围攻幽州。晋王于是又要大动干戈了。

天皇王阿保机

北方一向是外夷的属地，历代相沿，多次变动。唐朝初年，突厥最为强大。后来突厥分裂，回鹘、奚、契丹相继称盛。到了唐末，契丹最强。契丹本是鲜卑族的一支，散居潢河两岸，趁唐衰微，逐渐拓地，成为北方强国。国分八部，每部各有酋长，称为大人，并且公推一位大人为领袖，统辖八部，三年一换，不得争夺。

到了唐朝末年，正值阿保机为八部统领。他擅长骑射，足智多谋，经常趁机入塞，攻陷城邑，掳走中原百姓，迫使他们辟土垦田，大兴稼穑。没过几年，居然禾麦丰收，人口剧增。阿保机整治城郭，立官置吏，仿效中原幽州的制度，称新城为汉城。汉人安居此地，乐不思蜀。阿保机听汉人说，中原的君主向来世袭，不会替换。因此他威制诸部，不肯遵行三年一换任的旧例，自己执政九年。八部大人都有意见。阿保机对各部说："我在任九年，所得汉人不下数万，现在他们都居住在汉城。我现在自成一部，去做汉城的首领，不再统辖各部，好不好？"各部大人当然痛快地答应了。阿保机于是徙居汉城，练兵造械，四处略地。

党项在汉城西面，阿保机率兵去攻打，想使党项成为他的属地。不料东方的室韦部乘虚来袭击汉城。城中的百姓得到消息后，都非常害怕。这时出了一个女英雄，披甲上马，率领众人开城迎战，击败室韦部众，一直追到二十里外，斩获无数敌兵，才收众回城。这人就是阿保机的妻子述律氏。述律氏名平，是回鹘的遗裔，小名叫月理朵。她身长面白，而且有勇有谋。阿保机行兵御众，述律氏暗中参议，屡立奇功。此次阿保机西侵党项，留她驻守，她昼夜戒备，竟能从容破敌。等阿保机回来，敌人早已被打败，全城安然无恙。

汉城在炭山西南，盛产盐、铁。这里出产的食盐，往往分给诸部。述律氏为阿保机设法，想借此召集诸部大人，然后将他们一起杀了。阿保机于是派人对诸部说道："我有盐池，为诸部供应食盐。诸部得了盐，难道不知有盐主吗？为什么不一起来谢我！"诸部大人于是各自带了牛和酒，亲自去了汉城，与阿保机在盐池相见。阿保机设宴款待，饮至酒酣，阿保机摔碎酒杯，两旁伏兵突然冲出，持刀乱杀。八部大人，无一生还。阿保机立即分兵攻打八部。八部已没有了主子，哪个敢来抵挡，只好俯首听命，愿拥戴阿保机为国主。阿保机于是称雄北方。

那时，晋王李克用听说梁将篡夺唐室，便打算讨伐逆贼。李克用想联络契丹，作为臂助。他派人去见阿保机，要与契丹联盟。阿保机率兵三十万，来会李克用。阿保机到了云州东城，李克用出城迎接，盛宴款待，二人拜为兄弟，约定共同举兵抗击梁国，临别时互相赠送了珍贵的礼物。没料想，朱温篡夺了大唐的江山后，阿保机竟背盟食言，派人去梁国，并献上名马貂皮，请求梁主给予封册。朱温要阿保机歼灭晋阳，才给封册，许诺封契丹为甥舅国。李克用得此消息，怎么能不引为大恨？李克用病终，曾经把一支箭交给李存勖，嘱咐他剿灭契丹。

李存勖继位后，打算先扫平河北，不便立即与契丹绝交，所以写信给契丹，仍称阿保机为叔父，称述律氏为叔母。李存勖去讨伐燕国。燕王刘守光派参军韩延徽去契丹搬救兵。阿保机不肯发兵相救，但留住了韩延徽，让他向契丹称臣。韩延徽不肯答应，惹怒了阿保机，阿保机罚他去喂牛饲马。述律氏慧眼识人，劝阿保机说："韩延徽守节不屈，正是当今贤士。何不优礼相待，叫他替我们做事，为什么让他做贱役呢？"阿保机于是召入韩延徽，命他坐在一旁，和他讨论军国大事，韩延徽应对如流。阿保机大喜，从此待他如同上宾，并让他做谋主。

韩延徽感怀阿保机的知遇之恩，全心全意为他做事，教他战术，为他出谋划策，帮他收服党项、室韦诸部；又创制文字，制定礼仪，设置官号，一切法度番汉参半，尊阿保机为契丹皇帝。阿保机自称天皇王，让妻子述律氏做天王皇后，改元天赞。阿保机以他居住的地名为姓，叫做"世里",由汉文翻译出来便是"耶律"二字。耶律阿保机另在汉城北方营造城邑宫室,称为上京。在上京附近建了许多高楼,作为往来牧民登高休憩的地方。拜日崇鬼是当地的风俗,每逢朔望,百姓必定东向拜日,所以阿保机莅朝视事也喜欢东向称尊。这是梁贞明二年间的事。

韩延徽偷偷跑回幽州探视家人,乘便到了晋阳,拜见了晋王李存勖。李存勖留他做幕府,命他掌管文书。偏有燕将王缄秘密告诉李存勖,说韩延徽反复无常,不能相信,晋王因此动了疑心。韩延徽看透隐情,便借口探望母亲,又回到了契丹。

阿保机失了韩延徽,就像失去了手臂。听说韩延徽又回来了,阿保机大喜过望,即命韩延徽为相,叫他做政事令。韩延徽写信给晋王,归咎于王缄,并且说有韩延徽在,一定不会让契丹南侵,只是幽州还有老母,请晋王开恩赡养,自己不会忘记晋王的大恩大德。晋王李存勖命幽州长官时常去看望韩延徽的母亲,让她丰衣足食,安度晚年。哪知道契丹竟然举兵南下,自麟、胜二州攻入,直抵蔚州。晋国的振武军节度使李嗣本带兵拒敌,终因寡不敌众而失败,李嗣本也被抓了去。新州防御使李存矩骄横懒惰,不体察民情,被偏将卢文进等人杀死。卢文进逃到契丹,带领契丹兵占领新州,留下部校刘殷驻守。云、朔二州非常恐慌。

李存勖正从河北归来,接连得到警报。他急忙调幽州节度使周德威,发兵三万,迎战契丹。周德威来到新州城下,见契丹士兵勇猛异常,已经有了退志;后来又听说契丹皇帝阿保机率兵数十万前来援应,周德威料知不能抵敌,就引兵退回。到了半途,突然听到后面喊声大震,契丹兵已经杀到。周德威回马北望,见胡骑漫山遍野,踊跃奔来。他急忙下令布阵,准备迎战。阵刚刚布好,敌人的骑兵已经到了。敌军凭着一股锐气,杀入阵中。周德威招架不住,带兵逃跑。可是,敌人的骑兵速度非常快,周德威的军队霎时间又被冲断,被掠去了无数人马,仅剩数千人保护着周德威,狼狈逃出,最后终于回到幽州。

契丹兵乘胜进攻幽州城,扬言有几百万人。契丹兵沿途俘获了许多兵民,用长绳将他们捆住,像捆猪似的,把他们吊在树上。兵民到了夜间自己解下绳套,趁机逃跑。契丹主也不过问,只是督兵围攻幽州。周德威一面乞援,一面固守。契丹降服了卢文进,命他造战车、挖地道,仰攻俯掘。周德威用铜铁熔汁,四处挥洒,敌兵受伤严重,攻势因此才得以稍解。

两军相持了一百多天。晋将李嗣源、阎宝、李存审等人奉李存勖的命令，率七万兵马，去支援幽州。李嗣源与李存审商议道："敌人擅长野战，我军擅长利用险要地势，不如从山道中偷偷行军，赶往幽州。即便遇到敌人，也可以依险自固。"李存审称好，率领将士们翻越大防岭，向东行军。李嗣源与养子李从珂率三千骑兵做先锋，轻装上阵，火速行军。李嗣源等人在距幽州六十里的地方，与契丹兵相遇，奋力作战才打败敌兵，继续前行。行至山口，契丹用一万名骑兵阻住了李嗣源的去路。李嗣源仅率领一百多名骑兵，来到契丹阵前。他脱去铠甲，挥舞马鞭，用胡语说道："你们无缘无故背弃盟约，侵犯我们的疆土，实属可恨。我们大王已经带领百万雄师，直抵西楼，要灭你们的种族。"契丹兵听了此话，不免心惊。李嗣源趁势杀入，手舞铁锤，击死敌军的一个头目。晋军怒马继进，将契丹兵冲退，然后快马行军，一直到达幽州。

契丹主阿保机攻不下城池，又赶上大暑，不得不班师回国，只留部将卢国用围城。卢国用听说晋军救兵来到，便列阵等着。李存审命步兵伏在阵后，严禁擅自行动，又命士兵燃柴烧草，鼓噪着率先进攻。那时烟尘蔽天，契丹兵莫名其妙，不得已出阵迎战。李存审这才命阵后的伏兵一起前进，趁着烟雾弥漫的时候，奋力杀敌，蹂躏敌阵。契丹兵大败而逃，晋军从后面追击，斩杀了一万人。晋军收军到了幽州。周德威接见诸将，握手痛哭。第二天派人向晋王告捷。

李存勖得到契丹败退的消息，决计讨伐梁国。他调回李嗣源等将士，择日出师。那时天气寒冷，河面上都结了厚厚的冰。李存勖高兴地说道："我已经等了好久，只因一水相隔，不便飞渡。现在河水结冰，真是天助我也！"于是急忙赶往魏州，调兵南下。

那时梁国黎阳留守刘鄩应召入朝。朝廷责备他失守河朔，把他贬为亳州团练使。河北失去一员大将，从此没人能抵挡晋军。李存勖见河冰坚固，便率领步兵和骑兵渡河。河南有座杨刘城，由梁兵驻守，沿河数十里，列栅相阻。李存勖麾军猛进，毁去各栅，竟然到达杨刘城。李存勖命步兵各自背着芦苇，填塞城壕，四面扑攻。晋军当日登城，抓住守将安彦之。

梁主朱友贞正在洛阳祭祖，打算行西郊祀天之礼，忽然传来消息说杨刘城失守，晋军将抵达氾水。朱友贞急得不知所措，慌忙停止行礼，奔回大梁。后来打探到晋王占领了濮、郓二州，抢劫了一番就回去了，朱友贞才略略放心，安稳过了残年。

第二年是贞明四年。梁主朱友贞与近臣商议，想要发兵收复杨刘城。梁国宰相敬翔上疏说："国家连年战败，疆土越来越小了。陛下住在深宫中，只与左右近臣商议军务，怎么能高瞻远瞩呢？试想李亚子继位以来，攻城略地，每次都是身先士卒，亲自出战。近来听说他攻打杨刘城时，亲自背上柴草，冲锋陷阵，所以他能一鼓登城，抢占我们的领土。陛下只是纸上谈兵，命后进将士在战场上拼杀，恐怕不是办法。从现在的局势看来，陛下应该广开言路，另想办法。否则来日方长，后患无穷！"朱友贞看完奏章，与赵岩、张氏兄弟商议。赵岩等人反说敬翔仗着自己是老将，口出怨言，请求梁主下诏谴责。还是朱友贞曲意优容，只将奏疏搁起，置之不理。

过了几天，朱友贞令河阳节度使谢彦章领兵数万，攻打杨刘城。李存勖已回到魏州，接到杨刘城的急报，连忙率轻骑奔向河上。谢彦章筑垒自固，决河灌水，阻住晋军。李存勖泛舟测水，见水势大涨，也不禁暗暗吃惊。他沉吟半晌，笑着对诸将说："我料梁军并无战意，只想借水自固，使我们退兵，我怎么会中他的奸计呢！看我先行渡水，攻他不备。"

第二天早晨，李存勖召集将士，下令攻城。李存勖亲自率魏军先过河，各军随后跟进。这时水势已经退了回去，水深刚刚没过膝盖。众将士欢呼雀跃，勇敢前进。梁将谢彦章率兵数万，临水拒战。晋军冲锋数次都被击退。李存勖眉头一皱，计上心来，立即麾军退回。到了中流，回头见梁兵追来，又反身杀回，军士也都转身作战，奋呼杀贼。谢彦章不防他来了这么一招，队伍竟被晋军冲散了。等梁军跑回岸上，已经不能成列，李存勖驱军大杀一阵。梁军死伤一万多人，河水都染成了红色。谢彦章仓皇逃跑，晋军攻陷了滨河四寨。

李存勖想乘胜灭梁，便四处征兵。令周德威率幽州兵三万人，李存审率沧景兵一万人，李嗣源率邢州、洺州兵一万人，王处直率易州、定州兵一万人，并召集麟、胜、云、朔各镇兵马，共同会师魏州。还有河东、魏博各军一齐奔赴校场，由晋王升座大阅将士，慷慨誓师。各军齐声应诺，仿佛海啸山崩，响震百里。梁国的兖州节度使张万进不战而栗，派人向晋王进贡。李存勖带领全军，沿河而上，在麻家渡扎营。朱友贞命贺瓌为北面行营招讨使，率师十万，与谢彦章在濮州会合，驻扎在州北行台。两军相持不战。

李存勖多次发兵诱敌，梁营始终不动。恼得李存勖性起，自己带了几百名轻骑，来到梁营前，踞坐辱骂。梁兵出营追赶，险些刺中李存勖，亏得骑将李绍荣力战，李存勖才脱险。众将纷纷劝说李存勖，赵王王镕及王处直也写信给李存勖说："大唐的命脉系在您的身上，您为何如此自轻？"李存勖笑着对来使说道："自古到今，平定天下，多由百战得来，我怎么能够深居帷阃，寝食自安呢？"来使刚刚回去，李存勖又出营上马，亲自去叫战。李存审上前哭着谏道："大王就算是为了天下苍生，也应该珍重自己。冲锋陷阵是李存审的事，并非大王应该做的！"李存勖还不肯罢休，李存审牵住马缰，不肯撒手，李存勖这才下马还营。

第二天，瞅着李存审外出，李存勖又策马驰往敌营，随身带了不过百名骑兵，并且对左右说："那老头子总是阻拦我，真是讨厌！"靠近梁营，营外有长堤，李存勖跃马先登，随后的骑将仅十余人。不防堤下伏有梁兵，一声呼喊，持械冲出，团团围住晋王。李存勖拼命力战，一时冲不出去。幸亏后面的骑兵陆续登堤，从外面攻入，才杀开一条血路。李存勖乘隙策马飞奔，李存审也领兵来援，才将梁兵杀退。李存勖这才信了李存审的忠言，于是更加厚待他。

两军相持了一百多天。李存勖又急躁起来，下令进军，距梁营十里下寨。梁国招讨使贺瓌多次想出战，均被谢彦章阻止。一天，贺瓌与谢彦章在营外阅兵，离营数里，正好有块高地，贺瓌对谢彦章说："这里可以立栅。"谢彦章没有回答。等晋军进逼，他果真在高地上竖栅屯军。贺瓌怀疑谢彦章与晋国通谋，秘密报告了梁主朱友贞，诬陷谢彦章挠阻自己出兵御敌，私通敌寇。贺瓌与行营都虞侯朱珪密谋，诱杀了谢彦章和骑将孟审澄、侯温裕，然后再奏报朱友贞，只说三人谋叛，贺瓌已与朱珪定计，将他们诛死。朱友贞不辨真伪，竟然升朱珪为平卢节度使，兼行营副指挥使。

李存勖听说谢彦章被杀，笑着对诸将说："将帅不和，自相残杀，这正是天赐良机！我如果引军直指梁都，他岂能仍然坚守不出，不来拦阻？只要我和他作战，便没有不胜的时候。"周德威劝阻道："梁人虽杀了上将，兵甲还很强盛。若冒险轻行，恐怕不利。"李存勖不听，下令军中老弱都回魏州，所有精兵猛将一概随行。当即毁营疾进，向汴梁进发。到了胡柳陂，有侦察兵来报，说："梁将贺瓌率大兵追来了。"李存勖说："我正要他追来，好与他打一仗。"周德威又劝道："贼众倍道来追，不曾休息，我军步步为营，所过之处安营立栅，守备有方。兵法上所谓以逸待劳，便是此策。请您按兵不动，只叫德威等人分出骑兵，去侵扰敌垒，使他不得安歇，然后一鼓出师，可以一举歼灭他们。否则梁人顾念家乡，心情激动，锐气方盛，骤然与他作战，恐怕未必能得志。"李存勖勃然大怒："以前在河上不能出击，现在敌兵来了也不出击，到底要等什么呢？你怎么这么胆怯！"说完，又对李存审说："你们率领辎重兵先前进，我为你们断后，打败了敌人，我就去追你们。"周德威不得已，率领幽州兵保护着李存勖。他向儿子哭道："不知我会死在哪里。"

不久，梁军来到，横亘数十里。李存勖自己率领中军，镇定军在左，幽州军在右，辎重兵留守陈西。李存勖率亲军闯入梁阵，冲锋杀敌，十进十退。梁将王彦章支撑不住，率部众西逃。晋军辎重兵望见梁军旗帜，还以为梁军来袭击，顿时惊乱，跑到幽州军中。幽州军被辎重兵扰乱，反而使王彦章有隙可乘，杀死许多幽州军。周德威慌忙拒战，已经来不及拦阻。这时，贺瑰率部众来协助王彦章。一场蹂躏，可怜周德威父子战死在乱军之中！

周德威死了，晋军军心动摇。晋王李存勖慌忙占领高丘，收集散兵。梁兵四面会合，贺瑰占领了对面的土山，要与晋王再决胜负。

火烧吴越军

梁将贺瑰占据土山，被李存勖望见。李存勖对将士们说："要想转败为胜，必须夺下此山。"说着，他立即带骑兵下了山丘，驰至对面的土山前，奋勇先登。李从珂、王建及等人随后赶到。众将士努力向前，一拥而上。梁兵抵挡不住，纷纷下山，改在山的西面列阵，但还是气焰逼人。晋军大惊失色，将领们请晋王收兵回营，伺机再战。只有阎宝进言说："王彦章的骑兵已经向西逃到濮阳，山下只有步兵，晚上他们一定都想回去。我们居高临下，迅速出击，一定能够破敌。况且大王深入敌境，出师失利，如果再引退，就给敌人创造了机会。他们趁机北上，河朔恐怕就不是您的江山了。成败就在今天，为什么要退回去呢？"

李存勖尚在犹豫不决，李嗣昭进谏说："敌人没有营垒，时时刻刻都想回去。我们派精骑去侵扰他们，使他们不能吃饭。待他们引退，我们再麾众追击，必能全胜。"王建及披甲横槊，慷慨陈词道："敌兵已有倦容，不趁此时出击，还要等到什么时候？大王尽管登山，看臣为大王破敌！"李存勖见他斗志昂扬，说道："要不是有你们，我差点坏了大事！"便令李嗣昭和王建及率领骑兵做先锋，自己率各军随后行军。

梁兵正在考虑吃饭的问题，不防李嗣昭、王建及两员大将气势汹汹地杀了过来。大刀长槊，搅入阵中，刀过处头颅乱滚，槊到时血肉横飞。梁兵立即四散而逃。这时，晋王又率大军来到，好似泰山压卵一般，梁军一碰就碎。贺瑰拍马往回跑，部众也纷纷溃逃。梁军损失了近三万人。

李存勖得胜回营，检点军士，晋军也死了不少人。李存勖听说周德威父子阵亡，不禁大哭道："损失了一名良将，这实在是我的错。我真是后悔！"周德威还有个儿子周光辅，是幽州中军兵马使，留守幽州，李存勖当即任命他为岚州刺史。只有李嗣源与李从珂比较失落。因军中讹传晋王已渡河退回，李嗣源与李从珂也立即乘冰北渡，后来听说晋王得胜，攻下了濮阳城，他们于是南渡回到濮阳，拜见晋王。李存勖冷笑道："你们以为我已经死了吗？你们仓促北渡是什么意思？"李嗣源磕头谢罪。李存勖因李从珂有功，不忍心严惩，只是罚他饮了一大觥酒。李存勖引军北上，回到魏州，令李嗣昭管理幽州军府。

梁主朱友贞接到贺瑰兵败的消息，已经很是不安，随后又有王彦章的败兵逃回，说是晋军马上就来了，朱友贞越发惊慌。他急忙命百姓登城拒守，又想逃往洛阳。后来得到行营的准确情报，才知道晋军已经北还，虽然免了奔波，但已是吃惊不小。

李存勖发兵攻打梁国时，曾派人去吴国，约吴王南北夹攻梁国。吴王杨隆演命行军副使徐知训为淮北行营都招讨使，携同副都统朱瑾等人，带兵赶往宋、亳二州，与晋国呼应。杨隆演还命他们传檄文给各州县，围攻颍州。朱友贞令宣武军节度使袁象先出兵救颍州。吴军不战即退。原来，徐知训骄奢淫逸，专横跋扈，所以士无斗志，不愿意为他效命。徐知训也乐得退军，回到广陵，继续寻欢作乐。但是势不可行尽，福不可享尽。像徐知训这样的人，哪里能长保富贵，安逸终生？

徐知训凭借父亲的威名，官至内外都军使，兼同平章事。他不但喜欢酗酒，而且好色，遇到有姿色的妇女，他一定会想方设法弄到手。徐知训得知抚州李德诚有家妓数十人，便写信给李德诚，向他讨要。李德诚回信说："我家虽有几个家妓，但都又老又丑，不配伺候贵人。我会为您另找些年轻漂亮的妇人。"徐知训看到回信，非常生气，说道："他连家妓都不肯给，分明是小看我。我要杀死李德诚，把他的妻室都抢过来！看他能逃出我的掌心吗？"李德诚听了十分恐慌，急忙找了几个美人，献给徐知训。徐知训这才罢休。

吴王杨隆演为人怯懦，经常被徐知训欺侮戏弄。一天，徐知训请杨隆演吃饭，杨隆演喝得酩酊大醉。徐知训便逼迫杨隆演离座，令他与戏子一起唱戏，并且叫杨隆演扮苍鹘，自己扮参军。什么叫做参军、苍鹘呢？戏子演戏的时候，一个人袄头穿绿，叫做参军，一人总角敝衣，拿着帽子跟着参军，像僮仆一样，叫做苍鹘。杨隆演不敢违拗，只好勉强扮演。

一次，徐知训与杨隆演泛舟夜游，杨隆演却先上了岸。徐知训恨他对自己不恭敬，便用弹弓打杨隆演。幸亏杨隆演的随从挡住弹子，杨隆演才没有受伤。过后，他们来到禅智寺赏花，徐知训借着酒意诟骂杨隆演，把杨隆演骂哭了，徐知训还是喋喋不休。左右随从看不下去了，偷偷地扶杨隆演上船，飞驶而去。徐知训怒上加怒，急忙乘轻舟追赶。后来没有追赶上，他竟然拿了铁锤去打杨隆演的亲吏。徐知训打死了一个人，其余的人都跑掉了。

徐知训酒也醒了一半，就回去睡觉了。杨隆演的两个卫将李球和马谦想要为主除害。等徐知训入朝时，他们便带着卫卒袭击徐知训。徐知训的随从便与卫士交战，毕竟寡不敌众，徐知训等人且战且退。这时，朱瑾赶到，徐知训急忙呼救。朱瑾一声令下，外面的士兵拥了进来，将李球、马谦二人杀死，卫卒都逃跑了。徐知训想去教训杨隆演，被朱瑾拦下了。徐知训从此更加飞扬跋扈，不仅欺侮同僚，而且陷害徐知诰。

徐知诰是升州刺史。他修筑府舍，振兴城邦，为百姓做了很多好事。润州司马陈彦谦劝徐温去管理升州，调任徐知诰为润州团练使。徐知诰入朝辞行。徐知训装做为他宴饯，暗中却藏了伏兵，要杀徐知诰。徐知训的弟弟徐知谏，和徐知诰是好朋友，此时也在座中，他偷偷地踩了踩徐知诰的脚。徐知诰才知道这里面有伏兵，于是借口上厕所，翻墙逃跑了。徐知训听说徐知诰逃跑了，拔出剑，递给亲吏刁彦能，令他速去追杀。刁彦能追上徐知诰后，把剑给了他，然后放他逃跑了。刁彦能回去报告徐知训，只说是没追上徐知诰。徐知训无计可施，只好作罢。

朱瑾上次帮了徐知训，救了他一命，徐知训却不念旧恩，私下里胡乱猜疑。朱瑾曾派家妓去问候徐知训，徐知训将她留住，想要她侍寝。家妓知他不怀好意，趁机逃了出来，回去告诉了朱瑾。朱瑾听了很是生气。后来，朱瑾又听说徐知训要将自己外调，出镇泗州，免不得恨上加恨。于是他想出一计。朱瑾请徐知训到自己家里来，盛宴款待。席间召出宠妓，唱歌敬酒，惹动徐知训一双色眼，目不转睛地盯着歌妓。朱瑾暗中窃笑，表面上还是一味地奉承，说愿以歌伎和名马相赠，惹得徐知训手舞足蹈，高兴不已。因徐知训的仆从多在厅外，不便下手，朱瑾便把徐知训领到内堂，召继妻陶氏出来拜见徐知训。陶氏款款走了出来，下拜徐知训，徐知训慌忙上前答礼，冷不防背后被朱瑾一击，没能站住，竟然趴在地上了。内堂伏有壮士，持刀出来，一刀下去，那淫凶暴戾的徐知训便向鬼门关报到去了。

朱瑾砍下徐知训的首级，拿到大厅，徐知训的仆人立刻都逃跑了。朱瑾骑马到了吴王府，向杨隆演说道："我已经为大王除了一害！"说着，便将血淋淋的头颅举给杨隆演看。杨隆演吓得魂不附体，慌忙用衣服挡住脸，嗫嚅答道："这……这事与我无关。"一面说，一面走入内室。朱瑾不禁怒发冲冠，大声呼道："你这个无知的笨蛋，将来能干成什么大事！"随即将徐知训的头砸向桎子，扔在大厅里，然后转身想走。不料府门已经关上，内城使翟虔等人带着士兵蜂拥而至，争先恐后地来杀朱瑾。朱瑾急忙跑向后墙，一下子就跳了上去，再跳到地上，没想到竟然摔断了腿。后面的追兵翻墙赶来，朱瑾知道逃不掉了，便大喊一声："我为万人除害，功过相抵，也算是无罪了。"说完，把手中的剑向颈上一横，当场就死了。

徐温一向在外镇，不知道徐知训是个无恶不作的人。他一听说徐知训被杀，愤怒不已，立即引兵渡江，来到广陵。徐温敲开兴安门，问朱瑾在哪里。守门的官吏报告说朱瑾已经死了。他便令士兵搜捕朱瑾的家人，自朱瑾的妻子陶氏以下，一并抓起来，推出去斩首。陶氏临刑前哭个不停，朱瑾的从妾则坦然说道："何必多哭，此行正好见朱公了！"陶氏听了，随即收泪，伸颈就刑。朱瑾的家人全部被诛杀。徐温还令人将朱瑾的尸体陈示北门。朱瑾名重江淮，颇有口碑。百姓们都对他十分尊敬，偷偷地埋葬了他。

那时瘟疫盛行，病人取来朱瑾的墓土，用水混和服下，就痊愈了。于是，百姓不断地在墓上添加新土，朱瑾的墓竟然成了高坟。徐温听说后，命人挖出朱瑾的尸体，投入雷公塘下。后来，徐温就生病了，还梦见朱瑾拉弓要射他。徐温不由得惊惧交并，命渔人打捞出朱瑾的尸骨，在塘侧立祠，他的病才慢慢好起来。徐温本想把朱瑾的余党赶尽杀绝，做了这个梦，才改变了主意。又因徐知诰、严可求等人向他详细地叙说了徐知训的罪行，徐温这才翻然醒悟道："这个孽子死得太晚了！"他斥责了徐知训的将佐一番，将他们一律革职。唯独刁彦能多次劝阻徐知训，因此徐温对他特别加赏。徐温晋封徐知诰为淮南节度副使，掌管府事，命徐知谏掌管润州团练。徐温仍然回镇，内外事务都交给了徐知诰。

徐知诰一向反对徐知训的所作所为。他对吴王尽心尽力，对士大夫非常谦恭，严于律己，宽以待人，广开言路，杜绝腐败，除去奸猾，减轻赋税。经过徐知诰的治理，城邦富庶，百姓安居乐业，就是悍夫宿将，也都对他心悦诚服。徐知诰用宋齐邱为谋主。宋齐邱劝徐知诰兴农薄赋，江淮间因此没有荒野，桑柘满地，禾黍盈郊，国富民强。徐知诰非常想重用宋齐邱，偏偏徐温不高兴，只让宋齐邱做殿直军判官。宋齐邱始终为徐知诰效力，每天晚上与徐知诰秘密策划。他们怕隔墙有耳，只用铁筋画灰为字，随写随擦，所以二人的密计无人知道。

严可求料到徐知诰胸怀大志，对徐温说道："徐知诰不是徐家之人，他礼贤下士，笼络人心，若不早除掉他，必成后患！"徐温不听，严可求又劝徐温令次子徐知询代掌内政，徐温也没听进去。徐知诰对此有所耳闻，便调严可求为楚州刺史。严可求知道自己遭到怀疑，连忙去拜见徐温说："唐朝灭亡已十多年，我们吴国还奉唐为正朔，无非以兴复为名。现在朱氏、李氏争逐河上，朱氏日衰，李氏日盛。如果李氏得到天下，难道我们要向他称臣吗？不如先建吴国。"这一席话，说到徐温心坎里去了。

原来，徐温曾劝杨隆演称帝，杨隆演不回答，只是一拖再拖。在徐温看来，自己权重位卑，只要吴王称帝，自己也好总掌百揆，管治各镇。唯独严可求却另有一种想法。他怕徐知诰反对，不得不推重徐温，作为自己的靠山。既要推重徐温，又要尊崇吴王。彼此各存私见，却似心心相印。

徐温留下严可求参议政事，令他起草表文，推尊吴王为帝。吴王杨隆演仍然拒绝。徐温又邀集将吏藩镇，一再上表。唐天佑十六年，即梁贞明五年四月，杨隆演即吴王位，大赦国中，改元武义，建宗庙，置百官，一切皆用天子礼，只是不称帝号。杨隆演追尊杨行密为太祖，谥曰孝武王；追尊杨渥为烈祖，谥曰景王；母亲史氏为太妃。杨隆演拜徐温为大丞相，封他为东海郡王；任徐知诰为左仆射，参议政事；任命严可求为门下侍郎，骆知祥为中书侍郎；立弟弟杨蒙为庐江郡公，杨溥为丹阳郡公，杨浔为新安郡公，杨澈为鄱阳郡公，儿子杨继明为庐陵郡公。杨蒙颇有才气，曾叹息道："我祖上创业艰难，难道大业会被他人占有吗？"徐温听了，怕管制不了他，派他出任楚州团练使。吴王杨隆演本来不愿称帝，只因为徐温一再逼迫，才勉强登基。杨隆演见徐氏父子专权，无论如何懊怅也不敢表现出来，所以经常怏怏不快，整天乏饮少食，竟致疾病缠身，不能上朝。

哪里知道吴越忽然来挑衅。吴越王钱镠派儿子钱传璙率战舰五百艘，自东洲进攻吴国。警报雪片似地飞来，吴王杨隆演病中不愿处理朝政，一切调兵遣将的事情，当然委任于大丞相、大都督了。吴越王钱镠与淮南不和，因此被梁国利用，令他牵制淮南。梁主朱友贞还任命吴越王为淮南节度使。钱镠曾上表梁廷，说不费吹灰之力，便可拿下淮南。后来他多次侵犯淮南，有时胜利，有时失败。朱友珪篡了位，册封钱镠为尚父。朱友贞当了皇帝后，又封钱镠为天下兵马元帅。钱镠建立元帅府，设置官属，雄踞东南。吴王杨隆演建国改元后，梁主朱友贞颁诏吴越，令他大举伐吴。因此，钱镠派钱传璙出师。

吴相徐温连忙调舒州刺史彭彦章以及裨将陈汾带领水师，抗击吴越军。水师顺流而下，到了狼山，正与吴越军相遇。可巧一帆风顺，不能停留，吴越战舰避开两旁，由他驰过。吴军踊跃前进，不料后面鼓角齐鸣，吴越军帅钱传璙驱动战舰，扬帆追来。吴军只好回船与之交战。未经交锋，吴越舰中忽然抛出许多石灰，石灰顺风飞入吴船，迷住吴军双目，吴越兵又把豆和沙散掷过来。吴军已是头昏眼花，脚下又踩着沙和豆，便站立不住。吴越军趁机乱劈乱砍，杀得吴军招架不住，全船大乱。钱传璙命令将士们纵火，焚毁吴船，吴军心惊胆战，四散奔逃。彭彦章还想力战，无奈身上多处受伤，知道自己走投无路，情急之下就自杀了。陈汾却先已逃回，坐视彭彦章战死，并不救他。吴军四百艘战舰多半化为灰烬，七十名偏将被掳，数千名士兵伤亡。

徐温得到消息后，立刻诛杀了陈汾，没收了他的家产，分给彭彦章的妻子儿女。徐温一面出兵驻守无锡，截住敌军，一面令右雄武统军陈璋率水军绕过海门，断敌归路。吴越军乘胜进军，与徐温相遇。时值孟秋，暑气未退，徐温中暑了，不能治军。判官陈彦谦急忙从军中选了一个长得像徐温的人，令他冒充军帅，身穿甲胄，号令军士。徐温才得以稍微休息一会儿。不久，吴越军来攻打吴军，徐温的病稍好了一点，便亲自出战。秋阳暴烈，徐温远远望见两岸间芦苇已经枯黄，又正值西北风起，心想正好趁势放火，烧他一个精光。便令军士们拿着火具，四处纵火。火随风猛，风引火腾，吴越军立刻惊得四处乱逃。徐温驱兵追击，杀敌一万多。吴越将何逢、吴建都被杀死，钱传璙只好逃跑了。钱传璙跑到香山，被吴将陈璋截住去路，好不容易才夺路逃回。吴越军十成水师已失去了七八成。

徐温下令收兵回镇。徐知诰请求派两千步兵，假冒吴越军，向东袭击苏州。徐温喟然道："你的计策很妙，但我只求安兵息民。敌人已经远去，何必多结仇怨！"诸将又纷纷说道："吴越军全靠水兵打仗，现在天旱水涸，舟楫不便行驶，这正是灭掉吴越的好机会，何不乘胜进兵，扫灭了他？"徐温又叹道："天下离乱已是多年，百姓困苦极了，钱公也不能视而不见。如果连续作战，反而会加重百姓的负担。现在我们既然得胜，敌人已经怕了我们，我们就得饶人处且饶人，放他一马，令两地百姓安居乐业，君臣也能高枕无忧，岂不是好事！多杀人又有什么好处呢！"于是引兵回镇。

后来，徐温以吴王的名义写信给吴越，说愿意放回无锡俘虏。吴越王钱镠也回信求和。两下释怨，休兵息民，彼此和好度日，有二十年不起烽烟。

第二年五月，吴王杨隆演病重垂危。徐温自升州入朝，与大臣们商议嗣位事宜。有人对徐温说："从前蜀先王临终时，曾对诸葛武侯说自己的儿子不是治国之才，劝武侯登基称帝。"徐温不等他说完，立即正色道："这是什么话！我如果有意窃位，诛杀张颢时就能做皇帝，何必等到今天？杨氏已传三主，就是无男有女，也应该由众人拥立君主。再有人妄言，斩首不赦！"众人唯唯听命。吴王传令，召丹阳公杨溥监国，任命杨溥的哥哥杨蒙为舒州团练使。没过多久，杨隆演病逝，年仅二十四岁。他的弟弟杨溥继位，尊生母王氏为太妃，追尊兄长杨隆演为高祖宣皇帝。吴王杨溥继位后，国中好几年无事。

昏淫的蜀后主

蜀主王建杀死太子王元膺，改立幼子王宗衍为太子。王建有十一个儿子，为何偏偏册立这幼子呢？原来，蜀主的正室周氏才貌平常，且没有子嗣。王建虽有妾室数人生了数子，怎奈她们都没有姿色。后来王建得到眉州刺史徐耕的两个女儿，入侍后宫。这对姊妹花貌如天仙，与江东大小乔相似。姐姐生子王宗衍，妹妹生子王宗鼎。王宗鼎先出生，排行第七，王宗衍后出生，排行最末。此外，王建还有王宗仁、王宗纪、王宗辂、王宗智、王宗特、王宗杰、王宗泽、王宗平等儿子，均是别的妻妾所生。

王建僭号称帝后，十一个儿子均被封王。王元膺死后，王建因王宗辂性格很像自己，而王宗杰非常有才，便打算在这两个儿子中选一个做继承人。徐家大女儿已晋封贤妃，小女儿也晋封淑妃，两妃专房用事，怎肯将一把龙椅让给他人？当下令心腹太监唐文扆带了一百两黄金，送给宰相张格，嘱咐他号召百官，立王宗衍为太子。

张格得到重金，立即起草表文，令百官署名，只说是皇上已经授意自己，决定立王宗衍。百官因是君相定策，不便违议，乐得署名呈入。王建览表后，惊疑地说道："王宗衍还很小，能立做太子吗？"适值徐贤妃在旁边，进言说："宗衍已经十多岁了，相士说他以后会大富大贵。不过陛下今天却很为难，十几个王子充斥后宫，哪里轮得上宗衍。妾情愿领他出宫，免得遭人嫉妒，也省得陛下为难！"说至此，脸上的泪珠儿已扑簌簌地落了下来。王建连忙安慰她说："我并非不愿意册立宗衍，只是怕他少不更事，反倒误了国家大事。"徐贤妃回答说："相臣以下尚且一致赞成，只有陛下圣明，考虑了这么多。妾怕陛下并不是为此，无非是左右为难，借此欺骗臣妾呢！"王建一再申辩，徐贤妃一再撒娇，弄得蜀主情急起来，便说："罢！罢！我明天立宗衍便是了。"徐贤妃方含泪谢恩。第二天，王建即立宗衍为太子。

王宗衍方脸大嘴，垂手过膝，聪明伶俐，很小的时候便能写文章。只是他性情浮躁，做事张扬。他曾经搜集了二百篇艳体诗，署名《烟花集》，传诵蜀国。王宗衍被立为太子后，开府置官，找来一帮狐朋狗友作为僚属。他们除了唱和淫词外，斗鸡击球，整日胡作非为。蜀主路过东宫，听到里面喧呼声很是热闹，问明底细，原来是太子与诸王在蹴鞠，不禁长叹道："我身经百战，辛苦经营，才立此基业，这些人能守住吗？"蜀主颇恨张格，而且有了废黜太子的意思。只是徐贤妃从中捣鬼，一笑一颦地作态，竟制住这狡猾的蜀主王建。王建只好将废太子之事一拖再拖。

王宗杰深受王建的宠爱，多次参议时政。后来，他不知为何中毒，四肢青黑，顿时身亡。王建更加疑惑，并因年老衰迈，禁不住这番打击，伤感成疾，无药可医。王建私下想，只有北面行营招讨使王宗弼还算沉重有谋，可以托付大事。于是，王建召他回成都，任命他为马步都指挥使，并将他与宰相张格等人一起宣入寝殿。王建当面嘱托道："太子太仁弱了。当时，朕听了众卿的话，越次册立。如果他不能继承祖业，可以让他迁居别宫，千万不要加害他。我的儿子还有很多，可以择贤继位。徐贤妃兄弟只可多给禄位，不要让他们掌握兵权，干涉政事。"

王宗弼等人唯唯而退。

偏偏此话被徐贤妃知道了，立即转告唐文扆。唐文扆是内飞龙使，很久以来就掌握禁兵，并任枢密使。唐文扆竟派兵守住宫门，不让大臣再入内。王宗弼等三十余人早晚问安，也不能进入。王宗弼料想唐文扆要谋乱，正打算设法除掉他，可巧皇城使潘在迎密报王宗弼，说唐文扆要谋害大臣。王宗弼于是带领壮士，冲进王建的寝殿，向王建详细诉说了唐文扆的罪状。王建病情虽然加剧，但还知道人事，便召太子王宗衍入宫伺候自己，令崔延昌掌管六军事，贬唐文扆为眉州刺史。翰林学士承旨王保晦是唐文扆的私党，被削去官爵，流放到泸州。所有内外人事以及一切刑牍案狱，王建统统委托翰林学士庾凝绩承办。都城以及行营军旅，王建交给了宣徽南院使宋光嗣管理。宋光嗣是小太监出身，擅长拍马溜须、阿谀奉承，因而得到重用。本来王建平时内置枢密使，专用士人。此次担心太子年少，士人不听指令，因此特改任宦官。哪里知道这两川土地，就要被这太监断送了！

不久，王建弥留，令王宗弼任中书令，宋光嗣任内枢密使，与功臣王宗绾、王宗瑶、王宗夔等人，一起领受遗诏。宗弼、宗绾、宗瑶、宗夔都是王建的养子，改姓王氏，辅佐王建建功立业，颇有功劳，都被封为中书令。王建病死后，太子王宗衍继位。王宗衍除去宗字，单名为衍。王宗弼等人晋封为王。尊父亲王建为高祖皇帝，嫡母周氏为昭圣皇后。周氏人老多病，不久也去世了。王衍尊生母徐贤妃为皇太后，姨母徐淑妃为皇太妃，命宋光嗣掌管六军护卫诸事，削去唐文扆的官爵，赐他自尽，诛死王保晦。贬宰相张格为茂州刺史，后又贬谪为潍州司户。礼部尚书杨玢、吏部侍郎许寂与户部侍郎潘峤，都是张格的同党，被贬了官。同平章事的位置，王衍留给兵部尚书庾传素。王衍又用内给事王廷绍、欧阳晃、李周辂、宋光葆、宋承蕴、田鲁俦为将军，让他们参议军事，令兄弟诸王兼任节度使。

彭王王宗鼎对兄弟们说道："亲王掌兵是祸根，况且主少臣强，很容易发生变乱。缮甲训兵并非我们应该做的事情。"于是，他便辞去节度使的职务，自己开了书馆，种植松竹，自娱自乐，倒也逍遥快活，无是无非。王宗弼已被封为钜鹿王，后来又被晋封为齐王。他总揽大权，职兼文武，凡内外迁调官吏，均是他一人掌握。王宗弼便趁机纳贿营私，作威作福。蜀主王衍毫不过问，整天醉酒作乐，不知疲倦。

王衍即位时，册立了一位皇后。这位皇后是前兵部尚书高知言的女儿。高氏端庄沉静，颇有妇德。王衍却嫌高氏没有学养，太过朴素，不是很喜欢她。王衍命内教坊严旭选取良家女子二十人，入备后宫。严旭强行搜查民家，见有姿色的女子，无论她的家人愿意不愿意，硬要把她们献入宫中。只有多给金帛才能免祸，民间因此怨声载道。严旭的腰包却鼓了起来。找够二十个人后，严旭入宫复旨。王衍见他所选的女子都是芙蓉为面，杨柳为眉，不由得喜笑颜开，极力称赞严旭会办事，并且提拔他为蓬州刺史。从此以后，王衍更加荒淫无度。

太后和太妃也最喜欢四处游玩，时常到亲朋家里，通宵饮酒作乐。有时王衍会与她们一起同游近郡名山，饮酒赋诗，寻欢作乐。太后和太妃又各自传出教令，卖官鬻爵，出价最多的人，升官最快。礼部尚书韩昭没有才学，但因擅长阿谀奉承而受到宠信。他又出重金贿赂太后和太妃，得以升任文思殿大学士，权位在翰林承旨之上。韩昭进入禁宫，面见王衍，请求购买数州刺史一职。得到一大笔金子后，王衍居然同意了，这可真是特别加恩了。

王衍改元乾德。乾德元年，他改龙跃池为宣华池，就池造苑，大兴土木。第二年他又在万岁桥修建高祖庙。王衍带着太后和太妃及后宫妃嫔，入庙祭祀，大肆铺张浪费。华阳尉张士乔上疏恳切地劝谏，触怒王衍，被判处斩。因徐太后劝阻，才得以幸免。张士乔流落到黎州，悲愤交加，竟投水自尽了。

没过多久，王衍下诏北巡。从成都出发，披金甲，戴珠帽，手拿弓矢而行，旌旗兵甲，绵延百余里。百姓还以为是灌口妖神。到了安远城，王衍令王宗俦、王宗昱、王宗晏、王宗信等人率兵讨伐岐国，进攻陇州。岐王李茂贞出兵驻守汧阳，作为援应。蜀国偏将陈彦威过了散关，来到箭筈岭。他在那里遇着岐兵，打了一回胜仗，便立即引兵退回。王衍接到捷报，亲自赶到利州。龙舟画舸，辉映江渚，州县供张，穷奢极欲，百姓都有怨言。王衍到了阆州，见州民何康的女儿美丽过人，立即命侍从强行带回何女。何康的女儿已经订了婚，过几天就要出嫁了。王衍问明底细，命人带了一百匹帛，赐给她的未婚夫家，叫他另娶他人。谁料这个未婚夫听了这件事，竟然悲伤过度而死！

王衍得到何康的女儿后，无心再游玩，即日返回成都。他与何康的女儿缠绵缱绻了一个多月后，便觉得何女味同嚼蜡，平淡无奇。这时，王衍陪同徐太后回家省母，瞥见一个绝代佳人，极其袅娜娉婷，生得玉骨仙姿，不同凡艳。王衍怎肯轻易放过，问明太后，原来是徐耕的孙女，与自己是表兄妹。王衍当下召令她出来相见，说要带她回宫。王衍是蜀帝，叫徐氏如何敢违逆，只好跟他回宫。入宫以后，两人颠鸾倒凤，逍遥行乐。那徐女不但美艳，而且曲尽柔媚，极善奉承，引得这位蜀天子非常怜爱。徐太后姊妹，因侄女又得专宠，为母族增光，也很是欣慰。

偏偏王衍不想娶母后娘家的人，反而对外称她是韦昭度的孙女，封她为韦婕妤，后来又加封为韦元妃。六宫粉黛，当然嫉妒。最难堪的是正宫高氏，平时本已失宠，自韦妃入宫后，更被疏远。她免不得有怨言。王衍竟将她废去，令她回家。她的父亲高知言已经老了，听说此事，顿时晕了过去，好不容易才被救过来。醒来后，他还是涕泣涟涟，不愿进食，饿了好几天，竟然死了。

王衍完全不理会这些，一心要立韦妃为皇后。宫内还有一位金贵妃，姿容也很秀媚，还擅长绘画。她出生时，风雨交加，天昏地暗，她的母亲梦见赤龙绕庭，然后分娩，所以她的闺名叫做飞山。乾德初年她被选入掖庭，曾经受到专宠。韦妃进来后，金贵妃也逐渐被冷落。但她的资格比韦妃老，而且有赤龙梦兆，已经有了好兆头。王衍踌躇了好多天，不得已立金妃为皇后。后来王衍又要废立，幸亏钱贵妃代为力争，此事才算罢休。名号上虽然未改，情意中不再相亲。蜀宫内佳丽一天比一天多，整天高歌艳舞，几乎变成了一个花天酒地的场所。

此时，梁国和晋国正在交战。晋王李存勖出兵魏州，得了一个传国御玺，是僧人传真献上的。传真说是在唐朝丧乱时得到的，自己秘藏了四十年。于是晋臣相率称贺，接连上表劝说，怂恿李存勖称帝。蜀主王衍得到消息，也派人送信过去，请晋王称帝。李存勖对僚佐说："昔日王建也曾写信给先王，想各自称帝。先王对我说：'我带兵打天下，当然威震四方。当初唐天子来石门游玩，我如果挟天子、据关中，然后称帝，什么人敢阻拦？但是我们家世代忠良，我不能这样做。他日你一定要规复唐室，保全唐祚，不要听信别人的话称帝！'此话犹在耳畔，我怎好背弃父训呢？"群臣只好暂将称尊之事搁起，一时也不敢多言。

这时候的梁、晋两国，在德胜连年打仗。德胜是个渡名，是河北的要冲。李存勖命李存审夹河筑城，分为南、北二郭，也称夹寨。梁将贺瓌率兵去攻夺，大小百余战，始终不能攻克。梁国河中节度使冀王朱友谦因为儿子朱令德上表索求符节和斧钺，梁主朱友贞没有答应，所以举河中投降了晋国。梁国起用刘鄩为招讨使，令他攻打河中。刘鄩与朱友谦有姻亲关系，于是先写信把事情告诉了他，给他分析利弊，然后进兵。朱友谦并不回信，反而向晋王告急。晋王李存勖派李存审前去支援朱友谦。

刘鄩等了好久，不见回信，才开始进逼同州。那时李存审也已到达同州。两军交战，刘鄩被打败。梁国副使尹皓、段凝等人秘密告诉梁主朱友贞，诬陷刘鄩顾念私情，沿途逗留，才导致兵败。朱友贞于是偷偷命西都留守张宗奭，将刘鄩毒死。这时，贺瓌病逝了。梁将中智推刘鄩、勇推贺瓌，两人相继毕命，诸军都没有了斗志。晋军连得胜仗，声威更振。于是，一班攀龙附凤的臣僚又写了劝进表文，陆续呈入，无非说是天命攸归，人心属望，要晋王应天顺人，尽快登大位等。各镇节度使各献货币数十万，作为即位的花销，还有吴王杨溥也写信劝进，令这无心称帝的李存勖也不能抱定主意，居然雄心勃勃，想做皇帝了。

独有一个唐室遗臣，闻知此事，很不以为然，从晋阳赶到魏州，拼命劝阻。这人就是监军张承业。张承业尽心尽力为晋国做事。李存勖出征，所有的军府政事都交给张承业处理。张承业劝课农桑，贮积金谷，收养兵马，征租行法，因此军政肃清，馈饷不乏。刘、曹两位太夫人非常赏识张承业。有时张承业违逆李存勖，两位太夫人必定痛责李存勖，令他向张承业致谦。李存勖加授张承业为左卫上将军，兼燕国公。张承业都坚决推辞了，说自己一辈子都是大唐的官员。

诸臣劝进，李存勖已经动了心。张承业赶到魏州，当面进谏道："我王世代忠于唐室，多次救大唐于危难之中，所以老奴为您做事，至今已三十余年。我为大王聚积财富，招补兵马，誓灭逆贼，恢复唐朝宗社，已完成臣的心愿。如今河北刚定，朱氏尚存，您就想即大位，实在是与您的初衷不合。天下人见大王言行不一，一定会很失望。我今天为大王献计，您最好是先灭朱氏，为列圣复仇，然后迎立唐朝的后代，南取吴国，西取蜀国，泛扫宇内，合为一家。那时功德无比，即使高祖、太宗再生，也未必能高居大王之上。大王让国愈久，即得国愈坚。老奴并无他意，不过受先王大恩，想为大王立万年基业，请大王不要猜疑！"李存勖想了一会儿，答道："这件事并非是我的意思，但众人一再请求，不好拒绝，我又能怎么办呢？"张承业知道阻止不了晋王，忍不住痛哭道："诸侯血战，本为唐朝。现在大王自己称帝，不仅是欺骗了诸侯，也欺骗了老奴！"说完就辞别李存勖，回到晋阳。后来，张承业抑郁成疾，一病不起。

李存勖听说张承业生病了，一时也不愿意称帝。正赶上成德军叛变，王镕的养子王德明，原名为张文礼，杀死主将王镕，屠灭王氏家族，并派人向晋国告乱。为这一番意外事情，又惹动李家兵甲，假借仁义之名，去攻打镇州。

李存勖登基称帝

成德军节度使赵王王镕自从与晋国联合后，得到一个强大的外援。因没有了外患，他不免居安忘危，大造府第，广选妇女，骄奢淫逸起来。王镕宠信方士王若讷，在西山盛筑宫宇，炼丹制药，寻求长生不老之术。每次出游西山，便命妇人系上锦绳，牵持而上。进了离宫，他更是流连忘归。一切政务，都交给宦官李弘规、石希蒙处理。石希蒙善于献媚，王镕对他宠爱有加，让他与自己同起同卧，住在西山鹊营庄。李弘规直言进谏道："如今天下诸国，晋国最强。晋王尚且风餐露宿，亲临战场。大王却搜刮民脂民膏，作为游资，离开都城，几个月都不回去。假如有人关上城门，不让您进城，请问大王到时候要怎么办呢？"

王镕听了感到十分震撼，急忙下令回宫。偏偏石希蒙从旁阻拦，不让王镕回去。李弘规怒发冲冠，竟然派亲军将领苏汉衡率兵直入庄中，拿刀逼着王镕说："军士们已经累了，愿跟随大王回去！"王镕还没来得及回答，李弘规又说道："石希蒙坏事做尽，罪该万死，请赶快杀死他，以谢众士。"王镕不答应。李弘规招呼士兵，捕了石希蒙，把石希蒙的头颅扔到王镕面前。王镕无奈，只好回去了。当时，长子王昭祚已经带着梁国公主回到赵国，王镕便与他商量，要谋杀李弘规等人。王昭祚转告给王德明。王德明便将李弘规等人抓住，将他们一并砍了头，并且把他们的族人赶尽杀绝。王镕还命人搜缉余党，要彻查到底。亲军人人自危。

王德明本来就很狡猾，现在有机可乘，便煽动亲军说："大王命令我把你们全部活埋。从命吧，我实在不忍心；不从命吧，又会获罪。我应该如何处理呢？"众人都非常感激他，纷纷表示愿意听他的指挥。王德明于是密令一千名亲军，半夜翻墙而过，去杀王镕。王镕正与道士焚香受箓，军士们不费吹灰之力便砍下了王镕的头，然后回去报告王德明。王德明索性毁去宫室，大杀王氏家族，自王昭祚以下，全部毙命。只留下朱温的女儿普宁公主。王镕的小儿子王昭诲才十岁，被亲将救出，藏到洞穴中，才幸免于难。后来，王昭诲偷偷跑到湖南，剃发为僧，改名崇隐。

王德明恢复原来的姓名张文礼,向晋国告乱,请求晋国为他留一条活路。李存勖想立即讨伐王德明。群臣力劝,说已经与梁国对立,不宜再树一敌。李存勖暂时准了他们的请求。张文礼秘密上表梁主朱友贞,说王氏是被乱兵杀死的,幸好公主无恙,请梁廷急发一万名精兵,再由自己向契丹求助,从德隶渡河,去攻打河东,这样就可以扫灭晋国了。朱友贞看完奏章后,犹豫不决。敬翔请求趁机收复河北。赵岩、张汉鼎、汉杰等人说张文礼诡计多端,万万不能相信。朱友贞于是按兵不动。张文礼一再写信,多被晋军中途搜获。

赵国都指挥使符习曾率兵万人,跟随晋王驻守德胜城。张文礼阴怀猜忌,召令他回镇,要派别的将领代替符习。符习去拜见晋王,哭着请求晋王把他留下。李存勖对他说:"我与赵王结盟讨贼,情同骨肉。没想到他遇害了,我很是心痛。你如果不忘故主,能为他复仇,我愿意借给你兵粮,助你讨伐逆贼!"符习与部将三十多人,跪在地上,一边哭一边说道:"大王心里怀念着我的故主,令我复仇。符习等人不敢麻烦府兵,愿意领本部兵马前去斩杀叛贼,以报答王氏对我的大恩。我虽死亦无恨了!"李存勖非常高兴,立即任命符习为成德留后,领本部兵马先行,并且派了大将阎宝、史建瑭作为后应,自邢、洺二州北上,直奔赵州。刺史王铤自知无法抵挡,只好开城投降。李存勖任命他为刺史,立即移军前去攻打镇州。

张文礼那时已经病重,听说赵州失守,当场吓死。他的儿子张处瑾秘不发丧,与韩正时等人全力拒晋。晋兵渡过滹沱河,进逼镇州。镇州城上箭石齐下,史建瑭中箭身亡。李存勖得到史建瑭的死讯,打算分兵亲自前去援应,凑巧抓获梁军侦察兵,侦察兵俯首投降,说梁国北面招讨使戴思远,将乘虚来袭击德胜城。李存勖急忙命李存审屯兵驻守德胜城。李嗣源在戚城埋下伏兵,先用精骑去引诱梁兵,待梁兵入境,晋军鼓声大作,伏兵拥出。李嗣源先冲了出来,将梁兵冲乱,李存审又从城中杀出。李存勖亲自率三千铁骑,迎头痛击,斩获梁兵二万余人。

戴思远逃跑。李存勖想亲自赶往镇州,忽然接到定州来书,劝阻李存勖进兵。这反而令李存勖怀疑起来,暗暗寻思道:"王处直跟随我多年,为什么要阻拦我?"随即取出张文礼写给梁主朱友贞的蜡书,送给王处直看,并且传话说:"张文礼负我,不能不讨伐!"原来,王处直听说晋王李存勖要讨伐张文礼,便与左右商议道:"镇、定二州互为唇齿,镇州亡,定州不能独存,此事不可不防。"于是,他便写信给晋王,请求

075

赦免张文礼。偏偏李存勖拒绝了，害得王处直朝夕担忧。

王处直有个儿子叫王郁，向来不得宠。当初，王郁逃到了晋阳。晋王李克用把爱女许配给他，叫他做新州防御使。此时王处直偷偷地派人去找王郁，令他重重贿赂契丹，请求契丹派兵南下，以牵制晋军。王郁要求王处直传位给他，方才听命。王处直不得已答应下来。可是，定州将士都不想招入契丹兵。军中有王处直的养子刘云郎，改名为王都，一向为王处直所宠爱。王处直有意传位给他。他听说王郁成了继承人，眼看着定州的符节和斧钺被王郁拿去，心里很是不安。小吏和昭劝王都先行发难。

王都率数百名亲军，闯入府第，持刀大喊道："你误信孽子，私召外寇，没有一人赞成。你如此昏庸，不能再处理军事，请退居西宅，安享天年！"王处直正要驳斥，哪知军士一哄而上，把他拥出府中，押往西府。军士又逼令王处直的妻妾一起去西府，将他们全部关了起来。所有王氏子孙以及王处直的心腹将士都被杀死。王都派人告诉了晋王李存勖。王处直被幽禁，晋国便少了一个心腹之患。李存勖立即任命王都代握兵权。王都得到晋王的信，就去西府见王处直。王处直气得一甩袖子，捶胸大呼道："逆贼！我什么时候辜负过你？"说到这里，王处直四下找不到兵器，竟拽住王都的袖子，张口去咬他的鼻子。王都慌忙躲闪，扯出袖子就往外跑。王处直忧愤而死，王都拨兵助晋。李存勖便留下李存审、李嗣源据守德胜城，自己率大军去攻打镇州。镇州城中防守颇严，李存勖打了一个星期都没攻下。

忽然得到幽州急报，契丹大举南下，涿州被攻陷了，幽州也被包围了。李存勖想要分兵去支援，偏偏定州也来告急，报称契丹前锋已经进入境内。那时李存勖不能兼顾，只好先救定州，当下率军北进。行军到了新城，晋军得到消息说契丹兵已过了沙河。士兵们都非常害怕，有些人偷偷地逃跑了。诸将对李存勖说道："契丹来势凶猛，恐怕我军不能抵挡。又赶上梁寇入侵，不如回兵营救大本营。"有人说应该西进到井陉，暂避敌人的锋芒。李存勖一时也难以决定。

正议论纷纷的时候，忽有一人大声说："契丹前来，意在抢我们的金子和布帛，并非因为镇州陷入困境，诚意相救。大王刚刚大破梁兵，威震四海。如果挫败了契丹的前锋，他们自然就会逃跑了。"李存勖一看，原来是中门副使郭崇韬。他刚要回答，又有一人接着说道："强兵在前，有进无退，怎么可以轻举妄动，如果动摇了军心怎么办？"这句话是李嗣昭说的。李存勖挺身而起说："我也是这么想的！"于是出营上马，自己带领五千铁骑，奋勇先行，诸将不敢不从。

到了新城北，前面一带都是桑林，晋军从林中分道行军。这时，契丹兵骑马奔来。契丹兵只见桑林中尘埃蔽天，不知道晋军有多少人马，当即掉转马头往回跑。李存勖分兵追击，把契丹兵赶到沙河。契丹兵多半溺水身亡，契丹主阿保机的儿子被晋军抓了去。阿保机退回望都。李存勖收兵进入定州，王都出城迎接。王都愿将爱女许配给李继岌。李继岌是李存勖的第五子，为宠妃刘氏所生，经常跟随李存勖四处作战。李存勖痛快地答应了这桩婚事。

李存勖在定州休息了一夜，便引兵赶往望都。晋军中途遇到奚部落的酋长秃馁，带着许多骑兵前来拦截。李存勖兵少，被秃馁的骑兵困在垓心。李存勖麾军力战，猛攻了四次，还是不能突围。幸好李嗣昭率三百骑兵上前救应，痛击奚兵，奚兵才退了回去。李存勖趁势奋击，连连打败奚兵。契丹主也支撑不住了，向北逃往易州。李存勖追赶不上，就移兵幽州。幽州的契丹兵突出重围逃走，正好赶上大雪，一下就是半个月，冻死了许多契丹兵。阿保机后悔不已，只好退兵回去了。

契丹出兵，其实是王郁的主意。王郁曾对阿保机说："镇州美女如云，金帛如山，天皇尽快出兵占领镇州，这些就都是你的了，否则就是晋王的了。"阿保机听了非常高兴，唯独皇后述律氏说："我们有千万匹羊马，坐踞西楼，已经很好了。为什么要劳师远征，乘人之危呢？况且我听说晋王用兵如神，天下无人能敌。如果失败了，后悔都来不及了！"阿保机一跃而起："张文礼有黄金五百万，在那里等着皇后，我去替你取来。"阿保机最终没听述律氏的话，率众南下。后来，他不幸吃了几个败仗，心里很是懊悔，无处发泄，便将王郁捆了起来，关到狱中。

李存勖看到契丹兵逃跑了，便去巡视他们的军营。见契丹兵随地插了许多禾秆，回环方正，像刀切的一样整齐，虽然他们逃走了，但禾秆无一枝倒乱。李存勖不禁长叹道："军纪严明到了这样的地步，我们中原是比不上的。后患真是不小啊！"话刚说完，德胜城递来军报，说是梁兵乘虚袭击魏州，前方吃紧，请速速援救。李存勖连忙召集亲军南下，日夜兼程，五天就到了魏州。梁将戴思远烧毁军营，慌忙逃走。

李存勖认为南北两个强敌都已经被击退，镇州孤立无援，可以立刻拿下。偏偏兵家胜败难以预料。大将阎宝竟被镇州兵打败，退到赵州。原来，阎宝抵达镇州城下，筑起长垒，连日围攻。他还截断了滹沱水，切断了镇州城与外界的一切联系。不久，城中弹尽粮绝，夜里派出五百人出来寻找吃的。阎宝打听到这个消息，故意放他们出来，并在附近埋下伏兵，打算将他们一网打尽。谁知这五百人汹涌杀来，竟然攻打长围。阎宝见他们兵少，就没有防备。顷刻间，有好几千人随后杀来，各自拿着大刀阔斧，突破重围，来烧阎宝的军营。阎宝抵挡不住，只好弃营逃跑，去了赵州。营中储备的很多粮食都被镇州兵搬了回去。

李存勖得到消息，急忙改令李嗣昭为招讨使，代替阎宝统军。李嗣昭带兵火速赶往镇州。正遇上镇州守城的将领张处瑾派了一千名士兵，出城迎粮。李嗣昭率军偷袭，几乎使张处瑾全军覆没。有几个人藏到了墙角，李嗣昭跃马弯弓，连发连中。没料想城上竟有暗箭射来，射中了李嗣昭的头部。李嗣昭忍痛拔箭，回射守城的士兵，一发即中。那时天已黑了，李嗣昭回营包扎，最终因失血过多而死。噩耗传到魏州，李存勖很是悲痛，好几天都吃不下饭。后来，李存勖得到李嗣昭的遗言，要他暂将泽潞兵交给判官任圜，令任圜督领诸军攻打镇州。李存勖答应了。李存勖还调李存进为招讨使，命他在东垣渡屯兵驻守。李存进还没扎好军营，镇州将领张处球率七千士兵，突然前来劫寨。李存进慌忙迎敌。两军在桥上厮杀了一番。晋军杀死了无数镇州兵，李存进却不幸阵亡。

镇州力竭粮尽，张处瑾等人束手无策，只好派人到魏州乞降。使臣刚刚出发，李存勖就派了李存审来攻城。李存审率兵猛攻，两军相持到天黑。城中守将李再丰告诉李存审说，他愿意做内应。李再丰趁着夜色，投下绳子招引晋军。晋军顺着绳子爬了上去，到了黎明，全军都得以登城。晋军抓住张文礼的妻子和儿子处瑾、处球、处琪，以及余党高蒙、李薖、齐俭等人。李存审打算把他们押送回魏州。赵军请命于军前，想杀掉这些人，为旧主泄恨。李存审上报李存勖，李存勖答应了赵军的请求。赵军便将这些人剁成了肉泥，又挖出张文礼的尸骨，砍成好几段。赵军在旧宫灰烬中拣出赵王王镕的遗骨，举行了一场隆重的葬礼。

李存勖封赵将符习为成德军节度使。符习哭着拒绝了："旧主没有后人，符习要为他送葬。旧主入土为安后，符习再来听命。"葬礼结束后，赵军请李存勖做成德军的首领。李存勖答应了，另外打算割相、卫二州，设置义宁军，命符习为节度使。符习又拒绝了："魏博军府不应分开。符习愿从河南诸镇中选择一镇。"李存勖于是封符习为天平节度使，兼东南面招讨使。

晋国的魏州刺史李存儒，原来名叫杨婆儿，因俳文写得好而受宠。

他做了刺史以后，苛捐杂税，剥削百姓，魏州百姓怨声载道。梁将段凝、张朗等人带兵袭击，抓住了李存儒，攻陷了魏州，然后又与戴思远攻陷了淇门、共城、新乡。于是澶州以西、相州以南都成了梁国的领土。泽潞留后李继韬竟然背叛晋国，投降了梁国，做了梁国的节度使。李继韬是李嗣昭的次子。李嗣昭曾任泽潞节度使，在镇州阵亡后，长子李继俦继承其位。因秉性懦弱，李继俦被弟弟李继韬囚禁。李存勖因刚刚打完仗，没有时间过问这些事，只好任命李继韬为留后。泽潞原来设置了昭义军，这时改称安义军。李继韬虽然顺利窃位，但心中始终不安。幕僚魏琢和牙将申蒙对李继韬说："晋国朝中无人，将来一定会被梁国吞并。我们不如先去投靠梁国。"李继韬的弟弟李继远也劝他降梁。李继韬于是派李继远上表梁国朝廷。梁主朱友贞很是高兴，当即封李继韬为节度使。

昭义军中旧将裴约驻守泽州，哭着对众人说："我服侍旧主已有多时，经常见他分发财物，犒劳军士，立志灭敌。不幸旧主去世，灵柩还没有下葬，李继韬就背叛了他，甘心降贼。我宁死也不同意！"于是他据城自守。梁国派偏将董璋去攻打泽州，久久不能攻克。李继韬招兵买马，尧山人郭威应征。郭威曾经因杀人而入狱。李继韬看他是位勇士，就收下了他。李继韬率领新招的兵马，去援助董璋。裴约急忙向魏州求援，偏偏晋王李存勖忙着称帝，整日里编订礼仪，无心顾及泽州。

晋臣劝李存勖称帝，已不止一两次了，只因监军张承业力加谏阻，才又拖了一两年。后来，张承业得了重病，不久就去世了。李存勖虽然表面上很悲痛，却在心里偷着乐。群臣看透隐情，便又上疏劝他称帝。又有五台山僧人献入古鼎，众人视为吉兆。李存勖于是命人设置官府省寺，定于四月举行登基大典。派河东判官卢质为大礼使，在魏州牙城南面筑起坛墠，准备行即位礼。

李存勖本来奉唐正朔，称为天佑二十年，到了四月上旬，升坛称帝，祭告天神地祇，改元同光，国号唐。晋王宣制大赦，任命行台左丞相豆卢革为门下侍郎，右丞相卢澄为中书侍郎兼同平章事，中门使郭崇韬、昭义监军使张居翰为枢密使，判官卢质、令冯道任翰林学士；升魏州为东京兴唐府，称太原为西京，镇州为北都；令魏博判官王正言为兴唐尹，都虞侯孟知祥为太原尹，兼任西京副留守，泽潞判官任圜为真定尹，兼任北京副留守。李存审、李嗣源等一班功臣都加官晋爵，并且依旧兼任节度使。追尊曾祖执宜为懿祖皇帝，祖父国昌为献祖皇帝，父亲克用为太祖皇帝，立庙晋阳。除三代外，又奉唐高祖、太宗、懿宗、昭宗四主，分建四庙，与懿祖以下，合成七室。尊生母曹氏为皇太后，嫡母刘氏为皇太妃。刘氏毫不介意，依着旧例，到太后曹氏那里称谢。曹氏面有惭色，离座起迎，露出局促不安的样子。刘氏则坦然说道："只愿我儿国运昌隆，使我能够安享天年，此外还计较什么呢？"曹氏也点头称是。然后她命宫中开宴，与曹氏对坐，边吃边聊，尽欢而散。后人都称颂刘太妃的美德。

晋王李存勖已改国号为唐，当然被称为唐主。那时他还在魏州，正打算攻打梁国。刚好梁国郓州的将领卢顺密来投靠唐国，献上袭取郓州的计策。唐主于是召集群臣商议此事。

好汉王铁枪

唐主李存勖因郓州将卢顺密来投降，便想依照卢顺密的计谋，进军袭击郓州。李存勖与大臣们商量，郭崇韬等人都说不可以。李存勖单独召李嗣源入内商议。李嗣源对胡柳渡河之事追悔莫及，现在想立功补过，便大义凛然地说道："我朝连年用兵，将士都已经很疲劳了，如果不出奇制胜，大功何日告成？臣愿意独当此任，为朝廷扫灭敌寇！"李存勖听了非常高兴，立刻派他率领五千兵马，偷偷地赶往郓州。

李嗣源等人走到河滨时，天色已晚，夜雨绵绵，将士都不想再走了。前锋将领高行周对大家说道："这是老天在帮我们呢！郓兵今天一定没有防备。我们正好出其不意，攻下此城。"唐军于是渡河东下，直奔郓州城。李从珂竖起梯子率先登城，军士们踊跃跟上。守城的士兵这时才察觉到唐军已经登城，哪里还来得及抵抗，只落得身首分离，命赴黄泉，做了无头鬼。李从珂开城迎入李嗣源，然后再攻打牙城。唐军一鼓即下，抓住了州官崔笃和判官赵凤，将他们送入兴唐府。李存勖非常高兴，称李嗣源是个奇才，当即任命他为天平节度使。

梁主朱友贞听说郓州失守，惊慌不已。他罢免了北面招讨使戴思远，急忙催促将领段凝、王彦章等人，发兵迎战。梁相敬翔料到梁国面临很大的危险，立即求见梁主说："臣跟随先帝打天下，先帝对臣言听计从。现在敌人越来越强大，陛下却不听臣的劝告。臣活着又有什么用，不如就此请死吧！"说到这里，即从靴中取出一条绳子，套入颈中，做出要自杀的样子。朱友贞急忙命左右解救，问他想要说什么。敬翔说："国家陷于危难之中，局势越来越紧急，必须任用王彦章为大将才能转危为安！"朱友贞点点头，立即提拔王彦章为北面招讨使，段凝为副使。王彦章进来拜见朱友贞。朱友贞问他破敌的期限，王彦章回答说三天，左右都不禁失笑。

王彦章退出来后，立即向滑州进军。梁兵两天就到了。王彦章召集将士，大摆酒席，暗中却派人到杨村准备船只。夜里，王彦章命令六百名士兵，各自拿着大斧子，与冶工一同登舟，顺流而下。那时酒宴还没有散，王彦章假装起身换衣服，然后从军营后面跑出去，带了数千名精兵，沿着河的南岸，直奔德胜南城。德胜城的守将是朱守殷。李存勖曾嘱咐他说："王铁枪勇猛过人，一定会来攻打德胜城，你应该严加防备。"王铁枪是王彦章的绰号。朱守殷屯兵在北城，认为王彦章出兵不会这么快，所以没有预防。谁知王彦章所派的兵船乘风前来，先让冶工烧断河中的铁锁，再让士兵用斧子砍断浮桥，南城便孤立失援了。王彦章率兵猛攻南城，南城即刻被攻陷。梁军杀死数千守城的士兵。自王彦章受命出师，到将德胜南城夺下，前后正好三天。朱守殷忙用小船载兵，渡河支援，但被王彦章杀退。王彦章乘胜攻陷了潘张、麻家口、景店等寨。梁军士气大振。

李存勖得到消息，急忙派宦官焦守宾去杨刘城，帮助镇使李周固守。他还命朱守殷放弃德胜北城，拆屋做筏，载着兵甲器械去杨刘城。王彦章也拆下南城屋材，做成筏子，顺河而下，准备出击。两军沿着两岸行军，每次相遇便要厮杀一番，双方互有伤亡。王彦章与副使段凝率十万兵士进攻杨刘，好几次冲毁城墙。亏得李周全力防御，才得以保全杨刘。王彦章猛攻不下，退回城南，另派水师据守河津。

李周派人告急。李存勖亲自率兵去支援。到了杨刘城，李存勖见梁兵层层防守，无懈可击，也不禁急躁起来，便向郭崇韬问计。郭崇韬答道："现在王彦章据守要道，其实是想进攻东平。如果我军不能南进，他一定会向东进军。那时，郓州便守不住了。臣请求在博州东岸筑城戍兵，截住河津，既可以接应东平，又可以分散敌兵的注意力。但是如果我们的计谋被王彦章知道了，前来攻打我军，使我们没有时间筑城，确是一件麻烦事。臣请陛下招募死士，前去牵制住王彦章。只要王彦章十天内不能东行，城就能筑起来了，我们就不用怕了。"李存勖一再称妙，立即命令郭崇韬率一万士兵，连夜去博州，在麻家口渡河筑城。工事昼夜不停。

李存勖在杨刘城下，与王彦章朝夕苦战，双方互有死伤。才到第六天，王彦章便得知了郭崇韬筑城之事，立刻率兵去攻打。那时城刚筑完，还没有防备，况且沙土疏松，还不是很坚固。郭崇韬急忙鼓励部众四面抗战。王彦章的士兵约有好几万，而且他们用十几艘巨舰，横在河流上，断绝了晋兵的支援，气势浩荡。多亏郭崇韬身先士卒，死战不退，尚且能够支持得住。郭崇韬请李存勖速速前来支援。

李存勖自杨刘赶来，列阵新城西岸。城中望见援军，顿时有了斗志，拼命冲杀。梁军有些怕了，王彦章知道自己不能取胜，随即解围退去。郓州送来了奏章，李嗣源暗地里上表李存勖，请求治朱守殷的罪，李存勖并不理会。朱守殷是李存勖的旧役苍头，所以李存勖不忍心处罚他。李存勖随即引兵南下，王彦章等人赶往杨刘。唐国骑将李绍荣先赶到梁营，抓住梁国几名侦察兵，并纵火焚烧了梁国的战舰。段凝首先退兵，王彦章也从杨刘退兵到杨村。唐军奋力追击，斩获梁兵一万人，收复德胜城。杨刘城中断粮已经三天了，这时才得以解围。守城的士兵共同庆祝获得重生。

王彦章恨赵岩、张汉杰等人乱政，曾对左右说："等我战胜回朝，一定尽诛奸臣，以谢天下。"这话被赵岩和张汉杰知道了，二人私下商量道："我们宁愿战死沙场，也不愿意死在王彦章的刀下！"因此二人结党陷害王彦章。段凝依附于赵、张，向来与王彦章不和，二人在军中经常发生口角。每次来了捷报，赵、张二人即归功段凝，有了兵败的消息即归咎王彦章。梁主朱友贞高居深宫，怎么知道外面的事，而且他怕王彦章一旦成功就难以管制，于是把王彦章召回汴梁，把军事都交给了段凝。从此将士心灰意冷，梁国离灭亡不远了。

李存勖听说王彦章已经退回去了，就回了兴唐府。泽州守将裴约连连告急，李存勖叹息道："我兄真是不幸，生了这么个儿子！裴约稍微有点军事常识，也不至于陷没敌中。"又对指挥使李绍斌说，"泽州不过是弹丸之地，用不着我亲自出马，你替我去救裴约吧，然后叫他回来。"李绍斌奉命而去。他赶到泽州时，城已被攻陷，裴约也战死了。李绍斌回去报告了李存勖。李存勖悲痛不已。

随后传来消息说，梁将段凝继任招讨使，屯兵河上。他从酸枣挖开河道，把水引到曹濮和郓州，想使唐军陷入绝境。李存勖不由得冷笑道："决水成渠，只是害了民田。难道我军不能渡河吗？"随即率军在朝城驻扎。这时，梁国指挥使康延孝得罪了朱贞友，带领百名骑兵来投奔李存勖。李存勖召他进来，赐给他锦袍玉带，和颜悦色地询问梁国的事情。康延孝答道："梁朝地方不小，兵也不少，但梁主善恶不分，是非不明。赵岩、张汉杰等人揽权专政，在内互相勾结，在外贪污受贿。段凝没有什么能耐，只知道克剥军饷，奉迎权贵。王彦章、霍彦威等老将的地位反而不如段凝。梁主不善用人，而且疑心太重，每次发兵，他都要令近臣做监军。将领有没有功劳，都凭监军一句话。近来又听说梁主要全面出兵，令董璋攻打太原，霍彦威攻打镇定，王彦章攻打郓州，段凝攻打陛下，定在十月大举进军。依臣看来梁朝兵力确实不少，但分散开就不行了。陛下只管养精蓄锐，待他分兵出发，趁着梁都空虚的时候，即率五千精骑，自郓州直抵大梁，不出半个月，天下就可大定了。"李存勖听了很高兴，当即任命康延孝为招讨指挥使。

果然没过几天，李存勖就听说王彦章进攻郓州。原来，王彦章应召回梁国，见了朱友贞，详细地描述了当时的情景，以及赵岩等人对他的诬陷。朱友贞正打算分道进兵，听了他的话便再次命王彦章去攻打郓州，仅仅给了五百保銮将士及数千新招募的士兵，让他统领。朱友贞另派张汉杰监视王彦章的军队，王彦章快快不快地奉命东下。朱友贞又命令段凝带着大兵去牵制李存勖。段凝多次派游骑到澶、相二州，侵扰不停。泽、潞二州作为梁军的援应。契丹因前次惨败而归，日夜伺机报复，传言等草枯冰合之时，契丹将会南下。

李存勖此时非常踌躇。宣徽使李绍宏等人都说郓州难守，不如与梁国讲和，调换魏州及黎阳，彼此划河为界，休兵息民，日后再作打算。李存勖勃然大怒道："如果真的这么做的话，我就死无葬身之地了！"他斥退了李绍宏等人，另召郭崇韬进来商议。郭崇韬进言说："陛下不栉沐、不解甲，已有十五年，无非是想灭掉伪梁，雪我仇耻。现在已经正尊号，扫平河北。刚刚得到郓州，就要丢掉，还给梁朝。臣怕将士们心灰意冷，将来食尽众散，即使划河为界，谁来为陛下拒守呢？臣曾仔细询问康延孝，已经得知伪梁的虚实。梁朝把全部精兵给了段凝，驻扎在我们南方的边境，又决河自固，以为我军不能过河，自己可以高枕无忧。朱友贞又派王彦章侵犯郓州，两路下手，动摇我军，计策的确很妙。但段凝没有什么才能，危急时刻不能果断做出决策。王彦章统兵不多，又被梁主猜疑，也难成事。最近抓获的敌兵都说大梁快不行了。陛下可以留兵守住魏州，保住杨刘，亲自率精兵与郓州兵会师，长驱直入汴州。梁国城中已经空虚，敌军势必望风瓦解，纷纷投降。否则今年秋谷不丰，我们的军粮就快没有了，长时间拖下去，容易发生内变。俗话说，筑室道旁，三年不成。愿陛下速做决断，别再让他们七嘴八舌地议论了！帝王应运，必有天命，为什么畏首畏尾呢？"李存勖听了，不禁眉飞色舞地说："你的话正合我意。我会立即做出决断的！"

不久，李存勖得到李嗣源的捷报，说已派李从珂等人击败王彦章的前锋，王彦章退回中都。李存勖对郭崇韬说："郓州告捷，壮了我军的士气，就此进兵，不必迟疑！"当下命令将士遣回家属，而且将第三妃刘氏及皇子李继岌也遣回兴唐，亲自把他们送到离亭，与他们诀别道："国家成败，在此一举。事情如果不成功，就把我的家人聚到魏宫中，全部焚烧，不要使他们落入敌人的手中！"刘氏则坦然地说道："陛下此去，必能成功。您英勇无比，无人能敌，怎么会出意外呢？"说完，与李存勖从容告别。

李存勖叫李绍宏送刘氏母子回去，并且托他与宰相豆卢革、兴唐尹王正言等人同守魏城。李存勖自己则率大军由杨刘渡河，直奔郓州。他与李嗣源会师，当即命李嗣源为前锋，趁夜进军。三鼓之后，唐军渡过汶河，直逼梁国的中都。中都没有任何守备，虽然王彦章屯兵驻守中都，可是兵不足一万，况且多是新兵，兵将互不相识。任他是百战不败的王彦章，也是有力难使，孤掌难鸣。

王彦章听说唐主亲自到来，慌忙选了前锋数千人，出城十里，前去堵截。这些人禁不住唐军一扫，只剩下几个败卒逃回中都。王彦章焦急异常，正打算弃城逃跑。城外已是鼓角齐鸣，炮声大震，唐军数万人，乘胜杀到。王彦章登城遥望，只见一班杀气腾腾的将士，拥着后唐主子李存勖，踊跃前来。王彦章禁不住仰天长叹道："这样的强敌，叫我如何对付呢？"当下整治军队，下令固守。偏偏士兵们望见唐军已经魂飞魄散，意志动摇了。梁兵勉强守了半天，那唐军的强弓硬箭接连射上，飞集城头，守兵多中箭倒地，其余的纷纷跑到城下。

王彦章见抵挡不住，无可奈何地开城突围，仗着两杆铁枪，挑开一条血路。破了一重，又有一重，破了两重，又有两重，等到重重解脱，身上已经遍受重创，手下已不过十几名骑兵。逃命要紧，王彦章不得不勉强赶路。这时，后面有人叫道："王铁枪！王铁枪！"王彦章不知是谁，便掉转马头看个究竟。那人却手起槊落，刺伤王彦章的马头，马立即倒在了地上，王彦章也跌了下来，身负重伤没法逃跑，眼看着被来将捉了去。捉住王彦章的正是唐将李绍奇。

李存勖麾动兵士围捕梁将。他们抓住监军张汉杰、曹州刺史李知节以及偏将赵廷隐、刘嗣彬等二百多人，杀死敌兵数千人。王彦章曾经说："李亚子不过是个斗鸡小儿，何必怕他？"现在，他被李绍奇抓住，捆绑起来，送到唐主帐下。李存勖笑着问道："你曾视我为斗鸡小儿，今天服我了吧？"王彦章没有回答。李存勖又问道："你是有名的大将，为什么不去守兖州，偏偏退到危城？"王彦章正色说道："我命该如此，你说那么多废话干什么？"李存勖珍惜王彦章是个人才，便劝他降唐，并且命人给他治伤。王彦章长叹道："我蒙受梁朝厚恩，位至上将，与你交战十五年，如今兵败力竭，不死又能怎样！即使你想放我一条生路，我有何面目见天下人？怎么能朝为梁将，暮做唐臣？"

李存勖令他暂居别室，再派李嗣源去劝他。李嗣源小名邈佶烈。王彦章躺在床上，毅然说道："你不是邈佶烈吗？休想诱惑我！"李嗣源气愤地走了。李存勖大开盛宴，宴集将佐。他命李嗣源坐在首席，举杯说道："今天战功，你是第一，第二是郭崇韬。以前我如果误听李绍宏等人的话，就干不成大事了。"然后又对诸将说道："我们从前担心的只有一个王彦章。现在他已经被我们抓住了，这是天意要灭梁国了。但段凝还在河上，我们应该怎么办才好呢？"诸将议论纷纷。有的说应该先攻打海东，有的说应转攻河上，唯独康延孝说应该立即攻取大梁。

李嗣源起座说道："兵贵神速。现在王彦章被捕，段凝还不知道，即使有人传报，他也一定半信半疑。如果他知道了这边的情况，立即发救兵，也应该由白马南渡，能快到哪里去？我军前往大梁，路程不远，又无山河阻隔，列阵疾行，晚上就能到达。只怕段凝还没离开河上，朱友贞就已经被我们抓住了！陛下尽管照着康延孝的话去做。臣愿意带领一千名骑兵，作为陛下的前驱！"李存勖立刻下令撤去宴席，派李嗣源先行。

第二天早晨，李存勖率大军出发，令王彦章随行，途中问王彦章："我此行能不能保证一定获胜？"王彦章说："段凝有精兵六万，怎么肯骤然倒戈？此行不一定能胜利！"李存勖斥责道："你敢动摇我的军心吗？"随即命左右把王彦章推出去斩首。王彦章慨然就刑，脸色不变。处斩后，士兵将其首级献上。李存勖感叹他是个忠臣，立即下令将王彦昌厚葬。唐军到了曹州，梁国守将开城投降。

梁主朱友贞连接警报，慌得不知所措，急忙召集群臣商议计策。众人面面相觑，没有一个人说话。朱友贞哭着对敬翔说："朕真是后悔没听你的话！现在事情紧急，你不要怨朕，替朕想想办法吧！"敬翔哭着拜道："臣受先帝厚恩，名为宰相，不过是个老奴。臣曾说段凝不宜重用，陛下不听。现在唐兵将至，段凝在河上，不能前来支援。臣想请陛下避敌，陛下一定不肯听；想请陛下出城迎战，陛下也一定不会听。现在就是诸葛在世，恐怕也没有主意了，请先赐死臣，聊谢先帝！臣不忍心看着宗社沦亡啊！"朱友贞无言以对，只是痛哭。哭了一阵子，朱友贞令张汉伦骑马北去，追回段凝的军队。张汉伦到了滑州，从马上摔了下来，脚受了伤，又被河水挡住，无法前行。梁都等不来援军，更加惶急，城中只有几千控鹤军。有人请求出战，朱友贞不答应。朱友贞只是召见开封尹王瓒，嘱托他守城。王瓒无兵可调，不得已逼迫百姓登城防守。唐军还没有来到，城内已经惶惶不可终日，乱成一团了。

　　已故广王朱全昱的儿子朱友诲，任陕州节度使，颇得人心。有人诬陷他结党谋乱，朱友贞召他回都，把他与兄长朱友谅、朱友能一起囚禁了起来。唐军将至，朱友贞怕他们趁危起事，便将他们一并赐死。朱友贞还勒令皇弟贺王朱友雍、建王朱友徽自尽。朱友贞登上建国楼，向北眺望。有人叫他西奔洛阳，有人叫他调回段凝的军队，控鹤都指挥使皇甫麟说道："段凝本来就不是将才。如今事情紧急，能指望他临危制胜吗？况且段凝听说王彦章失败，已经吓得要命，未必能为陛下尽节！"赵岩也从旁接话说："事已至此，一下此楼，谁能保证会发生什么事？"朱友贞打断他，召宰相郑珏等人问计。郑珏答道："请陛下将传国御玺送到唐营，作为缓兵之计，然后等待外援。"朱友贞说："朕并不是舍不得传国御玺，但依了你的话就能没事了吗？"低着头想了好久，又说道，"恐怕不会这么简单。"左右侍从在一边不禁偷偷发笑。

　　朱友贞日夜哭泣，不知该怎么办。等他去卧室取传国御玺，传国御玺已不知何时丢失了。想是已经被从臣偷走，去献给唐军了。第二天传来急报，说唐军将抵达城下。朱友贞最信任的租庸使赵岩，不辞而别，偷偷跑到了许州。朱友贞见已经没有活下去的可能了，便对皇甫麟说："李氏是我的世仇，我不能向他低头。我不想挨他的刀剑，你可以先砍下我的头！"皇甫麟答道："臣只可以为陛下仗剑，抗击唐军，怎敢奉行此诏？"朱友贞说："你要出卖我吗？"皇甫麟情急之下要自杀，朱友贞拦住他道："我与你一起死！"说完，即握住皇甫麟手中的刀，向颈上一横，倒地身亡。皇甫麟随后也自杀了。史称梁主朱友贞为末帝，他在位十年，享年三十六岁。自朱温篡位，梁国仅传了一代，共计一十六年。

小妾做皇后

又过了一天，唐将李嗣源到了大梁城下，王瓒开门迎降。李嗣源入城，安抚军民。没过多久，李存勖也到了。李嗣源率梁臣出迎，梁臣拜伏在路旁请罪。李存勖和颜悦色地抚慰他们一番，叫他们仍任旧职。李存勖牵着李嗣源的手说："我能得天下，都是你们父子的功劳。此后的富贵荣华应与你们父子同享！"李存勖入城，在元德殿接受朝贺。梁相李振对敬翔说："新主已下诏赦罪，我们理当入朝。"敬翔慨然说道："你我二人同为梁相，却君昏不能谏，国亡不能救。新君如果问到此事，你我将如何回答呢？"李振退出，第二天竟去拜见李存勖。有人将此事告诉了敬翔，敬翔叹道："李振枉为大丈夫。国亡君死，他还有何面目进建国门呢？"说完便上吊自杀了。

李存勖下令缉拿梁主朱友贞。有梁臣提着朱友贞的头颅前来进献。李存勖审视了一番，怃然叹道："古人有言，敌惠敌怨，不在后嗣。朕与梁主十年对垒，恨不能活着见他一面。现在他已经死了，遗骸应命人收葬。只是他的首级要函献太庙，可涂漆收藏。"左右依言办理。李存勖派李从珂等人出师封邱，招降段凝。段凝还未得到国亡君死的消息，正率兵前去支援大梁，派了部将杜晏球为先锋。在途中接到唐主诏敕，段凝即写信给李从珂，情愿投降。五万兵马一起随段凝投降，段凝请罪，李存勖好言抚慰。

段凝扬扬自得，毫无愧疚。梁室旧臣见了他都恨得咬牙切齿。段凝暗地里进谗，极力排挤他们。于是李存勖贬梁相郑珏为莱州司户，萧顷为登州司户，翰林学士刘岳为均州司马，任赞为房州司马，封翘为唐州司马，李怿为怀州司马，窦梦征为沂州司马，崇政院学士刘光素为密州司户，陆崇为安州司户，御史中丞王权为随州司户，共计十一人，同一天罢黜。段凝还不罢休，再次与杜晏球联名上疏，说赵岩、张汉杰、朱珪等人作威作福，残害百姓，不可不杀。李存勖再次传下诏令，治罪敬翔、李振，说他们党同朱氏，共倾唐祚，应该一并诛杀；朱珪助纣为虐，张氏族属涂毒生灵，也应该诛杀。赵岩在逃，李存勖下令严密搜捕，最终将他归案正法。

这诏一下，除敬翔已死外，李振、朱珪、张汉杰、张汉伦等人均被

087

捆到汴桥下，全部处斩。赵岩逃到许州，被匡国军节度使温韬杀死，赵岩被满门抄斩。李存勖赐段凝姓名为李绍钦，赐杜晏球姓名为李绍虔。并追废朱温、朱友贞为庶人。毁去梁室宗庙，并想掘开朱温的墓，毁棺焚尸。河南尹张宗奭已恢复姓名张全义，归顺了李存勖。李存勖对他说起掘墓的事，张全义说："朱温虽然是陛下的世仇，但死了多年了。陛下就不要掘他的坟了！"李存勖于是打消了这个想法，只命人铲除阙室，削去封树，便算了事。李存勖颁诏大赦，凡梁室文武旧臣，概不问罪。李存勖命枢密使郭崇韬掌管中书事，随后又晋封他为太原郡侯，兼成德军节度使。郭崇韬职兼内外，尽心尽力。李存勖也把他视为心腹。豆卢革、卢程等人本没有什么才能，因是唐室的旧臣，得到相位，只是坐受成命罢了。

李存勖下令肃清宫室，捕杀朱氏族人。梁主的妃嫔多半怕死，统统跪在地上，哭着请求免死。唯独贺王朱友雍的妃子石氏站立不拜，面色凛然。李存勖见她体态端庄，不禁爱慕起来，便令她入内侍奉自己。石氏怒目而视："我乃堂堂王妃，怎么可能侍奉你这个强盗？头可斩，身不可辱！"李存勖大怒，即令将她斩首。李存勖又见梁末帝的妃子郭氏缟裳素袂，泪眼愁眉，仿佛带雨梨花，娇姿欲滴，和和气气地问了她几句话，便放她回宫去了。其他妃妾有的留下，有的遣回，多半免死。那天晚上李存勖召郭氏侍寝。郭氏贪生怕死，不得已解带宽衣，听任唐主戏弄。

李存勖的妃妾刘氏及皇子李继岌自兴唐府来到汴州，由李存勖迎入，家人相见，格外欢愉。刘氏祖籍成安，家世贫寒。她的父亲刘黄须，略通医术，自号刘山人。李存勖攻打魏州，裨将袁建丰抢来刘黄须的女儿，那时她不过六七岁，生得聪明伶俐，娇小可爱。李存勖非常喜欢她，便带回了晋阳，令她侍奉太夫人曹氏。太夫人教她歌舞，她一学便会。转瞬间已经成年，刘氏更是美丽动人，居然成了一代尤物。

李存勖不时地看望母亲，与母亲一起饮酒赏舞。曹氏命刘黄须的女儿吹笙助兴。她吹得悠扬婉转，十分动人，尤其妙在不疾不徐，正与歌舞相合。李存勖深通音律，听她按声度曲，没有一点差错，已是惊喜不已，又见她千娇百媚，温文尔雅，越发觉得她可怜可爱。李存勖目不转睛地看着她，被她深深吸引。曹太夫人对此有所察觉，便把刘女赐给李存勖做妾。李存勖大喜过望，便拜谢慈恩，带她回去了。当时李存勖的正室是卫国夫人韩氏，次为燕国夫人伊氏。刘女得幸，便是第三个妻房，被封为魏国夫人。刘氏生了个儿子叫李继岌，长得很像李存勖，很受李存勖的喜爱。刘氏因此更加受宠。

李存勖攻打河北，每次出征都令刘氏母子相随。刘老汉听说女儿在李存勖面前很受宠，便进宫去找她，说自己是刘氏的父亲。李存勖命袁建丰来相认。袁建丰说当时遇到刘氏时，曾见过这个黄须老人牵着刘氏的手。偏偏刘氏不肯承认，并且生气地说："妾离乡时，还能记住一些事情。我的父亲已死在乱兵中，曾由妾痛哭告别，哪里来的这么个种田的老头，敢冒称我的父亲？"说完，便下令鞭打刘老汉一百下。可怜这刘老头年事已高，哪里禁受得住，晕过去好几次。醒来后，便痛哭着回去了。

刘氏来到汴宫，听说李存勖召幸梁妃，自然心生醋意，便搬出一些大道理，与李存勖争论了一番。李存勖自己也觉得理亏，便令梁妃出家为尼。梁妃郭氏侍奉了李存勖好几个晚上，仍然不能享受荣华富贵，只好洒泪离去。李存勖赠送她许多金帛，并赐名誓正，作为最后的恩典。刘氏怕李存勖藕断丝连，一定要李存勖把郭氏送到远方。李存勖命人把郭氏送往洛阳，令她终身为尼。

此事一传，内外都知道了刘氏是个厉害的角色，便争先恐后地巴结她。宋州节度使袁象先入朝，带来珍宝无数，先去贿赂了刘氏。不久，他便在李存勖面前十分受宠。李存勖赐他姓名李绍安。此外，像梁将霍彦威、戴思远等人也都纳贿宫中，阴结内援，得到李存勖的许多恩赐。段凝改姓名为李绍钦后，仍做滑州留后。后来他献宝入宫，大肆贿赂刘氏。刘氏在李存勖面前替他说了一堆好话，最后段凝竟升任泰宁节度使。还有河中节度使朱友谦和博州刺史康延孝相继入朝，也去打通内线，并因此厚沐恩施。朱友谦得赐姓名李继麟，康延孝得赐姓名李绍琛。匡国军节度使温韬从前助梁作恶，挖掘唐国的山陵，此次因献上赵岩的首级，才保住原来的官位。他听说袁象先等人受宠，也带了黄金入都，遍贿宫禁。后来，温韬便得到李存勖的接见，李存勖赐他姓名李绍冲。郭崇韬揭发了温韬的罪状，但是李存勖却不过问。

随后，楚国派使者入贡，吴国派使者入贺，岐国派使者奉表称臣，惹得李存勖志满气盈，不是出外游猎，就是深居宫中吃喝玩乐。刘氏擅长歌舞，李存勖想取悦刘氏，经常自己涂脂抹粉，与优人一起登台唱戏。优人叫他"李天下"，李存勖也以"李天下"自称。一天，李存勖在庭中喊道："李天下！李天下！"优人敬新磨竟然上前拍了一下李存勖的脸颊。李存勖很不高兴，其余的优人也大吃一惊。敬新磨从容说道："李天下只有一个人，你刚才喊谁呢？"李存勖立即转怒为喜，厚赏敬新磨。

过了几天，李存勖去中牟打猎，践踏了百姓的庄稼。中牟的县令上前劝道："陛下是百姓的父母，为什么要践踏百姓的庄稼呢？"李存勖恨他多嘴，把他斥退，想要处死他。敬新磨追回这个县令，带他来到马前，假装责备他说："你是县令，难道不知道我们天子喜欢打猎吗？为什么纵容百姓种田，阻碍我皇驰骋呢？你罪该万死！"李存勖听了此言，也不禁哑然失笑，赦免了这个县令，仍令他管理中牟县。

伶官人品混杂，能有几个敬新磨这样的？因为刘氏爱看戏剧，李存勖就常常召伶人进来唱戏。那些伶人出入宫廷，侮弄权贵。群臣侧目而视，没有人敢说话，甚至有些人还依附于伶人，取媚深宫。最有权势的伶官是景进。他平时搜集民间琐事，回来讲给李存勖听。李存勖也想知道外面的情况，于是把景进视为自己的耳目。景进便有了机会进谗，干预政事，连将相都怕他。

宰相卢程很不称职，被贬为庶子。郭崇韬引荐尚书左丞赵光胤，豆卢革引荐礼部侍郎韦说。李存勖把他们二人封为同平章事。其实赵光胤轻率好夸，韦说也不过谨重守常，都没有相国才略。况且这时妇人当道，朝政昏蒙，单靠这几个凡夫俗子，怎么能改变大局呢？

荆南节度使高季昌听说唐国灭掉了梁国，非常害怕，特意避讳唐祖李国昌之名，改名季兴，并要亲自入朝拜见唐主。司空梁震进谏道："大王可是梁室的故臣。如今唐已灭梁，必将南下。大王严兵守险，尚且难保，为什么要自投虎口，甘为鱼肉呢？"高季兴不听，让两个儿子留守，只带了卫士三百人，就去了汴都。李存勖果然要拘禁高季兴。郭崇韬婉言相劝，说新得天下，应该收买人心。李存勖这才优礼相待，并赐了盛宴。

席间趁着酒兴，李存勖笑问高季兴说："朕靠双手夺得天下。现在各镇大部分已经称臣，只有吴、蜀二国不肯归服。我现在想一统天下，应该先取吴呢，还是先取蜀呢？"高季兴心想蜀道艰险，不易进攻，便故意回答说："吴地贫瘠，不如蜀土富饶。况且蜀主一天比一天荒淫，百姓有很多怨言。你的军队去攻打他，不怕不胜利。待扫平蜀国，顺流东下，攻取吴国也就易如反掌了。"李存勖称妙，尽欢而散。第二天，李存勖便让高季兴回去了。

高季兴得到命令，立即辞了唐主南归。行至襄州，投宿于驿馆。高季兴忽然起了疑心，立即命卫士斩关夜逃。果然，襄州刺史刘训得到李存勖的命令，来抓捕高季兴。哪里知道高季兴早已逃走，追不上了。刘训只好据实复命。原来，高季兴入朝时，伶官阉人多次向高季兴索要贿赂，高季兴虽有所馈赠，但没能满足他们。所以高季兴辞行后，伶人宦官们都劝李存勖去捉拿高季兴。高季兴幸好已经脱身，驰回江陵。他握住梁震的手说：“我不听你的话，差点就没命了。唐主身经百战，才得到河南，现在便居功自傲，得意忘形，怎么能够长久？我们可以不用担心了！”高季兴修城积粮，招纳梁朝散兵，日夜操练，以加强防备。李存勖非常藐视高季兴。高季兴逃跑了，他也没在意。

前时梁主朱友贞到达洛阳，正要行郊天大礼时，被唐军一鼓吓回，留下了许多仪仗法物都没有取回。此时江山易姓，河南尹张全义乐得讨新主欢心，便表请唐主来洛阳行郊天大礼，并说仪仗法物都已经准备齐全了。李存勖大喜，加封张全义为太师尚书令。唐主选择了仲冬吉日，带着家人，由汴州赶赴洛阳。张全义出城迎接，匍伏在道旁。可是，他年纪大了，一经跪下，两只脚就觉得酸痛。李存勖叫他平身，张全义想伸脚起来，偏偏一个脚软，又跌倒了。李存勖急命左右上前扶持。张全义勉强起身，这才领着李存勖进了洛阳。

当下李存勖检验仪物，准备行礼。刘氏别具私心，说仪物不齐，不足以显示尊荣，要再加制造，才可以行礼。李存勖听了她的话，嘱咐张全义增办仪物，改在来年二月初一行郊天大礼。李存勖见洛阳宫阙比汴梁的更为华丽，索性就定都洛阳，不愿意回汴州了。李存勖恢复汴州开封府为宣武军，改前梁永平军大安府为西京，仍设置京兆尹。称晋阳为北京，恢复镇州为成德军。此外，宋州宣武军改名归德军，华州感化军改名镇国军，许州匡国军恢复为忠武军，滑州宣义军恢复为义成军，陕府镇国军恢复为保义军，耀州静胜军恢复为顺义军，潞州匡义军恢复为安义军，郎州武顺军恢复为武贞军，延州设彰武军，邓州设威胜军，晋州设建雄军，安州设安远军。所有官府名号及寺观名称，被梁室改过名的，一律恢复原名。

李继韬以前曾叛唐降梁。梁亡后，他想要逃往契丹。李存勖召李继韬入朝，他心有顾虑，不敢前去。他的生母杨氏平时省吃俭用，存下不少钱。她认为用钱可以疏通关系，不妨入朝，于是带着儿子一起来到洛阳。他们来到洛阳后，遍贿伶人宦官，并且由杨氏引见，厚赠刘氏金银珠宝，请刘氏多多美言几句。刘氏随即去见李存勖，说李嗣昭原是误入歧途，此次诚心归顺，应该好好奖赏他。伶人宦官也替李继韬求情，说他本无邪意，只是被奸人迷惑，才误入歧途。李存勖于是召见李继韬。李继韬叩头谢罪，哭着求情。李存勖赦免了他，而且多次带他一起去打猎。李继韬渐渐地受到了李存勖的宠信。

李存勖的弟弟薛王李存渥排斥李继韬，多次当着众人指责他。李继韬未免不安，便再次贿赂宦官伶人，请求他们为自己说情，让自己回原来的镇地。李存勖不答应。李继韬秘密写信给弟弟李继远，令他让将士纵火闹事，好叫李存勖派他回去安抚将士。谁知道他的诡计泄露，被李存勖知道了。李存勖立刻砍了李继韬的头，李继远也被捕伏诛。

李继韬的哥哥李继俦原先被李继韬囚禁，这时他受命袭职。李继俦出来报仇，拿走了李继韬的全部财产，并将他的妻妾一并夺去，恣意淫污。李继韬的弟弟李继达大怒道："我哥哥被诛杀，大哥你没有骨肉之情，毫不悲痛，反而劫他货财，淫他妻妾，真是人面兽心，我以后可怎么与你相处？"李继达为李继韬披麻戴孝，并叫私党杀死了李继俦。节度副使李继珂召集将士攻打李继达。李继达自刎而死。李存勖得到消息，立即命李继珂掌管潞州，才算了案。

第二年为同光二年。李存勖派皇弟李存渥及皇子李继岌一同去晋阳，接太后和太妃到洛阳。刘太妃说："陵庙在此，如果都去了洛阳，谁来奉祀呢？"因此刘太妃留在晋阳，并为曹太后饯行，哭着道别。曹太后来到洛阳，由李存勖安排住进长寿宫。还有唐主的正妃韩氏、次妃伊氏也随同到了洛阳，分居宫中。母子团圆，妻妾欢聚。李存勖大摆酒席，为她们接风，觥筹交错，通宵畅饮。

这位貌美心狠的刘氏表面佯作欢笑，暗中却非常焦灼。她本想被册为皇后，一意蛊惑李存勖，请求唐主遂了她的心愿。李存勖差点就同意了，只因韩、伊两位夫人位次在刘氏之上，终究不便越次册立，所以一拖再拖。刘氏屡次设谋，不见成效。上一次行郊天大礼之事，她在一旁拼命劝阻，是想叫李存勖立她为后，然后再行郊天大礼。李存勖虽然改了行郊天大礼的日子，却始终没有立后。这次韩、伊两位夫人到来，眼看着正宫位置，要被她二人夺去，刘氏当下急中生智，便竭力笼络伶人宦官，勾结相臣。

豆卢革一向世故圆滑，自然答应为刘氏效力。唯独郭崇韬位兼将相，刚正不阿，平常就十分痛恨伶人宦官。伶人宦官不敢直接找他，只让他的故人子弟去劝说。郭崇韬正在考虑伶人宦官干涉朝政，对自己不利，见了故人子弟，谈到了后患。故人子弟便答道："我为您出一个主意。不如拥立刘氏做皇后。刘氏很受宠，你是知道的。主上早有意册立刘氏，只怕你不同意。现在你先行奏请，上结主欢，内得后助。即使有千百人进谗，也动不了您。"郭崇韬不禁点头称是。随后他与豆卢革等人联名上疏，册请求立刘氏为皇后。

李存勖自然高兴。因行郊天大礼的日子快到了，郭崇韬献上劳军钱十万，以巴结李存勖。二月朔日，李存勖亲自到南郊祭祀，命皇子李继岌为亚献，皇弟李存纪为终献。礼毕之后，宰相以下依次道贺。李存勖回到五凤楼，宣诏大赦。过了几天，李存勖即册封刘氏为皇后，封皇子李继岌为魏王。那时洛都已经建了太庙。皇后刘氏受到册封后，便乘车去太庙行礼。她本是个脂粉美人，再加上珠冠玉佩，象服翟衣，更显出万种妖娆，千般婀娜。洛阳百姓夹道观望，艳羡不已。刘氏回宫后，众人都来道贺。只有韩、伊两位夫人很是不平，不肯去道喜。李存勖不得已封韩氏为淑妃，伊氏为德妃。

刘皇后拜养父

李存勖册立刘皇后，嫡庶倒置，已成大错，偏偏又听信了刘氏，起用宦官为内诸司使及诸道监军。后来他甚至任命伶人陈俊、储德源为刺史。郭崇韬多次劝说都没有用。功臣多半很生气，怨言慢慢就多了起来。后来，租庸副使孔谦兼任盐铁转运副使，敕文中减免的赋税，他仍旧征收。从此，每次有诏令传下来，百姓大多不信。李存勖自加尊号，封赏幸臣，并加封岐王李茂贞为秦王，荆南节度使高季兴为南平王，夏州节度使李仁福为朔方王，赐给吴越王钱镠金印玉册。

此外，李存勖还派客省使李严去蜀国，探察虚实。李严回来报告李存勖，说蜀主王衍荒淫无度，不理朝政，排斥故老，听信小人，贤愚易位，刑赏失常，如果去攻打一定可以成功。李存勖就下定决心攻打蜀国，准备兵马粮械，择日出师。

李茂贞病死，遗表令长子李继曮掌管军府的事务。李存勖封李继曮为凤翔节度使，赐名从曮，且命他征兵一同伐蜀。李从曮还没有出军，契丹就已经进兵蔚州。李存勖便将攻蜀的事暂行搁起，立即任命李嗣源为招讨使，令他出兵抵御契丹。李嗣源已经奉命出师，李存勖又与郭崇韬商议，令李嗣源镇守成德军，调郭崇韬镇守汴州。郭崇韬当面辞谢道："臣已经很富贵了，何必再领汴州？况且有些大臣身经百战，所得不过一州，臣无汗马功劳，得居高位，已经深感不安了。何况汴州是富饶之地，臣不知道该怎么治理，只会叫他人摄职，臣没有做事，为什么要得此虚名呢?"李存勖说:"你说得也对。但是你为朕出谋划策,保住河津,攻取大梁,成就了朕的帝业,岂是百战之功所能比的?"郭崇韬一再推辞。李存勖最后答应依他之言,令蕃汉总管李嗣源镇守成德军。李嗣源受命就职。因为家在太原,他上表请求任李从珂为北京内牙指挥使,替自己照顾家人。李存勖看了表文,认为李嗣源为家忘国,竟把李从珂贬为突骑指挥使,令他率数百人戍守石门镇。李嗣源击退了契丹,听说李从珂被罢黜,慌忙求见李存勖。李存勖拒绝了他的请求。李嗣源不免疑上加疑,忧上加忧了。

李存勖听说契丹已经退兵,北方已经没有了顾虑,就又开始外出游猎,纵情欢乐。他常常与刘皇后私幸大臣府第,通宵达旦地饮酒作乐。他们最常去的是张全义家。张全义经常进贡,一半给了内府,一半给了中宫。刘皇后很是满意。刘皇后认为自己出身卑微,不免为妃妾所鄙夷,不如拜张全义为养父。于是面奏李存勖,说自己从小失去父母,孤苦无依,愿意拜张全义为养父。李存勖当下应允。于是,刘皇后趁夜宴时,请张全义上座,向他行礼。张全义怎么敢接受?刘皇后令随行宦官强迫他入座,然后自己下拜。惹得张全义脸热耳红,想要躲开,又被宦官拥住,无奈只好受了全礼。李存勖在旁边坐着,反而喜笑颜开,叫张全义不必辞让,并亲自端了一杯酒,为张全义祝寿。张全义谢恩饮尽,然后搬出许多贡品赠献给刘皇后。

第二天,刘皇后命翰林学士赵凤起草教令答谢张全义。赵凤对李存勖说:"国母拜人臣为父,从古未闻,臣不敢起草!"李存勖微笑道:"你是个直来直去的人,但皇后要这样做,并且于国体也没有太大关系。请你不要推辞!"赵凤无可奈何,只好应命。

李存勖选了许多良家女子充入后宫。有个女子生得国色天香,得到李存勖的宠爱,还生了个儿子。刘皇后很是嫉妒,时时刻刻想着把她除去。碰巧李绍荣丧妇,李存勖召他入宫,赐宴解闷,还对他说:"你的妻子去世了,应该再娶一个,朕愿意帮你找个美人。"刘皇后立即召入李存勖的爱姬,对李存勖说:"陛下怜爱绍荣,何不将此女赐给他?"李存勖不想与刘皇后争辩,含糊答应了。不想刘皇后当即催促李绍荣拜谢,又嘱附宦官将李存勖的爱姬送到李绍荣的府中。李存勖闷闷不乐,好几天称病不吃饭。最终拗不过刘皇后,李存勖只好耐着性子,仍然与刘皇后交欢。

刘皇后非常信佛,想自己能成为国母,全靠佛力保护。她平时所得的贡品,大多赐给了僧尼,而且她还劝李存勖信奉佛教。有个胡僧从于阙前来，李存勖率刘皇后及诸子向僧人膜拜。僧人出游五台山，李存勖派中使随行，大摆排场，轰动城郭。又有五台山僧人诚惠，说自己能降伏天龙，呼风唤雨。经过镇州时，王镕对他并不是十分热情。诚惠生气地说道："有五百毒龙归我派遣，我派一条龙揭起一片石头，恐怕镇州百姓就都变成鱼鳖了！"第二年镇州发了大水，冲坏关城，人们于是都称他为神僧。李存勖听说他法力无边，便召他入宫，率皇后皇妃向他下拜。诚惠居然正色高坐，一动不动。李存勖拜完后，留他住在馆中。

诚惠趁着闲暇出去游玩，百官们在道旁与他相遇，没有人敢不行礼。唯独郭崇韬不肯从众，与他相见时不过拱手示意。诚惠则傲慢得不得了，从来不还礼。那年，洛阳天旱，好久都没下雨了。郭崇韬奏明李存勖，请求让诚惠祈雨。诚惠无法推辞，便令人筑坛斋醮。他每日登坛诵咒，口中念念有词，可是神龙不来听令，烈日当空，没有一丝要下雨的迹象。郭崇韬指责他是个骗子，打算在坛下放火，将他烧死。有人将这件事告诉了诚惠。诚惠吓得神色慌张，趁夜逃走了。后来听说他逃回五台，担心唐主抓捕他，竟抑郁致死。李存勖及刘皇后却说自己心不够诚，所以不能留住高僧，追悔不已！

许州节度使温韬听说刘皇后信佛，情愿改自己的府第为佛寺，替刘皇后求福。温韬的奏疏一上，便得到了皇上的嘉奖，还有皇后的教令。当时，太后的旨意称为诰令，皇后的旨意称为教令，与唐主的诏旨并行，势力相等。内外官吏接到皇后的教令，也严格奉行，不敢有一丝怠慢。所以中宫的命令越来越多。好在太后的诰令并不常有，众人还能少顾一面，免得乱了头绪。

同光三年，太妃刘氏在晋阳得病。曹太后打算亲自去看望她，被李存勖劝住。不久，曹太后听说太妃病逝，又要亲自去送葬。李存勖哭着劝阻，群臣递上奏章挽留。太后虽然难拂众意，不能前去，但哀痛异常，好多天不思饭食。过了一个月，曹太后也魂归地下，去找那位刘太妃了。母亲去世，李存勖痛哭不已，甚至绝了饮食。百官连连上表劝慰。五天以后，李存勖开始进食，渐渐地把悲伤忘掉，又开始吃喝玩乐起来。

那年春夏大旱，到六月中旬才下了雨。一场雨下了七十五天，百川泛滥，遍地洪水。宫中本是高地，这时竟然也受到威胁。李存勖想登高避暑，但是找不到高楼，很是闷闷不乐。宦官说道："臣见长安全盛时期，宫中楼阁，不下数百。现在陛下竟连一个避暑的高楼都找不到，太不合适了。"李存勖说："朕富有天下，难道建不起一座楼吗？"宦官又说道："郭崇韬常常愁眉不展，多次与租庸使孔谦谈到国用不足。陛下虽然想建楼，恐怕难以建成。"李存勖生气地说："朕用自己的内府钱，与国库有什么关系？"

于是他命令宫苑使王允平赶造清暑楼。因怕郭崇韬进谏，特派中使传话说："朕昔日在河上与梁军对垒，虽然行营湿热，披甲乘马，也没觉得疲劳。现在朕居住在深宫，反而受不了这湿热，不知道是什么原因？"郭崇韬托中使转奏道："陛下以前在河上，强敌未灭，不忘仇耻，虽然遇到盛暑，也没有在意。现在外患已除，海内臣服，即使居住在珍台凉馆，也会觉得闷热。这就是环境不同，考虑的事情也不同了！陛下如果能居安思危，便会觉得现在暑湿也变得清凉了！"李存勖听后默然不语。宦官又进谗说："郭崇韬的府第比皇宫差不到哪里去，怪不得体会不到皇帝的闷热呢。"李存勖从此忌恨郭崇韬。郭崇韬听说王允平建楼，要一万人服劳役，花费也很高，因此又进谏说："今年河南受了洪涝灾害，军粮不足，请陛下暂时停工，等到丰年再建吧！"李存勖既然听信了谗言，哪里还肯依他的奏请，依然马不停蹄地建楼。

河南令罗贯刚毅正直，是由郭崇韬举荐的。伶人宦官每次有所请求，罗贯都将请托书拿给郭崇韬看。郭崇韬一再上奏，李存勖置之不理。伶人宦官便更加痛恨罗贯。张全义也恨罗贯，暗中向刘皇后进谗。刘皇后于是诬陷罗贯，李存勖却含怒不发。

曹太后要入葬坤陵，李存勖先去祭拜。正好赶上下雨道滑，桥梁也坏了。李存勖问明宦官，宦官说桥梁在是河南境内，属罗贯管辖。李存勖当即拘捕罗贯入狱，命狱吏严刑拷打，打得罗贯几乎体无完肤。李存勖从坤陵返驾时，传诏诛杀罗贯。郭崇韬进谏道："罗贯不过没修道路，罪不至死。"李存勖生气地说："太后灵驾将发，天子朝夕往来，桥路不修，还能说是罪不至死吗？"郭崇韬又磕头说："陛下贵为天子，却与一个县令计较个没完，致使天下人说陛下用法不公，罪在臣等！"唐主拂袖起身说："你既然那么看重罗贯，就由你裁决吧！"说完，便转身入宫。郭崇韬也起身随他进去，还想辩论。李存勖竟然关上门不理他。郭崇韬懊怅地走了。罗贯最后被杀，暴尸府门。百姓都替他喊冤，只有伶人、宦官互相称贺。

不久，李存勖召集群臣，商议讨伐蜀国。宣徽使李绍宏保荐李绍钦为帅。郭崇韬愤然说道："段凝是亡国旧将，只知道阿谀奉承，拍马溜须，他有什么才能！"群臣于是推举李嗣源。郭崇韬又说道："契丹气焰正盛，李总管不能调离河朔。"李存勖问郭崇韬说："那你觉得什么人合适?"郭崇韬说："魏王是储嗣，但还没有立功。请陛下任命他为统帅，让他去树立威信。"李存勖说："李继岌年纪还小，怎么能一个人去？应该有个副帅。"郭崇韬还没来得及回答，李存勖又说："我看就你吧。麻烦你走一趟。"郭崇韬不好违命，只能答应。

李存勖命魏王李继岌做西川四面行营都统，郭崇韬做西川北面都招讨制置使，把军事都交给了他们。李存勖又命荆南节度使高季兴做西川东南面行营招讨使，凤翔节度使李从曮做供军转运应接使，同州节度使李令德做行营副招讨使，陕府节度使李绍琛做蕃汉马步军都排阵斩斫使，西京留守张筠做西川管内安抚应接使，华州节度使毛璋做左厢马步军都虞侯，邠州节度使董璋做右厢马步军都虞侯。令客省使李严为安抚使，率兵六万，向西进发。随后，李存勖又任命工部尚书任圜和翰林学士李愚一起随魏王出征，参议军机。

蜀主王衍依旧南巡北幸，逍遥作乐。中书令王宗俦与王宗弼密谋造反。后来，王宗弼犹豫不决，王宗俦忧愤身亡，蜀主王衍才得以苟延残喘。王衍整日与狎客、美人纵情游乐，不理朝政。王衍建了宣华苑，苑中有重光、太清、延昌、会真等殿，清和、迎仙等宫，降真、蓬莱、丹灵等亭，又有飞鸾阁、瑞兽门、怡神院等建筑，都是金碧辉煌，极其奢丽。王衍命后宫妇女头戴金莲冠，身着女道士服，一起来到苑中，列座畅饮，不问朝夕。近臣也常常参与进来，与宫人同坐同饮。到了得意忘情的时候，他们不分男女，脱冠露髻，恣意喧闹，毫无顾忌。王衍有时令宫人浓施朱粉，还给它起了个名字叫做醉妆。上行下效，全国百姓也都模仿起来。后妃们游青城山时，衣服上都绘着云霞，飘飘绕绕，如天仙下凡。王衍自己作了甘州曲，往返山中，沿途歌唱。宫人依声附和，娇喉清脆，娓娓动听，确实是一道赏心悦目的情景。王衍认为反正已经与唐国修好，可以高枕无忧了，就撤出边疆的守兵，在自己缔造的太平盛世里，逍遥作乐。

宣徽北院使王承休本是一个宦官，偏偏娶有妻室严氏。严氏是个绝色美人，王衍多次召她入宫，与她同梦。王承休与严氏本是一对假夫妻。王承休乐得借妻求宠，仰沐恩荣。果然夫因妻贵，王承休得以升任龙武军都指挥使。王承休起用裨将安重霸为副使。安重霸狡猾奸佞，善于奉迎。他劝王承休向王衍请求升任秦州节度使。王承休进宫拜见王衍说："秦州有许多美女，臣愿意为陛下前去甄选。"王衍非常高兴，立即授王承休为秦州节度使，兼封鲁国公。王承休带着妻子去了秦州。他毁掉府署，大修行宫，征服劳役，还强取民间女子。王承休教那些女子唱歌跳舞，并把她们当做将歌女画在纸上。他把这些画送给成都尹韩昭，托他代奏，请蜀主东游。

王衍看到画像后很是高兴，想即刻起程。群臣上奏谏阻，王衍一概不理会。王宗弼上表力劝，奏章反被王衍扔到地上。徐太后哭着劝说也不见效。前秦州判官蒲禹卿上了一道奏折，写了差不多两千字。韩昭对蒲禹卿说："我先收着你的奏章。等主上回来，会叫狱吏一个字一个字地问你！"蒲禹卿退了回去。王衍既惦记着严氏，想续旧欢，又看到王承休所呈各图，都很中意，无论何人劝谏，都劝阻不了他。王衍当下改元咸康，颁诏东巡，令数万士兵随行。

走到汉州，武兴节度使王承捷报称唐军西来。王衍开始还不相信，且大声说："我正想炫耀一下我军的威风，怕他干什么？"王衍等人到了梓潼，遇到大风把大树和房屋都摧毁了。随行的史官占兆说此风为贪狼风，预示着会有败军覆将的大灾难。王衍还不醒悟，依旧在途中与狎客饮酒赋诗，毫不在意。到了利州城，王衍接到消息，说威武城守将唐景思已投降唐将李绍琛了。王衍这才信了王承捷的军报不是谎言。第二天，威武军陆续跑来。威武军说凤、兴、文、扶四州，已被节度使王承捷一起献给了唐国。王衍这时才觉得惶急，忙令随驾的清道指挥使王宗勋、王宗俨以及侍中王宗昱，做招讨使，率兵三万，去抗击唐军。

唐军加速前进，势如破竹。李绍琛等人是先驱，所过城邑不战自破。李绍琛已经收降了威武城，又得到凤、兴、文、扶四个州。他令降将做向导，进攻兴州。兴州刺史王承鉴弃城逃跑。郭崇韬命王承捷去追捕兴州刺史，然后催促李绍琛等人进兵。唐军攻下绍州，占领成州，到达三泉。在三泉，李绍琛等人与蜀国的三个招讨使相遇。唐军凭着一股锐气，横冲直撞，杀了过去。蜀兵连年不练，很是懒散，怎禁得住百战雄师乘胜杀来，顿时惊慌失措，落荒而逃。三个招讨使本非将才，都吓得魂飞魄散，抱头鼠窜。唐军杀死五千人，其余的蜀兵都逃跑了。

蜀主王衍听说三泉也失败了，急忙从利州西归，留下王宗弼戍守利州。王衍下令斩了三个招讨使，以振军心。唐将李绍琛昼夜兼行，径直向利州进发。蜀国的武德留后宋光葆写信给郭崇韬，请唐军不要进入他的管辖地，说他会劝说各地投降，否则就背城决战。郭崇韬答应了宋光葆的请求。宋光葆于是带着梓、绵、剑、龙、普五个州投降。武定节度使王承肇、山南节度使王宗威、阶州刺史王宗岳也闻风生畏，各自派使者去了唐营，举城投诚。

秦州节度使王承休与副使安重霸谋划着要袭击唐军。安重霸说："一战不胜，大势已经去了。但是我们享受国恩，国家有难不能不管。我愿意与您一起西行，去支援蜀军。"王承休以为他忠勇可嘉，便丝毫没有怀疑。王承休整军出城，安重霸跟随在后。到了城外，安重霸忽然向王承休下拜道："国家取得秦陇何等费力，我如果随您回朝，谁来镇守这里？安重霸愿意替您留守！"说到这里，安重霸竟然带着亲军回了城。王承休无可奈何，只好自己西行。后来，安重霸带着秦陇投降了唐军。

王宗弼得到各地投降的消息，惊慌不已。这时，唐国的使臣来到，递上郭崇韬的书信，劝他投降。王宗弼已经心动，无意守城，又有王宗勋等人狼狈来到，王宗勋拿出蜀主的诏书给王宗弼看，二人不禁相对而泣。王宗勋等人哭着说："国家沦陷到这种地步，都是主上一人荒淫无度导致的。您今天依诏杀了我们三人，不久一定会轮到您！请您快点拿主意吧！"王宗弼说："我也是这么想的，所以给您看了诏书。我们一起想想办法吧。"三人齐声说道："不如降唐吧？"王宗弼缓缓说道："你们先去投降唐军。我去成都一趟，怎么样？"王宗勋等人当然赞成。于是，他们分头行事。

王宗弼弃城西归，距蜀主王衍返都时只有五六天。王衍到了成都，百官及后宫都出来迎接。王衍走到妃嫔中，令宫人排成回鹘队，送他入宫。王宗弼来到成都，登上太元门，督兵守卫。徐太后与蜀主王衍一起去慰劳他。王宗弼竟然趁势谋逆，劫持了太后及蜀主，将他们幽禁在西宫。所有后宫及诸王都被他囚禁。王宗弼将国宝及内库的黄金布帛，统统纳入私囊，并自称西川兵马留后。后来听说唐军已进入鹿头关，占据了汉州，王宗弼当即拨出若干钱币、牛马和美酒，派人去迎接并犒劳唐军。

唐国的安抚使李严以前来过蜀国，王宗弼与他有一面之交。王宗弼以蜀主的名义写了一封信，送给李严："你一来，我就投降！"李严看到信，便想赶过去。有人拦住李严说："是你首先提出讨伐蜀国的，蜀人因此都十分怨恨你。你为什么还要去呢？"李严微笑不答，率领几名骑兵去了成都。李严告诉守城的士兵，说大军马上就到了，叫他们撤去楼橹。李严还进入西宫见了蜀主王衍。王衍对着李严痛哭不已。李严婉言劝慰，说他投降以后，必能保全家族。王衍这才停止了哭泣，引李严见了太后，然后把母亲和妻子托付给了李严。王衍命令翰林学士李昊写降表，同平章事王锴写降书。随后，王衍派兵部侍郎欧阳彬带着降书和降表，与李严一起去迎接唐军。

唐国统帅李继岌、郭崇韬等人听说蜀国已经投降，立即兼程赶往成都。李继岌命令李严再次入城，带着蜀国君臣出来在马前投降。蜀主王衍率领群臣出城投降。李继岌依制赦免了蜀国君臣。王衍率百官向东北拜谢，然后带领唐军进入成都。

蜀国自王建据守，传了一代就灭亡了，共计一十九年。

红颜祸水

王宗弼投降了唐军，并斩杀了内枢密使宋光嗣、景润澄以及宣徽使李周辂、欧阳晃，理由是这些人对唐主不敬，还斥责韩昭是个狡猾之人，在金马坊门砍了他的头。王宗弼低着头迎接唐帅李继岌。后来，他命令儿子王从班，劫掠了蜀主后宫及珍奇宝玩，并进献给李继岌和郭崇韬，请求做西川节度使。李继岌笑道："这本来就是我家应该得到的东西，还用得着他来献吗？"

大军进入成都，宣布胜利。郭崇韬下令禁止唐军侵扰百姓。出师只有七十天，唐军得到十个镇，六十四个州，二百四十九个县，三万士兵，以及无数的铠甲兵器、金银布帛。

灭蜀的首功要算李绍琛。可是，郭崇韬与董璋关系比较好，每次都召董璋商议军情，而不叫李绍琛。李绍琛的地位在董璋之上，对此很是不平。李绍琛对董璋说："我有平蜀大功，你算是什么人，反而在郭公面前乱嚼舌头？我是都将，难道不能用军法斩了你吗？"董璋不禁很生气，把这件事告诉了郭崇韬。郭崇韬竟然上表推荐董璋做东川节度使。李绍琛更加愤怒："我冒着生命危险，打下这两川，难道要让董璋坐享其成吗？"他去见了郭崇韬，说东川是军事要地，不应该让庸臣管理，任尚书是个文武全才，应该由他来做镇帅。郭崇韬生气地说："我奉唐主之命统领各军，你怎么能违抗我的命令？"李绍琛怏怏不快地退了出去。

王宗弼想要镇守西川，被李继岌拒绝了。王宗弼便秘密贿赂郭崇韬，请求他保荐。郭崇韬假装答应了，却始终不替他上奏。王宗弼带领蜀人列队，请求郭崇韬镇守蜀都。宦官李从袭跟随李继岌来到成都，他本是怀着希望而来，想趁此多捞些财物。偏偏军中的一切财务，全部归郭崇韬管理。李从袭根本无法染指，便对李继岌说："郭公非常专横。现在他又命蜀人请求封自己为帅，他的心思很明显了。大王应当防着他！"李继岌说："主上把郭公当做靠山，我怎么好叫他出镇蛮方？况且此事也

100

不是我该管的。姑且等到班师回朝以后，你们自己上奏父皇吧。"

郭崇韬有五个儿子，长子郭廷诲和次子郭廷信都随父从军。郭廷诲贪污受贿，极其腐败。蜀臣大多先向郭廷诲行贿，然后是郭崇韬。郭府门前，宝货妓乐连日不绝，唯独都统牙门寂然无人。李继岌不过得到几匹马、几束帛，以及其他一些乱七八糟的小玩意，因此心里很是不平，再加上李从袭在一旁煽风点火，自然更加生气。李继岌有时与郭崇韬晤谈，话里话外满是讥讽。郭崇韬于是就想归罪于王宗弼。他特意向王宗弼索要一大笔钱，说是要犒劳将士。王宗弼不肯给他。郭崇韬就唆使将士，纵火闹事，并跑到李继岌那里诬陷王宗弼。李继岌召入王宗弼，斥责他贪污受贿，对唐主不忠，命人将他推出去斩首。李继岌还处死了王宗勋和王宗渥，诛杀了王宗弼的族人，没收了他的家产，并将王宗弼的尸骸陈列市曹。蜀人争相割肉烹食，以泄怨恨。

乾德曾流传一首童谣："我有一帖药，名字叫阿魏，卖给十八子。"现在正好应验了这首童谣。原来，王宗弼是王建的养子，原名叫魏宏夫，认王建做义父后，便改了姓名。王宗弼被诛杀后，王承休从秦州来求见郭崇韬。郭崇韬罗列了王承休的罪状，便将他处死了。郭崇韬推荐孟知祥为西川节度使。孟知祥留守北都，与郭崇韬是故交，所以郭崇韬一再推荐他。孟知祥从北到西，一时不能来蜀，蜀中留驻的大军不便班师，况且这时盗贼四起。郭崇韬便派遣偏师，令任圜、张筠等人分领大军，四处招讨。

唐主李存勖派宦官向延嗣催促大军回朝。向延嗣到了成都，郭崇韬没有出城迎接。两人入城相见后，谈到班师回朝的事，郭崇韬多次出言顶撞，令向延嗣好生不乐。向延嗣与李从袭一向关系很好，两人几乎无话不谈。李从袭趁机说："这里的军事都由郭公把持。郭廷诲整天与军中的骁将及蜀国的豪杰，饮酒作乐，指天誓日，不知怀着什么鬼胎，诸将领都是郭氏的党羽，一旦有变，不仅我们死无葬身之地，恐怕魏王也难免罹祸！"说着已泪如雨下。向延嗣说："等我回去告诉唐主，唐主一定会想办法的。"

第二天，向延嗣向李继岌、郭崇韬辞行，匆匆回了洛阳。向延嗣回去后，将情形告诉了刘皇后。刘皇后又立即告诉了李存勖，请他早点儿想办法救李继岌。李存勖听说蜀人请求让郭崇韬为帅，已经很怀疑了，后来看了蜀中府库各籍，更是不高兴。听了刘皇后的一番话，李存勖立即召入向延嗣，问明底细。向延嗣把罪责全推到郭崇韬身上，并且说蜀货宝财都进了郭崇韬父子的私囊。李存勖听后怒气冲天，派宦官马彦珪火速赶往成都，催促郭崇韬回朝。他还对马彦珪说："郭崇韬如果奉诏班师，就不必说了。如果他借口拖延，你可以与魏王李继岌密谋，早除此患！"马彦珪唯唯听命。临行时，马彦珪进来拜见刘皇后说："蜀中的形势危在旦夕，如果有急变，我怎么能从三千里以外回来禀报呢？"刘皇后将这话告诉了李存勖。李存勖说道："事情只不过是传闻，还不知道是真是假，怎么能够就这样做出决断呢？"刘皇后的请求没有得到允准，她便自己写好教令，嘱咐马彦珪交给李继岌，让李继岌杀死郭崇韬。

郭崇韬正在忙着部署军事，与李继岌商量回朝的日期。这时，马彦珪到了蜀都，把刘皇后的教令交给了李继岌。李继岌说道："现在大军马上就要回朝，并没有什么异常情况，我怎么可以做这样的亏心事？"马彦珪说："皇后已有密敕，魏王如果不执行，倘若被郭崇韬知道了，我们就没命了。"李继岌说："主上并无诏书，只用皇后手教，怎么能够乱杀招讨使？"李从袭等人在一旁痛哭流涕。马彦珪还捕风捉影，说出许多利害关系，恐吓李继岌，令李继岌不敢不从。于是，李继岌命李从袭召郭崇韬议事。李继岌上楼回避，嘱咐他的心腹将领李环藏着铁锤，站在阶下等着郭崇韬。郭崇韬昂然进入都统府，下了马，走上台阶。这时，李环急步追上，用铁锤猛击下去，正中郭崇韬的头颅。霎时间，郭崇韬脑浆迸裂，倒在了阶前。

李继岌在楼上看着，见李环已经得手，急忙下楼宣示刘皇后的教令，诛杀了郭崇韬的儿子郭廷诲、郭廷信。郭崇韬的左右慌忙逃命去了，只有张砺来到魏王府前，抱着郭崇韬的尸体，失声痛哭。推官李崧对李继岌说："现在行军于三千里之外，您没有接到皇上的圣旨，擅自杀死大将。如果军心一变，归路就成荆棘之途了。大王为什么做这样危险的事？"李继岌听了着急起来，说自己也后悔万分。李继岌向李崧问计。李崧召了几个书吏，登楼去梯，伪造圣旨，钤盖蜡印，再行颁示。伪造的圣旨说罪行只涉及郭崇韬父子，其他人一概无罪。于是军心略定。这时，任圜扫平了盗寇，回到军中。李继岌令他代理军政，并派马彦珪回去将此事报告了朝廷。李存勖再次命令李继岌回都。

李存勖给王衍的诏书中说："朕会封你为王，而不会乘人之危，将你置于死地。三辰在上，一言不欺！"王衍奉诏大喜，对母亲及妻姜说道："还好，我还可以继续做安乐公！"王衍转告李继岌，说他愿意跟随李继岌去洛阳。李继岌正要动身，凑巧孟知祥也到了。李继岌留部将李仁罕、潘仁嗣、赵廷隐、张业、武璋、李延厚等人，辅佐孟知祥镇守成都，自己率大军起程，押着王衍及其家属，向东北进发。沿途山高水长，他们免不得逗留。那时，李存勖已下诏公布郭崇韬的罪状，并下令杀死郭崇韬的三个儿子，抄没他的家产。

保大军节度使睦王李存乂，是李存勖的五弟，娶了郭崇韬的女儿为妻。宦官想要尽诛郭崇韬的亲党，以绝后患，因此入奏李存勖说："睦王听说郭氏被杀，振臂称冤，话里话外全是怨言。"李存勖听了大怒，发兵包围李存乂的府第，把他们全家都杀了。伶官景进又诬称李存乂与李继麟通谋。李继麟就是朱友谦，任护国军节度使，伶人宦官向李继麟索要钱财，经常遭到拒绝。大军讨伐蜀国时，李继麟曾派儿子李令德随军出征。伶人宦官对李继麟很不满意，想借机把他除掉。李继麟惧怕谗言，亲自入朝，向李存勖表白心迹。偏偏李存勖这时已经听信了谗言。待他回去以后，李存勖命令朱守殷带兵来到李继麟的馆舍，把他赶出徽安门外，一刀将他杀死。并且传诏至李继岌军前，令李继岌诛杀李令德。李继岌还没出蜀境，才到武连便遇着了敕使，他立即命令董璋依敕行事。董璋便将李令德杀死了。

李绍琛率领后军，与李继岌相隔三十里，听说李令德被诛杀，愤怒地对诸将说道："国家南取大梁，西定巴蜀，全由郭公定策，我们奋战而得。要说到去逆效顺，与国家协力破梁，朱公友谦是第一大功臣。现在朱友谦、郭崇韬都被无罪灭族，我如果归朝，一定也会大祸临头。冤枉啊！这可叫我怎么办呢？"部将焦武等人曾经跟随朱友谦，在河中投降了李绍琛。他们听了李绍琛的话，便一齐号哭道："朱公有什么罪，竟然全家被杀？如果我们回去，一定会被诛杀。我们坚决不再东行了。"于是，他们一同簇拥着李绍琛，由剑州西还。李绍琛自称西川节度使，移檄成都，召谕蜀人，很快聚集了五万人。

李继岌闻变，立即任命任圜为副招讨使，令他与董璋率兵数万，追击李绍琛直到汉州。李绍琛领兵接战。两军打了许久，也没分出胜负。忽然后队纷纷溃乱，另有一标人马长驱杀入，穿过李绍琛阵内，接应任圜。李绍琛腹背受敌，哪里支撑得住，当下拼命杀出重围，仅率十多名骑兵奔向绵竹。途中被唐军追上，一鼓围住。任李绍琛多么勇武绝伦，也只好束手就擒了。这队后军原来就是新任西川节度使孟知祥的部下。孟知祥得到李绍琛的檄文，料到他一定进窥成都。孟知祥心想不如先行出兵，堵截李绍琛。可巧，李绍琛与任圜等人打了起来，孟知祥便趁机夹攻，把李绍琛杀败，追擒而归。

孟知祥等人到了汉州，犒劳军士，与任圜、董璋大摆宴席。孟知祥命人将李绍琛的槛车带到座中，亲自倒了一大碗酒，递给李绍琛，对他说道："你身立大功，还怕不会富贵吗，为什么要自寻死路呢？"李绍琛说："郭公是佐命第一功臣，兵不血刃，手定两川，这样的人尚且被无罪诛族，我李绍琛怎能保全呢？因此不敢回朝。今天你杀了李绍琛，恐怕明天就轮到你们头上了！"孟知祥被他说动了，只是当着众人的面，一时也不便说些什么，只好令任圜等人把李绍琛押送回洛阳。李绍琛被押解到凤翔，宦官向延嗣带着敕令到来，下令诛死李绍琛，恢复他的姓名为康延孝。

李绍琛叛变后，李继岌怕王衍在途中逃跑，特令李从曮发动凤翔军，与李严一同护送王衍去洛阳。李从曮等人押着王衍一族，以及蜀臣眷属三千人，来到长安，却忽然接到李存勖的敕书，禁止他们入都，因为邺都起了乱事。邺都作乱，洛阳不免惊慌。李存勖害怕王衍入都后叛变，所以将他截留在长安，令西京留守看严他。邺都就是魏州，李存勖在魏州即位，因此改魏州为邺都。

魏博指挥使杨仁晸曾经率兵戍守瓦桥关，因为换任自然回到邺都。可是，李存勖因邺都空虚，害怕归兵生变，便敕令杨仁晸留屯贝州。当时邺都谣传，郭崇韬杀死了李继岌，自己在蜀中称王，因而导致族灭。还有人说李继岌被杀，刘皇后归咎于唐主，已经弑杀了唐主。邺都留守兴唐尹王正言年老怕事，急召监军史彦琼商议。史彦琼因为巴结讨好伶人而得宠，在邺都非常专横，藐视将佐。他与王正言秘密商议了一天，使得人心惶惑，谣言传播得更加厉害了。

杨仁晸的部兵皇甫晖见人心不安，便号召徒众去劫杀杨仁晸。他对杨仁晸说："主上能拥有天下，都是我魏博军百战得来的。魏博军甲不离身，马不解鞍，约有十多年。现在天子不念旧日功劳，却只是胡乱猜忌。如今皇后弑君，京师已经大乱，将士愿与您一起回去。如果朝廷来讨伐我们，以我魏博兵的实力，完全可以拒敌，或许还能得到意外的富贵，也不一定。请你不要迟疑了！"杨仁晸怒道："这是什么话？"皇甫晖厉声说道："你如果不答应，大祸就在眼前！"杨仁晸还想呵斥他，皇甫晖指挥众徒，乱刀交挥，当即将杨仁晸砍死。皇甫晖想挟持一名小校为帅，那名小校不答应，皇甫晖就把他也杀死了。

效节指挥使赵在礼得到皇甫晖叛乱的消息，衣服都没来得及穿好，就要爬墙逃走。皇甫晖率众追来，拽住赵在礼的脚，把两颗人头拿给他。

赵在礼怕遭毒手，勉强答应皇甫晖等人愿意为帅。他们在贝州烧杀抢掠了一番，向南穿过临清、永济、馆陶等县，所过之处必然蹂躏一番。

警报飞达邺都。都巡检使孙铎等人急忙告诉了史彦琼，请求他率兵登城守御。史彦琼怀疑孙铎有异心，就说等贼兵到了城下，再防守也不迟。谁知到了黄昏，贼兵已经来到城下，环攻北门。史彦琼仓促召兵，登上北门楼拒守。忽然贼众大喊，守兵立刻吓得狼狈而逃。史彦琼单骑直奔洛阳。贼兵拥着赵在礼进入邺都。孙铎等人抵抗不住，也逃跑了。赵在礼占领了宫城，任命皇甫晖、赵进为马步都指挥使，纵兵大肆烧杀抢掠。王正言感到莫名其妙，想召官吏来问个清楚，竟没有一人前来。他拍案大喊，家人进来禀报道："贼兵已经入城，大肆烧杀抢掠。官吏都逃散了，你还在这里喊谁呢？"王正言站起来吃惊地说："有这等事吗？"然后急忙命家人备马。家人找了一圈，没找到马车。王正言踌躇了很久，不得已步行走出府门。他去拜见赵在礼，请求恕罪。赵在礼答道："士兵们都想回去，我不得不这样做。您千万不要这个样子，尽管放心，不用害怕。"王正言哭着请求回乡。赵在礼于是送他出城，皇甫晖等人说邺都无主，便推赵在礼为魏博留后。赵在礼出来安抚百姓，听说张宪的族人都留在邺都，立即派人前去慰问，还写信给张宪，劝他加入自己的队伍。张宪拿到书信，并不开封，而是立即派人呈献给了李存勖。

李存勖正想派将士去围剿叛军，这时史彦琼奔回洛阳。李存勖令他择将，史彦琼推荐了李绍宏，李绍宏又转荐李绍钦。刘皇后说这种小事只派李绍荣去办就可以了。于是，李存勖命归德节度使李绍荣到邺都剿抚叛军，派史彦琼监视李绍荣的军队。李绍荣率兵到了邺都，在南门驻扎，派人拿着敕抚的诏书先入城。

赵在礼用羊和酒犒劳军士，并且对城下说："将士们想家，所以才擅自回去。请您代为奏明，如果能够免死，我们一定改过自新。"然后将诏书内容告诉了将士们。偏偏史彦琼大骂道："你们这群叛贼！我要将你们碎尸万段！"皇甫晖便对众人说道："既然史监军这样说，想我们也不能得蒙恩赦了！"于是他们撕毁诏书，列阵拒守。李绍荣攻城失利，退到澶州。他召集兵马，准备再行进攻。裨将杨重霸率数百人，奋勇登城，可惜后面没有人继续跟上，杨重霸等人只落得身首分离，无一生还。

李存勖得到消息，想要亲征邺都。这时，从马直军士王温等人乱杀军使，闯入都下。虽然当天就把他们捕杀了，李存勖还是惊疑不安。原来，李存勖曾经挑选勇士作为亲军，叫做从马直。如今亲军生变，心腹已溃,叫他如何放心亲自出征?接着,邢州兵赵太等人结党四百人,杀官据城,居然自称留后。沧州也相继生乱,小校王景戡平定了乱军后也以留后自称。李存勖命东北面招讨副使李绍真去讨伐赵太。李绍真即霍彦威,由李存勖改赐姓名。李存勖另派人去招抚王景戡。唯独邺都很久都没有攻下,李存勖又打算督师亲征。宰相等人上奏谏阻,并推荐李嗣源为帅,代替李绍荣。

李嗣源被李存勖猜忌,因此李存勖召他入朝。宣徽使李绍宏与李嗣源关系非比寻常,因而竭力救护李嗣源。李存勖密令朱守殷暗中观察李嗣源。朱守殷反而偷偷地对李嗣源说:"你功高震主,应该自己早作打算,不要等着大祸临头!"李嗣源说:"我心诚不负天地,所遇祸福,不过听天由命罢了!"不久,邺都乱起,李嗣源还在洛中。大臣们因李绍荣无能,便奏请让李嗣源去招讨邺都。李存勖说:"朕偏爱李嗣源,想留他做宿卫,所以不便派他去。"李绍宏在一旁竭力请求,张全义也请求命李嗣源出师,唐主这才令李嗣源率领亲军,渡河北伐。

李嗣源接到命令后立即出发。到了邺城西南,恰好李绍真荡平邢州,擒住赵太等叛贼,赶来邺都会师。李嗣源与李绍真相见后,立即命令李绍真推出赵太等人,斩首示众。并当即下令军中,扎营休息,准备第二天早上攻城。没想到半夜里,从马直军士张破败聚众作乱,杀都将、焚营舍,直逼中军。李嗣源率亲军出营,大声斥责道:"你们想干什么?"乱众嚷嚷道:"将士们跟随主上十多年了,我们打了无数次仗,才得到天下。现在贝州戍卒想家了,主上却不让我们回去。从马直几个人喧闹,李存勖便想将从马直全部杀了。我们本来没想叛变,只是被时势所逼,不得不死中求生。现在我们决定与城中合势同心,请主上称帝河南,令您称帝河北。"李嗣源不禁大惊失色,哭着劝导众人。众人始终不肯听命。李嗣源说:"你们不听我的话,那就随你们吧。我自己回京师。"乱众又说:"您要到哪里去?如果不见机行事,您将遭遇不测了!"于是,他们抽戈露刃,拥李嗣源入城。

李嗣源还是不肯答应称帝。李绍真踩他的脚示意,李嗣源于是越壕而入。皇甫晖开城迎战,斩杀了张破败。乱众溃散,只剩下李嗣源和李绍真,两人进退无路。恰巧赵在礼出来迎接,率将校拜见李嗣源。赵在礼哭着说道:"将士们有负于您。赵在礼愿意听您的命令!"李嗣源带着李绍真入城,赵在礼设宴款待。他们在酒酣之时登上南楼,畅谈形势。李嗣源说道:"此城险固,易守难攻,可以作为根基之地。但是城中兵马不

106

够用，我们必须再借些兵马。让我出城召集各军，我们才好举事。"赵在礼随口赞成。李嗣源立即与李绍真出城，寄宿魏县。他们把将佐召集起来，但也不到一百人。

原来李绍荣屯兵在城南，有一万多人，李嗣源被乱兵所逼，派牙将高行周等人秘密联络李绍荣，约他一同攻打乱卒。李绍荣不答应，带着众人走了。李嗣源到了魏县，才有一多百人回来，而且没有兵甲。幸好李绍真所统领的五千镇兵，留营待命，这时也回来了。李嗣源哭着说道："国家患难，竟到了这步田地！我只有归藩待罪，再图后举。"李绍真说："这可不行！你是元帅，只是不幸被凶人劫持而已；李绍荣不战而退，回去后必定说你是叛贼。你如果归藩，就是据地邀君，正好证实了他的话。你不如回朝，当面向天子说清楚。"中门使安重诲也赞同李绍荣的建议。李嗣源于是南下赶往相州。路上遇到马坊使康福，给了自己数千匹官马，这才成事。

后来，李绍荣退回卫州，上奏说李嗣源叛逆，与贼寇通谋。李嗣源很是惶急，忙派人上奏申辩。接连好多次上奏，并不见有朝旨到来，李嗣源更加慌张。这时，一人火速赶来，对李嗣源说道："你为什么不快点想办法？难道愿意束手就擒吗？"李嗣源吃惊地问道："照你的意思该怎么办？"那人不慌不忙地说出一条计策来。

一字救千人

李嗣源正在惶急，帐下有人出来献计，请李嗣源速做决定。这个人便是左射军使石敬瑭。石敬瑭是沙陀人，父亲名叫臬捩鸡。臬捩鸡曾跟随李克用四处转战，多次立下战功，后来被任命为洺州刺史。臬捩鸡死后，儿子石敬瑭继续跟随李嗣源。石敬瑭勇猛过人，所向无敌，被任命为左射军使。他进言说："天下之事，成功来自果断，失败源于犹豫。有上将被叛卒劫持，进入贼城，后来却安然无恙的吗？大梁是天下的要地，请您借给石敬瑭三百骑兵，让我先去占据大梁，您随后引军疾进。只有借大梁作为根本之地，您才能保全自己！"骑都指挥使康义诚接着说道："主上昏庸无道，军民都十分怨愤。您听了大家的话，才有机会活下来。您如果守节，就死定了。"李嗣源想了很久，觉得除此之外别无办法，于是令安重诲移檄招兵，向大梁挺进。

李存勖得到李绍荣的奏报，立即派李嗣源的长子李从审去见李嗣源。

李从审行至卫州，被李绍荣阻拦下来。李绍荣想杀死李从审，李从审说道："你们既然不原谅我的父亲，我也不能去父亲那里了。我愿意再回去做宿卫。"李绍荣于是下令放李从审回都。李从审回去见了李存勖，哭诉自己被李绍荣阻挠。李存勖也觉得他可怜，便赐名继璟，待他有如自己的儿子。李嗣源前后奏辩，都被李绍荣截住，因而李存勖没有看到李嗣源的奏章。

那时两河南北，多次发大水。百姓颠沛流离，到处都是死尸。京师财赋减收，军粮不足。李存勖却经常挈领后妃去白沙打猎，他们吃住都很奢华，还带着一万名卫士。可怜百姓已经卖妻鬻子，啼饥号寒，哪还有什么钱财供他们这样铺张浪费？辇驾所经之地，百姓都逃避一空。卫兵心中的气愤无处发泄，便毁坏百姓的房屋，砸坏什器，比强盗还要凶恶。地方官也很怕他们，纷纷流窜山谷。

等到李存勖回都，军士因在途中饿着肚子，便怨声四起。租庸使孔谦因仓中储备的粮食将要用尽了，便克扣军粮，致使营中流言飞语更加厉害。李存勖对此有所耳闻，便下了一道诏书，说要预借明年夏秋租税。

当年的租赋百姓尚且无从缴纳，哪里交得出明年的租税呢？官吏奉诏征缴，逼得百姓叫苦连天。太史上奏说百姓怨声载道，应该防止发生兵变，要求速颁内帑，散给灾民。宰相们也为此上表。李存勖想要准奏，偏偏刘皇后不肯。她愤怒地对李存勖说："我们夫妇君临天下，虽说是靠打仗得来的，也是天命如此。命既在天，人就不可怕了！"李存勖于是停诏不下。宰相们又到便殿去上奏。刘皇后在屏后偷听，见相臣们仍然不肯罢休，便令宫人取出妆具及三件银盆，带上皇帝的三个小儿子，一起来到皇帝面前。刘皇后竖着两道柳眉，连嗔带笑地说道："四方的贡献已经赏赐完了，宫中只剩了这些东西，把他们分给百姓吧！"唐主不禁变色，宰相们也都瞠目结舌，陆续退去。

后来，李嗣源举事，警报频传。河南尹张全义害怕被连坐，竟然急死了。李存勖令指挥使白从晖扼守洛阳桥，并且拿出内府金银布帛，赐给诸军。将士们说："我们的妻子儿女都已经饿死了，还要这金银布帛有什么用？"李存勖听了，追悔莫及，飞诏李绍荣回洛阳。李绍荣到了鹏店，李存勖亲自出来慰劳。李绍荣当面奏请道："邺都的乱兵想渡河袭取郓州和汴州。请陛下急幸关东，招抚各军，免得他们被乱兵所惑。"李存勖点头同意，然后返回都城，调集卫士，准备出发。

伶官景进因事生风，对李存勖说："西南还没有安定下来，王衍的族党不少，他们听说车驾东征，一定会谋变。不如尽早除掉他们。"李存勖急忙派向延嗣带着诏书西行。诏书中说要将王衍一行人全部杀戮。枢密使张居翰看到诏书，急忙拿到殿柱上将诏书中说的"行"字改为"家"字然后才交给向延嗣。

向延嗣到了长安，由西京留守接诏。西京留守立即到秦川驿中，搜捕王衍全家，尽行处斩。王衍的母亲徐氏，临刑前振臂大呼道："我儿举国投降，唐主反而要把我们全家杀了，信义何在？料你唐主也将大难临头了!"徐氏母子死后，王衍的妻妾金氏、韦氏、钱氏等人，一并被砍了头。唯独幼妾刘氏，最为年轻，发似乌云，脸若朝霞。监刑官瞧着，暗生艳羡，立即下令停刑。刘氏慨然说道："国亡家破，义不受污，请你快把我杀了吧!"监刑官没有办法，只好下令将她杀了。此外，蜀国大臣的家属以及王衍的仆役，全部获免，不下千余人。向延嗣回都复命。

李存勖于是从洛阳出发，派李绍荣带着骑兵，沿河先行，自己率卫兵缓缓前进。李存勖走到汜水时，与李嗣源相关的亲党多半逃亡，唯独李嗣源的儿子李继璟还在那里。李存勖命他再次去传令给李嗣源，李继璟始终不肯应命，情愿被处死。后来，李存勖再三劝慰，强迫他去传令。李继璟不得已奉谕登程，在途中遇到李绍荣，竟然被李绍荣给杀死了。李嗣源的家人留居真定，虞侯将王建立杀死监军，出面保住了他们，正打算写信给李嗣源，向他报平安。凑巧李嗣源的养子李从珂，从横水率军来到，与王建立会合，倍道而驰，追赶李嗣源。三人见面后，李嗣源大喜，立即分兵三百骑归石敬瑭统领，令他做前驱，令李从珂做后应，向汴梁进军。又檄召齐州防御使李绍虔、泰宁节度使李绍钦、贝州刺史李绍英和北京右厢马军都指挥使安审通，约期见面。李嗣源随即渡河到滑州，约见平卢节度使符习。符习从天平军调守平卢，听说梁臣多半被诛杀，心里已经很害怕，一听说李嗣源约见，便立即赶了过去。安审通也带兵来到。李嗣源军势大振。

汴州的知州孔循既派人奉迎唐主，又派人去讨好李嗣源。李嗣源的前锋石敬瑭星夜抵达汴州，杀入封邱门，占据了大梁。然后，石敬瑭急忙派人催促李嗣源。李嗣源从滑州出发，当晚赶到大梁城。那时，李存勖刚刚到达荥泽，命龙骧指挥使姚彦温率领三千骑兵作为前军，当面下令说："你们都是汴人。我进入你们的管辖地，不叫其他军队做前驱，是怕惊扰了你们的家室，你们应该体会到我的好意!"姚彦温应声出发，走到汴城，他见李嗣源已经据守，便脱了铠甲去见李嗣源。姚彦温向李嗣源进言道："京师危急，主上被李绍荣所迷惑，我们无力回天了。"李嗣源冷笑道："你自己对朝廷不忠，不要胡乱诋毁别人！"于是，李嗣源夺了姚彦昌的军印，收三千骑兵为己有。指挥使潘环驻守王村寨，拥有数万石粮食。潘环把这些粮食全部献给了大梁。

李存勖进入万胜镇，接到各地军报，不由得神情沮丧，登高欷歔道："事情就这样结束了！"随后下令班师回都。到汜水时，卫军已经逃跑了一半。李存勖留下秦州都指挥使张唐，驻守汜水关，自己率余军西归。途中经过罂子谷，山路险窄，李存勖见从官鞭打扈卫，就好言慰抚士兵，并说："魏王很快就要进京了，载回西川金银五十万，我要全部分给你们，作为你们的报酬！"从官直言道："陛下到今天才慷慨相赐，已经太迟了！恐怕受赐的人，也未必感念圣恩呢。"

李存勖又恨又悔，不禁失声痛哭。他向内库使张容哥索取袍带，想要赐给从臣。张容哥刚说出"颁给已尽"四个字，卫士们一拥而上，大声斥责道："国家败坏都是由你们引起的，还敢多言吗！"话音未落，卫士们即抽刀追杀张容哥。还是李存勖哭着叫停，众人才算罢休。张容哥与同党私语道："明明是皇后吝啬，如今他们全部归罪给我们，事情已经没有转机，我们一定会被他们碎尸，我不忍等着遭此惨死！"说罢，张容哥竟投河自尽了。

李存勖到石桥西，置酒悲涕，凄然地对李绍荣等人说："你们为我做事已有多年，富贵休戚，无不与共。今天我到了这种地步，你们难道想不出一条计策相救吗？"李绍荣等一百余人，都剪断头发，扔到地上，发誓以死相报。唐主于是回到洛都。

第二天，李存勖接到汜水关急报，说李嗣源的前军石敬瑭已抵达关下，李绍虔、李绍英等人皆与李嗣源合军。宫廷内部很是惊慌。宰相、枢密等奏称魏王将率军到来，请车驾尽快控制汜水，收抚散兵，静候西军接应。李存勖出了东门，约期出征，再次奔赴汜水。

同光四年四月朔日是唐主再赴汜水的行期。士兵们严装待发，骑兵列阵宣仁门外，步兵列阵五凤门外，专候御驾出巡。李存勖正在用膳，忽然听到皇城兴教门口喊声大震，料到有人叛变，慌忙放下筷子，召集近卫骑兵，亲自督军出去防御。

行至中左门，乱兵已经冲入门内，气势汹汹，杀气腾腾。乱军的首领是从马直御指挥使郭从谦。李存勖愤怒不已，麾动卫骑，迎头痛击。郭从谦抵挡不住，率乱军退出门外。李存勖将城门关上，然后派中使到宣仁门外，速召骑兵统将朱守殷围剿乱党。谁知等了好久，朱守殷都没有来。郭从谦纠集众人，放火焚烧兴教门，有许多乱兵爬墙而入。李存勖还想抵御，四下里看了一圈，近臣宿将多半已经逃跑，只有都指挥使李彦卿和军校何福进、王全斌等人还跟随着自己，挺刃血战。李存勖也冒险拼杀，杀死乱兵百余人。突然有一支箭飞来，正中李存勖的面颊，李存勖疼痛难忍，几乎晕倒。鹰坊人善友见李存勖中箭，慌忙上前扶着李存勖，退到绛霄殿庑下。善友给李存勖拔去箭镞，李存勖浑身是血。李存勖口渴了，要水喝。宦官奉刘皇后之命，拿来酪浆。李存勖刚刚喝下一杯，就死了，年仅四十二岁。

李彦卿、何福进、王全斌等人见李存勖已死，就痛哭散了。善友用乐器盖住尸身，放起一把火，将乐器与李存勖的遗体全部烧成灰烬，免得被乱兵蹂躏。然后善友也逃跑了。从李存勖称帝到此时，刚满四年。刚开始，唐主继承父亲的遗志，灭伪燕、扫残梁、走契丹，得以三矢报恨，还告太庙。等到家仇既雪，国祚中兴，他几乎与夏少康、汉光武齐名。只是后来妇人擅权，优伶乱政，杀戮功臣，猜疑族戚，不恤军民，最终酿成祸患。就连犯上作乱的郭从谦，也是优人出身，李存勖平白无故地令他掌管亲军，反被他杀害。

刘皇后平时最受恩宠，听说李存勖受伤了，她却急忙与李存勖的四弟申王李存渥，及行营招讨使李绍荣等人，收拾金银珠宝，匆匆出宫逃去。他们放火烧了嘉庆殿，带上七百骑兵出了狮子门，向西逃去。宫中大乱，宫人们纷纷逃跑。朱守殷这时才进宫，他并不设法平乱，而是先选了三十余名宫人，令他们各自取了乐器珍玩，带回私宅，寻欢作乐去了。各军大肆抢掠都城，昼夜不息。

这天，李嗣源已到了罂子谷，得到李存勖去世的噩耗，哭着对诸将说："主上向来颇得士心，只是被一群小人迷惑，才惨遭此变。我现在将去往何处呢？"诸将上前劝慰，才见他收泪。第二天，朱守殷派人来到，报告京城大乱，请李嗣源前去平定乱军。李嗣源率军来到洛阳，暂时住在自己的私宅中，下令禁止士兵们烧杀抢掠。朱守殷求见。李嗣源对他说："你要派人多多巡视，然后静待魏王回来。淑妃、德妃还在宫中，请你好好对待她们！等到平定了乱军，国家有了新的君主，我会回来为国家防御北方的！"说到这里，李嗣源即命朱守殷去收回李存勖的遗骨。朱守殷将李存勖妥加棺殓，留殡西宫。宰相豆卢革、韦说等人率领百官上疏劝李嗣源称帝。李嗣源说："我奉诏讨贼，不幸有人叛变，想要入朝向唐主解释清楚，偏偏被李绍荣阻挡。我本来没有别的意思。今天诸君一再推举我，说明你们还是不了解我。请不要再说这样的话了！"于是李嗣源向各处报告主丧。

魏王李继岌这时刚刚平定了蜀国的叛乱，获悉洛阳变乱。他怕李嗣源不能相容，便再次引兵西行，想去保住凤翔。西京推官张昭远劝留守张宪上劝进表。张宪慨然说道："我本是一介书生，自百姓做到留守，全靠先帝的厚恩。我怎么可以贪生怕死，背主求荣呢？"张昭远感动得泪如雨下，说道："您能这样做，真是忠义两全了！"

李存勖曾派吕、郑两个宠臣到晋阳城，监督兵赋。这个时候，李存勖的亲属李存沼从洛阳跑到晋阳，与吕、郑二人密谋，打算害死张宪，占据晋阳。汾州刺史李彦超得知消息，劝张宪先发制人。张宪说道："我受先帝的厚恩，不忍心做这样的事。如果我为义身亡，乃是天数，怎能逃避呢！"李彦超回去以后，免不得与将士们叙谈。将士们不等命令，趁夜起事，杀死李存沼及吕、郑二人。张宪听说将士起变，仓皇逃到忻州。正好洛阳的使者到了晋阳，拿出李嗣源的书信给李彦超。李彦超出面安抚士兵，城中这才安定下来。

李彦超遣回洛使，奉表劝李嗣源称帝。都中百官又三次上疏，请李嗣源监国。李嗣源这才答应下来，入居兴圣宫。后宫还有侍女千余人，宣徽使从中选出数百名，献给李嗣源。李嗣源说："留着这些人有什么用？"宣徽使答道："宫中不能没有侍者。"李嗣源说："做宫中的侍者要有经验。这些人年少无知，不能入选。"李嗣源令她们全部出宫回家，无家可归的则令亲党领去。李嗣源另用老宫人分管各职，起用安重诲为枢密使，张延朗为副使。张延朗本是梁朝旧臣，善于阿谀奉承，拍马溜须。他与安重诲相结识，所以被引荐。

李嗣源命人探访诸王。永王李存霸是唐主李存勖的弟弟，本来留守晋阳。李绍荣自洛阳逃出来以后，撇下刘皇后，想去投靠李存霸。不料走到平陆，竟被野人抓住，送到虢州。刺史石潭打断李绍荣的足骨，把他关进囚车，押解到洛阳。李嗣源怒骂道："我儿子有什么对不起你的地方，你竟然迫害他？"李绍荣说："先皇有什么对不起你的地方，你竟然叛命入都？"李嗣源气愤到了极点，立即命人将他推出去斩首。通王李存确和雅王李存纪二人都是李存勖的弟弟，他们跑到民间，躲了起来。安重诲查到他们的下落，立即与李绍真密谋，派人杀死了二王。过了一个多月，李嗣源才得到消息，狠狠地斥责了安重诲一顿。但是人死不能复生，李嗣源只好付诸一叹。

李存渥与刘皇后逃到晋阳，途中昼行夜宿，艰辛不已。因李绍荣离去，刘皇后害怕李存渥也丢下她不管，索性献身报德。李存渥见嫂嫂妖媚妖娆，虽然已经三十多岁，仍然风韵不减，乐得将错就错，与刘皇后结成露水缘。他们到了晋阳，李彦超拒不迎纳李存渥。李存渥在风谷，被部下杀死。刘皇后无处栖身，只好削发为尼。她把怀里的金子取出来，修了一座尼姑庵，权作栖身之所。偏偏监国李嗣源不肯轻易饶恕她，竟派人到晋阳，把她刺死了。一代红颜，到此才算收场。

北京留守永王李存霸听说兄弟们多遭杀戮，自然寒心。他立即奔赴晋阳，去投靠李彦超，愿意做个山僧。李彦超打算上奏请求饶他一命，可是部众不肯宽容，一定要置李存霸于死地。李存霸害怕极了，立即剃光头发，穿上僧袍，偷偷地出了府门。将士们拦住了他，拔出大刀将他砍死。薛王李存礼是李存勖的三弟，与李存勖的儿子李继潼、李继漳、李继憻、李继峣等人都下落不明。只有李存勖的弟弟李存美因为是个疯子，才得以免死。李克用本来有七个儿子，最后只有李存美活了下来。李存勖的五个儿子，有四个不知下落。李继岌走到武功，宦官李从袭劝他赶往京师，平定内难。于是，李继岌再次东行。到了渭河，西都留守张篯砍断浮桥，不让李继岌东渡。李继岌只好沿河东进。在途中，跟随李继岌的士兵陆续逃跑。李从袭又对李继岌说道："大势已去，无力回天了。请您早作打算。"李继岌伤心至极，不免泪如雨下，缓缓地对李环说道："我已经无路可走了，你杀了我吧。"李环迟疑了好久，对李继岌的乳母说道："我不忍心看着魏王死去。魏王如果无路求生，就请他仰卧床上，我再下手。"乳母哭着告诉了李继岌。李继岌于是仰卧在床上，李环取了布帛套在他的脖子上，把他勒死了。李从袭赶往华州，最后被都监李冲杀死。任圜随后来到，召集余众两万人左右，一起回到洛阳。李嗣源命石敬瑭前去抚慰，将士们都没有异言，各自回了原来的营队。

因为李继岌已死，百官仍然上表劝李嗣源称帝。李嗣源心动，于是大行赏罚。他首先斥责租庸使孔谦奸佞苛刻，罢免他租庸使的官位，废除苛政，然后将孔谦处斩。李嗣源还罢免了各道的监军使，历数宦官的劣迹，将他们全部诛杀。李绍真把李绍钦、李绍冲关进了监狱。安重诲对李绍真说："温韬、段凝的罪恶都是在梁朝时期犯下的。现在监国刚刚平定了内乱，应该力求安定，不是为了复仇而动摇社稷。"李绍真无言以对。随后李绍真禀明监国，恢复二个人的姓名为段凝、温韬，并将二人放归田里。李嗣源召孔循为枢密使。孔循与李绍真都进来劝谏监国，请他改国号。李嗣源回答说："我十三岁的时候就跟随献祖，献祖待我如亲生儿子一般。随后，我又服侍先帝有五十年，跟随先帝四处作战，一起打天下。先帝的基业，就是我的基业；先帝的天下，就是我的天下。哪有同家异国的道理？这件事要与众人商量了再说！"礼部尚书李琪奉旨进来，说道："如果改了国号，先帝就成了路人，梓宫将放在哪里呢？不但监国不忘三世旧君，就是我辈人臣也自觉不安！过去以旁支的身份继位的例子也有很多，请您行嗣子之礼，在灵柩前即位礼，这样就能情义两全了。"李嗣源点头称是。

过了两天，李嗣源自兴圣宫转入西宫，穿上丧服，到灵柩前即位。百官也都穿着丧服。等到李嗣源加冕受册时，百官们又都改穿吉服，行朝贺礼。李嗣源颁诏大赦，改同光四年为天成元年。他酌情留下后宫百人，宦官三十人，教坊百人，鹰坊二十人，御厨五十人。李嗣源对其他制度，也进行了一番大刀阔斧的改革。他分遣诸军就近解决吃饭问题，以减省运费。官员不得苛敛百姓，刺史以下不得贡奉。李嗣源封赏百官，提拔任圜为同平章事，恢复李绍真、李绍虔、李绍英等人的姓名，仍为霍彦威、杜晏球、房知温。杜晏球自称是王氏的儿子，仍恢复王姓。河阳节度使夏鲁奇和洺州刺史米君立，本由唐主李存勖赐姓名为李绍奇、李绍能，至此也都恢复原来的姓名。李嗣源安葬了郭崇韬，赐还朱友谦的官爵，安葬先帝李存勖于雍陵，庙号庄宗。

铁腕女人述律太后

李嗣源即位以后，进行了一番制度上的改革，并换掉了一些朝廷重臣。宰相任圜尽心尽力地辅佐新主。于是，朝纲渐振，军民都饱食无忧。这时，邺都守将赵在礼邀请唐主李嗣源，转幸邺都。李嗣源疑心不已，便调任赵在礼为义成军节度使。赵在礼不肯离开邺都，上表称军情未定，不便离开。李嗣源于是改任赵在礼为邺都留守，兼兴唐尹。从马直指挥使郭从谦本来是弑君的首恶，李嗣源入都后，并未过问这些，仍旧让他官复原职。不久以后，李嗣源调任郭从谦为景州刺史，并派人去诛杀他，下令将他满门抄斩。李嗣源自己不识字，四方奏事，都命安重诲读给他听。安重诲也不是都能读懂，便上奏请求选用文士。李嗣源命翰林学士冯道、赵凤担任端明殿学士。历朝一向没有端明学士这一职位，这是李嗣源创设的。因为有人读奏章了，李嗣源便命安重海兼任山南东道节度使。安重海上奏说襄阳重地，不可无帅，自己不便兼领。李嗣源于是收回成命。但安重海自恃功高，不免渐渐地专横起来。

契丹主阿保机自沙河败退，不敢再入侵中原。同光年间，阿保机派使臣来唐国求和。唐国尽释前嫌，以礼相待。阿保机与唐国讲和以后，便去东征，出击渤海，进攻扶余城。这时，唐国派使者姚坤去契丹告哀，且报明新王继位。当时阿保机还没返回西楼，番官于是陪伴姚坤东行，来到阿保机军帐前求见。姚坤进入帐中，见阿保机锦袍大带，与妻子述律氏对坐。等姚坤行过了礼，阿保机便开口问道："听说河南河北各有一个天子，是真的吗？"姚坤答道："魏博军叛乱，天子命令总管李令公去平定。不幸洛阳也随即起了叛乱，皇上就被乱军杀害了。总管率兵返回河北，去援救京师，被众人一致推戴。他便顺应了民意，现在已经正位许久了。"

阿保机听了脸色大变，突然起身，仰天大哭道："晋王与我结拜为兄弟，河南天子是我兄弟的长子，如今果真因变乱而身亡了吗？我听说中原起了叛乱，也不知是真是假，正打算率领五万兵马，援助我兄弟的长子，只因渤海之事而有所耽搁，谁知他竟然长逝了！"说完又大哭起来。哭了一阵子，阿保机又说道："我侄儿既然去世了，你们理应派人北上，与我商量，新天子怎能自己就做了皇帝？"姚坤回答说："新天子统师二十年，位至大总管，领精兵三十万，上应天时，下遂人愿，哪里还好耽搁呢？"

阿保机还没来得及说话，长子突欲进帐反驳道："唐使不必多说了。你们的新天子毕竟臣事故主，擅自称尊，岂不为过！"姚坤正色说道："应天顺人，为什么非要在乎那些小节。试问你们的天皇王得国，究竟是由何人授予的？不也是强取得来的吗？"突欲不能再驳，只好沉默。阿保机和颜悦色地对姚坤说道："你说得也很有道理。"随即让姚坤在一旁坐下，慢慢地对姚坤说道："我听说我侄儿有宫婢两千人，乐官千人。他放鹰走狗，嗜酒好色，任用不肖，不体恤民情，应该遭祸致败。得知消息后，我立即带领全家人戒酒，放走鹰犬，罢散乐官。我可不想重蹈他的覆辙！"姚坤答道："如今的新天子圣明英武，即位才半个月，已经使得国家太平无事，百姓安居乐业了。天皇王如果真的有心修好，令南北人民共享太平，也是一件大善事！"阿保机说："我与你们的新天子并无夙怨，不妨修好，但须割让河北之地归我。我从此绝不南侵，与你们的国家永不交兵！"姚坤回答说："这不是使臣所能答应的！"阿保机又说道："河北不肯给我，给我镇、定、幽三州也行。"说到这里，他从案上取过纸笔，命姚坤给李嗣源写信。姚坤朗声说道："外臣是为了告哀而来，岂是为了割地而来？"然后交回纸笔。

阿保机将姚坤拘住，不让他南归。后来夺得扶余城，改名东丹国，留长子突欲镇守，号为人皇王，带次子耶律德光回国，号为元帅太子。阿保机途中生病，不久便去世了。皇后述律氏护丧返回西楼，突欲也奔丧归来。述律氏召集部落酋长，商议继位的问题。述律皇后向来偏爱耶律德光，这时令两个儿子乘马前来，站在帐前，对各部落的酋长说："这两个儿子我都非常喜欢，不知该立哪个好，还请你们选立一人。如果已经选择好了，可上前牵住他的缰绳。"说到这里，用眼睛斜视耶律德光。各位酋长一向怕她，瞧着述律皇后的样子，已经猜到她的心思，便都走到耶律德光马前，握住马缰。述律皇后高兴地说："大家的意见都很一致，我怎敢违逆？"于是立耶律德光为契丹嗣主，令突欲仍回东丹，还放回唐使姚坤，叫他回国报丧。

姚坤回到洛阳，将一切报告唐主李嗣源。因使臣已经回来了，李嗣源不便与契丹决裂，便派使臣去吊丧。耶律德光尊述律氏为太后，送阿保机归葬木叶山，庙号太祖。述律太后召集各部落的酋长夫妇，一同去送葬。临葬时，述律太后对诸酋长说："你们想念先帝吗？"诸酋长自然同声应道："我们受先帝之恩，怎能不想念他？"述律太后微笑道："你们既然想念先帝，我应该叫你们到地下相见。"随即令左右把诸酋长带到陵墓前，将他们杀死殉葬。各酋长的妻子都失色大恸。述律太后又传谕道："你们不要哭了，我如今寡居，你们现在不是和我一样了吗？"各酋长的妻子无法违拗，只好退去。述律太后又对左右说："你们替我向先帝问声好！"说完，将他们带到阿保机墓前，杀死了事。前后杀了不下数百人，最后轮到阿保机的宠臣赵思温，偏偏他不肯听命。述律太后说："当初先帝对你那么好，你怎么能不去呢？"赵思温答道："先帝对皇后才是最好的，如果太后去了，臣自当相随！"述律太后说："不是我不想追随先帝而去，只因嗣子幼弱，国家无主，所以不便就这样走了。"话没说完，竟取剑截去左腕，令左右放入墓中。不过后来，赵思温竟然得以免死。

述律太后临朝听政，大小国事，均由她裁决。仍令韩延徽做政事令，纳侄女为耶律德光帝的皇后。耶律德光非常孝顺，每当太后身体不舒服，他就忧急异常，甚至吃不下饭。太后恢复健康了，耶律德光才安心。

过了三年才改元天显。述律太后一向很有智谋，耶律德光也勇略过人，所以契丹雄踞北方，依然如故。只是唐主李嗣源派人去游说契丹的卢龙节度使卢文进，说改朝换代以后，两国尽释前嫌，何不归朝？卢文进的部下都是中原人，听了这话都想回去，不由卢文进不从。于是卢文进率众归唐。李嗣源封卢文进为义成军节度使，兼领威胜军，并加授同平章事一职。这可真是受到特别的宠荣了。

当时蜀亡岐降，吴国还是老样子。岭南镇将南海王刘岩，在哥哥刘隐死后，承袭了旧封。梁末，刘岩改国号为越，自称皇帝，改元乾亨。不久又改国号为汉，更名为陟。他曾经在给唐主李存勖的信中，自称大汉国王。唐廷令他修改国书，汉使何词不答应，回去报告汉主，说唐主骄奢淫逸，必不能久。汉主于是与唐绝好。南诏与汉境接壤，当时酋长蒙氏被部下郑旻杀害，改国号为长和。郑旻派使者郑昭淳至汉，献上朱鬃白马，并乞求和亲。汉主赐宴招待郑昭淳，赋诗属和，郑昭淳随口吟咏，压倒汉臣。汉主见此，便把哥哥的女儿增城公主嫁给了郑旻。其实郑旻已有皇后马氏，即楚王马殷的女儿，那增城公主到了长和，无非是备做嫔嫱罢了。既而汉南宫忽然有白龙出现，汉主趁着吉兆改名为龑。有个胡僧呈入谶书，说灭刘的人名字叫龑，汉主于是杜造了一个"龑"字，定义为飞龙在天，定音为"俨"，以这个字作为自己的名字。

不久汉国与楚国失和，楚人入攻封州，郑龑很害怕，卜了一卦是"大有卦"，便改元大有。遣将苏章去救封州，用诱敌计使楚军全军覆没。楚王马殷于是派使臣联络唐国，打算一起抗击汉国。从此楚汉相持，各自按兵不动。

汉东就是福建，王审知受梁封爵，称号闽王。同光三年，王审知病殁，其子王延翰袭位，被唐主李嗣源封为节度使。自从庄宗遇弑，中原经常发生变故，王延翰也建国称王，表面上还是奉唐为正朔。王延翰十分好色，偏偏妻子崔氏长得很丑，而且异常凶狠。王延翰广选良家女子，充当妾媵，谁知却被崔氏接连加害，一年中害死了八十四人。崔氏因冤鬼作祟，不久便暴亡了。

王延翰没了眼中钉，很是欣幸，乐得淫纵暴虐，为所欲为。弟弟王延钧上疏极谏，反被他罢黜为泉州刺史。王延钧很是不平，便与王延禀私下设谋，要杀王延翰。王延禀是王审知的养子，本姓周，原名彦琛，一向与王延翰不和。他曾任建州刺史，此次与王延钧合兵进攻福州。王延禀先到，率兵翻墙而入。王延翰为色所迷，对外面的事情一点都不知道。等到王延禀杀入宫门，他才惊慌失措地想从后门逃跑。王延禀早已看见了王延翰，令部兵将他推出门外，当面历数他的罪状，随后将他杀死。王延禀开城迎入王延钧，推尊他为留后。王延钧令王延禀仍然镇守建州，并将此事详报唐廷。

李嗣源封王延钧为闽王。但闽已立国，与汉相似，不过汉国已经与唐国绝交，闽国还向唐国称臣。所以后唐天成元年，分为四国三镇。唐、吴、汉、闽为四国，吴越、荆南、湖南为三镇。除了吴、汉不服唐命外，其他的一国三镇还算称臣唐室，作为屏藩。

但荆南节度使南平王高季兴对唐国却是阳奉阴违。唐师伐蜀时，曾命高季兴做西川东南面行营招讨使，他却上奏请求攻取夔、忠、万、归、峡等州，李存勖当然允许。哪知高季兴却坐山观虎斗，按兵不发。后来听说蜀国被灭，他不禁大惊道："这是老夫的过失啊！"司空梁震说："唐主得蜀，势必益骄，骄必速亡，何足深虑！这何尝不是我们的福气呢？"

高季兴便放大胆子，遣兵士截住江中，遇到唐吏将蜀国的财物送往洛阳，就中途劫走。一共夺得蜀货四十万，并杀死唐押官韩珙等十余人。当时唐都大乱，所以无暇过问。等到李嗣源即位，派人去诘问高季兴，高季兴满口抵赖，只说是押官自己落水而死，应该去问水神。李嗣源闻报，未免含愤，只因即位不久，不便劳师进讨。哪知高季兴得寸进尺，向李嗣源索要夔、忠、万等州，将这些地划入荆南。李嗣源还是含忍优容，勉强答应了。可是高季兴先占据夔州，拒绝唐使。那时李嗣源忍耐不住，命襄州镇帅刘训为招讨使，进攻荆南。老天好像暗地里帮助高季兴，竟连日下雨，不肯放晴。刘训的部军多半病死，且因粮道不顺，无可奈何只好引兵退回。高季兴于是攻取忠、万、归、峡四州，这时唐将西方邺突然出动奇兵，把夔、忠、万三州夺回，进而想入攻荆南。高季兴才有惧意，竟举荆、归、峡三州，向吴国称臣去了。

谏议大夫萧希旨弹劾唐相豆卢革和韦说，说他们不忠于故主。朝廷于是将他们一并罢职，令任圜为相。枢密使孔循引荐梁臣郑珏，郑珏因此被提拔为相。不久孔循又荐入太常卿崔协。任圜说崔协无相才，打算改用吏部尚书李琪。偏郑珏与李琪不和，极力阻挠，安重诲又袒护郑珏，与任圜多次发生口角。一日在御前争议，任圜愤然说道："安重诲不熟悉朝中之人，被人利用了。崔协虽出自名家，但却识字不多。臣尚且觉得自己的学识不够渊博，谬居相位，为什么要重用崔协，惹人笑话呢？"李嗣源说："宰相位高责重，应谨慎选拔。朕以前在河东时，见冯道博学多才，与人无忤，看来可以任他为相呢。"说完就退朝了。孔循面带愠色，拂衣先走，边走边说道："天下事都交给任圜，究竟任圜有什么才能？如果崔协暴死，就不必说了；如果崔协不死，总要入相，看任圜怎么办？"之后称病好几天不上朝。李嗣源令安重诲去安慰劝说了一番，孔循才入朝莅事。安重诲私下里对任圜说："现在朝廷缺人，姑且令崔协做个替补，想也无妨。"任圜答道："你放弃李琪，让崔协做相，就好比扔掉苏合丸，去捡蛣蜣粪。"安重诲没有答话，心中很是不乐。他与孔循联合，诋毁李琪、称赞崔协，李嗣源竟被他们蒙蔽了，任命冯道、崔协为同平章事。

任圜在蜀国做相，兼管三司，知道成都富饶，前时除犒军外，还剩了很多钱。于是令太仆卿赵季良做三川制置转运使，命他将剩下的钱送到京使。西川节度使孟知祥怒不奉命，但因为刘季良是故交，就让他留居蜀中。孟知祥的妻子李氏是唐庄宗的堂姐，曾被封为琼华长公主。自从孟知祥与董璋分镇两川后，孟知祥内恃帝戚，外拥强兵，权势日盛。刘季良来到蜀国，却没得到犒军的余钱，唐廷感到很疑惑。安重诲也正盘算着除掉心腹之患。客省使李严请求任命自己为西川监军。李严的母亲对他说："当初你提议伐蜀，侥幸成功。今天还能再去吗？"李严说吃着皇粮，就该为国家效力，竟不听母亲的话，得到朝廷的批复以后就出发了。

到了成都，孟知祥盛兵出迎，接着又大摆宴席。酒至半酣，孟知祥勃然怒道："你以前上奏伐蜀，庄宗听了你的话，才导致两川俱亡。今天你又来了，蜀人能不害怕吗？况且现今各镇，监军全部撤掉了，你偏偏来我这里监军，究竟是什么意思？"李严刚想辩解，孟知祥向部将王彦铢使了个眼色，令他动手。王彦铢上前把李严提起来，李严这才害怕了。孟知祥说："是蜀人想杀你，并非是我想杀你，你也知道众怒难犯！"于是不由分说，把李严推到阶下，一刀斩为两段。

孟知祥上表唐廷，给李严扣上一些罪名，并且请求授赵季良为节度副使。李嗣源信了他的话，还遣客省使李仁矩赴蜀慰谕。并因琼华公主及孟知祥的儿子孟昶还留在都中，命李仁矩趁便将他们送去蜀地。孟知祥还算厚待李仁矩，将他遣回洛阳，上表称谢，但心中已藐视唐廷了。

这时平卢军校王公俨作乱，幸亏不久就被平定了，王公俨伏诛，支使①韩叔嗣也被杀死了。韩叔嗣的儿子韩熙载逃到吴国，邺都军也蠢蠢欲动，留守赵在礼怕镇压不住，秘密请求调职。李嗣源调任赵在礼为横海节度使，任命皇甫晖为陈州刺史，赵进为贝州刺史，遣皇次子李从荣镇

---

① 支使：官名。

119

守邺都。卢台兵变，副招讨使房知温与马军指挥使安审通合兵围攻，才得以荡平。

宰相任圜与安重诲讨论内外政事，意见多半不合。李嗣源因平定外乱，多出自安重诲主张，所以专信安重诲。按照旧例，使臣出使四方，必由户部给券，安重诲却打算改从内出，任圜于是与他在廷前发生争执。李嗣源看不过去，怏怏入内。适有宫嫔迎接，见李嗣源含有怒意，便问道："陛下与什么人议事，这么大声音？"李嗣源说是宰相任圜，宫嫔说："妾在长安宫中，从未见宰相奏事如此放肆，莫非任圜轻视陛下不成？"李嗣源被她挑拨，更加不悦，于是听从了安重诲的话。任圜请求辞官，李嗣源就免去他的相职，令他为太子少保。任圜咽不下这口气，再次请求辞官，李嗣源也同意了，任圜便回了老家磁州。

后来，李嗣源出巡汴州，行至荥阳，民间传言纷起，都说车驾将调迁镇帅。朱守殷正出镇宣武军，听了此话，十分担忧。判官孙晟劝朱守殷先发制人。朱守殷召都指挥使马彦超，与他商议谋反。马彦超不从，朱守殷就把他砍死，然后登城拒守。李嗣源急遣宣徽使范延光去招抚，范延光说："招抚有什么用，不如急攻。否则等他准备好了，就不容易攻打了。臣愿率五百骑兵速去汴城，趁他不备，定能成功。"李嗣源拨给他五百骑兵，命他星夜前往。范延光飞驰二百里，到了大梁城下，天还没亮，城下已经喊声动地。朱守殷从睡梦中惊醒，急忙号召徒众，开城迎战。两下里杀到黎明，御营使石敬瑭又率亲军赶来，杀得汴军人仰马翻。朱守殷正要退回，遥见一队人马，拥着黄盖乘舆，呼喝前来，不由得心慌意乱，策马返奔。哪知城上已经竖起降旗，守兵一齐拥出，向前投降，眼见是禁止不住，无路可逃，朱守殷拔刀自刎，血溅身亡！

李嗣源入城，搜诛余党，共杀死好几百人。只有孙晟趁机逃脱，逃奔淮南。安重诲心恨任圜，于是诬称任圜与朱守殷通谋，密遣供奉官王镐赴磁州，矫制赐任圜自尽。任圜怡然受命，聚族酣饮，然后服毒自尽。任圜是京兆人氏，颇有政绩，功勋卓著，不幸遭到诬陷，最终无辜毕命。

高郁被害

唐主李嗣源非常宠信枢密使安重诲，连他矫旨的事情都不过问。安重诲冤杀任圜，先斩后奏，李嗣源反而下诏历数任圜的"罪行"，说他不遵守礼法，暗中勾结朱守殷，应该处死。任圜的骨肉、亲戚、仆役等人，得以赦免。这在李嗣源看来，已经是格外开恩了，却不知道自己被安重海蒙蔽，枉害了忠良。安重海是佐命功臣，因此得宠。还有一个后宫宠妃，与安重海暗地里勾结，在李嗣源面前，说尽安重海的好处，李嗣源因此更加宠信安重海。

原来李嗣源的正室是曹氏，只生了一个女儿，封为永宁公主；次为夏氏，生了儿子李从荣、李从厚；姜为魏氏，也就是李从珂的生母，是从平山掳掠得来的。还有一个王氏女，被梁将刘郭从邠州买回去，作为侍儿。王氏年将及笄，生得一副绝色，眉如远山，目若秋水，人称"花见羞"。刘郭非常宠爱她。刘郭死后，王氏无家可归，流落汴梁。正赶上李嗣源的次妻夏夫人去世，另求别偶。有人到安重海那里，称赞王氏的美色，安重海立即告诉了李嗣源。李嗣源召入王氏，仔细端详，果然是艳冶无双，名副其实。虽然王氏不同于刘皇后，但也是一代尤物。从来好色心肠，人人相同，李嗣源见了此等美色，怎能无动于衷？况且王氏身虽无主，却带有数万遗金。王氏把那黄金差不多都献给了李嗣源。李嗣源既得丽妹，又得黄金，自然喜上加喜，宠上加宠。即位不久，便封曹氏为淑妃，王氏为德妃。

王氏手头还有余金，又送给了李嗣源的左右及儿子。众人得了钱财，哪个不极口称赞？况且王氏性情和婉，应酬周到，每次李嗣源早起，穿衣洗脸都由她侍奉。就是对曹淑妃，她也是毕恭毕敬。曹淑妃被册为皇后前，曾私下里对王氏说："我一向多病，不耐烦劳，妹妹可代替我正位中宫。"王氏慌忙拜辞道："皇后是皇帝册封的，是一国之母，妾怎敢当此尊位呢？"不久六宫定位，曹氏虽然总掌内权，但形同虚设，宫中事务多由王氏处理。

王氏既已得志，倒也顾念恩人，每次安重海有所请求，王氏无不代为周旋。安重海有好几个女儿，王氏代为介绍，想让皇子李从厚迎娶安重海的女儿，李嗣源也高兴地答应了。哪知安重海竟入朝辞谢，令王氏一番好意落空。安重海并非不愿意，只是受了孔循的愚弄。孔循也有一个女儿，打算让她做太子妃，听说安重海抢了先，孔循不禁着急起来。他本是刁猾绝顶的人，便对安重海说："您的地位已经很高了，不应再与皇子联姻，否则会让皇上猜忌，说不定到时候会将您外调呢！"安重海与孔循是莫逆之交，以为他是好言相劝，因此力辞婚议。孔循于是托宦官孟汉琼告诉王德妃，愿让女儿做皇子之妻。王氏因安重海辜负了自己

121

的盛情，不免心生芥蒂。此时孟汉琼入请，她也乐得以李代桃，便趁机转告李嗣源，玉成好事。安重诲听说此事，非常生气，立即上奏调孔循出都，任忠武军节度使，兼东都留守。李嗣源勉强同意。

可巧秦州节度使温琪入朝，说愿意留下来。李嗣源喜欢他恭顺的态度，封他为左骁卫上将军，准备另行安置。过了几天，李嗣源对安重诲说："温琪是老将了，应该选一个重镇，封他为帅。"安重诲答道："现在并不缺人，等以后再说吧。"隔了一个多月，李嗣源又问安重诲，安重诲勃然大怒："臣已经说了，最近没有空岗。如果陛下一定要把他安插进来，只有枢密使一职。"李嗣源也忍耐不住，便说："这也无妨，温琪未必不能做枢密使。"安重诲也发觉说错了话，无言以对。温琪得知此事，反而暗生恐惧，好几天装病不出门。

成德节度使王建立也与安重诲不和。安重诲说王建立暗中勾结王都，心怀异志。王建立也上奏说安重诲专权，愿入朝与他当面对质。李嗣源立即召入王建立。王建立在朝堂上极言安重诲植党营私，并且说枢密副使张延朗，把女儿嫁给安重诲的儿子，是想相互袒护，作威作福。李嗣源已经开始怀疑安重诲，又听了李建立的一番奏语，当然不高兴，便召安重诲入殿。安重诲含怒进来，惹得李嗣源愈加懊恼，便对安重诲说："朕打算让你外镇，好叫你暂时休息一下，让王建立代任你的职位吧，张延朗也除授外官。"安重诲不等李嗣源说完，厉声答道："臣披除荆棘，随陛下已数十年。陛下龙飞九重之后，臣尽力辅佐也有三年了。如今要把臣迁到外镇，臣罪在何处？敢乞明示！"李嗣源听完，更加愤怒，拂袖而起，退入内廷。

这时宣徽使朱弘昭入内伺候，李嗣源便对他说了安重诲的无礼之举。朱弘昭委婉奏道："陛下平日视安重诲如左右手，为什么因一时之气就把他外调了呢？臣见安重诲心直口快，应该不会心怀异志，还求陛下三思！"李嗣源这才稍稍平静了些。第二天召入安重诲，温言抚慰了一番。王建立请辞归镇，李嗣源说："你曾说要来替我分忧，为什么现在又要走？"王建立答道："臣若在朝，反叫陛下动怒，不如告辞！"李嗣源说："朕知道了。"正好这时同平章事郑珏上表辞官，李嗣源批准，并且任命王建立为右仆射，兼同平章事。

不久，皇子李从厚纳孔循的女儿为妃，孔循乘机入朝，贿赂王德妃身边的人。安重诲再三奏斥，李嗣源仍催他赴镇。皇侄李从璨素性刚猛，不轻易低头认输。以前李嗣源取道汴梁，讨伐朱守殷，留下他做皇城使。

122

李从璨在会节园大摆宴席，酒后忘情，登上御榻。当日并无人在意，一年后，却被安重海提出，李从璨因此被贬为房州司户参军，不久被赐死。此外安重海挟权胁主，党同伐异，难以尽述。

义武军节度使王都在镇十余年，与庄宗结为姻亲，将爱女嫁给李继岌，所以多蒙宠眷。李嗣源即位后，对王都依旧宽容，不去征讨。唯独安重海对王都屡加排挤，说他逼父夺位，心怀叵测，因此李嗣源随时提防着王都。正逢契丹屡次入犯边塞，唐廷调兵守边，派王都驻守定州，王都不愿意去，渐渐心生异志。再加上左右心腹都劝王都想办法保全自我，王都立即派人到青、徐、歧、潞、梓五镇，悄悄送去蜡书，约他们共同起事。偏偏五镇全不答复，王都孤掌难鸣，只好招募说客，去劝说北面副招讨使王晏球。王晏球不但不从，反而飞表唐廷，报称王都谋反。李嗣源便命王晏球为招讨使，发兵进攻定州。

王都至此已骑虎难下，只好纠众拒守，并向奚部落的酋长秃馁求救。秃馁率一万骑兵前来支援，冲入定州。王晏球见番兵气盛，于是退到曲阳。秃馁扬扬自得，与王都合兵进攻。快要到曲阳的时候，伏兵突然冲了出来，左右夹击，把秃馁等人一鼓杀退。王晏球乘胜追击，攻下西关城，作为行府，令祁、易、定三州当地的居民给军队提供粮食。王都困守孤城，只得屈身称秃馁为馁王，求他设法相救。秃馁替他向契丹乞师，契丹也发兵相助。王都遣部将郑季璘、杜弘寿等人去迎接契丹军。此事被王晏球侦悉，暗中设下埋伏，把郑季璘、杜弘寿一并擒回，斩首示众。

王都越发觉得沮丧，等契丹兵来到，他才与秃馁开城会师，合兵攻破新乐，进逼曲阳。王晏球登城遥望，见来军纪律涣散，很容易就可以打败，便召集将校，把敌人的不足指出，然后下城宣谕道："王都仗着外援，骑马前来，我看他趾高气扬，必然无备，我们一鼓就可以打败他。现在是诸位以身报国的时候，把弓矢全部扔掉，一概用短兵接战，不得后退，违令立斩！"此令一下，全军应命，当即开城出战。骑兵一马当先，步兵跟在后面，有的抡锤，有的挥剑，有的持斧，有的挺刃，都不管死活，一起冲杀过去。王晏球在后面督战，有进无退，任番骑怎样精壮，也被杀得七零八落。最后番骑死亡过半，余众向北逃去，王都与秃馁也拼命逃回去了。

契丹败卒逃向本国，途中又被卢龙军截杀，最后只剩下几个人。契丹主耶律德光，再派酋长惕隐援救定州，又被王晏球杀败。卢龙军节度使赵德钧派牙将武从谏，埋伏在要道上，截杀回逃的契丹兵。惕隐没有防备，被武从谏刺落马下，活捉而去。还抓了番兵首领五十人，番兵六百人。赵德钧派人去献俘虏，将他们押解到洛都。群臣请求把俘虏杀了示威，李嗣源说："这些都是骁将，如果将他们全部处死，会使敌人绝望，不如暂时留下他们的性命，以平边患。"于是赦免了惕隐及番兵头目五十人，将其余六百人处斩。

契丹两次战败，不敢再犯中原。李嗣源立即派使者催促王晏球攻城，王晏球与使者联辔并行，来到定州城下，他先叫使者察看周围地势，然后私下里对他说："此城如此高峻，就算城上无兵防守，也很难上去。攻城徒丧精兵，无损贼势，不如减免三个州的租赋，爱民养兵，静等他们发生内乱，到时便可不战而下。"使者回去报告了李嗣源，李嗣源便不再催逼。

第二年二月，定州内乱。都指挥使马让能开城迎入官军，王晏球麾军直入。王都合家自焚，秃馁被唐军捉住，押解到大梁，就地枭首。王晏球班师回朝，李嗣源慰劳有加。王晏球口不言功，只说这一仗打得太久了，十分惭愧，因此更加受到李嗣源的赏识，被封为天平军节度使，兼中书令，随后又令他徙镇平卢。不久，王晏球病逝，李嗣源追封他为太尉。

与此同时，吴国丞相徐温病殁，吴王杨溥自称皇帝，改元乾贞，追尊杨行密为太祖武皇帝，杨渥为烈宗景皇帝，杨隆演为高祖宣皇帝，任命徐知诰太尉兼侍中，命徐温的儿子徐知询为辅国大将军，兼金陵尹。荆南高季兴称藩表贺，被封为秦王。高季兴侵犯楚国，在白田击败楚师，俘获将吏三十四人，献入吴国。楚王马殷派使者告诉唐主李嗣源，并请求修建行台。李嗣源封马殷为楚国王。马殷随即改潭州为长沙府，修宫殿，置百官，命弟弟马宾为静江军节度使，儿子马希振为武顺军节度使，次子马希声掌管内外军事，姚彦章为左相，许德勋为右相，整兵添戍，御守边疆。

吴王杨溥听说唐楚结盟，便派使者与唐修好，国书中自称皇帝。安重海对李嗣源说杨溥敢与朝廷抗礼，不应该与吴国修好。李嗣源于是拒绝了吴使。杨溥恼羞成怒，索性再次发兵攻打楚国。到了岳州，楚人早已有所准备，不待吴兵列阵，便迎头痛击，俘虏了吴将苗璘、王彦章。只剩下几个败卒，逃回去报知杨溥。杨溥这才害怕了，急忙派人赴楚求和，请求放回苗、王二将。楚王马殷便把二将放了回去，与吴国停战。

不久，荆南节度使高季兴去世，高季兴有九个儿子，长子高从诲向吴国报丧。杨溥令高从诲承袭父职。高从诲嗣位后，对手下人说："唐近吴远，舍近求远，终非良策，不如归服唐国。"便派使者去楚国，请楚王马殷代为谢罪，情愿恢复职贡，并且令牙官刘知谦奉表唐廷，进献赎罪银子三千两。李嗣源许令赦罪，命高从诲为节度使，追封高季兴为楚王。

先前高季兴在时，听说楚国能够富强，全靠谋臣高郁，便多次派门客游说楚王，从中挑拨离间，楚王马殷始终不信。马希声主事以后，高季兴又多次向楚国散布谣言，说高郁将会篡位，马希声这才起了疑心。后来，杨昭遂惦记上了高郁的职位，便多次在马希声面前诋毁高郁。马希声剥夺了高郁的兵权，将他左迁为行军司马。高郁愤愤地说道："小狗崽子长大了，开始咬人了。我要回西山养老去，免得被他吃了！"这几句话传到了马希声的耳朵里，马希声立刻违背父命，下令诛杀高郁及其族党。行刑当天雾很大，马殷深居简出，还不知道高郁被害，后来瞧着大雾，才对左右说道："我自从跟随孙儒渡过淮河，每杀无辜，必遭天变，难道今天有冤死的人吗？"第二天才听说高郁被杀，马殷仰天痛哭："我已经老了，不再处理朝政，老天让我的功臣含冤受刑，真是可悲可痛！看来我也活不长久了。"第二年，马殷就病死了，享年七十九岁。

长子马希振因弟弟掌握大权，自愿让位。于是由马希声承袭父职，奏报唐廷。李嗣源因马殷官爵很高，无可追赠，只赐谥号武穆，并任命马希声为武安、静江等军节度使。马希声喜欢吃鸡，每天必要杀五十只鸡。送马殷安葬时，马希声没有一丝难过的表情，还吃了好几碗鸡肉，然后才去送殡。礼部侍郎潘起说："从前阮籍居丧，曾经饮酒吃肉，真代代出贤人啊！"马希声感到莫名其妙，还以为是在夸自己，所以依旧每天吃鸡。

吴越王钱镠，在庄宗末年也据国称尊，改元宝正。后来他写信给安重海，语气非常狂妄。安重海请派供奉官乌昭遇和韩玫，出使吴越，传旨诘问。吴越王钱镠照旧接待，不曾摆出帝王的架子。谁知韩玫回去以后，却诬陷乌昭遇，说他屈节称臣，向钱镠献舞。乌昭遇含冤被杀。安重海请求削去钱镠的王爵，让他以太师的身份出仕，对所有吴越大臣进行一定的约束。钱镠令儿子钱传璙等人上表讼冤，奏章均被安重海扣留，连申辩的机会都没有。

唐主李嗣源即位后，励精图治，不贪图享乐，不沉湎酒色，不任用

125

宦官，不动兵革，志在与民休养，共享承平，所以四方无事，天下太平。李嗣源改名为亶，以示诚意。他与百官谈起当今的太平盛世，自己也有三分喜色。冯道在一旁讽谏道："臣当年在先皇幕府，奉命出使中山，途经井陉，道路非常难走。臣担心马受惊，牢牢抓住马缰，才平安地走了过去。等到走上平坦的大道，臣就松开缰绳，让马自己走，差点没把我的骨头架子颠散了。可见临危时未必真的危险，居安时未必真的平安，行路尚且如此，何况治国平天下呢！"李嗣源点头称善，又接口问冯道："今年虽是丰年，百姓果真家家谷满仓吗？"冯道回答说："凶年患饿殍，丰年伤谷贱。丰凶都有弊端，农家就是这样。臣还记得进士聂夷中的诗：'二月卖新丝，五月粜新谷，医得眼前疮，剜却心头肉。'话虽然很朴实，却说尽了农家的情状。总之民业有四，农为最苦，人君最应体恤！"

李嗣源很高兴，命左右写下聂夷中的诗，时常拿来诵读。并且因自己年逾花甲，便每夜在宫中沐手焚香，向天叩祝道："我本胡人，因天下扰乱，为众所推，权居此位，自惭不德，未能安民，愿天早生圣人，做百姓的仁君。让我早日卸下身上的重担，就是四海之福了！"相传宋太祖赵匡胤便是后唐天成二年，降生在洛阳的夹马营内。他的父亲叫赵弘殷，曾在后唐统领禁军。等到赵匡胤开国登基，海内才得统一。这都是唐主李嗣源一片诚心，感动了上苍，才生此真命天子。

天成五年二月，李嗣源又改元长兴。不久，河中忽报兵变，李嗣源便派节度使李从珂去平定叛军。

多行不义必自毙

李嗣源的养子李从珂屡立战功，就是李嗣源打天下，也多亏有他引兵先到，才将各军召集起来。李从珂与安重诲的权势不相上下，不免自恃功高。一天，他与安重诲宴饮，彼此争夸功绩。毕竟李从珂是武夫，数语不合，便起座用武，想打安重诲。安重诲自知不是对手，落荒而逃，才免受一顿老拳。第二天，李从珂酒醒后，也后悔自己太鲁莽，便到安重诲那里谢罪。安重诲虽然接待了他，总不免怀恨在心。李嗣源对此有所耳闻，便调任李从珂为河中节度使。李从珂到任后，喜欢游猎，出入无常。安重诲想要加害他，于是矫传密旨，派河东牙内指挥使王彦温跟踪李从珂。王彦温奉命而行。正巧李从珂出城阅马，王彦温叫士兵关上门，不让李从珂进来。李从珂叩门大喊："我待你一向不薄，你为何不让我进去？"王彦温从城上应声道："彦温不敢负恩，但接到枢密院密札，请公入朝，不必回城！"李从珂没法，只好退驻虞乡，派人上奏李嗣源。李嗣源不知道事情原委，自然召问安重诲。安重诲不便如实禀告，诈称是奸人造谣，应该尽快派兵讨伐奸人。李嗣源想叫来王彦温，当面问明情况，于是授王彦温为绛州刺史，促令他入朝。矫诏害人的安重诲怎么肯让王彦温入朝呢？当下一再请求讨伐奸人，李嗣源便派西都留守索自通，以及马步军都指挥使药彦稠，率兵讨伐王彦温。临行前，李嗣源当面嘱咐药彦稠："王彦温拒绝李从珂，想是有人主使。你到河中，要活捉王彦温回来，好叫朕当面问明底细。"药彦稠应命而去。到了河中，王彦温不知内情，出城相迎。不料见了药彦稠，还没开口，刀锋已经过来，一刀将王彦温的头颅斩去。药彦稠杀了王彦温，将他的首级带回朝廷。李嗣源因药彦稠违命，非常生气，下敕严责。安重诲出来为他求情，李嗣源竟不再加罪于他。李从珂知道自己是被安重诲陷害，上疏自陈，偏偏李嗣源不听他解释，责令他归镇。安重诲再次令冯道、赵凤等人，弹劾李从珂失守河中，应加罪遣责。李嗣源说："我儿被奸党陷害，没有机会申辩。为什么你们也来诬陷他，难道一定要置他于死地吗？朕料卿等受托而来，未必出自本意。"冯道与赵凤不禁十分惭愧，无言而退。

第二天，安重诲独自进见，仍陈述李从珂的罪状。李嗣源生气地说："朕当年做小校时，家况贫苦，全靠李从珂背石灰、收马粪，挣钱养活朕。朕今天贵为天子，难道还不能庇护他？你屡次进谏，究竟想如何处置他？"安重诲说："陛下与李从珂父子情深，臣怎敢多言？请陛下裁断！"李嗣源说："令他闲居私邸，也算是重处了，你也应该心满意足了！"安重诲于是举荐索自通为河中节度使，李嗣源恩准。索自通到任后，按照安重诲的意旨，检点军府甲仗，列籍上陈，诬陷是李从珂私造，多亏王德妃从中保护，李从珂才被免罪。

那时王德妃已进位淑妃，曾取外库美锦，编成地毯。安重诲上疏劝说，要她引刘皇后的事为戒。惹得王淑妃很不高兴，从那以后与安重诲反目成仇。安重诲要害李从珂，王淑妃偏偏暗中保护。究竟枢密权威，不及帷房气焰，安重诲还不知道收敛，特遣磁州刺史康福出镇朔方。朔方是羌胡出没的地方，镇帅也经常遇害。康福受到李嗣源的宠信，安重诲十分嫉妒他，想让他去对付羌胡。亏得皇恩厚重，特遣将军牛知柔、卫审等人率万人护送，沿途掩击羌胡，差不多把羌胡赶尽杀绝，反而使康福安全抵达塞上，声威大震。

安重诲的计谋没有得逞，只好作罢。偏偏一波才平，一波又起。西川节度使孟知祥雄踞成都，渐露异志。安重诲又干预军事，献上二计：一是分割蜀地以削弱他的势力，一是增派蜀官以压制蜀帅。李嗣源却也称好，便命安重诲去处理这些事。安重诲令夏鲁奇为武信军节度使，镇守遂州。随后又划出东川中的果、阆二州，设置保宁军，任命李仁矩为节度使。并命武虔裕为绵州刺史，添置戍兵。这种安排，实为防备两川起见。

东川节度使董璋首先动疑。原来李仁矩曾经和董璋打过交道。先前，因李嗣源祀天，李仁矩持诏令董璋献礼钱百万缗。李仁矩到了梓州，董璋要设宴款待他。一再催请，到了中午，李仁矩仍然没有过来。董璋非常生气，带领士兵，拿着刀来到驿站。李仁矩正拥妓酣饮，忽然听说董璋来了，仓皇出来相见。董璋令他在阶下站住，厉声呵斥道："你觉得我不敢杀你吗？"李仁矩这才害怕，哭着求饶，才得以免罪。董璋遣回李仁矩，献上礼钱五十万缗。李仁矩本是李嗣源的老将，又与安重诲关系不错，他怒气冲冲地回来，极言董璋必会谋反。安重诲因此命李仁矩出镇阆州，叫他与绵州刺史武虔裕联络，控制东川。武虔裕是安重诲的表兄，安重诲将他视为心腹，密令他暗中监视董璋。唐廷屡得密报，说董璋将要谋反。安重诲又令武信军节度使夏鲁奇，整治遂州城隍，严兵守备。

那时董璋很是惊惶，不得不自求生路，进行抵制。他与孟知祥原来有过节，此次急需外援，不得不与孟知祥和好，表示愿意与孟知祥结为姻亲。孟知祥见梓州使者来了，就召使者进来问明情况。孟知祥本来不愿意与董璋和好，但是听到谣传，说朝廷将割绵、龙二州为节镇。唇亡齿寒，也只好弃嫌修好。孟知祥与副使赵季良商量，赵季良也觉得应该联合拒唐。孟知祥便派梓州使者回去告诉董璋，愿意让董璋的儿子做自己的女婿，并令赵季良与来使一起去梓州。赵季良回来对孟知祥说："董公争强好胜，志大谋短，将来一定为患西川，不可不防！"孟知祥想要悔婚，但因要联盟，姑且与董璋周旋，约他联名上表，说什么"在阆中设镇，在绵州和遂州增兵，致使流言四起，震动全蜀，请朝廷收回成命"。后来唐廷颁敕，不过对他们略加安慰，并没有改变原计划。董璋于是扣押武虔裕，将他幽禁在府廷，又派兵到剑门，修筑七寨，还在剑门北面设置永定关。董璋招募百姓入伍，令他们剪掉头发，并在他们的脸上刻上记号，把他们赶往遂、阆二州，去剽掠镇军。孟知祥也上表请求将云安十三盐监割给西川，并将盐利拨给宁江戍兵。于是两难并发，反而令唐廷大费踌躇。

李嗣源因董璋已露叛迹，不像孟知祥还知道遮掩，于是答应了孟知祥的请求。李嗣源派指挥使姚洪率一千名士兵，跟随李仁矩戍守阆州。董璋听说阆州又添了士兵，更加生气。他的儿子董光业在都中做宫苑使，董璋便写信给儿子："朝廷分割我的属郡，分建节镇，又屡次拨兵戍守，是摆明要杀我了。你替我转告枢要，如果朝廷再派兵来斜谷，我不得不反，我要与你永诀了。"董光业接到书信，呈给枢密院承旨李虔徽。李虔徽又转告安重诲。安重诲生气地说道："他敢阻止我增兵吗？我偏要增兵，看他能怎样！"随即便派大将荀咸义率一千人西行。董光业听说后，急忙对李虔徽说："这些兵去了，我父亲必然造反。此时我不敢自保，只是朝廷调兵遣将，糜饷劳师。不如尽快阻止，可保我父亲不反。"李虔徽又去告诉了安重诲，安重诲哪里肯依。果然荀咸义还没到阆州，董璋已经叛乱。

阆州镇将李仁矩、遂州镇将夏鲁奇以及利州镇将李彦琦，飞表奏闻李嗣源。李嗣源召集群臣商议，安重诲进言道："臣早料到两川必反，只因陛下一再放纵他们，才到了今天这个地步！"李嗣源说："我不负人，人先负我，不能不去讨伐了。"于是下令利、遂、阆三州联兵进讨。三镇还没出师，两川已经先发制人，反而使三镇自顾不暇，哪里还顾得上什么联军。

原来，唐廷商议发兵的时候，正好西川进奏官苏愿得知消息，立即派从官去告诉孟知祥。孟知祥与赵季良商议了半天。赵季良说："不如叫东川先攻取遂、阆二州，然后我拨兵相助，并且戍守剑门。那时大军虽到，我们也可以高枕无忧了！"孟知祥依计而行，派人约董璋起兵。董璋愿意引兵攻打阆州，并且请孟知祥进攻遂州。孟知祥便派指挥使李仁罕为行营都部署，汉州刺史赵廷隐为副，简州刺史张业为先锋，率兵三万，攻打遂州。还派牙内指挥使侯弘实、孟思恭等人领兵四千，帮助董璋攻打阆州。

阆中镇帅李仁矩本来是个糊涂虫，一听说川兵来了，便要出城迎战。部将们都劝道："董璋蓄谋已久，来将一定锐不可当。我们不如固垒拒守，挫他锐气，等大军到来，他自然就退兵了。"李仁矩怒道："蜀兵懦

129

弱不堪，怎么能挡得住我的精兵呢？"他不听众人的劝，出城迎战。诸将因为李仁矩不听劝告，均无斗志，还没交锋，就退了回来。李仁矩也策马逃回。

董璋乘势追击，险些攻入城中。幸亏姚洪断后，与敌军相持了一段时间，李仁矩才收兵入城，列阵拒守。董璋曾做过梁将，姚洪是他的部下。这时董璋暗中笼络姚洪，让他做内应。姚洪毫不动摇，把董璋写给他的密信扔到厕所。董璋昼夜攻城，城中除姚洪外，都不肯为李仁矩效力，眼看着缺人守城，只能坐等城池陷没。随后，李仁矩被杀死，家属也全部被杀死了。姚洪巷战时被活捉，董璋责问他："当年我在军中多次提拔你，今天你为什么要负我？"姚洪怒目而视："老贼！当初你是李氏的奴才，能得到一碗残羹冷炙，就感激不尽。如今天子任命你做节度使，有什么地方对不起你，你竟要造反？是你负了天子！我得到你什么恩惠了，反而说我负你？我宁为天子死，不为贱奴生！"董璋听了大怒，令壮士把锅扛来，割下姚洪的肉煮着吃。姚洪到死还骂不绝声。

李嗣源听说阆州失守，下诏削去董璋的官爵，诛杀了董璋的儿子董光业。李嗣源命天雄军节度使石敬瑭为招讨使，夏鲁奇为副招讨使，右武卫上将军王思同为先锋，率兵征蜀，并令孟知祥兼任供馈使。孟知祥已经与董璋一同谋反，李嗣源却还要笼络他，所以有此诏命。孟知祥当然不接受，反而出兵围攻遂州，并催促董璋速攻利州。董璋向利州进发，途中遇到大雨，粮饷不继，只好退回阆州。孟知祥听说后大惊道："阆中已被攻破，正好可以乘机攻取利州。我听说李彦琦无勇无谋，一定会望风而逃，如果夺下他的仓廪，据险固守，北军怎能西救遂州！如今董公退守阆中，远弃剑门，一定不是良策。一旦剑门失陷，两川都要吃紧了！"他立即派人告诉董璋，说愿意派兵三千，帮助董璋守剑门。董璋回答说剑门已有守备，不劳遣师。孟知祥便改派部将攻下夔州，攻取泸州，然后分道攻打黔涪。

过了十几天，果然接到董璋的急报，说石敬瑭的前军已经占领了剑门，守将齐彦温被擒。孟知祥顿足道："董公果然害了我！"孟知祥急忙召都指挥使李肇入见，令他率五千兵马，以最快的速度前去占领剑州。又派人传令到遂州，命赵廷隐分兵一万，驻守剑州。派故蜀永平节度使李筠率领四千士兵，据守龙州要害。西川诸将多是郭崇韬的部下，郭崇韬冤死后，诸将多认为是朝廷的错，所以愿意为孟知祥效力。

那时正是隆冬，天寒道滑，赵廷隐从遂州移军，士卒大多观望不前。

130

赵廷隐哭着说："如今北军势力强大，你们如果不肯力战，妻儿就成了别人的了！"将士一听，这才振奋精神，向剑州进发。

西川牙内指挥使庞福诚和昭信指挥使谢锽，屯兵在来苏村，听说剑门失守，便说道："如果北军进一步攻下剑州，两川恐怕就难保了。"于是引步兵千余人，从小道直奔剑州。正巧碰上石敬瑭的前锋王思同与阶州刺史王弘贽，以及泸州刺史冯晖等人率兵而来，一眼望去，不下万人。庞福诚便对谢锽说："我军只有千余人，来军怎么说也有万人以上，即便我们以一敌十，也远远不够啊！现在已经天黑，等到明天早晨，我军恐怕就没人了。"谢锽说道："不如乘着今夜，先去劫营，杀他一个下马威，免得他们轻视我们。"庞福诚说："正合我意！但敌众我寡，只好用疑兵计，前后夹攻，令他惊退，便可以保住剑州了。"谢锽兴奋地说："我挡敌前，你挡敌后，好不好？"庞福诚大喜，与谢锽分路潜进。这天晚上，唐军越过北山，在山下扎营，定在黎明时进攻剑州。夜色深了，忽然营外喊声骤起，唐兵急忙迎敌，没想到来兵个个勇猛，都拿着快刀，乱冲乱砍。那时月黑风高，也不知来兵有多少，唐军情急心虚，又听见山上吹角鸣鼓，响彻行营，不由得惊上加惊，立即弃营逃跑，退守剑门，十多天都不敢出军。

庞、谢二将将唐军吓退，安然返回剑州。赵廷隐、李肇两军也陆续到来，保住剑州已经没有问题了。再加上董璋派大将王晖来助守，兵众势盛，足以抵挡唐军。那庞、谢二将仍出镇原汜去了。

石敬瑭到了剑门，才奏称孟知祥抗命。李嗣源下诏削去孟知祥的官爵，催促石敬瑭即日进讨。孟知祥听说剑州的防守已经很牢固了，这才大喜道："我只怕唐军进据剑州，扼守险要。倘若他们分兵直赴朴州，董公一定放弃阆州，我军失援，也只好撤去遂州之围。两川震动，形势就危急了。幸好唐军屯兵剑门，我们也好办多了。"于是命赵廷隐、李肇等人准备迎敌。

石敬瑭带着大军，进屯北山。赵廷隐在牙城后面，依山列阵，派李肇和王晖出阵河桥。石敬瑭引步兵攻打赵廷隐，令骑兵攻击河桥。两路兵马都被川兵用强弩射退。到了傍晚，石敬瑭引退，又被赵廷隐等人追杀了一阵，丧失一千多人，石敬瑭仍然退守剑门。当下派人去洛阳，说蜀道艰险，不易进兵，关右人民不堪忍受繁重的徭役赋税，纷纷跑到山谷中，沦为盗贼，形势紧迫，请唐主圣裁。李嗣源接到军报，忧心忡忡地对左右说道："谁能平定两川？看来朕得亲自去一趟。"安重诲在一旁进言道："臣位及枢密使，军威不振，应该由臣负责，臣愿意亲自督战！"李嗣源说："卿愿意西行，我还有什么好说的！"

安重诲领命即行，日夜兼程。西方藩镇听说安重诲来了，无不惊骇，急忙将钱粮运往利州。天寒道阻，冻死的人畜不可胜数。凤翔节度使李从曤已经徙镇天平军，他的继任是朱弘昭。朱弘昭听说安重诲过境，便到马前迎拜，请他留宿府舍，连妻子也出来拜谒。安重诲还以为他是义重情深，便跟他谈起朝中之事，无非是说谗言可畏，此行誓为国家效力，堵塞谗口。朱弘昭极力称赞安重诲。安重诲走后，朱弘昭却上疏奏陈，说是安重诲满腹怨言，不可令他去行营。朱弘昭又写信给石敬瑭，劝石敬瑭阻止安重诲，免得他去夺兵权。石敬瑭再次引兵出屯北山，与赵廷隐等人交战数次，没占到什么便宜。并且因遂州被攻陷，夏鲁奇阵亡，心下很是烦躁，一接到朱弘昭的来信，连忙上奏唐廷，说安重诲远道而来，反而会动摇军心，请求立即召他回去。

李嗣源早就对安重诲不满，于是另用范延光为枢密使。宣徽使孟汉琼出使军前，回来说两川变乱，都是由安重诲一人所致。再加上王淑妃经常吹耳旁风，越发让李嗣源起疑，于是召安重诲东归。安重诲刚到三泉便接到诏敕，只好掉转马头往回走。石敬瑭听说安重诲回去了，就想撤退。这时孟知祥砍下夏鲁奇的头颅，派人挑在竿子上，到石敬瑭的行营前示威。夏鲁奇有两个儿子随军，一起向石敬瑭哭诉，说愿意取回父亲的首级。石敬瑭说："孟知祥宅心仁厚，一定会葬了你们的父亲，比起身首异处，不是更好吗？"第二天，孟知祥果然传命，收回首级，备棺殓葬。石敬瑭立即毁去营寨，班师北归。两川兵从后面追击，直到利州。李彦琦也弃城往回逃。至此利、遂、阆三镇，尽归蜀有。孟知祥再次遣李仁罕等人攻夺忠、万、夔三州，声势大振。董璋于是收兵回东川。

李嗣源听说石敬瑭逃了回去，并没有谴责他，只想归罪安重诲。安重诲回去的路上，经过凤翔，本想与朱弘昭谈心，朱弘昭却变了脸，闭门不纳。安重诲怅然而去。途中奉诏，命他为河中节度使，不必入朝，安重诲于是转向河中去了。

不久唐廷宣敕，恢复吴越王钱镠的官爵，再次起用李从珂为左卫上将军，出镇凤翔。安重诲越发觉得不安，于是上奏请求告老还乡。朝廷命他为太子太师，另派皇侄李从璋为河中节度使，并遣步军药彦稠率兵与安重诲同行，以防他谋变。安重诲有两个儿子，长子是安崇绪，次子是安崇赞。二人宿卫京师，听说父亲的事之后，便偷偷溜到河中，看望

132

安重诲。安重诲问道："你们来这里，有没有经过朝廷的批准？"两人回答说没有，安重诲大惊道："没有圣旨，怎能擅自前来！"说至此，不禁顿足，半晌才欷歔道："我知道了，此事不是你们的意思，是有人诱使你们这样做，好诬陷我。我以死报国就是了！"于是将两个儿子押回京师。行至陕州，已有制敕传到，令他下狱。

安重诲遣送了两个儿子后，自知不妙，朝夕防有后命。忽然中使到来，见了安重诲，还没开口，便放声大哭。安重诲流着泪询问原因，中使说："人人都说您有异志，朝廷已遣药彦稠领兵来了。"安重诲哭着说道："我久受国恩，死不足惜，哪敢另生异志，劳烦国家发兵，给主上添忧呢？"

不久李从璋、药彦稠到来，与安重诲相见，二人本无恶意。安重诲正要交卸，不防皇城使翟光邺传来密旨，令李从璋杀死安重诲。李从璋立即带兵围住安重诲的府第，亲自拜见安重诲。李从璋刚到庭中，便俯身下拜。安重诲吃惊地跑出来，降阶答礼。李从璋拿出一个锤子，趁着安重诲俯首时，猛击过去，砉然一声，血溅满庭。安重诲的妻子张氏，三步并作两步跑了出来，抱住安重诲大呼："他就算有罪，应该去死，也用不着下这样的毒手！"李从璋又用锤子猛击张氏，可怜一对夫妇，就此毙命，同归地下。

其实翟光邺奉命到河中，不过由李嗣源密嘱，说安重诲如果有异志，可与李从璋密商。翟光邺一向痛恨安重诲，当即授意李从璋，击死安重诲夫妇，然后上报李嗣源，只说安重诲已蓄异图。李嗣源即日下诏，把断绝钱镠以及离间孟知祥、董璋等事，一股脑儿推到安重诲身上，并将他的两个儿子诛杀，只有族属得免连坐。

捡回来的蛟龙

孟知祥占据西川，从进奉官苏愿那里得知朝廷有意招抚，在京家属也都安然无恙，便派使者去告诉董璋，想约他同上谢表。董璋勃然大怒道："孟公家属都没什么事，可以归附。我的子孙都已经被杀了，还谢他什么？"于是将来使斥回。孟知祥再三派去使者，劝说董璋，说："主上既然已经加礼两川，如果不奉表谢罪，恐怕朝廷又要派兵。我们理屈必定失败，不如早日归附朝廷，免去后祸。"董璋始终不从。

第二年为唐长兴元年，孟知祥再次遣掌书记李昊到梓州，说明利害关系。董璋不但不答应，反而将李昊诟骂一番，撵出府门。李昊怏怏回来，把一切告诉了孟知祥："董璋不给我们任何机会，并要入窥西川，您应该早作准备。"孟知祥于是增兵设防，按兵以待。

果然，到了孟夏，董璋率兵入境，攻破白杨林镇，把守将武弘礼捉了去。董璋出兵时，曾与诸将商量袭击成都，诸将也都赞成，唯独部将王晖说："剑南万里，成都最大，时方盛夏，况且师出无名，未必能成功。"董璋不听，随即进兵白杨林镇。

孟知祥听说武弘礼被擒，急忙召集众将商议。副使赵季良说："董璋为人浮躁寡恩，不能服众。如果据险固守，确实是不易进攻。如今他不守巢穴，前来野战，是舍长用短，不难被打败了。董璋用兵，精锐都在前面，您应该诱以羸卒，待以劲兵。开始时可能会小败，但最后赢的一定是我们！"孟知祥又问谁可以做统帅，赵季良说："董璋素有威名，今天突然率兵来到，您应该亲自出去抵御，振作士气。"赵廷隐插话说道："董璋有勇无谋，举兵必败，赵廷隐愿意为您擒住此贼！"孟知祥大喜，即命赵廷隐为行营马步军都部署，率三万人抵御董璋。

赵廷隐部署了一番军队，然后入府辞行。这时外面递入董璋的檄文，指责孟知祥悔婚败盟，另外还有给赵季良、赵廷隐及李肇的信，文中语气，好像与三人已订密约，有里应外合的意思。孟知祥看完，递给赵廷隐，赵廷隐把信扔到地上，说："何必玷污了我的眼睛！他不过是使反间计，要您杀副使和廷隐呢。"随即再拜而行。孟知祥目送赵廷隐说："众志成城，一定可以大功告成。"

过了两天，孟知祥接到汉州失败的消息。孟知祥挥袖而起，命赵季良驻守成都，自己则率八千人奔赴汉州。行至弥牟镇，见赵廷隐驻营镇北，便与他会师。第二天，董璋率兵来到。赵廷隐列阵鸡踪桥，扼住敌人的前锋，孟知祥令都知兵马使张公铎列阵后面，自己登高督战。

董璋来到鸡踪桥畔，见西川兵盛，也有惧意，退驻武侯庙前，下马休息。部下却嚷嚷道："已经正午了，让我们在这里干晒着做什么？何不速战速决？"董璋于是上马趋进。前锋刚刚交手，东川右厢马步指挥使张守进便弃甲投戈，向孟知祥投降了。孟知祥询问他军情，张守进说："董璋只有这些士兵，没有后援，请火速进攻，不要坐失良机。"

孟知祥麾军逆击，两下里一场鏖斗，东川兵也颇为厉害，上前争夺鸡踪桥。赵廷隐的部下指挥使毛重威、李瑭相继阵亡，惹得赵廷隐性起，拼死力战，三进三退，总敌不住东川兵。都指挥副使侯弘实见赵廷隐不能得利，也麾兵后退。孟知祥站在高处，瞧着这情形，不禁捏着一把冷汗，急忙令张公铎上前援应。

张公铎的部下养足锐气，一经孟知祥下令，骤马突出，大喊着向前冲去。东川兵已杀得精疲力尽，冷不防一支生力军，从斜刺里杀过来，顿时旗靡辙乱，不能支撑。赵廷隐、侯弘实又乘势转杀，把东川兵一阵蹂躏，擒住东川指挥使元积、董光裕等八十余人。董璋振臂长叹道："亲兵已经全军覆没，我将何去何从？"然后率几名骑兵逃跑了，剩下的七千人全部投降了孟知祥。潘仁嗣也得以逃回。孟知祥引兵穷追，到了五侯津，又收降东川都指挥使元瑰，长驱直入汉州城。董璋早已弃城向东逃去。西川兵进入董璋的府第，找不到董璋，却发现了许多粮食、兵甲。众人争相搬取，无心去追董璋，董璋因此逃脱。

唯独赵廷隐带着亲卒，追到赤水，又收降东川散卒三千人。孟知祥命李昊张榜，安抚东川官民，并问董璋，说大军将到梓州，诘问负约的原因。孟知祥来到赤水与赵廷隐会师，一起进攻梓州。董璋逃到梓州城，王晖迎问道："您全军出征，现在回来的还不到十个人，究竟是怎么回事？"董璋无言以对，只向他失声痛哭。王晖却冷笑而退。董璋入府，正准备吃饭，外面却突然起了喧哗。董璋慌忙放下筷子出去，略略一瞧，乱兵不下数百，为首的两员统领，一个正是王晖，一个乃是侄子都虞侯董延浩。董璋自知不能抵御，急忙令妻儿从后门逃出，又登城大呼指挥使潘稠，令他讨伐乱兵。潘稠带领十个士兵登城，竟把董璋的头颅砍下来，献给了王晖。董璋的妻子及儿子董光嗣也都被杀了。这时西川军将赵廷隐驰抵城下，王晖立即开城迎降。

赵廷隐进入梓州，检封府库，等候孟知祥到来之后发落。偏偏孟知祥生病了，中途逗留了一段时间。李仁罕自遂州而来，由赵廷隐迎到板桥，李仁罕并不道贺，还出言侮辱赵廷隐。赵廷隐怀恨在心，强忍着怒火引李仁罕入城。不久孟知祥病愈，来到梓州犒赏将士，本想让赵廷隐做东川留后，偏是李仁罕不服，也想留镇梓州。孟知祥只好自己兼领，调赵廷隐为保宁军留后，令李仁罕仍镇守遂州，二人才算受命，各归镇地。

山南西道王思同奏达唐廷，说董璋败死，孟知祥已据有两川。李嗣源召集辅臣商议此事，枢密使范延光说："孟知祥虽然占据全蜀，但士兵都背井离乡，孟知祥怕他们思归叛变，也想借朝廷威望，镇压众心。陛下不如曲意招抚，令他改过自新。"李嗣源答道："知祥本是我的故人，被人离间才会如此。朕今天招抚故交，也不能说是曲意啊。"于是遣供奉官李存赴蜀，宣慰孟知祥。孟知祥已经回到成都，听说李存持诏到来，立即派李昊将李存迎到自己的府第。李存到后立即宣读诏词，略云："董璋是狐狼之辈，多行不义必自毙。你邱园的亲人，朕都可以确保安全。你应该成家世之美名，守君臣之大节。朕可以既往不咎，尽释前嫌，你要明白朕的一片苦心！"

孟知祥跪接诏书，拜泣受命。李存将诏书交给孟知祥，然后与孟知祥行甥舅礼。原来李存是李克宁的儿子，李克宁的妻子孟氏，即是孟知祥的胞妹。李克宁被庄宗杀害，子孙免罪，李存留在宫中做事，被任命为供奉官。孟知祥见外甥无恙，也很欣慰，留他住了数日，便遣他东归，上表谢罪。且因琼华长公主已经病逝，讣告丧期，又表称将校赵季良五人平定东川有功，乞求授予他们符节和斧钺。李嗣源再次命李存西行，祭奠已故的长公主，赠绢三千匹，封还孟知祥的官爵，并赐玉带。赵季良等五员大将，叫孟知祥择地委任，再请后命。于是，孟知祥授赵季良等人为节度使。第二年，唐廷派遣尚书卢文纪和礼部郎中吕琦，册封孟知祥为东西川节度使。从此以后，孟知祥得寸进尺，隐然动了在蜀称帝的念头。

那时吴越王钱镠已经年迈，卧床多日，自知会一病不起，便召诸将吏来到寝宫，流着泪对他们说："我的子孙都很愚懦，恐怕不足以继任。我死后，请你们择贤立嗣！"诸将吏都哭着说："传瓘从小跟着您南征北战，仁孝有功，颇得人心，请大王传位给他吧！"钱镠便召入钱传瓘，拿出大印说："将士们都推举你，你要好自为之，不要辜负众望！"钱传瓘拜受大印，然后起来在一边服侍钱镠。钱镠又对他说："世世子孙都要臣服于中原，即使中原改姓，也不要失事大礼，切记勿忘！"钱传瓘唯唯遵教。不久钱镠病逝，享年八十一岁。

相传钱镠出生时，正遇上天旱，道士东方生指着钱镠的家，说池龙已生在此家。那时钱镠刚刚出生，红光满室，他的父亲钱宽以为是不祥之兆，就把孩子丢在井旁。钱镠的祖母知道这不是一般的婴儿，把他抱回来抚养，取名为婆留，并且把那口井叫做婆留井。钱镠长到几岁，经常在村中指挥着一帮小孩子，玩打仗的游戏。成人以后骁勇绝伦，擅长骑射。邑中有一座衣锦山，上面有一个石镜，宽二尺七寸，钱镠对着石镜自看，见自己身着冕装，颇有王者风范。后来被梁封为吴越王后，在杭州城修筑捍海石塘。江中潮水湍急，几次都没有修成。钱镠用山阳劲竹制成五百个强弩、三千只硬箭，让弓弩手向潮头射去，潮水才退回了西陵，因此才得以竖桩垒石，筑成长堤。他还建了候潮、通江等城门，以及龙山、浙江两闸，阻止潮水入河。从此钱塘富庶，冠绝东南。

钱镠自少年从军，夜里没有睡过安稳觉，疲倦极了就枕着圆木或者大铃小睡一会儿。卧室内放了一个沙盘，想起点什么就写在盘中，至老不倦。钱镠平时立法颇严。一天晚上他回来晚了，去敲北城门，门吏不肯开门，还说："就是大王来了，也不能开门！"第二天早上钱镠从北门进来，召入北门守吏，称赞他守法，重重地奖赏了一番。宠姬郑氏的父亲，犯法当死，左右替他求情。钱镠怒道："为了一个妇人，就要乱我军法吗？"随即命宫人将郑姬带出，斩首示众。每遇春秋祭祖，钱镠都会哭道："我能有今天，都是祖先积善所致，但是祖宗们却都看不见了。"钱镠晚年礼贤下士，颇得人心。钱传瓘袭职以后，传讣唐都，唐主李嗣源赐谥武肃，命以王礼安葬，且令工部侍郎杨凝式撰写碑文。浙江百姓奏请立庙，李嗣源答应下来。第二年祠庙落成，供上了钱镠的塑像，历代不移。浙江百姓称他为海龙王，或钱大王。

钱传瓘是钱镠的第五个儿子，曾任镇海、镇东两军节度使，嗣位后改名元瓘，遵照父亲的遗命依旧向中原称臣，依旧使用藩镇法，减免百姓的赋税，慎重地选拔人才，所以吴越一方，安定如常。

闽王王延钧杀兄夺位，占据闽地数年，此时正生病不能理事。王延禀竟率领儿子王继雄自建州袭击福州。王延钧忙遣楼船指挥使王仁达抵御，王仁达遇到王继雄的军队，竖起白旗，装作乞降的样子。王继雄信以为真，上前慰抚，被王仁达一刀杀死。王仁达乘势追捕王延禀，将他带到王延钧的帐前。王延钧的病已经好了一些，斥责王延禀说："哥哥曾经警告我要善继先志，免得哥哥再来。今天劳烦哥哥到这里来，莫非我不能继承先志吗？"王延禀无言以对，王延钧喝令将他推出去，枭首示众，恢复姓名为周绍琛。王延钧见四方安定，遣弟弟王延政去安抚建州军民，闽地又恢复了平静。王延钧渐渐萌生了骄态，上疏唐廷，说楚王马殷和吴越王钱镠都被封为尚书令，如今两王都去世了，请封自己为尚书令。唐廷置之不理。王延钧于是不再朝贡。后来听信了道士陈守元的话，王延钧修建了宝皇宫，自称皇帝，改名为鏻。陈守元又妄称黄龙出现，因此改元龙启，国号仍为闽，追尊王审知为太祖，立五庙，置百官，升福州为长乐府，独霸一方。唐廷无力讨伐他，只得由他称雄。

武安军节度使马希声病死，弟弟马希范向唐报丧，李嗣源准令他袭位。定难军节度使李仁福也因病去世，其子李彝超自称留后。李嗣源想宣示国威，于是调任李彝超镇守彰武军，另任安从进为定难留后。李彝超不肯奉命，托词被军民留下，不能去别的地方。唐廷令安从进去讨伐李彝超，安从进无功而退。李彝超上表谢罪，说自己无意叛唐，不过因祖祖辈辈都守在这里，不愿意迁徙，请求让自己留下来。大臣们都说夏州偏远，不如答应了他，省得劳师费财。李嗣源也得过且过，授李彝超为节度使，不过是姑息偷安罢了。

外事粗定，内乱复萌，骨肉竟成了仇敌，萧墙内忽起干戈。这也是家教不严，酿成祸变，说起来，倒也可叹可悲！唐主李嗣源生有四子：长子名叫李从璟，被元行钦杀死了，元行钦即李绍荣；次子名叫李从荣，老三叫李从厚，老四是李从益。天成元年，李从荣受命为天雄军节度使，兼同平章事。次年，李嗣源授李从厚为同平章事，担任河南尹，掌管六军诸卫事。李从荣见李从厚位居自己之上，难免不高兴。又过了一年，唐主调任李从荣为河东节度使，兼北都留守。不久，又与李从厚互换，李从荣做了河南尹，掌管六军诸卫事。

李从厚、李从荣二人为一母所生，性情却大不相同。李从厚谨慎小心，十分老成；李从荣则很浮躁，专门喜欢与纨绔子弟赋诗饮酒，还自命不凡。李嗣源屡次派人规劝，李从荣始终不肯改，李嗣源只好作罢。

长兴元年，李嗣源封李从荣为秦王，李从厚为宋王。李从荣得封王爵后，开府置属，招来那些狐朋狗友做僚佐，日夜饮酒作乐，放纵无度。一天来到内廷，李嗣源问道："你在军政余暇，都做些什么？"李从荣答道："闲暇时就读书，或者与儒家学者讨论经义。"李嗣源说道："我虽然不读书，但喜欢听经义。经义中讲的，都是父子君臣的大道理，意义深远。我见庄宗喜欢作诗歌，没有一点用处。你是将门之子，一向没有认真学习过文章，传到别人耳朵里，徒然叫人笑话，希望你不要学这些浮华的东西！"李从荣勉强答应，心中却不以为然。当时安重海尚在禁中，朝中的气氛还很紧张，李从荣就收敛了许多，不敢胡作非为。

安重海死后，王淑妃和孟汉琼从中周旋，奏请任命范延光、赵延寿为枢密使。范延光一向没有什么威望。赵延寿本姓刘，是卢龙节度使赵德钧的养子，所以改姓赵，因为善于阿谀奉承而被宠信。李从荣对二人都瞧不上眼，常常讽刺他们。

石敬瑭自西蜀还朝，受任六军诸卫副使，娶了李嗣源的女儿永宁公主为妻。公主与李从荣异母，二人向来不和。石敬瑭害怕因妻得祸，不愿意与李从荣共事，多次想出补外任，免得招惹是非。范延光和赵延寿与石敬瑭的想法一样，巴不得离开朝廷，少受许多恶气，只恨没有机会上奏，暂且虚与周旋。

这时契丹东丹王突欲，与亲弟弟结怨，来投奔唐国。李嗣源赐他姓名为李赞华，授为怀化军节度使。就是从前卢龙献俘的惕隐，也被授予官职，赐姓名为狄怀忠。契丹派使者来要人，唐廷不给，于是契丹多次入侵。李嗣源想命河东镇帅抵御契丹，范延光、赵延寿便荐举石敬瑭和山南东道节度使康义诚。石敬瑭有幸得到这个机会，立即自请出镇。李嗣源授石敬瑭为河东节度使，石敬瑭拜命谢恩，即日登程。

石敬瑭到了晋阳，任用部将刘知远、周玫为都押衙，委以重任。军事交给刘知远，财政交给周玫，命他们静听内部消息，见机行事。李嗣源调回康义诚，命他做六军诸卫副使，代石敬瑭之职。调任李从珂为凤翔节度使，加封他为潞王。封四子李从益为许王，并升秦王李从荣为尚书令，兼任侍中。

李从益的乳母王氏，本是宫中的司衣，见秦王李从荣势力强大，想借机依托，为自己日后作打算。于是暗中嘱托李从益到李嗣源面前，要求探望秦王。李嗣源认为幼儿思兄是人之常情，便派王氏带他去秦府。王氏见了李从荣，鼓足了劲去巴结，甚至装出许多媚态，殷勤侍奉。李从荣最喜欢别人奉承自己，又见王氏有三分姿色，乐得移篙近舵。索性将李从益骗出去，令婢媪抱着他去见王妃刘氏，自己则与王氏搂搂抱抱进了内室。云收雨散之后，又订后期，并且嘱咐王氏窥探宫中动静。王氏满口应允，仍带李从益回宫。此后王氏经常出入秦府，传递消息，所有宫中大小事情，李从荣全都了如指掌。

太仆少卿致仕何泽乘机献媚，上表请立李从荣为皇太子。李嗣源览表不禁泣下，私下里对左右说道："群臣请立太子，朕应该回太原旧府了！"不得已召入群臣商议此事。李从荣听说后，急忙求见李嗣源说："最近听说有奸人请立太子，儿臣年纪还小，愿意继续学习治国之道，不想现在就做太子。"李嗣源说："这是群臣的意思，朕还没有决定呢。"李从荣出来后，对范延光、赵延寿说："群臣想立我为太子，是想夺我兵权，幽入东宫啊。"范延光等猜透了李嗣源的心思，又怕李从荣见怪，于是上奏请求授李从荣为天下兵马大元帅，位居宰相之上。李嗣源恩准，于是李从荣总揽兵权，任用禁军为牙兵。每次李从荣出入，街道两旁站

139

满了侍卫，就是入朝的时候，从骑也有数百人，张弓挟矢，驰骋皇街，俨然是六军领袖，八面威风。

逆子李从荣

　　唐廷大臣见秦王李从荣擅权，都怕招惹是非，其中最着急的是枢密使范延光、赵延寿。二人屡次辞官，李嗣源都不批准。后来李嗣源生病，好几天不能上朝，李从荣私下里对亲党说："我一旦得居南面，一定要族诛权幸，肃清宫廷！"范延光、赵延寿听了这话，越加惶急，再次上表乞请外调。李嗣源正因病心烦，见了此表，扔在地上说："要去便去，何用表闻！"范延光、赵延寿急得没法。毕竟赵延寿是唐室驸马，有公主可通内线。公主已晋封齐国，颇得李嗣源的垂爱，替赵延寿入宫陈情，只说是赵延寿多病，不堪机务劳累，李嗣源还是不肯答应。赵延寿又邀范延光一起入内自陈："臣等不敢拈轻怕重，愿与别人轮换着掌管枢密，免得别人议论纷纷。请命一人先出，如果不称职，仍然可以将臣召回，臣奉诏就到。"李嗣源于是任命赵延寿为宣武军节度使，赵延寿欢欣而去。枢密使一缺，召入节度使朱弘昭继任。朱弘昭入朝固辞，李嗣源怒叱道："你们都不想侍奉在朕左右，朕养你们做什么？"朱弘昭不敢再言，惶惶受命。

　　范延光见赵延寿外调，羡慕得很。他恨自己没有玉叶金枝做内助，只好把囊中积蓄取了出来，献给宣徽使孟汉琼，托他恳求王淑妃，代为请求，希望外调。毕竟有钱能使鬼推磨，一道诏下，授范延光为成德军节度使。范延光如释重负，即日请辞，到镇州莅任去了。三司使冯赟晦气，被调入补任枢密使。此外其他的朝内各官，也多半请求外调。有的批准，有的没有批准。批准了的官员欣喜若狂，不批准的官员捶胸顿足。康义诚料想自己不能解脱，就派儿子去服侍秦王，以保全自己。李嗣源还以为只有康义诚朴实忠厚，值得信赖，任命他为亲军都指挥使，兼同平章事。

　　大理少卿康澄先知先觉，上了一道五不足惧，六可畏的疏文，奏入宫廷，引起一阵轰动。李嗣源看了此疏，虽然很是赞赏，但总不能切实施行。所以"六可畏"之事，始终失于防范，只落得优柔寡断，上下蒙蔽，几乎又惹出伦常大变，贻害宫闱。

140

长兴四年十一月，李嗣源病体稍愈，就出宫赏雪。到士和亭玩了半天，免不得受了风寒，回宫以后，当夜发烧，急忙召入御医诊视。御医说只是偶感伤寒，吃一服药就好了。没想到，第二天李嗣源烧得更厉害了，最后竟昏昏沉沉，不省人事。秦王李从荣与枢密使朱弘昭、冯赟，入内请安，叫了三声，李嗣源没应声。王淑妃坐在榻旁，附在李嗣源的耳旁说："从荣来看您了。"李嗣源还是没有应声。王淑妃又说道："弘昭他们也来了。"李嗣源仍然不回答。李从荣等无话可说，只好退出。

到了门外，听到宫中有哭泣声，还以为是李嗣源已驾崩。李从荣回到府中，一晚上都没有睡，专等差人来报丧。哪知等到黎明，也没有什么动静，自己困极了，便在寝室中躺下，呼呼睡去。等到醒来，已是中午，起来询问仆从，并没有宫廷的消息，不由得惊惧交加。当即派人入宫，谎称自己生病了，私下召集党人，定下密谋，打算借口服侍李嗣源，带兵入内，先制住权臣。他先派押衙马处钧，去问朱弘昭、冯赟说："我欲带兵入宫，服侍唐主，应该住在哪里？"朱弘昭等答道："宫中哪里都能住，秦王自己选就是了。"随后又偷偷地对马处钧说："皇上万福，秦王应该竭力忠孝，不可妄信浮言。"马处钧回去将此话转告李从荣。李从荣又派马处钧对二人说道："你们怎么不想想自己的家人？竟然敢来教训我！"二人吓得要死，跑去告诉了孟汉琼。孟汉琼又告诉了王淑妃，王淑妃说："主上昨天已经好多了，今天早晨吃了一碗粥，没有什么大碍了。可这李从荣竟敢有异图！"孟汉琼说："此事需万分小心，一旦秦王入宫，必有巨变！看来只好先召入康义诚，调兵守卫，以免到时候措手不及。"王淑妃点点头，孟汉琼于是退去。

李嗣源昏睡了一天一夜，到了第二天半夜，出了一身汗，便觉得高烧退了下去，神志也清醒了，忽然坐了起来，四下里一看，只有一个守漏的宫女，便问道："几更天了？"宫女起身答道："已是四更了。"有宫女问道："万岁爷觉得好些了吗？"李嗣源说道："终日昏昏沉沉，此刻才觉得清醒了，不知后妃们都去哪里了？"宫女答道："想是各回寝室去了，奴婢这就去通报。"说完，便抢步出去通报后妃。六宫听说以后，陆续赶来，都笑着说："这下大家就放心了！"随后相继请安，并问他是不是饿了。李嗣源很想吃饭，便要了一碗粥。吃完以后，仍然安睡，到了天明，神色好了许多。

李从荣不知道这些，还怀疑是宫中秘不发丧，将要迎立别人，不得不先行下手。孟汉琼得王淑妃令，去见康义诚。康义诚爱子情深，不免

141

投鼠忌器，只嗫嚅对答道："臣只不过是将校，不敢有什么意见，凡事还得由宰相拿主意！"孟汉琼见康义诚首鼠两端，忙去转告朱弘昭。朱弘昭大惊，夜里邀请康义诚来到密室，一再详问，康义诚还是重复之前的话，不久便告辞了。

那天晚上，李从荣召集牙兵一千人，列阵天津桥。等到黎明，立即派马处钧来到冯赟的府第，叩门传话说："秦王要入内服侍唐主，打算住在兴圣宫。你们各有宗族，办事要小心些，祸福就在这一瞬间，不要害了自己！"冯赟还没来得及回答，马处钧已经走了。他又去转告康义诚，康义诚只说："秦王要入宫，臣自当奉迎。"

冯赟、康义诚各怀私意，都驰入右掖门。朱弘昭随后来到。孟汉琼从里边出来，与朱弘昭等人一起来到中兴殿门外，聚议要事。冯赟一字不差地说了马处钧的传话，并且对康义诚说："从秦王的话中可以看出他的心迹。您不要因为儿子在秦府，就拿不定主意。要知道主上养着我们，就是为了今天。如果秦王的士兵进入此门，将置主上于何地！我们还会有遗种吗？"康义诚还没来得及回答，门吏已仓皇跑进来，大声呼道："秦王已经带兵来到端门外了。"孟汉琼听了，拂袖而起："如今形势危急，难道我们还要在这里观望吗？我的命贱，死不足惜，应当亲自率兵去拒击！"说完就趋入殿门，朱、冯二人也跟着进去。康义诚不得已，也跟在后面。孟汉琼进去对李嗣源说："李从荣造反，已带兵攻打端门了。如果让他入宫，便成大乱了！"宫人听了此话，都抱头痛哭。李嗣源吃惊地说道："从荣这是何苦！"便问朱、冯二人道："究竟有无此事？"二人齐声道："确有此事，我们现在已令门吏关上宫门了。"李嗣源指天泣泪，又对康义诚说："有劳爱卿前去处置，不要惊扰了百姓！"

这时，李从珂的儿子控鹤指挥使李重吉在一旁待命。李嗣源对他说："我与你父亲披荆斩棘，夺得天下。从荣有什么功劳，如今被人教唆，敢行悖逆！我本来早该知道，这种人不值得托付大事。应该叫你父亲回来，授他兵权。你快去为我闭守宫门！"李重吉应命而去，立即召集控鹤兵，把宫门堵住。

孟汉琼披甲上马，召入马军都指挥使朱弘实，令他率五百骑兵去讨伐李从荣。李从荣刚刚扼住天津桥，令亲卒前去召见康义诚。亲卒来到端门，见门已紧闭，转而去叩左掖门，也没人答应，便从门隙中往里看，远远看见朱弘实带着骑兵，踊跃而来，慌忙回去告诉了李从荣。李从荣惊惶失措，急忙穿上甲衣，弯弓执矢。不久骑兵杀来，朱弘实远远地喊道："来军为什么要叛逆，快快回营去吧，免得受到牵连！"李从荣部下的牙兵，应声散去，慌得李从荣狼狈奔回。走入府第，四顾无人，只有妻子刘氏在寝室中抖作一团。李从荣正在想办法，又听见人声鼎沸，破门而入。刘氏吓得钻到了床底下，李从荣无路可逃，也钻了进去。皇城使安从益先闯了进来，带兵搜寻，见床下伏着两人，便顺手拽出，一刀一个，将他们杀死。再到床后搜寻，还躲着李从荣的儿子，也把他拉出来杀死了。随后把他们的头颅砍下，带回去献功。

李嗣源听说李从荣被杀，又悲又怕，险些从御榻上摔下来。李嗣源经此一劫，悲伤过度，病情又加重了许多。李从荣还有一个儿子，留养在宫中，诸将请求把他也杀了。李嗣源哭着说："小孩子有什么错？"话还没说完，孟汉琼入奏道："李从荣大逆不道，应该连坐妻子儿女，望陛下割爱正法！"李嗣源还是不肯答应，只是将吏哗声叠起，无法禁止，只好命孟汉琼杀死了幼儿，追废李从荣为庶人。诸将方才散去。

宰相冯道率百官入宫问安，李嗣源泪下如雨，呜咽着说道："我家门不幸，竟到了这种地步，真没脸见你们了！"冯道等人也泣下沾襟，随后婉言劝慰一番，一一退出。冯道退出后，行至朝堂，朱弘昭等人正聚在一起议事，要尽诛秦府官属。冯道立即抗议道："李从荣的心腹只有高辇、刘陟、王说三人，其他判官任事才刚半个月，王居敏、司徒诩因病告假，已过半年，怎么会与李从荣同谋？做官应该胸怀宽大，不要株连无辜！"朱弘昭还是不肯听，冯赟却支持冯道，与朱弘昭力争。最后只诛杀高辇一人。刘陟、王说免死，被流放到远方。任赞、王居敏、司徒诩等人都被贬职。

那时宋王李从厚已经调镇天雄军，李嗣源命孟汉琼前去将他召回，且令孟汉琼掌管天雄军府事。李从厚奉命还都，来到宫中时，李嗣源已先他三日归天。第二年四月，李嗣源被安葬在徽陵，庙号明宗。总计唐主李嗣源在位八年，享年六十七岁。李嗣源心胸旷达，仁慈宽厚，即位后年年五谷丰登，不动兵革，也算是五代贤君了。

宋王李从厚来到洛都，在灵柩前行即位礼。过了七天，李从厚穿着孝服朝见群臣，遍赐内外官员。等群臣退去后，他又来到光政楼慰问百姓，安定人心。回到宫中，又去谒见曹皇后、王淑妃。这时朱弘实的妻子入宫朝贺，李从厚与他谈起秦王李从荣的事，欷歔道："秦王身为人子，不在主上身边伺候，反而要引兵入宫，是他的错；但说他大逆不道，实在是冤枉他了！朱公颇受王恩，为何不为他辩白呢？"朱弘实的妻子回去告诉了朱弘实。朱弘实非常恐惧，急忙与康义诚一起去见李从厚，并说王氏曾私通李从荣，经常替他窥探宫中的事情。李从厚听后，便命王氏自尽。后来又辗转牵连，累及司仪康氏，将她也一并赐死。连王淑妃也险些被打入至德宫，幸亏曹皇后出来为她说情，才算无事。但从此以后，嗣皇李从厚对王淑妃非常冷淡。

第二年正月，唐廷改元应顺，大赦天下。升冯道为司空，李愚为右仆射，刘昫为吏部尚书。升任康义诚为检校太尉，兼任侍中，掌管六军诸卫事。任朱弘实为检校太保，担任侍卫马军都指挥使。且命枢密使朱弘昭、冯赟及河东节度使石敬瑭，一起兼任中书令。冯赟因屡次提拔，固辞不受，于是改兼侍中，封为邠国公。外官也得到了不同程度的封赏。荆南节度使高从诲，也被晋封为南平王。湖南节度使马希范，被晋封为楚王。两浙节度使钱元瓘，晋封为吴越王。任蜀主孟知祥为检校太师。孟知祥不愿受命，遣回唐使，请求代为辞官。

孟知祥吞并了两川，野心勃勃，想要效仿王建。听说李嗣源已经死了，李从厚继位，他便对僚佐说："宋王幼弱，执政的都是些胥吏小人，不久就要生乱了。"僚佐听了此话，已知他富有深意。

不久就是孟春，群臣推举赵季良为首，上表劝孟知祥登基称帝，而且历陈符命，说黄龙出现、白鹊聚集，都是瑞征。孟知祥假意谦让道："我德薄不足，担心有辱天命，只要能够以蜀主终老，已算是幸事！"赵季良进言道："将士大夫尽节效忠，无非是想附翼攀鳞，长承恩宠，今天大王不正大统，叫我们也没有了依靠，还请不要再推辞了！"孟知祥于是下令草定帝制，择日登位，国号为蜀，改元明德。

届期衮冕登坛，受百官朝贺。偏偏天公不肯作美，忽然狂风怒号，阴霾四塞，一班趋炎附势的人也有些惊异。孟知祥只要目前的富贵，自然无暇顾及天心。当下授赵季良为司空兼同平章事，王处回为枢密使，李仁罕为卫圣诸军马步军指挥使，赵廷隐为左匡圣步军都指挥使，张业为右匡圣步军都指挥使，张公铎为捧圣控鹤都指挥使，李肇为奉銮肃卫都指挥使，侯弘实为副使，毋昭裔为御史中丞，李昊为观察判官，徐光溥为翰林学士。命赵季良等人兼任节度使，其他人概令照旧。追封唐长公主李氏为皇后，夫人李氏为贵妃。

李妃原是唐庄宗的嫔御，赐给了孟知祥，跟随孟知祥四处转战，吃尽了苦头。一天晚上，她梦见大星坠怀，起床后连忙告诉了长公主，公主立即对孟知祥说："此女颇有福相，应该会生贵子。"不久李妃便生下儿子孟仁赞，就是蜀后主孟昶。史家称王建为前蜀，孟知祥为后蜀。

孟知祥僭号以后，唐山南西道张虔与式定军节度使孙汉韶，都奉款请降；兴州刺史刘遂清撤掉三泉、西县、金牛、桑林的守兵，退回洛阳。于是散关以南，如阶州、成州、文州等地都成为蜀国的领地。

过了几个月，张虔等人前来拜见孟知祥，孟知祥设宴款待降将。张虔等人举杯祝寿，孟知祥正要接受，不料手臂竟突然酸痛起来。他勉强接过酒杯，好似九鼎一般，重得端不动，急忙把酒杯放在案上，以口承饮。张虔等人谢宴退去以后，孟知祥勉强起身入内，手脚都不听使唤，竟然成了一个风瘫病人。拖延到秋天，一命告终。孟知祥遗诏立儿子孟仁赞为太子，承袭帝位。赵季良、李仁罕、赵廷隐、王处回、张公铎、侯弘实等人拥立孟仁赞，然后告丧。孟仁赞改名为昶，才十六岁，暂不改元。尊孟知祥为高祖，生母李氏为皇太后。

孟知祥据蜀称尊，前后才六月。当时有一个僧人，自称醋头，手提一盏灯，边走边喊道："不得灯，得灯便倒！"蜀人都认为他是个疯子，孟知祥临终之时，才知"灯"字暗指登极。又相传孟知祥入蜀时，看见一个老人模样清瘦，推着车子从旁边经过，车上的东西不多。孟知祥问他能推多少东西，老人答道："用尽全力也不过两袋。"孟知祥起初没在意，后来渐渐引为忌讳。后来后蜀果然只传了两代，被宋所灭。

李从珂篡位

唐主李从厚改元应顺，尊嫡母曹氏为太后，庶母王氏为太妃，所有藩镇文武臣僚都给了赏赐。唯独猜疑潞王李从珂，听信朱弘昭、冯赟两位枢密，调任李从珂的儿子李重吉为亳州团练使。李重吉有个妹妹名叫李惠明，在洛阳出家为尼，也被召入禁中。李从珂听说儿子被外调，女儿被内召，料知新主对自己产生了怀疑，终日惶惶不安。他本受明宗的宠爱，立了很多战功。明宗病情加剧时，李从珂只派夫人刘氏去探视，自己则在凤翔观望。明宗去世后，他称病不来奔丧。那时李从珂已料有内衅，便坐观成败。果然，嗣皇李从厚听信了谗言，猜疑李从珂，多次派人去侦察他。朱弘昭、冯赟又捕风捉影，喜欢生事。内侍孟汉琼与朱、冯结为同党，朱、冯二人说孟汉琼有功，李从厚便升他至开府仪同三司，且赐号忠贞扶运保泰功臣。此时孟汉琼出镇天雄军，朱弘昭、冯赟想要邀他回都，协同办事，于是奏请召回孟汉琼，调成德军节度使范延光转镇天雄军、河东节度使石敬瑭移镇成德军。潞王李从珂却请求调孟汉琼改镇河东，兼北都留守。李从厚也不知其中的利害关系，爽快地答应了他们的请求，派使者去四镇，分头传命。

李从珂镇守凤翔，离都城最近，第一个接到敕命，满腹怀疑。忽然又听说洋王李从璋前来接替自己，更觉得疑虑不安。李从璋是唐明宗的侄子，以前在河中时，亲手杀死了安重诲。这次调到凤翔，李从珂怕他来下毒手，随即召集僚佐商议办法阻止他。众人应声道："主上年少，还没有亲政，军国大事统由朱、冯两位枢密主持。大王威名震主，离镇是自投罗网，不如拒绝为是！"观察判官冯胤孙却出来谏阻道："唐主下诏，要大王回去。诸君所议，恐非良策。"众人听了都哑然失笑，说他迂腐。李从珂命书记李专美起草檄文，送到邻镇。大意是说朱弘昭、冯赟等人乘先帝驾崩，杀长立少，专制朝权，离间骨肉，动摇藩垣，李从珂将整甲入朝，誓清君侧，只怕心有余而力不足，请求邻藩助一臂之力，共图报国。

檄文发出去后，又因西都留守王思同挡住出路，不得不先与他联络。于是特派推官郝诩和押牙朱廷义，相继赶到长安，向王思同分析利害，并用美女诱惑他。王思同慨然说道："我受明宗大恩，位至节镇，如果与凤翔同反，即使成事，也不足为荣。一旦失败，反而会身败名裂，遗臭万年。我怎么会做这种傻事！"于是将郝诩、朱廷义拘留下来，然后上报唐廷。此外各镇，接到李从珂的檄文，有的反对，有的中立。只有陇州防御使相里金有心依附，派判官薛文遇前去商议。

李从厚听说李从珂叛乱，打算遣康义诚出兵讨伐。康义诚不想督师，请求另派王思同为统帅、羽林都指挥使侯益为行营马步都虞侯。侯益料知军情将变，称病不肯受命，被罢为商州刺史。李从厚即命王思同为西面行营马步军都部署，前静难军节度使药彦稠为副，前绛州刺史苌从简为马步都虞侯，严卫步军左厢指挥使尹晖、羽林指挥使杨思权等人皆为偏裨，出师数万，讨伐李从珂。又命护国军节度使安彦威为西面行营都监，会同山南、西道以及武定、彰义、静难各军帅，夹攻凤翔。并令殿直楚昭祚去捉拿亳州团练使李重吉，将他幽禁在宋州。洋王李从璋行至中途，听说李从珂抗命，立即折回。王思同会集各道兵马，一起来到凤翔城下，战鼓喧天，兵戈耀日，当即传令攻城。凤翔城城堞低浅，守备不多，李从珂勉谕部众，拼死抵御。怎奈城外兵众势盛，防不胜防。东西两关是全城的屏障，不到一天都被攻破了，守兵伤亡惨重。李从珂惊恐万分，寝食不安。好容易过了一宵，才见天明，又听到城外喧声大起，众兵一起聚集而来，自己好似那霸王被困，四面楚歌一般。

李从珂情急登城，哭着对外面的大军说："我不到二十岁就跟从先帝征伐，出生入死，金疮满身，才立得本朝基业。你们都随我多年，个个心知肚明。如今朝廷信任佞臣，猜忌骨肉，试想我有何罪，劳烦大军痛击，一定要置我于死地？"说到这里，就在城上大哭起来。内外将士也都跟着哭了起来。忽然西门外跃出一将，仰首大呼道："大相公才是我真正的主人啊！"于是率部众解甲投戈，投降了李从珂。李从珂开城将众人放了进来。杨思权递进一张纸条："请求大王攻克京城以后，让臣做节度使，不要让臣再做防团。"李从珂立即下城迎接，拿笔在纸上写道"思权为邠宁节度使"，并将纸条交给了杨思权。杨思权称谢后，登城招诱尹晖。尹晖对各军喊道："城西军已入城受赏了！我们也该为自己想想了！"说完，也将甲胄脱下，做了先导。各军于是纷纷弃甲，乞降城中。李从珂又开了东门，迎纳尹晖等降军。

王思同忽见乱兵入城，顿时仓皇失措，与安彦威等五个节度使通通逃跑了。凤翔城下，依旧是风清日朗，雾扫云开。李从珂转惊为喜，忙拿出城中财帛，犒赏将士，甚至鼎釜等器物，也拿来作为赏赐。众人都很高兴，欢声如雷。长安副留守刘遂雍听说王思同败回，也心生异志，关起门来不肯迎纳他。王思同等人只好转走潼关。李从珂害怕王思同占据长安，便整军东行。到了岐山，听说刘遂雍不接纳王思同，大喜过望，立即派人前去慰抚刘遂雍。刘遂雍倾尽府库，遍赏李从珂的前军。前军都不入城，领赏后就离开了。李从珂来到后，刘遂雍出城迎接，再次搜刮民财，充作供给。李从珂也无暇入城，顺道东进，直逼潼关。

唐廷还没有接到王思同失败的消息，直到步军都监王景从等人从军中逃回，唐廷才知道各军大溃。李从厚惊恐万分，急召康义诚商议，凄然道："先帝驾崩时，朕在外藩，并不愿意入都争位，诸公同心推戴，辅佐朕登基。朕继承大业后，怕自己年少无知，国事都交给了诸公。就是朕对待兄弟，也不曾苛刻。不幸凤翔发难，诸公都主张出师，以为区区叛乱，可以立即荡平。如今一溃千里，如何能转祸为福？看来只有朕亲自去凤翔，迎接哥哥入主社稷，朕仍旧归藩。即使不能免罪，我也心甘情愿了，省得生灵涂炭！"朱弘昭、冯赟等人面面相觑，不发一言。

147

康义诚眉头一皱，计上心来，说道："大军惊溃，都是因为主将失策。现在侍卫诸军还有很多，臣自请前去抵敌，扼住要冲，召集离散之众，应该不会重蹈覆辙，请陛下不要太悲伤！"李从厚说道："爱卿果真前去督军，应该很有把握，只怕敌寇气势强大，一人不足以济事。朕召入石驸马，你们一同进兵，可好？"康义诚答道："石驸马听说要调任，恐怕也不会愿意。倘若他有异心，反而有可能会转头去帮助敌寇。不如让臣自己去，免得受他的牵制！"李从厚以为他一片诚心，丝毫没有怀疑，便召入将士慰谕一番，并将储藏的金帛分给将士。当面嘱咐道："你们如果平定了凤翔之乱，每人加赏二百缗。"将士无功得赏，越发骄傲，各自背着李从厚所赐之物回去了。出来后，康义诚说："到凤翔后，再请求加赏，不怕朝廷不允许！"他人听了，已料他贪婪狡猾，难以获胜。康义诚却扬扬得意，调集卫军，入朝辞行。

都指挥使朱弘实对李从厚说："禁军如果都出去拒敌，洛阳由何人把守？臣以为先稳定了洛阳，再图进取，才可保得万全。"康义诚正恨朱弘实主兵，杀死李从荣，此时见他又出来阻挠，顿时怒气上冲，厉声呵斥："弘实敢说这样的话，莫非要造反不成？"朱弘实本来就很鲁莽，怎肯退让，也厉声答道："你自己要造反，现在却倒打一耙！"这两句比康义诚的话还要激烈。这时正巧李从厚登殿，听是朱弘实的口音，心生不悦，便召来二人当面质问。二人在殿前争论，朱弘实仍盛怒相向，康义诚却装作低声细语，双方各执一词。康义诚奏道："朱弘实目无君上，在御座前都敢这么放肆。现在叛兵将至，不发兵拦阻，难道任由叛军直入都下，惊动宗庙吗？这不是造反是什么？"李从厚点了点头。康义诚又逼紧一层，说道："朝廷出此奸臣，怪不得凤翔一乱，各军惊溃。现在想要整军耀武，必须将此等国蠹，先正典刑，然后将士振奋，才能平寇！"李从厚被他一激，立即命人将朱弘实押出市曹，斩首示众。各禁军见朱弘实冤死，无不惊叹。康义诚发泄余恨后，随即带着禁军出都去了。

李从厚见康义诚出发，还以为他十分可靠，索性令楚昭祚杀死李重吉，并勒令李重吉的妹妹李惠明自尽，然后眼巴巴地专候捷音。当下宣诏军前，命康义诚为凤翔行营都招讨使，王思同为副招讨使。哪知王思同到了潼关，被李从珂的前军追上，活捉了去，押解到李从珂的行辕前。李从珂当面责问，王思同慨然说道："思同起自行间，蒙先帝擢拔，做了节镇，常常惭愧无功报主。并非不知道依附了大王，立即就会富贵，但我如果依附了大王，死后有何脸面去见先帝？现在战败被擒，思同愿意死得痛快些！"李从珂自己也觉得惭愧，马上换了一副脸色，起身说道："你不要再说了！"随即命人将他幽禁在后帐。偏偏杨思权、尹晖二人不好意思与王思同相见，屡劝李从珂的心腹将领刘延朗，谋杀王思同。刘延朗乘李从珂醉后，擅自将王思同杀死。李从珂醒后，刘延朗说王思同谋变，自己只好把他杀了。李从珂只不过付诸一叹罢了。

李从珂进军入华州，前锋擒获药彦稠，李从珂命人将他关进狱中。第二天来到阌乡，又过了一天，进军灵宝。各州邑没有一个人拒守，李从珂如入无人之境。护国军节度使安彦威与匡国军节度使安重霸，望风迎降。唯独陕州节度使康思立闭门登城，打算等康义诚的援军到来，一同守御。李从珂的前驱来到城下，其中有捧圣军五百骑，以前曾驻守陕西，至此被李从珂诱降，令他们做前锋。前锋向城上大喊道："城中将吏听着！现在我们禁军十万，已奉迎新帝，你们还在为谁死守呢？只能连累一城百姓，肝脑涂地，岂不可惜！"守兵应声下城，开门出迎。康思立制止不住，也只好随着出来，迎李从珂入城。

李从珂入城安民，与僚佐再次商议行军的事情。僚佐献计道："如今大王将到京畿，大臣一个个胆战心惊。不如写信给都中，慰谕文武百官，让他们趋吉避凶，一定可以不征而服了。"李从珂依计而行，写信给都中，大意是说：大兵入都，唯独朱弘昭、冯赟两族不可赦免，此外的人各安旧职，不必担心。这时侍卫马军指挥使安从进，刚刚被任命为京城巡检，一得此书，立即暗暗布置心腹，专待李从珂大军来到，好出城投降。

李从厚还像是在睡梦中，下诏催促康义诚进兵。康义诚行军至新安，部下将士纷纷丢兵弃甲，奔赴陕西投降。到了干壕，十成中逃去了九成半，只剩得寥寥数十人。康义诚本来就居心叵测，此次自请出兵，原是打算带着所有的卫卒投降李从珂，立个首功，不料卫卒已走了先着，顿时大失所望。可巧途中遇着李从珂的候骑，立即与他相见，自解弓箭，令他拿去作为信物，传话请降。

警报飞达都中，可怜李从厚急得不知所措，忙派中使宣召朱弘昭。朱弘昭正忧心如焚，突然闻召，哭着说："这么急着召我，明明是想杀我谢敌！"当即投井自尽。安从进听说朱弘昭已死，竟引兵进入朱弘昭的府第，枭了朱弘昭的首级。又乘便去杀冯赟，把冯家男女老幼全部屠戮，然后将朱、冯的两颗头颅，送入陕中。

李从厚接到朱弘昭和冯赟被杀的消息，自知危在旦夕，不得不避难

149

出逃。正赶上孟汉琼从魏州回来，便令他再去魏州，整备行辕，以便出幸。孟汉琼装作应命，出了都门却扬鞭西驰，投奔陕府去了。李从厚并不知情，自己率领五十骑来到玄武门，对控鹤指挥使慕容进说："朕暂且先去魏州，日后再图兴复，你可率控鹤兵从行！"慕容进是李从厚的爱将，立即应声道："生死我都跟着陛下！请陛下先行一步，等臣召集了部众，再去保护您！"李从厚出了玄武门。谁知一出门，门便关上了。原来慕容进送走了主子，立即变卦，安安稳稳地留在了都中，并没有从驾的意思。

宰相冯道等人入朝，到了端门，才知道朱、冯都已经死了，李从厚已经逃走了，一伙人怅然欲失。李愚说道："天子出幸，并没有和我们商量。现在太后还在宫中，我们且去中书省，派小黄门入宫请示，问清了太后的打算，然后各自回府。大家以为何如？"冯道摇摇头说："主上失了社稷，人臣将向何处禀承？如果再入宫城，恐怕不太好。潞王已经四处张榜，不如回去静等消息，再作打算。"于是大家一起回了天宫寺。

安从进派人去对冯道说："潞王倍道前来，将要入都，相公应该带领百官，到谷水奉迎。"冯道等人便到寺中稍事休息，传召百官。中书舍人卢导先来到，冯道对他说："听说潞王将至，我们应该上奏章劝他登基称帝，请舍人速速起草！"卢导答道："潞王入朝，百官只可以班迎。即使有废立的意思也应该等太后的教令，怎么可以劝他称帝呢？"冯道又说道："凡事总要务实！"卢导反驳道："你们身为大臣，难道见天子出逃，就向别人劝进吗？如果潞王固守臣节，来责问你们，敢问各位拿什么话来回答呢？我为你们着想，你们不如率领百官直接去宫门，进宫问安，探听一下太后的意思，再作决定，也算是情义兼尽了。"

冯道还在踌躇，那安从进再次派人催促道："潞王来了，太后和太妃已遣中使去迎接潞王，为什么百官还不出来迎接？"冯道慌忙走出寺外，李愚、刘昫等人也纷纷跟着出去了。众人站在上阳门外，等了大半天，并不见潞王到来，只有卢导从此地经过。冯道再次把他召进来，询问一番，卢导对答如初。李愚喟然说道："舍人说得很有道理，我们犯的罪数不胜数了。"随即众人陆续回都去了。

这时潞王李从珂还留在陕中，康义诚到陕中谢罪，李从珂责问道："先帝晏驾，立嗣之事由诸公决定。现在主上居丧，政事又都由诸公处理。你们为什么不能好好辅政，使我弟弟今天落得如此下场？"康义诚战栗不已，叩头请死。李从珂冷笑道："你且在这里住下，再听后命！"康义诚不得已留在了行黄。马步都虞侯苌从简、左龙武统军王景戡均被李从珂的士兵抓了回来，匍伏乞降。李从珂下令将他们全部关进监狱，随后派人上奏太后。李从珂由陕中出发，东赴洛都。在渑池西，遇着孟汉琼，孟汉琼伏地大哭，想要申诉，李从珂勃然大怒道："你也不必多言，我早已知道了！"然后对左右说："快杀了这个阉奴！"孟汉琼吓得魂不附体，连哀求的话都说不出来了，刀光一闪，便身首分离。

李从珂再次引兵至蒋桥，唐相冯道等人已排班恭迎。李从珂传令，说是还没有拜见梓宫，不便相见。冯道等人又上奏劝谏，李从珂看也不看，只命左右收下，然后昂然入都。先进宫拜见太后、太妃，再来到西宫，拜伏在明宗的灵柩前，哭诉起兵的缘由。冯道等人跟了进来，等李从珂起身，立即列班拜谒。李从珂答拜。冯道等人再次劝进，李从珂说："我并非来夺位，实在是迫不得已。等皇帝回宫，父皇安葬，我还要回去守藩镇。你们这样再三劝进，就是不体谅我的苦衷了！"

第二天，即由太后下令，废少帝李从厚为鄂王，命李从珂掌管国事。又过了一天，再次传出太后的教令，说潞王李从珂应即皇帝位。李从珂并不固辞，居然在枢前行即位礼，受百官朝贺了。

以前李从珂在凤翔时，瞽者张蒙自称料事如神，曾经为太白山神做事，神祠就是北魏崔浩庙。每次有人来算命，张蒙祷告一番，天神即附体传话，事后大多应验。李从珂曾托张蒙占卜自己的吉凶。张蒙转述天神的话说："三珠并一珠，驴马没人驱。岁月甲庚午，中兴戊己土。"李从珂茫然不解，请张蒙解释一下。张蒙答道："这是神语，我也不能解释。"李从珂当时感到莫名其妙。等到入都受册，文中起首，便是应顺元年岁次甲午，四月庚午朔。李从珂感叹道："张蒙转述天神的话，果然应验了！"只有"三珠"两句话很难解释，再次派人去找张蒙，共同研究。张蒙说"三珠"指三帝，"驴马没人驱"便是失位的意思。李从珂授张蒙为将作少监同正，敕赐金紫，作为酬谢。

凤翔人何老头，年逾七十，无疾猝死。在阴间见了阴官，阴官告诉他说："替我转告潞王，来年三月，当为天子二十三年。"何老头听了这话，一声怪叫，竟然还阳。自己认为阴官的话，不便转告，便隐匿过去。一个月后又死了，再次见到阴官，向他怒叱道："你竟然敢违抗我的命令，不去转达！今天再放你还阳，速去传报！"何老头惶恐遵命，在廊庑下看见一本书，便问守吏。守吏答道："朝代将易，这就是升降官爵的簿籍。"何老头苏醒过来后，不敢再隐匿，便转告了李从珂的亲校刘延朗，刘延朗又转告了李从珂。李从珂召入何老头问是怎么一回事，何老头答道："请等到来年三月，必有征兆，否则再杀我也不迟。"李从珂赐给他一些金帛，嘱咐他不要对外人讲这件事，然后令他回家去了。后来这件事果然应验了。但李从珂称帝，前后刚满三年，为何说是二十三年呢？后人仔细研究，才知道李从珂的生日，是正月二十三日，小名叫二十三，诨名便叫做阿三。

王继鹏弑父杀弟

潞王李从珂篡位期间，李从厚流落到卫州驿，匹马单身，穷途末路。当初李从厚自玄武门逃出，随身只有五十名骑兵，四下里一看，门已经被关上了，料知慕容进变卦，不由得自嗟自怨，踯躅前行。到了卫州东境，忽然看见一队人马，拥着一位金盔铁甲的大员，吆喝着走过来。到了面前，那位大员滚鞍下马，倒身下拜，李从厚仔细一瞧，原来是河东节度使石敬瑭，立即传谕免礼，令他起来慢慢谈。石敬瑭起身问道："陛下为什么来这里？"李从厚凄然道："潞王发难，气焰甚盛，京都恐怕是保不住了，所以我匆匆出幸，打算号召各镇，再图兴复。你来得正好，可助我一臂之力！"石敬瑭问："我听说康义诚率军西讨了，结果如何？"李从厚答道："别提他了！他哪里是去讨伐，他是投降去了！"石敬瑭俯首无言，只是长叹。李从厚说："你是皇亲国戚，事到如今，全仗你一力扶持了！"石敬瑭说："臣奉命外调，今日入朝，麾下不过一二百人，如何御敌？卫州刺史王弘贽是一员老将，足智多谋，我愿与他共谋国事，再行禀命！"李从厚答应了。

石敬瑭立即驰入卫州，王弘贽出来迎见，二人叙谈了好久。石敬瑭开门见山，问道："天子遭遇不测，已经来到你的境内，你为何不去迎驾？"王弘贽叹息道："前代天子也有出逃避难的，但总有将相侍卫跟随，并且带着府库法物，使部下有个盼头。现在听说天子车驾北来，只有五十骑相随，就是有忠臣义士，打算赤心报主，恐怕到了此时，也无能为力了！"石敬瑭听了，也不反驳，只是支支吾吾应付道："你说得也是，但主上在驿馆等着呢，我还要回去报告，然后听候主上裁夺。"于是别了王弘贽，返回去见了李从厚，把王弘贽的话说了一遍。李从厚不禁号啕大哭。谁知却激怒了弓箭使沙守荣和奔洪进，他们径直走到石敬瑭面前，义正词严地责问道："你是明宗的爱婿，应该与国家共患难。今天主上有难，你应该替他分忧。况且天子蒙尘受难，能依靠的就只有你了。如今你误听邪言，不替主上想办法，却想着趋炎附势，卖我天子!"说到这里，沙守荣拔出佩刀，要杀石敬瑭。石敬瑭连忙倒退，部将陈晖立即上前救护石敬瑭，拔剑与沙守荣交战，约有三五个回合。

石敬瑭的牙将指挥使刘知远引兵来到驿站，接应陈晖。陈晖更加大胆，打落沙守荣手中的刀，一剑将他劈死。奔洪进料知不能支撑，也立即自刎。刘知远见二人已死，索性指挥部兵来到李从厚面前，将李从厚的十几个随骑杀得一个不留。李从厚吓得缩成一团，不敢出声。刘知远却麾兵出驿，簇拥着石敬瑭，驰往洛阳去了。此时的唐主李从厚形单影只，举目无亲，进不能进，退不能退，只好流落驿中。

卫州刺史王弘贽全不过问，直到废立之令传下来，才派使者迎入李从厚，让他住在官署里。一住数日，无人问候。只有磁州刺史宋令询，派人来问了一下李从厚的饮食起居。李从厚只是对着来使流泪，不敢多言。不久，洛阳派来一位使者，见了王弘贽就下拜。此人不是别人，正是王弘贽的儿子王峦，他曾经是殿前宿卫。王弘贽问他来意，他在王弘贽耳边嘀咕了一阵子。王弘贽频频点头，随后备了鸩酒，引王峦去见李从厚。李从厚认识王峦，便向他打听都中的消息，王峦一个字都不说，只是进酒劝饮。李从厚问王弘贽："这是什么意思？"王弘贽说："殿下已被封为鄂王，朝廷派王峦进酒，想是为殿下饯行呢。"李从厚料知有诈，不肯喝酒。王弘贽父子多次劝说都没有用。王峦性起，拿来束帛，硬将李从厚勒死了，年仅二十一岁。

李从厚的妃子孔氏，还留在宫中，生有四个儿子，年龄都还小。王峦杀死李从厚之后，李从珂派人对孔妃说："重吉等人在哪里？你们还想继续活下去吗？"孔妃抱着四个儿子，悲哭不已。过了一会，有人持刀进来，随手乱砍，可怜孔妃与四个儿子，一同毙命。磁州刺史宋令询听说故主遇害，痛哭半日，自缢身亡。

李从珂随后改应顺元年为清泰元年，大赦天下，唯独不赦免康义诚和药彦稠。康义诚伏诛，并被诛灭九族。其余的人像苌从简、王景戡等，一律赦免。葬明宗于徽陵。李从荣、李重吉的遗棺，及故主李从厚的遗骸，全部埋葬在徽陵附近。李从厚的墓土才几尺厚，不封墓不树碑，令人悲叹。等到后晋石敬瑭登基，才追谥李从厚为闵帝。

李从珂下诏犒劳军士，见府库已空，便令人搜刮民财，敲诈剥削了好几天，也只得到两万缗钱。李从珂大怒，下令完不成任务就下狱。于是狱囚累累，贫民大多投井自尽，或上吊自杀，军士却游行市肆，耀武扬威。百姓在背后诉骂道："你们只知道为主立功，却使我们遭受酷刑，苦不堪言。你们扪心自问，能不能无愧于天地？"军士们听见了，追着殴打百姓，弄得血肉横飞，积尸道旁。如此这般，犒军费还是没有凑齐。李从珂再次下令搜刮内藏旧物，及各处的进贡，甚至太后、太妃也取出器物簪珥，充作犒赏，就这样也不过二十万缗。当初李从珂出兵凤翔时，曾许诺说入洛阳后会每人赏钱一百缗。粗略估计一下，至少也得五十万缗。现在仅有二十万缗，还不到一半，李从珂不免忧心忡忡。

正逢李专美在宫中值夜班，李从珂将他召入，说道："你一向很有才，能不能替我想想办法，如何筹足军赏？"李专美拜谢道："臣本愚笨，才不称职，军赏不足，是臣的错。自长兴以来，屡次行赏，反而养成一班骄卒。财帛有限，欲望无穷，陛下抓住了这一点，所以能得到天下。愚臣以为国家存亡，不在厚赏，应当修法度，立纪纲，保养元气。如果不改弊政，恐怕只是害苦了百姓，那时陛下的生死存亡还不一定呢！如今财力已尽，只有这些了，请酌量分发，何必一定要兑现以前的诺言呢？"李从珂没法，只得下了制敕：凡在凤翔归命的，如杨思权、尹晖等人，各赐两匹马一只骆驼，钱七十缗，普通士兵各赏钱二十缗，在京士兵各十缗。诸军大失所望，便有了怨言，说："赶跑生菩萨，扶起一条铁。"

当下大封功臣，除冯道、李愚、刘昫三位宰相仍任旧职外，任命凤翔判官韩昭胤为枢密使，刘延朗为副枢密使，房皓为宣徽北院使，随驾牙将宋审虔为皇城使，观察判官马裔孙为翰林学士，掌书记李专美为枢密院直学士。康思立调任邢州节度使，安重霸调任西京留守，杨思权升任邠州节度使，尹晖升任齐州防御使，安从进升任河阳节度使，相里金升任陕州节度使。加封天雄军节度使范延光为齐国公，宣武军节度使驸马都尉赵延寿为鲁国公。幽州节度使赵德钧，封为北平王。青州节度使房知温，封为东平王。天平节度使李从曮仍回粗镇守凤翔，封为西平王。

唯独石敬瑭从卫州入朝，虽由李从珂当面慰劳，但心中仍然不服。二人之前同事明宗，各以勇力自夸，谁都不肯甘拜下风。此时李从珂为主，石敬瑭为臣，不但石敬瑭勉强趋承，就是李从珂也有些底气不足。

两人相见后，石敬瑭留在都中，没有听说自己要迁调，很是不安，以致愁病交加，最后竟瘦得跟个骷髅似的。亏得妻子永宁公主出入宫中，多次与曹太后谈起此事，请求令夫婿仍回河东。公主本是曹太后所生，情关母女，曹太后自然竭力替她说话。李从珂对太后、太妃，还算尽礼，因此太后比较好说话。有时公主入宫，与李从珂相见，也会多少提几句。李从珂便令石敬瑭回河东，加官检校太师兼中书令，封公主为魏国长公主。

凤翔的旧将劝李从珂留住石敬瑭，不宜将他外调。只有韩昭胤、李专美二人，说石敬瑭与赵延寿，一个在汴州，一个在都中，显然是阴怀猜忌，不如将石敬瑭遣回河东。李从珂见他骨瘦如柴，料想不足为患，便令石敬瑭回河东。石敬瑭得诏即行，好似那凤出笼中，龙游海外，摆尾摇首，扬长而去。

不久，李从珂升任冯道为检校太尉。李愚、刘昫二人，一个狡诈，一个刚正，意见多不相合，有时甚至彼此诟骂，有失体统。李从珂有心将他们调任，便去询问亲信。亲信都说尚书左丞姚颛、太常卿卢文纪、秘书监崔居俭，都有相才，可以择用。李从珂无法选择，便写下三人的姓名，放在琉璃瓶中，焚香祝天，用筷子挟出，一看是姚、卢二人。随即任命姚颛、卢文纪为同平章事，贬李愚为左仆射，刘昫为右仆射。不久册夫人刘氏为皇后，任命次子李重美为右卫上将军，兼河南尹，随后又命他兼任同平章事，加封雍王。一朝制度，内外粗定，那弑君篡国的李从珂，高拱九重，自以为高枕无忧了。

闽王王延钧僭称皇帝后，封长子王继鹏为福王，尊生母黄氏为太后，册封妃子陈氏为皇后。陈氏本是王延钧的父亲王审知的侍婢，小名金凤。说起她的来历，更是龌龊。陈氏本是福清人氏，父亲名叫陈侯伦，年少英俊，曾在福建观察使陈岩手下做事。陈岩有断袖之癖，经常与陈侯伦同起同卧，视他为男妾。偏偏陈岩的小妾陆氏，也喜欢陈侯伦，眉来眼去，竟与陈侯伦结下不解之缘，只瞒了一个陈岩。没过多久，陈岩死了，陈岩的妻弟范晖自称留后。陆氏又托身范晖，不久生下一女，便是金凤。此女是陈侯伦的孩子，由范晖留养。王审知攻打范晖时，陆氏母女趁乱逃走，流落民间，幸由族人陈匡胜收养，才得以生存。王审知占据了闽州，广选良家女子充入后宫，金凤幸得入选，年方十七，姿貌不过中等，却生得聪明乖巧，娇小玲珑。王审知喜欢她的聪敏，即令她贴身服侍。

155

王延钧出入问安，金凤曲意承迎，引得王延钧很是欢洽，心痒难熬。只因老父尚在，不便勾搭，无可奈何地拖延过去。等到王审知一死，王延钧嗣位，还有什么顾忌，立即召入金凤陪伴左右。王延钧已娶过两个妻子，却偏偏宠爱这个金凤。僭号称帝后，要册立正宫，原配刘氏早已去世，继室金氏秀外慧中，王延钧却不喜欢她。那时闽后的位置，当然是金凤的。王延钧册封金凤为皇后，追封她的义父陈岩为节度使，母亲陆氏为夫人，族人陈守恩、陈匡胜为殿使，另筑长春宫藏娇。

王延钧任命薛文杰为国计使。薛文杰敛财求媚，经常诬陷富人，没收他们的家资，充作国用，以此大兴土木，奢华到了极点。并广选民女，让她们在长春宫中充作侍役。每当宫中夜宴，就燃起金龙烛数百枝，环绕左右，亮如白昼。所用杯盘由玛瑙、琥珀及金玉制成的，并且令十几个宫婢擎住，不设几案。每逢佳节，王延钧都要带着金凤一起出游，后宫仕女，杂衣文锦，簇拥而行。金凤作《乐游曲》，命宫女们同声歌唱，悠扬婉转，响遍行云，又有兰麝香气，环佩声声，遍传远近，令人心醉。

王延钧既贪女色，又爱娈童。有个小吏名叫归守明，面似冠玉，肤似凝酥，王延钧即把归守明引入宫中，与他胡做非为，称归守明为归郎。这水性杨花的金凤看上了归朗，愿与归郎做并蒂莲，归郎倒也乐得奉承。起初二人还怕被王延钧知道，后来王延钧得了风瘫病，于是金凤与归郎，差不多夜夜同床，时时并坐。宫中婢妾很多，有几个狡黠善淫的，也想亲近归郎，归郎无法分身，另想出一条妙计，招入百工院使李可殷与金凤通奸。金凤多多益善，何况李可殷是个伟岸男子，仿佛战国时候的嫪毐，足令金凤惬意。归郎稍稍得闲，好去应酬其他宫人，金凤也不去过问。只有李可殷不在时，仍令归郎当差。王延钧哪里知道这些事情，就是有些察觉，也因疾病在身，拿他们毫无办法。

天下事无独有偶，除皇后陈金凤外，又出了一个李春燕。李春燕是王延钧的侍妾，妖艳妩媚，不在金凤之下。王延钧得了风瘫之后，陈金凤有了归守明、李可殷等人作为王延钧的替身。李春燕不免也另寻主顾。凑巧王延钧的长子王继鹏，愿替父代劳，与李春燕联为比翼，私下订约，愿做长久夫妻。王继鹏于是贿赂陈金凤，请她转告王延钧，让二人结为夫妻。王延钧本来不愿意，经陈金凤巧言代请，才将李春燕赐给王继鹏。王继鹏与李春燕两人自然高兴得不得了。

王延钧疑心很重，内枢密使吴英，被国计使薛文杰诬陷，最后被处死。吴英颇得将士之心，将士因此都对薛文杰心怀怨恨。不久，吴人来攻打建州，王延钧发兵抵御。将士们却不肯出发，请求先将薛文杰交出，然后起程。王延钧不答应，经王继鹏一再固请，才命人逮捕薛文杰，交给将士。将士们乱刀将薛文杰杀死，然后才去抵御吴军。不久，吴军退去。

没过几天，王延钧又猜忌上了亲军将领王仁达，勒令他自尽，一切政事统归王继鹏处理。皇城使李仿与李春燕同姓，冒认兄妹，与王继鹏成了郎舅亲，从此作威作福。李可殷曾被侮辱，心怀不平，秘密与殿使陈匡胜勾结，谗构李仿和王继鹏。王继鹏的弟弟王继韬，与王继鹏不和，伙同李可殷，秘密谋划杀兄之事。偏偏王继鹏有所耳闻，便与李仿秘密商议，设法除患。正逢王延钧病重，王继鹏及李仿放胆横行，竟命人拿着大锤闯入李可殷的宅中。正值李可殷出来，当头一阵猛击，李可殷脑浆迸裂，倒地身亡。

李可殷是皇后的情夫，骤遭惨死，陈金凤怎么会善罢甘休，慌忙跑去告诉了王延钧。谁知王延钧昏卧在床上，胡言乱语，不是说延禀索命，就是说仁达呼冤。陈金凤没法进言，只好暗暗垂泪，暂时忍耐。到了第二天，王延钧已经清醒了，陈金凤就去哭诉，激得王延钧暴怒，立即召入李仿，诘问他李可殷有什么错。李仿支支吾吾说不出来，只说一定查清楚。李仿跟跄退出，急忙与王继鹏定计，一不做二不休，号召皇城卫士鼓噪入宫。

王延钧正在休息，高卧九龙帐中，忽然听见哗声大至，想要起身，怎奈手足疲软，无力支撑。卫士一拥而入，就在帐外用槊乱刺一通，把王延钧刺得浑身是窟窿。陈金凤来不及逃跑，也被刺死。归郎躲在门后，被卫士一把抓住，砍了头颅。李仿出去抓住陈守恩、陈匡胜两个殿使，将他们全部杀死。王继韬听说宫中起变，慌忙向外逃去，跑到城门，冤家碰着对头，正好与李仿撞了个满怀。李仿拔刀一挥，就把他的头颅砍了下来。王延钧在九龙帐中还没断气，悲号不止，痛苦难忍。宫人见卫士已去，揭开帐子一看，满床是血。王延钧自求速死，令宫人刺断喉管，方才毙命。

石敬瑭起兵

王继鹏弑父杀弟，又将仇人一并处死，欢喜得不得了，随后假传太后之命，即日监国。到了晚上，没有一人敢生异议，他便登了帝座，召见群臣。群臣俯伏称贺。王继鹏改名为昶，册封李春燕为贤妃，命李仿掌管六军诸卫之事。李仿是弑君首恶，常常暗自感到害怕，于是养了很多士兵，作为护卫。王继鹏担心他再图异谋，秘密与指挥使林延皓商议，借口犒劳将士，暗中却布着埋伏，专等李仿进来，顺便下手。李仿昂然直入，走到内殿，伏兵突然冲出，将他拿下，立即斩首。当下关上内城，严防外乱，并将李仿的头颅悬挂在启圣门外，揭发李仿弑君弑后，及擅自杀死王继韬等罪状。李仿的部众不服，攻打应天门，没有得手，转而放火去烧启圣门，由于林延皓率兵拒守，也没能得逞。最后，部众只是将李仿的头颅取去，东奔吴越。

王继鹏听说乱兵已去，心中大悦，命弟弟王继严掌管六军诸卫之事，任命六军判官叶翘为内宣徽使，追号父亲王鏻（王延钧）为惠宗皇帝，发丧安葬，改元通文。尊皇太后黄氏为太皇太后，晋封李春燕为皇后。王继鹏本有妻子李氏，自从得了李春燕，将妾做妻，正室反而被贬入冷宫。李春燕好淫善媚，王继鹏非常宠爱她，坐必同席，行必同舆，另造了紫微宫，专供李春燕游幸，繁华奢丽至极。凡是李春燕的要求，王继鹏无不答应。

内宣徽使叶翘，博学多才，本性正直，原来是福第宾僚，王继鹏拜他为师，跟他学了不少东西。后来叶翘升为宣徽使，王继鹏反而不再采纳他的意见。叶翘多次请求辞职，王继鹏一再挽留他。为了李皇后的事，叶翘上疏切谏，惹怒了王继鹏，随笔批答道："一叶随风落御沟！"然后放叶翘回水泰原籍，叶翘幸得寿终。

河东节度使石敬瑭抵达晋阳，还是担心被朝廷猜忌，便设计自保，常常称病不理政事。他的两个儿子石重英和石重裔，留在都中做事。石重英任右卫上将军，石重裔为皇城副使，二人都受到石敬瑭的密嘱，时时查探朝廷之事。二人贿赂了太后的左右，让他们每次听到什么消息，立即传报。所以唐主李从珂与李专美、李崧、吕琦、薛文遇、朱廷乂等人的谈话，石敬瑭了如指掌。

158

正逢契丹屡寇边境，禁军多屯戍在幽州。石敬瑭与幽州节度使赵德钧联名上表，乞请增粮。李从珂下诏征借河东菽粟，及镇州输绢五万匹，拿来交换了粮米，然后特派了镇、冀二州一千五百辆车，运粮到幽州戍所。石敬瑭亲自率大军，屯守在忻州。

那时天旱民饥，百姓既没有粮食吃，还得服徭役。石敬瑭督促得很急，百姓未免怨声载道。凑巧唐廷派使者到来，赐给石敬瑭的将士们夏天的衣服，将士大呼万岁。石敬瑭独自担忧，幕僚段希尧进言说："将在外，君命有所不受。如今将士没有得到将令，预先传呼万岁，是目中已无主帅了，以后还如何指挥他们呢？请查出首倡，明正军法！"石敬瑭令刘知远去调查，查出三十六个人，将他们全部推出去处斩，让各军引以为戒。使者得知这件事情，回去上报了李从珂。李从珂越发起了疑心，立即派武宁军节度使张敬达为北面行营副总管，名义上是防御契丹，实际上是监制石敬瑭。石敬瑭早猜透了李从珂的用意，遇事格外小心。

清泰三年正月上旬，正值李从珂的诞辰，宫中称为千春节，在内廷置酒，文武百官都来举杯进贺。李从珂喝了许多酒，带着一片醉意回宫。正巧魏国长公主从晋阳来祝寿，随即捧上酒，表达贺意。李从珂接过来一饮而尽，然后笑问道："石郎最近都忙些什么啊？"公主答道："石敬瑭多病，连政务都不能亲自处理，每天只是卧床调养，还得有人去照顾。"李从珂说："我记得他身体很好啊，为什么突然就病了呢？公主既然已经来了，且在宫中多住几天，由他去吧。"公主着急地说道："正因为石朗需要人照顾，所以今天来为您祝寿，明天就打算回去呢。"李从珂不等她说完，便醉醺醺地说道："刚刚回来，便想回去，莫非要与石郎谋反吗？"公主听了，不禁俯首，默然退去。李从珂随后安寝。

次日醒来，即有人进来找李从珂，责备他酒后失言。此人就是皇后刘氏。李从珂即位后，曾追尊生母鲁国夫人魏氏为太后，册正室沛国夫人刘氏为皇后。刘氏素性强悍，李从珂很怕她。刘氏听说李从珂酒后失言，一时不便进劝，等到第二天早上，才进来说了这件事。李从珂已经不记得了，听刘皇后谈起此事，才模模糊糊地想起来，心中也觉得后悔。当下召入魏国长公主，好言抚慰，说昨天晚上醉了，说话不注意，让她不要介意。公主自然谦逊作答，然后在宫中一连住了好几天，才敢告辞。李从珂晋封她为晋国长公主，并且为她赐宴饯行。

夫妇情深，胜过兄妹，公主回到晋阳，即将李从珂酒后失言之事，

159

告诉了石敬瑭。石敬瑭更加恐惧，立即写信给两个儿子，嘱咐他们将洛都存积的私财，全部运到晋阳，对外就说军需不足，拿这些东西来接济。于是都中谣言四起，都说是河东将反。李从珂有所耳闻，夜里与近臣商议此事。李从珂说："石郎是朕的至亲，本来没有什么可怀疑的，但谣言不息，万一我们闹翻了，该如何处理呢？"群臣都不敢回答，支吾了半晌，就退出去了。

学士李崧私下里对同僚吕琦说："我们受恩深厚，怎么能袖手旁观？吕公才智过人，究竟有没有良策？"吕琦答道："河东如果有异谋，一定会联络契丹作为援应。契丹太后派赞华来到我国，屡次提出和亲，只因我国拘留番将，没有全部遣还，所以议和没有成功。现在如果把番将送回去，再诱以厚利，每年给礼钱十余万缗，契丹一定会听我们的话。河东虽欲跳梁，成功的可能性也不大了。"李崧答道："这倒是个不错的办法，只是钱谷都出自三司，须先与张相商量商量，才可以上奏。"说着，即邀吕琦一起去了张府。

张相就是张延朗，明宗时曾做三司使。李从珂篡位后，任命他为吏部尚书，兼同平章事，仍然掌管三司①。听说李、吕二人来了，张延朗当即出迎。李崧向他说了吕琦的计谋。张延朗说道："此举不但足以牵制河东，而且可以节省边防费用。如果主上同意，国家便可安定。给契丹的礼钱，由老夫来解决，请两位速速奏陈就是了。"二人大喜，便辞了张延朗。第二天入内密奏，李从珂爽快地答应了，令二人密草国书，送往契丹，然后待命。二人应命退出。

李从珂召入枢密直学士薛文遇，与他商议此事。薛文遇说："堂堂天子，如果屈身夷狄，岂不是很羞耻？况且胡虏贪得无厌，以后如果来求亲，您将如何拒绝？汉成帝献昭君出塞，后悔无穷。后人作昭君诗云：'安危托妇人'，这种事我朝天子怎么能做呢？"李从珂不禁失声说道："如果不是爱卿的一席话，我差点儿就做了蠢事！"

第二天，李从珂急召李崧、吕琦来到后楼，二人以为是李从珂要看国书，便揣着书稿来了。不料李从珂满面怒容，待二人行过了礼，便斥责道："你们应当力持大体，辅佐承平，为何出此和亲下策？朕只有一个女儿，年纪还那么小，你们就要把她送到沙漠里去吗？况且胡虏并没有来要钱，就要把钱给人家送上门，你们究竟是怎么想的？"二人慌忙拜

---

① 三司：后唐称度支、盐铁、户部为三司。

160

伏道："臣等竭愚报国，并不敢为胡虏着想，愿陛下明察！"李从珂怒气未息，李崧只管磕头，吕琦拜了两拜，就停住了。李从珂瞋目而视："吕琦，你的脖子可真够硬的，你眼里还有我这个皇上吗？"吕琦抗议道："臣等出的计策不好，请陛下治罪，如果多拜几下就可以赦免的话，国法反而没用了！"李从珂被他一驳，气才消了一些，令二人起身，赐酒压惊。二人跪饮，拜谢而退。

　　不久，李从珂即降吕琦为御史中丞。朝臣见吕琦落得如此下场，哪里还敢提和亲之事？忽然河东呈入奏章，石敬瑭自称病重，请求解除兵权，或者调迁他镇。李从珂览奏，明知不是石敬瑭的真心，但是是他自己请求的，乐得依从，便打算令石敬瑭移镇郓州。李崧、吕琦又上疏谏阻，还有升提拔枢密使房暠一事，也说绝对不可以。唯独薛文遇愤然说道："俗话说，筑室道旁三年不成。此事应该由圣上裁决，群臣各为自己着想，那还不乱了套！臣认为河东调任也反，不调任也反，不如事先防患为是！"李从珂大喜道："卿言正合朕意。前几天有个算命先生说，朕今年会得到贤臣，辅佐朕谋定天下，今天应验在你身上了！"便立即命学士院写诏书，调任石敬瑭为天平军节度使，特命马军都指挥使宋审虔出镇河东，且令张敬达为西北蕃汉马步都部署，催促石敬瑭速去郓州。

　　石敬瑭表请移镇，不过是有意试探，哪知弄假成真，李从珂竟颁下这道诏命。石敬瑭慌忙召集将佐，私下与他们商议道："我来河东时，主上曾答应让我终生在此，不会换人接替。现在忽然下了这道命令，是验证了千春节向公主说的话，我难道就这样等死吗？"幕僚段希尧及节度判官赵莹、观察判官薛融等人，都劝石敬瑭暂且忍耐，姑且先去郓州。旁边有一将闪出说道："不可，不可！明公如果去了郓州，是所谓迁乔入谷了。试想明公在此，兵强马壮，如果兴兵去讨伐唐主，帝业可成。为何因这一纸诏书，甘入虎口呢？"石敬瑭一看，正是都押牙刘知远。刚要开口回答，又有一人接话说道："明公入朝时，当今主上刚刚即位，还不知道不可以让蛟龙纵入深渊，于是仍然把河东给了您，这是天意相助。况且明宗遗爱有人，当今主上身为养子却来继位，名不正言不顺。您是明宗的爱婿，当然会招当今主上疑忌，如果不早作打算，恐怕后悔都来不及了！"说话的人是掌书记桑维翰。石敬瑭向二人拱手道："二位说得都很有道理，但恐怕河东一镇，不能抵制朝廷。"桑维翰又说道："以前契丹主子与明宗结为兄弟，如今部兵出没西北，您如果能推诚屈节，服侍契丹，万一有紧急情况，就请契丹出来解围，何患大事不成？"石敬瑭于是

161

决意发难，特令桑维翰起草表文，请唐主李从珂让位。

原来，李从珂篡位时，除了杀死故主李从厚外，所有明宗后妃以及明宗的小儿子许王李从益，都被他软禁在宫中，不曾冒犯。所以石敬瑭此表，逼迫李从珂让位给李从益。表文送到京城，李从珂一看，无明怒火燃起三丈，立即将表文撕得粉碎，扔在地上，令学士写诏书斥责石敬瑭。

石敬瑭得诏，再次与刘知远等人商议。刘知远说："先发制人，后发被人制。如今已是骑虎难下，请立即传檄四方，并向契丹求救，即日举义，一定能成大事！"石敬瑭依计而行。忽然士兵来报，雄义都指挥使安元信率部下六百人来投奔。石敬瑭立即将他迎入，婉言慰问道："朝廷势力强大，河东势力比较弱小，您为何舍强归弱呢？"安元信答道："元信不识天象，但据人事而论，帝王能治天下，信用最重要。当今主上与明公最亲，却不能以信相待，何况其他人呢？如此不信任人，离灭亡就不远了，怎么能说他强大呢！"石敬瑭大悦，把军事交给安元信，任命他为亲军巡检使。不久，振武军西北巡检使安重荣，以及西北先锋指挥使安审信、张万迪等人，各率部众投奔晋阳。石敬瑭一一欣纳。

后来，朝旨颁下，削掉石敬瑭河东节度使的官爵。不久，探卒来报，张敬达为四面排阵使，张彦琪为马步军都指挥使，安审琦为马军都指挥使，相里金为步军都指挥使，武廷翰为壕塞使，率兵数万，杀奔太原来了。没过多久，石敬瑭再次接到急报，张敬达为太原四面都部署，杨光远为副，高行周为太原四面招抚排阵等使，调集各道马步兵，已自怀州出发，不久就要到太原了。

石敬瑭召集将佐说："事情危急了！快到契丹求救吧。"话还没有说完，又有一个噩耗传来，石敬瑭的亲弟弟都指挥使石敬德、从弟都指挥使石敬殷，以及两个儿子石重英、石重裔，一并被诛。这一噩耗险些把石敬瑭击倒，他半晌才哭出声来。一声大恸，又将喉咙塞住，用两手捶胸，好容易哭出声来。他边哭边说道："我受明宗皇帝厚恩，出力报国，今天弟弟和儿子冤死，含恨九泉！如果不举兵，恐怕我全族的人都要被杀死了！我不敢有负明宗，实在是朝廷逼得我走投无路，不得不这样做！"将佐们都在一旁劝慰。石敬瑭急命桑维翰起草表文，说向契丹称臣，并且愿意事以父礼，乞求契丹立即发兵支援，并表示事成以后，愿割卢龙一道以及雁门关以北诸州，作为酬谢。刘知远急忙出来劝阻道："称臣就已经够了，何必称子？多给些钱就是了，何必割让土地呢？现在

162

这样妥协，他日契丹一定会成为中原的大患，那时后悔就来不及了！"石敬瑭说："眼前的事情要紧，顾不得日后了。"便令桑维翰写好表文，派使者送往契丹。

契丹主耶律德光曾梦见一个神人从天而降，严肃地对他说："石郎派人来叫你，你要马上去！"醒来后，告诉了述律太后，太后认为梦兆无凭，不足在意。石敬瑭的使者来到后，耶律德光览表大喜，爽快地答应了，随后入内对述律太后说："梦兆已经应验，天意早就要我前去援应石郎呢！"述律太后也非常高兴，就让耶律德光写好回信，令来使带回，约定秋高马肥之时，倾国入援。石敬瑭看到回信，稍稍放心了些，于是整缮兵备，固守城壕。

过了几天，张敬达率大军来攻晋阳。石敬瑭授刘知远为马步军都指挥使，安重荣、张万迪等降将全部由他调遣。刘知远秉公无私，不分新旧，因此颇得军心。石敬瑭身披重甲，亲自登城，任城下各军飞矢投石，他始终没有一丝畏缩，只是坐镇城楼。刘知远在旁进言道："我看张敬达等人并没有奇策，不过是挖深壕沟、垒高营墙，准备打持久战。请明公分道派使者，招抚军民，免得他们与我们为难。倘若守城还算容易，刘知远一人足已担当，请您不要担忧！"石敬瑭握住刘知远的手，拍着他的背说道："你能如此尽心尽力，我就什么都不用担心了。"于是下城自去办事，一切守城之事全部交给了刘知远。

刘知远日夕不懈，小心拒守，张敬达屡攻不下。那催督攻城的朝使，却一再来到军中，随后又有吕琦前来犒师。兵马副使杨光远对吕琦说："请您回去告诉皇上，请皇上不要着急。石敬瑭如果没有援军，很快就可以攻下了。即使契丹兵来了，也可以一战破敌！"吕琦回去后告诉了李从珂，李从珂很是欣慰。可过了十几天，仍然没有接到捷报，李从珂免不得再下诏谕，令诸军速攻晋阳。张敬达也很心急，四面围攻。正逢秋雨连绵，营垒大多被冲坏了。晋阳城中，粮食一天比一天少，也不免焦急起来，眼巴巴地等着契丹入援。

耶律德光如约出师，在军前说道："我并非为石郎兴兵，乃是奉天帝敕使。你们只要奋勇前进，老天就会帮助你们！"将士齐声应命。五万铁骑浩浩荡荡南下，扬言有大兵三十万，从扬武谷进入，直达晋阳，列营汾北。耶律德光先派人通报石敬瑭说："我今天就打算破敌，好不好？"石敬瑭急忙派人去告诉耶律德光，说南军势盛，不可轻战，不如等到明天。使者刚刚离去，石敬瑭远远听见鼓角齐鸣，喊声大震，料知两

163

边已经交锋，忙令刘知远带着精兵，出城助战。

说时迟那时快，契丹主耶律德光已遣轻骑三千，进逼张敬达的大营。张敬达早已防着，见来兵都没有穿铠甲，只是纵马乱闯，还以为契丹兵轻率不武，便发动全营的士兵迎战。一场驱逐，把契丹兵赶到汾曲，契丹兵渡水退去。唐兵还不肯放弃，沿岸追击，哪知芦苇中尽是伏兵，几声呼哨之后，全部冲了出来，将唐兵冲散了。唐国的步兵已追过北岸，差不多全被杀死了，只有骑兵还在南岸，慌忙引退。张敬达忙收军回营，营内忽然冲出一标人马，当先的一员大将，跃马横枪，大声呼道："张敬达休走，刘知远已守候多时了。"张敬达慌了手脚，急忙率军向南逃去，又被追兵掩杀一阵，伤亡约一万余人。

晋阳解围，石敬瑭立即烹羊宰牛，亲自出来犒劳契丹士兵。见了契丹主耶律德光，行过臣礼，耶律德光挽扶起石敬瑭说："真是相见恨晚啊！今天君臣父子幸得相会，也算是盛遇了！"石敬瑭拜谢，起身问道："皇帝远来，兵马疲倦，立即与唐兵大战，竟然大胜，这是为何？"耶律德光大笑道："听说你带兵多年，难道不懂兵法吗？"石敬瑭惭愧得不得了，只好洗耳恭听。

耶律德光册立晋高祖

契丹主耶律德光因石敬瑭问到兵法之事，便笑着答道："我出兵南下，只害怕雁门诸路被唐军扼守，使我不能进兵。后来我派人侦察，并没有一兵一卒，我就知道唐军很不中用，我一定能成功，所以长驱直入，进逼唐营。我军杀气腾腾，敌军则是毫无斗志，如果不乘势急击，错过了时机，胜负可就难料了。这乃是临机应变，不能用常理来解释。"石敬瑭很是叹服，便与耶律德光会师，进逼唐军。

张敬达等人逃到晋安寨，收集残兵，闭门固守。当下被两军围住，几乎水泄不通。张敬达检点兵卒，不下五万人，战马也还有一万匹，怎奈士无斗志，草木皆兵。张敬达自知难以相持，忙派人从小道驰出，带着表文入京，详细禀明情况，并请求支援。李从珂吓得魂不附体，立刻命都指挥使符彦饶，率洛阳步兵和骑兵出屯河阳；天雄节度使范延光、卢龙节度使赵德钧以及耀州防御使潘环，三路进兵，共救晋安寨；并下敕亲征。次子雍王李重美入内奏道："陛下的眼疾还没有痊愈，不宜远

164

涉风沙，儿臣虽然年幼，愿代陛下北行！"李从珂巴不得有人代往，既然李重美奏请，便让他前去。尚书张延朗及宣徽使刘延朗等人入谏道："河东联络了契丹，气焰正盛，陛下若不亲征，恐怕士卒会大失所望，还请陛下三思！"李从珂不得已，只好亲自率军从洛阳出发。

途中李从珂对宰相卢文纪说道："朕一向听说爱卿有相才，所以才委以重任。如今国家遭遇战事，爱卿可愿意为朕分忧？"卢文纪无言以对，只是诚惶诚恐地拜谢。到了河阳，李从珂召集群臣，商议对策。卢文纪这时才进言道："国家的根基在河南，胡兵忽来忽往，怎么会久留呢？晋安大寨很是牢固，况且已派出三路兵马前去支援，兵厚力集，不难破敌。河阳是天下之津要，车驾可以留在此处镇抚南北，并且遣近臣前去督战，如果不能解围，皇上再去也不迟。"张延朗也插话说道："文纪说得很对，就请陛下答应了吧。"

张延朗曾经劝驾亲征，为什么到了中途骤然变计？原来是因为赵延寿随驾北行，兼管枢密要务，他见大权被赵延寿掌握，自己未免失势。此时听说卢文纪请求派遣近臣，正好将赵延寿派去，免得他在这里与自己争权，因此竭力赞成。李从珂怎么知道他的花花肠子，还以为两人都是忠臣，因而不住地点头。待张延朗说完，就问应该派什么人去督战，张延朗又开口说道："赵延寿的父亲赵德钧，率卢龙兵赴难，陛下何不派赵延寿去与父亲会合，乘便督战？"李从珂迟疑了半天没有回答。翰林学士须昌、和凝等人一同怂恿，李从珂这才命赵延寿率兵两万，前往潞州。赵延寿领命前行。

李从珂数日接不到军报，就去了怀州，召集文武群臣，令他们设法拒敌。这些官吏多半无能，想不出什么计策，唯独吏部侍郎龙敏上疏献计道："河东叛乱，全仗着契丹帮助。契丹主倾国入侵，国内必然空虚。现在请立李赞华为契丹主，派天雄、卢龙二镇分兵护送，自幽州直赴西楼，令他自乱。朝廷不妨四处发布檄文，使契丹主心里先怕起来，撤兵回国，然后命行营将士，选择部分精锐的士兵从后面追击契丹兵。这样不但晋安可以解围，就是叛军也不难扫灭，这乃是出奇制胜的上计。"李从珂拍手称妙。偏偏宰相卢文纪等人说契丹太后善于用兵，国内不至于没有防备，这样做反而会使二镇将士送命沙场。双方争论不休，反弄得李从珂毫无主张，只是酣饮悲歌，得过且过。

有人劝李从珂北行，李从珂说道："你们不要再提石郎，使我伤心难过！"于是群臣闭口不提此事。唯独赵德钧上表，说愿意调集附近兵马，亲自去援救晋安寨。李从珂以为赵德钧忠心为国，下诏重奖，并且任命他为诸道行营都统。赵延寿那时是河东南面行营招讨使。父子在潞州相见，赵延寿便将自己所统率的两万人，全部交给了赵德钧。天雄军节度使范延光正奉命出屯辽州，赵德钧要范延光交出自己统率的军队，范延光不答应，赵德钧就逗留在潞州，拖延着不进军。李从珂一再敦促，赵德钧拒不受命。李从珂就派吕琦去赐给赵德钧手敕，并赐给他金帛以犒劳军师。赵德钧于是引军至团柏，在谷口安营扎寨，依旧观望不前。

耶律德光进兵榆林，将所有辎重留在虎北口，自己相机行事，胜则进，败则退。赵延寿想去探知消息，出兵掩击，进来与赵德钧商量。赵德钧笑道："你还不知道我的来意吗？我先为你表奏，请求授你为成德军节度使，如果皇上答应了，我们父子姑且效忠朝廷，否则石氏能称兵自起，觊觎河南，我难道就不能这么做吗？"赵延寿埋怨了张延朗一番，也乐得依了义父，即日上表。大意说：臣赵德钧奉命远征，幽州势力孤单，想请赵延寿驻守镇州，以便接应，请朝廷批准。李从珂得表，对来人说："赵延寿刚刚去迎敌，哪里有时间移往镇州？平定了叛乱以后，我就会答应赵德钧的请求。"来人回去报告了赵德钧。赵德钧再次上表，请求李从珂立即答应。李从珂大怒道："赵氏父子一定要同守镇州，究竟是什么意思？只要他能击退胡寇，即使来代替朕的位置，朕也甘心。如果是想要我，恐怕就会犬兔俱死。难道有了一个镇州，便能永远富贵了吗？"李从珂斥退来人，没有答应赵德钧的请求。

赵德钧得知后，立即遣幕客带了很多金帛，贿赂契丹。耶律德光问来使的来意，幕客便进言道："皇帝率兵远来，并不是想要掠夺中原的土地，不过是为石郎报仇。但石郎的兵马没有幽州的多。现在幽州的镇帅赵德钧愿意到皇帝面前请命，如果皇帝肯立赵德钧为天子，以赵德钧的兵力，足以平定洛阳，那时将与贵国结为兄弟，永不渝盟。至于石郎，就令他常镇河东。皇帝不必久劳士卒，尽可以整甲回国，待赵德钧事成，再以厚礼相报。"这番话使得耶律德光动了心。他暗暗寻思自己深入唐境，晋安没有被攻下，赵德钧兵强势盛，范延光出屯辽州，一旦回去的路被截断，反而会腹背受敌，陷入困境。不如姑且答应了赵德钧，一来可以卖个人情给赵德钧，二来仍可以保全石郎，自己也可以取了金帛，安然回国，也算是不虚此行了。于是便留住赵德钧的幕客，慢慢与其商议。

早有石敬瑭的探马，将这件事报告了石敬瑭。石敬瑭大惊，忙令桑维翰谒见耶律德光。耶律德光传他进来，桑维翰跪下说道："皇帝亲率义师，来救孤危。汾曲一战，唐兵溃败。如今他们退守孤寨，食尽力穷，转眼间就可以扫灭了。赵氏父子不忠不信，早有异图，他们的部下都是临时招集来的，更是不足畏惧。赵氏父子害怕皇帝的兵威，编了些花言巧语来骗您，皇帝怎么可以轻信他们的诡言，贪取微利，放弃大功呢？况且如果晋得了天下，将倾尽中原之财力，献给大国，岂是这点蝇头小利所能比的？"耶律德光过了半晌才答道："你见过捉老鼠吗？自己不防备，就会被咬伤，何况大敌呢！"桑维翰又说道："如今大国已扼住他的喉咙，他怎么能咬人呢！"耶律德光说："我不是背弃盟约，不过兵家权谋，贵在知难而退。何况石郎仍然能够永镇河东，我也算是保全他了。"桑维翰着急地答道："皇帝顾全信义，才来救人急难。可是您一旦毁约，反而使得大义不得善终。愚臣以为这实在是不可取啊。"耶律德光还是不肯答应。于是桑维翰跪在帐前，从早到晚，哭着力争，说得耶律德光无词可驳，只好勉强同意。耶律德光召来赵德钧的幕客，指着帐外的大石头，信誓旦旦地说道："我为石郎而来，石烂才改此心。你去回报赵将军，他如果明白事理，可以退兵自守，将来我们还是好朋友，否则尽可以来战！"赵德钧的幕客不便再说什么，只好告辞。

　　耶律德光叫桑维翰回去将此事告诉了石敬瑭，石敬瑭立即来到契丹军营，亲自拜谢。耶律德光高兴地说道："我千里迢迢来支援你，总要成功了才可以回去。我看你的相貌气度，不愧为中原之主，我今天便立你为天子，可好？"石敬瑭听了，仿佛暑天吃雪，非常凉快，但一时不好答应，只得推辞道："石敬瑭受明宗厚恩，怎么能够忘怀？如今因潞王篡国，恃强欺人，才劳烦皇帝远来，救危济难。如果自立为帝，非但无颜面对明宗，而且无颜面对大国！此事不敢从命！"耶律德光说："事贵从权，立你为帝，才使中原有主，何必固辞？"石敬瑭含糊答应，只说回营以后再商议。

　　石敬瑭返回本营，诸将佐已经知道了这件事情，当然奉书劝进。于是，石敬瑭在晋阳城南筑起坛位，先受契丹主册封，命为晋王。然后择吉日登坛，于唐清泰三年十一月间，行即位礼。到了这一天，耶律德光脱下自己的衣冠，派使者送去，石敬瑭登坛，拜受册命，并接过衣冠，穿戴起来，在南面就座，受群臣的朝贺。仪式完毕以后就敲敲打打地回去了。

相传朱梁开国时，壶关县庶穰乡中，有人伐树，树被锯开后，里面有六个字："天十四载石进。"潞州行营使李思安，呈报梁主朱温，朱温令大臣去考察，没有人能解释这件事。于是，朱温把这棵树藏在了武库里。石敬瑭称帝后，有人勉强作出解释，说天字两旁，取四字旁两画加入，便成丙字，四字去中间两画，加入十字，便成申字。这就是应在丙申年。《周易》晋卦象辞，有"晋者，进也"一语，国号大晋，岂不是应验了？又有人说，在晋阳受困时，城中北面，有毗沙门天王祠，夤夜显灵，金甲执殳，在城上巡逻，不久就不见了，大家都觉得很神奇。牙城内有崇福坊，坊的西北角有泥神，头上忽然出现烟光，弯弯曲曲的。据说唐庄宗登基称帝时，泥神的头上也曾冒烟，如今又冒烟，一定会有什么事情发生。那天，太阳旁边有五色云气，如莲花一样，占卜术士都认为是吉兆。石敬瑭也视为祥兆，因此乘势称帝，号令四方。

　　即位以后，石敬瑭再次来到番营拜谢耶律德光，表示愿意割幽、蓟、瀛、莫、涿、檀、顺、新、妫、儒、武、云、应、环、朔、蔚十六州，作为酬谢，而且每年都向契丹进贡。耶律德光自然高兴，就在营内设宴，与石敬瑭开怀畅饮。

　　石敬瑭返回晋阳，即于次日在崇元殿，降制改元，号为天福。一切法制都是照搬唐明宗时候的样子。石敬瑭命赵莹为翰林学士承旨，桑维翰为翰林学士，掌管枢密院之事，刘知远为侍卫马军都指挥使，客将景延广为步军都指挥使，此外文武将佐都受到了不同程度的封赏，并册立晋国长公主李氏为皇后。颁诏大赦天下。布置完毕以后，便联合契丹兵攻打晋安寨。

　　晋安寨已被围困了好几个月，等不到援军。营将高行周、符彦卿等人屡次突围，均被契丹兵杀回。寨中粮食全部吃光了，张敬达决志死守，毫无叛意。杨光远、安审琦等人劝张敬达投降契丹，保全一营将士的性命。张敬达怒叱道："我是元帅，兵败被围，已经身负重罪，为何还要叫我降敌呢！况且援兵不久就到了，何妨再等几天。实在走投无路了，你们可以投降，我却不能投降。宁可砍下头颅，由你们拿去献给番房，自求多福，我却不愿卖主求荣！"杨光远斜视安审琦，示意令他下手。安审琦不忍心加害张敬达，转身退出，并且告诉了高行周。

　　高行周也很佩服张敬达的忠诚，找来强壮的骑兵做卫士。张敬达不知内情，反而对别人说："行周经常跟在我的身后，是想干什么？"高行周从此不敢再跟着他。杨光远瞅着机会，多次召集诸将秘密商议。诸将称张敬达为张生铁，各有怨言，便与杨光远合谋，决定杀了张敬达。第二天，张敬达升帐，杨光远佯称奏事，走到案前，拔出佩刀，将张敬达砍死，然后打开寨门迎降契丹。

耶律德光收纳降众，入寨检查，将剩下的五千匹马，五万件铠仗，全部搬了回去，交给石敬瑭，并把降将降卒都给了石敬瑭，对他们说："要好好侍奉你们的主子！"耶律德光又因为张敬达尽忠而死，就替他收尸礼葬，并对部众及晋将说："你们身为人臣，应该向敬达学习！"唐军马军都指挥使康思立听了此言，既惭愧又悲愤，不久病死。

石敬瑭再次请命耶律德光，会师南下。耶律德光对石敬瑭说道："桑维翰为你尽忠，你应当让他做相。"于是石敬瑭授桑维翰为中书侍郎，令赵莹为门下侍郎，赐号推忠兴运致理功臣。石敬瑭想留下一个儿子镇守河东，去请示耶律德光。耶律德光让他把所有的儿子都叫过来，为他挑选一个。石敬瑭当然遵命，令诸子进谒耶律德光。耶律德光仔细端详，见有一人长得酷似石敬瑭，双目炯炯有神，立即指着他对石敬瑭说："这个孩子眼睛大，可以留守。"石敬瑭答道："这是臣的养子重贵。"耶律德光点点头，令石重贵留守太原，兼河东节度使。这石重贵是石敬瑭的哥哥石敬儒的儿子，石敬儒早死，石敬瑭非常疼爱石重贵，把他当做自己的儿子一样对待。石重贵就是后来的出帝。

晋阳既有人把守，耶律德光就下令，遣部将高谟翰为先锋，用降卒为前导，继续进兵，自己与石敬瑭作为后应。前锋到了团柏，赵德钧父子未战先逃。符彦饶、张延琪、刘延朗、刘在明等将吏，本来是由李从珂派去救应赵德钧父子的，此时也相继逃走了。士卒自相践踏，伤亡无数，再经契丹兵从后面一阵追击，杀得唐军尸横遍河，血流成河。等耶律德光、石敬瑭来到团柏谷口，唐军早已不知去向，只剩了一片荒郊，累累枯骨。

李从珂留在怀州，还没得到各军的消息，直到刘延朗、刘在明等人狼狈逃回，才知道晋安失守，团柏也被攻破，石敬瑭已经称帝，杨光远等人通通投降。急得李从珂神色仓皇，不知所措。群臣都说天雄军还没有交战，军府远在山东，足以遏制敌军，不如驾幸魏州，再作打算。李从珂同意了。因学士李崧一向与范延光关系很好，便召李崧来商议。薛文遇不知道情由，也跟着进来了，李从珂勃然大怒。李崧料知是因为薛文遇，就去踩薛文遇的靴子，薛文遇会意，慌忙退出。李从珂对李崧说道："我见了这个东西，恨不得立即拔刀刺死他！"李崧答道："文遇是个小人，差点儿误了国家大事，何劳陛下亲自动手！"李从珂怒意少解，这才开始与李崧商议东幸之事。李崧说范延光未必可靠，不如回洛阳。李从珂依计而行，下令起程还都。

洛阳百姓听说北军大败，车驾逃回，顿时谣言四起，百姓争相逃命。门吏禀请河南尹李重美下令禁止，李重美说："国家多难，不能保护百姓，如果再绝了他们的生路，更是多背了一个恶名，不如随他们去吧！"于是纵令百姓逃窜，众心稍安。李从珂自怀州来到河阳，听说了都中的慌乱情形，也不敢立刻回去，且在河阳暂住，命诸将分守南北城。并且派人招抚将士，再图兴复。哪知人心已失，众叛亲离。诸道行营都统赵德钧与招讨使赵延寿已经投降契丹，被耶律德光送到西楼。

原来赵德钧父子跑到潞州，石敬瑭先遣降将高行周，去劝他们迎降，赵德钧倒也爽快地答应了。不久，石敬瑭与耶律德光一起来到潞州，赵德钧父子立即前去迎接。耶律德光还好言慰谕，可是石敬瑭却扭过头去，任他父子再三谒问，始终不答理他们。耶律德光知道他们谁也容不下谁，就将赵德钧父子解送到西楼。赵德钧见到述律太后，把所带的宝物及田宅册籍全部进献。述律太后问道："你近日为什么去太原？"赵德钧答道："奉唐主之命。"述律太后指天说道："你向我儿子请求做天子，现在为何说这样的浑话？"说着，她又指着胸前说道："我这颗心可不是那么好骗的！"赵德钧俯伏在地，不敢出声。述律太后又说道："我儿出行时，我曾告诫我儿：'赵大王如果乘虚来袭击我们，你要速速回来，自顾要紧！太原一方的成败，管不得许多了。'你果真想做天子，等击退我儿，再作打算也不为迟。你本为人臣，既不思报主，又不能退敌，只想着乘乱得利，不忠不义，还有什么面目来此求生？"赵德钧吓得乱抖，只是叩首乞哀。述律太后又问道："宝物都在这里，田宅在哪里呢？"赵德钧答道："在幽州。"述律太后说："幽州现在是什么人的？"赵德钧答道："现在是太后的。"赵德钧汗流浃背，只恨地上无缝，不能钻入。还是述律太后大发慈悲，令人暂时将他们关在狱中，等耶律德光回来后再行发落。可怜赵德钧这时不得不磕头称谢，退到番狱中待罪。等耶律德光回来后，才把他父子放出来。赵德钧郁郁而终，赵延寿却被任命为翰林学士。

170

南唐的兴立

石敬瑭占领潞州后，想率军南下，契丹主耶律德光则打算北归，二人于是置酒告别。耶律德光举杯对石敬瑭说："我率大军远道而来，幸亏得到上天的保佑，多次打败唐军。如今大事已成，我如果南下，不免会惊扰中原。你不妨自己引汉兵南下，省得人心震动。我令先锋高谟翰率五千骑护送你到河阳。如果想让高谟翰相助，可令他一同渡河；如果不想让他相助，也可以叫他北归，一切随你。我且在这里留几天，等你的好消息。万一遇到危险，速速派人来告诉我，我会南下救你！等到洛阳到手了，我立即北返。"石敬瑭很是感激，与耶律德光握手，依依不舍，泣下沾襟。耶律德光也不禁泪下，脱下自己的白貂裘，披在石敬瑭身上，并且赠给石敬瑭良马二十匹，战马一千二百匹，与他订约："世世子孙，幸勿相忘！"石敬瑭自然应命。耶律德光又说道："刘知远、赵莹、桑维翰都是你的创业功臣，如果不是因为非常特殊的原因，千万不要抛弃他们！"石敬瑭唯唯遵教，随即拜别耶律德光，与契丹大将高谟翰，进逼河阳。

唐都指挥使符彦饶、张彦琪等人从团柏败回，秘密对唐主李从珂说："如今胡兵得势，不久就要南下。河水复浅，人心离散，此处断不能固守，不如退回洛都。"李从珂于是命河阳节度使苌从简与赵州刺史刘在明，一起守卫河阳南城，自己斩断浮桥，然后回洛阳。派宦官秦继旻与皇城使李彦绅，偷袭李赞华，将他杀死，以泄心中怨恨。

哪知石敬瑭一到河阳，苌从简马上投降，并备好船只，请石敬瑭渡河，还抓住刺史刘在明，送到石敬瑭营中。石敬瑭为刘在明的松绑，令他官复原职，然后渡河向洛阳进发。李从珂急命都指挥使宋审虔、符彦饶，以及节度使张彦琪、宣徽使刘延朗，率一千多名骑兵来到白马阪，勘察战地，准备驻守。忽然见晋军渡河而来，约有五千余名骑兵率先登岸。符彦饶等人心里已经发毛，对宋审虔说："什么地方不能打仗，何苦在这里驻营，首当其冲？"说着，掉头就跑。宋审虔独力难支，随后也退了回去。李从珂见四将还朝，还在痴心妄想，与他们商议恢复河阳的事情，四将却面面相觑，一言不发。

送旧迎新之后，警报如雪片般传来，不是说敌人到了某处，就是说某将降敌，又称一千名胡骑扼守渑池，截住了西行要路。李从珂仰天叹道："这是断了我的生路了！"接着返回宫中，去见曹太后、王太妃，一见面就潸然泪下。王太妃不等他开口说话，已经料到情况不妙，便对曹太后说："现在情况紧急，不如暂时躲避一下。"曹太后说："我的子孙儿女落得如此下场，我还有什么脸面求生，妹妹请自谋生路吧！"王太妃于是匆匆跑出去，带着许王李从益逃向球场①去了。

李从珂带着曹太后、皇后刘氏、次子雍王李重美以及都指挥使宋审虔等人，拿着御宝，登上玄武楼，准备积薪自焚。刘皇后回头看了看宫室，对李从珂说："我们将要葬身火窟，还留着宫室有什么用？不如一同毁去，免得落入敌人之手！"李重美在一旁谏阻道："新天子入都，怎么肯住在露天的地方！以后还得征服劳役，大兴土木。烧了宫室，我们死了还会留个骂名，何苦出此毒手呢？"于是李从珂没有采纳刘皇后的建议，只在玄武楼下纵起火来。一道烟焰，直冲霄汉，霎时间火烈楼崩，楼上所有的人都化为灰烬。

李从珂一死，都城的将吏纷纷开城投降，解甲待罪。晋主石敬瑭立即率兵入都，暂时居住在旧府。命刘知远守卫京城，扑灭玄武楼的余火，禁止烧杀抢掠，下令各军一律回营，所有契丹将卒都住在天宫寺中。全城肃然，没有人敢违令。以前逃跑的百姓，几天之内都回来了，然后重操旧业。石敬瑭下诏，催促朝官来见面，文武百官都在宫门外谢恩。车驾移入大内，石敬瑭在文明殿接受群臣的朝贺，奏唐国的礼乐，随后颁诏大赦天下。只有李从珂的旧臣张延朗、刘延浩、刘延朗三人，罪不可赦，应正典刑。刘延浩自缢，两个延朗处斩。追谥李从厚为闵帝，改行礼葬，闵帝妃孔氏为皇后，葬在闵帝陵。并为明宗皇后曹氏举哀，辍朝三日，拾骨安埋。找到王淑妃及许王李从益，将他们接回宫中。王淑妃请求出家为尼，石敬瑭不同意，安排她住在至德宫，令皇后随时省问，对待王淑妃就像自己的母亲一样。封李从益为郇国公，废故主李从珂为庶人。有人献上李从珂的脊骨和髀骨，石敬瑭命人用王礼将他安葬。李从珂享年五十一岁，史家称为废帝。总计后唐，自庄宗起，到废帝止，四次易主，三次易姓，只存在十三年。

后唐已亡，变作后晋。石敬瑭任命冯道为同平章事，卢文纪为吏部尚书，周玫为大将军，兼作三司使。符彦饶为滑州节度使，丧从简为许

① 球场：地名。

172

州节度使，和凝为华州节度使，张希崇为朔方节度使，皇甫遇为定州节度使，其余各镇多沿用旧帅。石敬瑭命皇子石重乂为河南尹。追封皇弟石敬德、石敬殷为太傅，皇子石重英、石重裔为太保。改兴唐府为广晋府，唐庄宗晋陵为伊陵。为契丹将士饯行，令他们归国。送回李赞华遗体，封他为燕王。前任学士李崧、吕琦逃到伊阙，躲了起来。石敬瑭听说二人很有才能，将他们赦罪召回，授吕琦为秘书监，李崧为兵部侍郎，兼管户部。不久，他又提拔李崧为相，充任枢密使。桑维翰兼任枢密使。

石敬瑭刚刚得到中原，藩镇并没有全部归服，即使上表称贺的藩镇，也不免心内不安。再加上生灵涂炭，疮痍未复，公私两困，国库空虚，偏偏契丹贪得无厌，今天要金子，明天要银子，更是雪上加霜。桑维翰劝石敬瑭推诚弃怨，厚抚藩镇，卑辞厚礼，敬事契丹，训卒缮兵，勤修武备，劝农课桑，充实仓廪，通商惠工，俾足财货，因此内外欢洽，百姓稍稍安心。

耶律德光听说石敬瑭已经得到中原，当即北还，来到云州，节度使沙彦珣出城相迎，被耶律德光留下。城中将吏推举判官吴峦，掌管州事，闭城拒寇。耶律德光来到城下，对着吴峦喊道："云州已割让给我了，你们为什么抗命？"话还没有说完，忽然一支箭射下来，险些穿透耶律德光的脖子。幸亏耶律德光闪避得快，才将来箭躲过。耶律德光大怒，立刻命部众攻城。城上矢石如雨，击伤许多番兵。一连十几天，番兵竟不能攻下此城。耶律德光急着回国，就令部将围攻，自己则带领亲卒，奏凯而回。吴峦固守了半年，不敢有一丝松懈，但苦于城孤粮竭，不得已派使者到洛阳，乞求立即济师。石敬瑭不便食言，一面写信给契丹，请他解围；一面召回吴峦，免得他从中作梗。契丹兵果然解围退去，吴峦也奉召入都，石敬瑭任命他为宁武军节度使。应州指挥使郭崇威，也耻于臣事契丹，挺身南归。幽云十六州土地和人民，全部割让给了契丹。从此，中原外患迭发，贻祸三百年，这都是石敬瑭酿成的大祸！

卢龙节度使卢文进心想自己是契丹叛将，担心契丹向石敬瑭索要自己，于是弃镇投吴。徐知诰正在谋划篡国，就把他留了下来。当时中原处在战乱之中，名士贤儒大多拔身南下。徐知诰派人去淮上招迎他们，到了金陵，又许给他们高官厚禄，使得这些人都愿意为他效命。徐知诰还暗访民间，遇到有婚丧的人家缺钱，就慷慨资助。盛暑天也不张盖操扇，他经常对左右说："将士们大多暴晒在太阳下，我怎么可以用这些东西呢？"士兵百姓被徐知诰笼络，渐渐都归附了他。据说徐知诰出生时曾有异兆：有一条赤蛇从梨中爬出来，爬到他母亲刘氏的榻下，刘氏因此怀孕，足月而产。后来徐知诰被杨行密抓去，令他拜徐温为义父，徐温梦见得到一条黄龙，所以就格外垂爱徐知诰。有此种种征兆，再加上养父的余威，徐知诰便日夜筹划着篡位。

吴王杨溥没有犯下什么过错，徐知诰苦于无机可乘，于是假装请求归老金陵，留下儿子徐景通为相，暗中却嘱咐右仆射宋齐邱劝杨溥迁都金陵。吴人大多不愿意迁都，杨溥也无心迁移，就派宋齐邱去告诉了徐知诰。徐知诰计不得逞，令属吏周宗来到广陵，讽谏吴王传位。宋齐邱认为不可，请求斩杀周宗以谢吴人，杨溥罢黜周宗为池州刺史。后来，节度副使李建勋及司马徐玠等人，多次陈奏徐知诰的功业，请求顺从民意。杨溥于是任命周宗为都押牙，封徐知诰为东海郡王，不久又加封徐知诰为尚父，晋封为齐王。

徐知诰陷害吴王的弟弟临川王杨蒙，诬告他藏匿亡命之徒，擅自打造兵器。杨溥竟降杨蒙为历阳公，将他幽禁在和州，令控鹤军使王宏监守。杨蒙杀了王宏，奔往庐州，想去投靠节度使周本。周本的儿子周祚将杨蒙抓住，解送到金陵，随后杨蒙被徐知诰杀害。

徐知诰开设大元帅府，自置僚属。闽越诸国，都派使者来劝进。那时吴王杨溥已成了傀儡，乐得退位让国，把他父亲传下的土地和臣民，全部交了出来，派江夏王杨璘奉册宝到金陵，禅位给齐王。徐知诰建太庙，改金陵为江宁府，即皇帝位，改天祚三年为升元元年，国号大齐。尊吴王杨溥为高尚思玄弘古让皇帝，上册自称受禅老臣。任用宋齐邱、徐玠为左右丞相，周宗、周廷玉为内枢密使，追尊徐温为太祖武皇帝。徐温的儿子徐知询与徐知诰不和，被罢了官。徐知询的弟弟徐知证、徐知谔，一向与徐知诰交好，所以徐知诰封徐知证为江王，徐知谔为饶王。徐知诰因为要避嫌，就将"知"字除去，单名为诰。前吴国太子杨琏娶了徐诰的女儿为妃，宋齐邱提出与杨琏绝婚，并且让杨溥迁居到其他州。徐诰于是让杨溥迁到润州丹阳宫，派兵防守，对外称是护卫，实际上是监禁。降吴国太子杨琏为弘农郡公，封琏妃为永兴公主。可怜杨溥父子抑郁成疾，父亲死在丹阳宫，儿子死在池州康化军，就是这位皇女永兴公主，也朝夕悲切，听到宫人叫自己公主，便泪如雨下，渐渐地骨瘦如柴，最后病终。

徐诰册立宋氏为皇后，封儿子徐景通为吴王，并给他改名为璟。徐氏的儿子徐知证、徐知谔，请徐诰恢复原姓。徐诰假意推辞了一番，只说是不敢忘记徐氏的恩德。后来经百官请求，就恢复原姓李氏，改名为昪。自

174

称是唐宪宗的儿子建王李恪的四世孙，因此改国号为唐，立唐高祖太宗庙，追尊四代祖李恪为定宗、曾祖李超为成宗、祖父李志为惠宗、父亲李荣为庆宗，奉徐温为义祖。以江宁为西都，广陵为东都。庐州节度使周本也曾到金陵劝进，在回去的路上自叹道："我不能声讨逆臣，报答杨氏的恩德，老而无用，还有什么脸面臣事二姓呢？"回镇不久，就去世了。

自从李昪改国号为唐，史家怕与唐朝相混，特标明李昪之唐国为南唐。江南的童谣唱道："东海鲤鱼飞上天。"南唐大臣趋炎附势，说"鲤"、"李"音通，东海是徐氏的祖籍，李昪过继给徐氏，于是做了皇帝，这便是童谣的应验。此外，江西有杨花一株，变成李花，临川有李树生连理枝，相传为李氏还宗的预兆。江州陈氏，宗族多达七百口，仍不分家，每次吃饭必设广席，长幼依次入座。又有牧犬百余只，也在一起吃饭，一只狗没到，其他的狗都不会吃。人们都说是德政所致。有了这些瑞兆，州县的长官，采风问俗，上报了一百多位孝子悌弟，五代同居的人家共计七家，李昪颁下制敕，旌表门闾，免除了他们的役赋。

天雄军节度使范延光听说晋军进入洛阳，于是自辽州退回魏州，后来石敬瑭颁敕招抚，不得已奉表请降。但事出强迫，不免阳奉阴违。范延光还没有显贵时，曾有术士张生与他谈命理，说他日后一定会做将相。后来张生的话果然验证了，从此范延光就十分相信张生。又曾梦见蛇钻到自己的肚子里，仍要张生解梦，张生说蛇龙同种，范延光将来可以做帝王。从此范延光怡然自负，心里怀着非分之想。但因唐主李从珂一向厚待他，一时不忍负德，所以勉强敷衍过去。到了石晋开国之时，范延光想发兵攻晋，又担心自己不是晋国的对手，于是虚与周旋，暗中写信给齐州防御使秘琼，约他一同起兵。秘琼没有回音，范延光怕他秘报石敬瑭，派人暗中监视秘琼，乘他有事出城，把他刺死。随即聚卒缮兵，意图作乱。

石敬瑭得到消息，十分担忧。桑维翰请石敬瑭迁都大梁，并献计说："大梁北控燕赵，南通江淮，资源丰富。如今范延光反形已露，正好乘机迁都。大梁距离魏国，不过十个驿站，他若有变，即可发兵去讨伐，以迅雷不及掩耳之势，将他置于死地！"石敬瑭拍手称好，于是借口东巡，从洛都出发。留下前任朔方节度使张从宾为东都巡检使，辅佐皇子石重义居守，自己带着后妃等人赴汴。沿途由百官保护，安安稳稳地到了大梁。随后下诏大赦，晋封凤翔节度使李从曕为岐王，平卢节度使王建立为临淄王，就是将反未反的范延光也被加封为临清王。范延光得了王爵，把反意打消了一半，偏偏左都押牙孙锐与澶州刺史冯晖合谋，多次劝范延

175

光发难。范延光还在踌躇，正好赶上身体不舒服，不能理事，孙锐竟擅自递上表章，诋斥朝廷。等范延光得知，使者已经出发，不能追回。于是召入孙锐当面询问，孙锐本是范延光的心腹，早就知道了一切底细，便提起范延光的梦兆，催他乘机发难。范延光被他说动，就依了孙锐的计策，派兵渡河，焚劫城池。

滑州节度使符彦饶据实上奏，请石敬瑭调动兵马。于是石敬瑭令马军都指挥使白奉进，率骑兵一千五百人，出屯白马津；命东都巡检使张从宾，为魏府西南面都部署；派侍卫都军使杨光远，率步骑一万人，屯兵滑州；护圣都指挥使杜重威，率步骑五千，屯兵卫州。哪知人情变幻，不可预料，西南面都部署张从宾出兵讨魏，反而被范延光引诱，也一同造起反来。

石敬瑭曾令杨光远为魏府四面都部署，命张从宾为副，忽然听说此报，急忙调杜重威移师前去讨伐。杜重威还没来得及调兵，张从宾已经杀回来攻陷了河阳，并杀死节度使皇子石重信，接着进入洛阳，杀死东都留守皇子石重义，并进兵占据汜水关，进逼汴州。石敬瑭下诏令都指挥使侯益统领禁兵五千，会同杜重威，讨伐张从宾；并且令宣徽使刘处让，从黎阳分兵一起讨伐。可是远水难救近火，汴城里面，烽火惊心，随从的官员全都吓得要死。唯独桑维翰指挥士兵作战，从容不迫，神色自如。石敬瑭整天穿着铠甲不敢脱，秘密商议着要去晋阳。桑维翰叩头苦谏道："敌兵的气势虽盛，但支撑不了多久了，请再耐心等几天，万万不可轻举妄动！"石敬瑭这才安静下来，却一个劲儿地催促各军分头进剿。

白奉进来到滑州，与符彦饶分营驻扎。有些军士乘夜出去抢劫，白奉进派兵去抓捕，抓回来五个人，其中三个人是白奉进的部下，两个人是符彦饶的部下。白奉进下令将他们全部斩首，然后通知了符彦饶。符彦饶埋怨白奉进没有事先告诉他，很是生气。白奉进于是带着几名骑兵来到符彦饶的军营，婉言赔罪。符彦饶说："军中各有分部，我们各有分工。你为何擅自抓捕滑州士兵，随意诛戮，难道不分主客吗？"白奉进不禁大怒，勃然答道："士兵犯法，应当受诛。我与你同为大臣，为何分得这么清楚？何况我已经来赔罪了，你还这样没完没了，莫非要与范延光一同造反吗？"说完，竟拂袖而去，符彦饶并不挽留，由他去了。

可是帐下的士兵不肯罢休，拿着刀冲出来，要杀白奉进。白奉进的从骑仓皇逃跑，一边跑还一边大声呼救。白奉进被一刀毙命，诸军都披甲操兵，喧噪不休。左厢都指挥使马万禁止不住，打算趁机叛乱。正巧遇到右厢都指挥使卢顺密率兵出营，他厉声对马万说道："符公擅自杀死白公，一定会与魏州通谋。我们的家属都在大梁，你为什么不思报国，反而助乱，是想害死你的家人吗？今天我们应当一起将符公抓住，送到天子那里，立个大功。将士从命的有赏，违命的立即诛杀，何必再迟疑？"马万没有回答，部下有几个人，呼跃而出，被卢顺密麾动亲军，捕杀了数人，余众这才不敢乱动。马万见自己失势，只好依了卢顺密，与都虞侯方太等人，一起攻打牙城。牙城一攻即下，符彦饶被擒。方太将符彦饶解送到大梁，天子赐他自尽，随即授马万为滑州节度使，卢顺密为果州团练使，方太为赵州刺史。

杨光远见滑州变乱，急忙主动请缨去滑城。士卒想拥立杨光远为天子，杨光远呵斥道："天子是你等说拥立就能拥立的吗？晋阳乞降，是因为他们走投无路。如今他们是真的要造反了！"士卒因此不敢再吭声。到了滑州城，已是风平浪静，重见太平。杨光远于是奏明滑州平乱的情形，归功卢顺密。

石敬瑭因三镇接连叛乱，不免惊惶，就向刘知远问计。刘知远答道："陛下以前在晋阳，军粮支撑不了五天，都能成就大业。如今中原已定，您内拥劲兵，外结强邻，难道还怕这群鼠辈吗？您对待将相宽厚一些，臣等对待士卒严厉一些，恩威并用，京邑自然可以安然无恙。树根深固了，枝叶就不致伤残了！"石敬瑭转忧为喜，委任刘知远整饬禁军。刘知远严申科禁，用法无私。有个士兵偷了一些纸钱，事情暴露以后被抓，刘知远立即下令将他处死。左右因为罪行不严重，替士兵求情。刘知远说："国法论心不论迹，我杀的是他的这种行为，岂能以价值来计算？"众人因此对刘知远都很敬畏，全城安宁无事。

石敬瑭接到杨光远的奏报后，任命杨光远为魏府行营都招讨使，兼知行府事；调任昭义节度使高行周为河南尹，兼东都留守；授杜重威昭义节度使，担任侍卫马军都指挥使；命侯益为河阳节度使。并因杜重威还在讨逆，卢顺密平乱有功，先调卢顺密为昭义留后，令杜重威、侯益与杨光远进军讨贼。

杨光远率众来到六明镇，正值魏州叛将冯晖、孙锐等人渡河前来，当即乘叛将不备，横击中流。冯晖与孙锐不能抵挡，大败而退，很多士兵都溺水而死。杜重威、侯益乘胜进军汜水，遇上张从宾带领的一万余人，当即迎头痛击，张从宾的部下死的死，伤的伤，差不多全军覆没。张从宾慌忙向西逃去，乘马渡河时，竟被溺死了。他的党羽张延播、张继祚、娄继英等人都被俘虏，送到京城，石敬瑭下令将他们诛灭九族。两镇已经平定，范延光知道大势已去，就把所有的罪名全推到孙锐身上，将他诛灭九族。随后写信给杨光远，求他代奏阙廷，自己情愿待罪。

闽地之乱

石敬瑭接到杨光远的奏报，不肯就这样饶了范延光，仍令杨光远进攻魏州。杨光远持观望的态度，遇有军事调度，就与朝廷周旋。石敬瑭曲意含容，并将长安公主许配给杨光远的长子杨承祚，次子杨承信也得到了高官厚禄。杨光远这才整军徐进。到了魏州城下，他便驻立大营，也不过虚张声势，拖延时日。自天福二年秋季进兵，直到第二年秋季，没有取得任何战果。只是招降前澶州刺史冯晖，并请石敬瑭委以重任。石敬瑭特擢拔冯晖为义成军节度使，打算借此诱劝魏州将士，偏偏魏州坚守如故，杨光远旷日无功。

石敬瑭因师劳民疲，无可奈何地再次商议招抚之事，就派内职朱宪去见范延光，许给他大藩镇，并让朱宪传谕道："你若投降，我决不杀你，如果食言，白日在上，使我不得享国！"范延光对副使李式说道："主上一向很守信用，他既然答应不杀我，我就没有其他顾虑了。"于是撤去守备，厚待朱宪，然后叫他回去。朱宪复命后，好几天过去了，石敬瑭都没有接到范延光的降表，因此派了宣徽使刘处让去见范延光。刘处让和他谈了半天，范延光才派了两个儿子去做人质，并派牙将奉表待罪。石敬瑭颁赐赦书，范延光素服出迎，叩首受诏。接着恩诏迭下，改封范延光为高平郡王，调任天平军节度使，仍赐铁券；范延光的将佐李式、孙汉威、薛霸等人，分别授封防御使、团练使、刺史；牙兵升为侍卫亲军；就是张从宾、符彦饶的余党，也一并赦罪，不再株连。

魏州步军都监使李彦珣，本来是河阳行军司马，曾跟随张从宾一起造反。张从宾败死以后，李彦珣逃到了魏州，范延光封他为都监使，让他登城拒守。李彦珣的母亲在邢州，被杨光远的士兵抓捕，带到城下，招降李彦珣。李彦珣竟然拈弓搭箭，将老母射死。范延光再次投降后，石敬瑭却任命李彦珣为坊州刺史。近臣上奏说李彦珣杀死自己的母亲，罪恶深重，不宜轻赦。石敬瑭答道："赦令已经颁布了，如何能再改？"随即许令李彦珣莅任。

178

石敬瑭授杨光远为天雄军节度使，加官检校太师兼中书令。杨光远恃宠生骄，与宣徽使刘处让叙谈，满腹牢骚。刘处让回答说，朝中之事均由李、桑二相主持，并非是晋主的意思。杨光远不禁动怒道："宰相兼任枢密，自前代郭崇韬后，再也没有人受到这样的重用。如今李、桑二相都兼任枢密，怪不得他们独断独行。主上尚肯优容，我杨光远却忍耐不下去！"不久，刘处让回朝，杨光远即托他呈上密奏，极言执政之过失。石敬瑭明知杨光远是有意刁难，但因叛乱刚刚平定，不得不答应了他的请求，于是任命桑维翰为兵部尚书，李崧为工部尚书，撤去他们的枢密使之职，令刘处让代任。

　　杨光远更加专恣，不时上表指责宰相不称职。石敬瑭见他飞扬跋扈，怕将来势大难制，便秘密与桑维翰商议。桑维翰说天雄重镇屡生叛乱，应该分封土地，以减弱势力。可让范延光驻守洛阳，调虎离山，免为后患。石敬瑭依计而行，随即改汴州为东京，设置开封府；改洛京为西京；雍京为晋昌军；封杨光远为太尉，命他担任西京留守，兼河阳节度使；升广晋府为邺都，设置留守，命高行周调任；升相州为彰德军，以澶、卫二州为属郡，置节度使，由贝州防御使王延胤升任；升贝州为永清军，以博、冀二州为属郡，也置节度使，由右神武统军王周升任。

　　自高行周以下，都奉命莅镇，没有意见。唯独杨光远怏怏不快，勉强移镇，秘密贿赂契丹，诋毁晋室君臣，自己养了壮士千余人，作为爪牙。不久，杨光远诬陷桑维翰，说他以公谋私，与民争利。石敬瑭不得已调任桑维翰出镇相州，调王延胤为义武军节度使，改任刘知远、杜重威为同平章事。刘知远有佐命大功，得升宰辅，觉得这些都是自己应得的。杜重威出讨魏州，立了点小功，怎能与刘知远相比，不过娶了皇帝的妹妹乐平公主，是个外戚。刘知远羞于与他为伍，称病不受朝命。石敬瑭不禁大怒，召问赵莹说："刘知远坚决拒绝制敕，是大不敬，朕打算削夺他的兵权，令他回私邸。"赵莹拜请道："陛下以前在晋阳，兵不过五千人，被唐兵十余万人所围攻，危如朝露，若不是知远心同金石，怎能成此大业？为何因区区小过，便要抛弃他。这番话叫外人听了，反而让人觉得陛下不够大度呢！"听完赵莹的话，石敬瑭的怒气稍稍缓解了一些，随即命学士和凝去刘知远府上慰谕。刘知远这才起身拜受。

　　范延光自郓州入朝，当面请求辞职，经石敬瑭慰留，仍旧还镇。后来，多次上表请求告老还乡，石敬瑭命范延光以太子太师致仕，留居大梁。过了一年，范延光又请求回河阳私邸，石敬瑭恩准。西京留守杨光远却奏称范延光是叛臣，不留在洛汴，归处里门，他日逃入敌国，会后患无穷。石敬瑭于是命范延光寓居西京。范延光到了洛阳，杨光远即派儿子杨承贵带领士兵，把他围住，逼他自杀。范延光说："天子在上，赐我铁券，许我不死，你们父子凭什么叫我自杀？"杨承贵寸步不让，举着大刀，逼范延光上马，带他去见杨光远。途中遇河过桥，范延光被杨承贵推了一把，连人带马坠到河中，被活活淹死。所有范延光载回的宝物，被杨承贵一股脑儿搬回府署，杨光远大喜。

随后，杨光远上奏晋廷，说范延光跳水自尽。石敬瑭虽识破了他的阴谋，但畏于杨光远势力强盛，不敢诘责，只征令杨光远入朝。杨光远还算听命，立刻动身入朝。石敬瑭对他说："围魏一战，你的手下都立了大功，却不曾得到重赏。现在应该各赏一州，遍给恩荣，免得他们失望。"杨光远代表他们谢恩，石敬瑭于是选取杨光远的亲将数人，分封他们为各州刺史。哪知杨光远出发时，却下了一道诏敕，调任杨光远为平卢军节度使，晋爵东平王。杨光远这才知道中计，怅然出都，驰赴青州去了。

那时契丹改元会同，国号大辽。朝中的制度差不多都仿照中原，并且任用中原人，任命赵延寿为枢密使，兼政事令。还派人来洛阳，接回赵延寿的妻子燕国长公主。因为夫妇都进了虏廷，赵延寿更是一心一意为辽国效力。石敬瑭听说契丹改国号为辽，就派使者上辽尊号，命宰相冯道为辽太后册礼使，左仆射刘昫为辽主册礼使，带着厚礼去了西楼。辽主耶律德光大悦，特别优待两位使者，给以厚赏，然后将他们遣回。石敬瑭对辽国的态度非常谨慎，不但奉表称臣，尊辽主为父皇帝，每次辽使来了，也一定到偏殿拜受诏敕。每年除了进贡金帛三十万外，吉凶庆吊之礼更是不可或缺。辽太后、元帅、太子、诸王大臣都需小心打点，稍不如意，辽兵就来闹事。朝廷都引以为耻，唯独石敬瑭卑辞厚礼，忍辱含羞。耶律德光见他颇有诚意，多次制止石敬瑭上表称臣，但称他为儿皇帝，后来还颁给他册宝，加晋主号为英武明义皇帝。石敬瑭受册，对辽国更加毕恭毕敬。耶律德光得到了幽州，改名为南京，任命唐降将赵思温为留守。赵思温的儿子赵延照在晋国，石敬瑭任命他为祁州刺史。赵思温密令赵延照代奏，说胡虏终有一天会变脸，自己愿在幽州做内应。石敬瑭没有答应。吐谷浑部在雁门北面，本属中原，自卢龙一带割让给辽国，吐谷浑也成了辽国的。苦于辽国贪虐，百姓仍想归晋，部族的首领投靠晋国。耶律德光因此谴责石敬瑭，石敬瑭连忙派兵将他们逐回，才算了事。

北方稍得安静，石敬瑭就开始盘算着控制南方。吴越王钱元瓘、楚王马希范、南平王高从海均与晋国通好，遵守臣礼。唯独闽国自王延钧称帝后，就与中原断绝了关系。王继鹏继位后，改名为昶。在晋天福二年，曾派其弟王继恭来晋国修好，并且通告继位一事。石敬瑭因三镇叛乱，无暇南顾，但还是好好招待了王继恭，当天将他遣回。第二年冬季，石敬瑭才命左散骑常侍卢损为册礼使，封王昶为闽王，赐给他赭袍；封闽王的弟弟王继恭为临海郡王。

使臣刚刚出发，闽王王昶已有所闻，即令进奏官林恩去告知晋相，说自己已经承袭帝号，请求辞去册使。石敬瑭不去追回卢损，卢损来到福州，王昶借口自己生病了，不便出来见他，只是派弟弟王继恭招待他，自己不受册命。士人林省邹私下对卢损说：“我主不事君，不爱亲，不恤民，不敬神，不睦邻，不礼宾，怎么能够久享国家？我不久会去投靠晋主，他日会与你在晋国相见！”卢损于是告辞回国。王昶仍不出来相见，只令王继恭署名奉表，派礼部员外郎郑元弼随卢损去晋国。石敬瑭召见郑元弼，让他回国禀明，此后上表不应再由王继恭署名。郑元弼唯唯而退。

回去以后，郑元弼将石敬瑭的话告诉了王昶。王昶置之不理，只顾着与宠后李春燕及六宫嫔妃彻夜宴饮。方士陈守元、谭紫霄因懂得房术而得宠信。陈守元号天师，谭紫霄号正一先生，王昶对二人言听计从。通文二年建白龙寺，四年建三清殿，都是雕梁画栋，辉煌至极。白龙寺的缘起，是谭紫霄等人谎称白龙出现，王昶于是命人修建了白龙寺。三清殿则是由天师出的主意，内供宝皇大帝、元始天尊、太上老君之像，全部都是用黄金铸成的，大约用了数千斤黄金。白天焚龙脑、熏陆等香，配以铙、钹等乐曲。陈守元每天早晨祷告，说可以求到大还丹，命巫师林兴在三清殿中住持。一切国政均由林兴向传达，然后施行。

林兴与王昶的叔父王延武、王延望有过节，于是假托神语，说二人将生内变。王昶不察明虚实，即令林兴率壮士在夜里杀死了两位叔叔，以及他们的五个儿子。王昶的弟弟建王王继严掌管六军诸卫之事，颇得军心。王昶又听信林兴的话，解除王继严的兵柄，令他改名为王继裕，另命季弟王继镕掌判六军，除去“诸卫”字样。不久，林兴的阴谋败露，王昶并不杀他，只派他去戍守泉州。方士等人又上奏说，紫微宫中恐怕会有灾难，于是王昶徙居长春宫。

王昶酗酒如故，有时还召入诸王，强迫他们饮酒，暗中严察他们的过失。从弟王继隆酒后失礼，王昶便立即命将他处斩。随后，王昶多次醉后动怒，诛戮宗室。左仆射兼同平章事王延羲是王昶的叔父，为了避祸，不得不装疯。王昶赏给他道士服，把他安置在武夷山中。没过多久，又将王延羲召回，幽禁在私邸中。因国用不足，王昶横征暴敛，甚至果蔬鸡猪全都需要缴税。因此天怒人怨，众叛亲离。

王昶的父亲还活着的时候，曾沿袭开国的遗制，设置了两部卫军，称为控宸、控鹤二都。王昶却另外招募了两千名壮士，作为自己的心腹，称为宸卫都，禄赐比控宸、控鹤二都更为丰厚。有人说控宸、控鹤二都都在抱怨，恐怕将要叛乱。王昶因此想将他们派出去，分属漳、泉二州，二都的人都很惊惶。且控宸军使朱文进和控鹤军使连重遇，多次被王昶戏弄、侮辱，心里很生气。正巧北宫起了大火，纵火的人没有被抓住。王昶令连重遇率内外营兵，扫除灰烬，并限日令他完成。随后又怀疑是连重遇与人密谋纵火，想要诛杀他。内学士陈郯偷偷地告诉了连重遇。连重遇趁着值夜班的时候，竟号召二都卫兵，焚毁长春宫，然后围攻王昶。并派人来到王延羲的私邸，逼迫王延羲出来，奉为主帅，一起大呼万岁。随后命外营兵士一起驱逐王昶。

王昶仓皇出逃，带着皇后李春燕及妃妾、诸王，跑到宸卫都的军营中。宸卫都慌忙迎战，怎奈火势燎原，不可抵挡。那控宸、控鹤二都又乘势杀来，锐不可当。彼此乱杀了很久，宸卫都伤亡了一半，剩下残兵千余人，护送王昶等人逃出北关。走到梧桐岭，众人稍稍休息了一下。忽然听见后面喊声大震，王延羲哥哥的儿子王继业率兵追来。王昶善于骑射，引弓射死许多人。谁知顷刻之间，追兵云集，射都射不完，王昶扔掉弓箭对王继业说："你身为人臣，臣节何在？"王继业答道："君无君德，臣怎么会有臣节？况且新君是叔父，旧君是兄弟，谁亲谁疏，不用问就知道了！"王昶无言以对，王继业麾动士兵，拥着他一起返回。行至陀庄，王继业用酒猛灌王昶，令他昏醉，然后用帛将他勒死。皇后李春燕及王昶的儿子们、王昶的弟弟王继恭，一并被杀，葬在莲花山侧。后来坟上长了一棵树，树上开了很多奇怪的花，好像鸳鸯交颈一样，人称鸳鸯树。

王继业回去报告了王延羲，王延羲于是自称闽王，改名为曦，改元永隆。又对邻国说，王昶是被宸卫都所杀，假意改葬故主，谥昶为康宗，并且向晋国称藩，派人上表。石敬瑭于是派使者来到闽国，授王曦为检校太师、中书令、福州威武军节度使，兼封闽国王。王曦虽受晋命，一切礼制仍如帝制。天师陈守元等人已被连重遇所杀，又命泉州刺史诛杀了林兴。任用太子太傅李真为司空，兼同平章事。闽中稍稍安定了下来。

王曦因宫阙全部被焚毁，于是另造新宫居住，册封李真的女儿为皇后。王曦嗜酒成性，皇后也嗜酒成性，一双夫妇，都视杯中物为性命，所以终日痛饮，不醉不休。一天，王曦在九龙殿宴集群臣，侄子王继柔没有酒量，偏偏王曦那天全部换成了大酒杯。王继柔实在喝不下去了，趁着王曦向别处看时，把壶中的酒偷偷倒掉了。不想却被王曦看见，说他违令，竟命人将王继柔推出去斩首。群臣相顾骇愕，不知所措，勉强喝了好几杯，偷偷看王曦的脸色，见他也有了醉容，大臣们便陆续离开酒席，退出殿外。只有翰林学士周维岳还在席中。王曦醉眼模糊，问左右说："下面坐着的是什么人？"左右回答是周维岳。王曦微笑道："维岳身子矮小，为何能装下这么多酒？"左右答道："酒存放在肠子里，跟身高没有关系。"王曦又说："酒果真存放在肠子里吗？可将他带到殿下，剖腹验肠。"此语一出，吓得周维岳魂不附体，面无血色。幸亏左右替他开脱，向王曦禀白道："陛下如果杀了周维岳，谁来陪陛下喝到最后？"王曦这才不杀周维岳，喝令他退去。周维岳慌忙磕头谢恩，三步并作两步逃回私邸。泉州刺史余廷英曾经违背王曦的命令，掠取良家妇女，王曦听说后大怒，立即要杀余廷英。余廷英即刻献上宴钱十万缗，王曦还是嫌少，便问道："为什么没有皇后的贡物？"余廷英又献给皇后十万缗钱，才得以赦罪。

王曦的女儿出嫁，全朝官员必须尽献贺礼，否则就会被加以鞭笞。御史刘赞因为没献礼，王曦要鞭笞他。谏议大夫郑元弼入朝当面争论。王曦叱责道："你以为你是魏征吗，敢来强谏？"郑元弼答道："陛下如果敢把自己比作唐太宗，臣就敢把自己比作魏征！"王曦听了心里很高兴，就放了刘赞。

王曦纳金吾使尚保殷的女儿为妃，尚妃生得很漂亮，很是得宠。每当王曦酣醉时，尚妃想杀谁就杀谁。王曦的弟弟王延政，出任建州刺史，屡次上疏规劝哥哥，王曦不但不听，反而回信痛斥他，并且派亲吏叶翘去监视建州军。叶翘与王延政议事，多次发生口角。叶翘对王延政说："你要造反吗？"王延政起身，拔剑要斩叶翘。叶翘仓皇逃出来，跑向南镇，投靠了监军杜汉崇。

王延政发兵进攻，南镇兵大败，邺翘与杜汉崇逃回福州。王曦见二人跑了回来，就派统军使潘师逵、吴行真等人率兵四万，攻打王延政。兵至建州城下，分扎两营，潘师逵驻扎在城西，吴行真驻扎在城南，都借水自固，并将城外所有的房屋焚毁，弄得城中整日里烟雾迷蒙。

王延政登城四顾，不免心惊，急忙派使者到吴越乞援。吴越王钱元瓘命同平章事仰仁诠、都监使薛万忠，领兵救建州。援兵还没有来到，王延政已攻破闽军，杀退大敌。原来，潘师逵轻率寡谋，王延政探悉后，先派大将林汉徽等人出兵叫战，引诱他的军队来到茶山，然后令城中出军接应，两路夹攻，斩首千余级。过了一夜，王延政又招募敢死者一千余人，在天黑以后渡水，偷袭潘师逵的军营，借风纵火。城上的士兵鼓噪助威，吓得潘师逵手忙脚乱，狼狈逃走。凑巧碰着建州都头陈诲，一枪刺去，潘师逵坠落马下，陈诲再刺一枪，断送了潘师逵的性命，余众四散而逃。等到黎明，王延政整兵进攻吴行真的营寨，吴行真听说潘营全军覆没，正想逃走，忽然听见鼓声遥震，吓得急忙弃营逃走了。建州兵追杀一阵，大约杀死一万多人。随后，王延政分兵进攻水平、顺昌二城。

这时吴越兵来到，王延政拿出美酒佳肴犒师，说是闽军已经败退，请他们回去。可是仰仁诠等人不肯空手而归，来到城西北隅扎营，想与建州为难。建州经过两战，人马劳乏，再加上分兵出攻，越发觉得空虚。王延政情急之下想出一计，让人写了一封急信，到闽国求救。王曦本来与王延政为敌，得了来信，怎么肯答应，但信中说得异常恳切，王曦于是令泉州刺史王继业为行营都统，率兵两万前去支援，并派轻兵断了吴越的粮道。吴越军没有了军粮，正打算回去，王延政麾兵出击，大破吴越军，俘虏、斩杀了一万多人，仰仁诠等人狼狈而逃。王延政就派牙将带着誓书，去闽国与王曦结盟。王曦与建州牙将，一同来到太祖王审知的墓前，歃血为盟，总算是罢战息争，重归于好。

过了不久，王延政扩建建州城，并向王曦乞请，要求升建州为威武军，封自己为节度使。王曦回复说威武军是福州的定名，不能再用，于是称建州为镇安军，授王延政为节度使，加封富沙王。王延政却改镇安为镇武，王曦因此又猜忌起了王延政。

汀州刺史王延喜是王曦的弟弟，王曦怀疑他与王延政通谋，发兵将他抓捕回来。王曦又听说王延政与王继业有书信来往，因此立即召王继业回闽国，将他赐死郊外。并且杀死了王继业的儿子，另授王继严为刺史。后来王曦又怀疑王继严，把他也处死了。任命儿子王亚澄为同平章事，掌判六军诸卫，自称为大闽皇。不久王曦僭号称帝，授儿子王亚澄为威武节度使，封为长乐王，随即又加封闽王。王延政也自称兵马大元帅，与王曦失和，再次相互进攻。到了晋天福八年，王延政也公然称帝，国号为殷，改元天德。

石重贵纳娶婶娘

晋国成德军节度使安重荣是一介武夫，恃勇残暴，曾对部下说："现今时代，讲什么君臣，只要兵强马壮，谁都可以做天子。"府署立有幡竿，高数十尺，安重荣曾拿着弓矢自诩："如果我能射中竿上的龙首，一定会得到上天的帮助。"说着，一箭射去，正中龙首，从此他更加飞扬跋扈。随后，安重荣召集了一些亡命之徒，采买战马，打算独霸一方。他的奏请很多都超出了规定，朝廷稍稍批驳，安重荣便反唇相讥。

石敬瑭前事不忘后事之师，戒备心很重。义武军节度使皇甫遇与安重荣是儿女亲家，石敬瑭担心他们就近联络，特调任皇甫遇为昭义军节度使，并命刘知远为北京留守，暗中防着安重荣。安重荣不愿向晋国称臣，更不屑于向辽国称臣。每次见了辽使，必定辱骂不休，有时还将辽使杀死。耶律德光曾经写信诘问，石敬瑭只好卑辞谢罪。安重荣更加气愤，正遇上辽使拽剌过境，便派兵将他抓了回来，派轻骑抢掠幽州。

安重荣上表晋廷，说吐谷浑、突厥、契苾、沙陀等部各率部众归附，党项等也与辽为敌，愿意出兵十万攻打辽国。朔方节度副使赵崇已赶走了辽国节度使刘山，请求回中原。此外沦没在虏廷的旧臣，也都伸长脖子，专待王师来救。天道人心，不便违拒，兴华扫虏，正在此时。陛下臣事北虏，甘心做儿子，搜刮中原百姓的脂膏，去填外夷的欲壑，全国上下，无不既惭愧又愤怒。何不誓师北伐，上洗国耻，下慰人心？臣愿意为陛下做前驱。

石敬瑭看完奏折，却也有些心动，多次召集群臣商议。北京留守刘知远当时还没有出发，劝石敬瑭不要相信安重荣。桑维翰刚刚调镇泰宁军，听说了这个消息，立即秘密上疏谏阻。石敬瑭看到他的奏折，欣然说道："朕今天心里乱七八糟的，烦得不得了，看到桑卿的奏折，仿佛大梦初醒。"于是急忙催促刘知远速速赶往邺都，并兼任河东节度使。

石敬瑭诏谕安重荣说："你身为大臣，家有老母，却不思报恩，抛弃君亲。我有契丹相助才得到天下，你因为有我，才有今天的荣华富贵，我不敢忘德，你却忘记了，是谁不忠不孝，不仁不义呢？现在你想拿一镇之力与一国抗衡，你还是再好好想想吧，以后可别后悔！"

安重荣得到诏书，反而更加傲慢。指挥使贾章一再劝谏，安重荣却随便给他加了个罪名，将他推出去斩首。贾家只有一个女儿，年纪还很小，因此就放过了她。那个女孩慨然说道："我家三十口人全部死在战乱中，唯独我和父亲活下来了。现在父亲无罪被杀，我怎么可以苟且偷生！我愿意和父亲一起死。"安重荣于是将她一同处斩。镇州人民称她为烈女，料到安重荣将不得善终。

安重荣派人制了个大铁鞭，放在牙门，说铁鞭有神，指到谁，谁就会死，自称铁鞭郎君。每次外出就令士兵抬着铁鞭，作为前导。镇州城门有个抱关铁像，样子很像胡人，像头无缘无故自己落了下来。安重荣小名铁胡，对此虽然引为忌讳，但造反的心思还是不肯打消。

山南东道节度使安从进与安重荣同姓，恃江为险，暗中也想造反。安重荣于是与他互相勾结。石敬瑭既要防备安重荣，又要注意安从进，于是派人对安从进说："青州节度使王建立上奏说要告老还乡，朕已允准。特意留着青州给你，你如果愿意去，朕立即下诏。"安从进答道："把青州移到汉江南面，臣就赴任。"石敬瑭见他出言不逊，非常生气，但又害怕两难并发，只好暂时把火气憋在肚子里。安从进的儿子安弘超是宫苑副使，留居在京师，安从进请求让儿子归省，石敬瑭也爽快地答应了。等安弘超到了襄州，安从进立即下定决心造反。

天福六年冬季，石敬瑭想起桑维翰的话，于是北巡邺都。学士和凝已升任同平章事，入朝面奏道："陛下北行，安从进必反，应当预先布置一下。"石敬瑭答道："朕已经留下了郑王石重贵据守大梁。你还有别的事上奏吗？"和凝又奏道："兵法中说，先入才能夺人。陛下此行，京中事恐怕难以兼顾，请留下空名宣敕三十通，秘密交给留守的郑王。一旦有变，就可以立即写上诸将的名字，派他们去讨逆了。"石敬瑭称妙，依计而行，然后留下石重贵据守，自己向邺都进发。

等车驾来到邺都，留守刘知远已派亲将郭威，招诱吐谷浑酋长白承福进入内地，翦去安重荣的羽翼，专待石敬瑭的命令，听候发兵。石敬瑭因为安重荣虽有反意，但还没有露出反迹，于是只任杜重威为天平军节度使，马全节为安国节军度使，秘密下令调出军械，控制安重荣。

安重荣写信给安从进，约他即日起事，趁着大梁空虚去进攻。安从进于是举兵造反，进攻邓州。郑王石重贵得到消息，立即派西京留守高行周为南面行营都部署，前同州节度使宋彦筠为副，宣徽南院使张从恩为监军，在空敕中填名，颁发出去，令他们去讨伐安从进。邓州节度使安审晖闭城拒守，催促高行周速速来支援。高行周急命武德使焦继勋、

186

先锋都指挥使郭金海、右厢都监陈思让等人，带着精兵万人，支援邓州。

安从进得到侦卒的探报，说邓州的援师将至，不禁惊诧道："晋主还没回去，什么人调兵遣将，竟来得这么迅速？"于是他退到唐州，驻扎在花山，列营待战。陈思让跃马前来，挺枪杀入，焦、郭二将挥兵做后应，冲入安从进的阵内。安从进没料到他们如此勇猛，吓得步步后退。主将一动，士卒自乱，被陈思让等人一阵横扫，一万余人统统散去。襄州指挥使安弘义从马上摔下来，当即被擒。安从进一个人骑着马跑了，连山南东道的印信都丢了。

安从进到了襄州，慌忙召集众人守御。高行周、宋彦筠、张从恩等人陆续赶到襄州，将城池四面围住。安从进很是着急，安重荣还没有得到消息，竟然纠集境内数万饥民，赶往邺都，扬言将要入朝。石敬瑭知他有诈，即命杜重威、马全节前去讨伐，添派前贝州节度使王周为马步都虞侯。杜重威率师西去，到了宗城西南，正与安重荣相遇。安重荣列阵自守，杜重威一再出战，均被强弩射退。杜重威有些害怕，便想退兵。指挥使石重胤说："兵家有进无退。镇州精兵，尽在中军，请您将精兵分为二队，袭击他的左右两翼。重胤等愿直冲中坚，安重荣势难兼顾，必败无疑。"杜重威依计而行，分军并进。石重胤身先士卒，闯入中坚。镇州军见他杀气腾腾都有些害怕。杜重威、马全节见前军已经得势，也麾众前进，杀死无数镇州军。镇州大将赵彦之卷旗倒戈，前来投降晋军。晋军见他的铠甲鞍辔都是银制的，不由得起了贪心，无暇过问来由，就把他乱刀分尸，将头颅扔给了敌人，将铠甲鞍辔等物当场瓜分了。

安重荣见全军失利，已是心惊，听说赵彦之降晋被杀，更觉得战栗不安，只好飞奔而去。部下两万人马，一半被杀，一半逃散。那年冬天非常冷，逃兵饥寒交迫，差不多都死光了，安重荣仅率十余名骑兵逃回了镇州。安重荣逼迫州民守城，用牛马皮做成铠甲，闹得全城不宁。杜重威的兵来到城下，镇州牙将自西郭水碾门，引官军入城，杀死了守城的两万军民，城中大乱。安重荣退守牙城，顷刻间又被晋军攻破。安重荣走投无路，只好束手待毙，被枭首以后送往邺都。石敬瑭命将安重荣的首级献给辽主，改镇州成德军为恒州顺国军，任用杜重威为顺国军节度使，令他镇守恒州。

以前，辽主耶律德光听说安重荣擅自拘留辽使，派人去诘责晋廷。石敬瑭担心辽兵侵犯边塞，急忙派邢州节度使杨彦珣为使，到辽国谢罪。耶律德光盛怒相见，杨彦珣却从容说道："这就好像家里出了逆子，父母不能制伏他，你说怎么办？"耶律德光的火气这才稍稍小了一些，但还是拘留了杨彦珣，不肯放他回去。安重荣造反以后，辽主才相信罪在安重荣，与晋国无关，于是释放杨彦珣归晋。

很快，安重荣的首级就被送到西楼，晋廷以为这下就没事了。哪知辽使再次来诘责，问石敬瑭为什么要招纳吐谷浑。石敬瑭说吐谷浑酋长暗中勾结安重荣，不得已才迁入内地。偏偏辽使索要白承福的头颅，这个条件让石敬瑭左右为难，为此竟忧郁盈胸，患了重病。这时已是天福七年，高行周攻克襄州，安从进自焚而死，高行周抓住安从进的儿子安弘超，及将佐四十三人，送往大梁。石敬瑭还在邺都，已经病得起不来，收到捷报，却不能回京受俘，只落得歔歔叹息，最终一命呜呼。石敬瑭共计在位七年，享年五十一岁，后来庙号高祖，安葬在显陵。

石敬瑭生有七个儿子，四个儿子被杀，两个儿子早逝，只剩下年龄很小的石重睿。石敬瑭卧病在床时，宰相冯道进来探视他，石敬瑭令内侍将石重睿递到冯道怀中，临终托孤寄命，让冯道辅立幼主。石敬瑭病终以后，冯道与侍卫马步都虞侯景延广商议立嗣之事，景延广说国家多难，应该立长君。冯道本是个没有主意的人，这时就依了景延广，拥立石重贵，派人飞快去奉迎。

石重贵之前被封为郑王，接到消息后，星夜奔赴邺都，哭着来到保昌殿，在灵柩前即位，随后下诏大赦天下。内外文武官吏都得到了不同程度的提拔。正逢襄州行营都部署高行周、都监张从恩等人，从大梁来到邺都献俘。石重贵在乾明门受俘，下令将安弘超等四十余人斩首。随即在崇德殿设宴款待诸位将校，并对他们大加封赏。命高行周为宋州节度使，加宦检校太尉；改调宋州节度使安彦威为西京留守，兼河南尹；张从恩为东京留守，兼开封尹，加任检校太尉。降襄州为防御使，升邓州为威胜军，任命宋彦筠为邓州节度使。其余立了功的将校也都受到不同程度的封赏。并提拔景延广为同平章事，兼侍卫马步军都指挥使。景延广恃功自大，乘势擅权。高祖弥留时，曾有遗言，命刘知远辅政。景延广暗中劝说石重贵，叫他不必遵循遗旨，封刘知远为检校太师，调任河东节度使。刘知远因此怏怏不快，失望而归。

冯道、景延广等人要向辽国告哀，起草表文时却有了分歧。景延广认为向辽国称孙已经足够了，不必再称臣。冯道一言不发。学士李崧刚刚被任命为左仆射，在一旁力争道："屈身事辽，无非是为了江山社稷着想。今天若不称臣，他日战衅一开，后悔都来不及了！"景延广还是辩驳不休。石重贵正倚重景延广，就依了他。

晋使来到辽国，辽主览表大怒，派使者去邺都，质问晋主为什么称孙不称臣，并且责怪石重贵不先禀命，就即了帝位。景延广愤怒地说："先帝是北朝立的，所以奉表称臣。当今皇上是中原立的，不过为了顾全先帝的盟约，卑躬称孙，这已经是格外谦逊了，岂有再称臣的道理？况且国不可一日无君，若先帝晏驾以后，必须禀命北朝，然后才能立主，恐怕国中已经乱的不可开交了，试问北朝能负此责任吗？"辽使倔强不服，愤愤地走了，回去以后详细地报告了辽主。辽主已经怒上加怒，再经政事令兼卢龙节度使赵延寿，从旁挑拨，好似火上添油。辽主耶律德光愤不能平，就想兴兵问罪，入侵中原。

石重贵毫不在意，反而忙着勾搭一位寡妇去了。可笑的是，这个寡妇就是石重贵的叔母冯氏。冯氏是邺都副留守冯蒙的女儿，生得颇有姿色。晋高祖一向与冯蒙交好，于是让弟弟王重胤娶了冯蒙的女儿为妻，冯氏被封为吴国夫人。不幸红颜薄命，竟然丧夫，冯氏寂居寡欢，少不得双眉锁恨，两眼盈泪。石重贵早就心怀鬼胎，只因叔侄关系摆在那里，更因为晋高祖家法甚严，不敢胡作非为，只好暂时忍耐。石重贵做了汴京留守以后，元配魏国夫人张氏得病身亡，他便想勾引这位冯叔母，要她来做继室。转念一想高祖出幸，总有回来的一天，倘或被他听说，必然遭到谴责。况且高祖膝下，单剩一个幼子石重睿，自己虽是高祖的侄儿，毕竟不比皇子少受宠。他日皇位继承，自己十成中也有七八成的希望。若因乱伦获罪，岂不是把这个现成的帝座抛弃了吗？于是石重贵压抑住心中的欲望，专心筹划军事，后来平定安从进，立下大功。

嗣位以后，石重贵大权在握，正好为所欲为，了却自己的一桩心愿。正巧这位冯叔母与高祖皇后李氏、石重贵的母亲安氏等人，一起来奔丧。她们在梓宫前，素服举哀。石重贵偷偷地瞟了一眼，见冯氏身穿丧服，越发显得苗条，青溜溜的一簇乌云，碧澄澄的一双凤目，红隐隐的一张桃腮，娇怯怯的一副柳肢，真是无形不俏，无态不妍，再加那一腔娇喉，啼哭起来，仿佛莺歌百啭，饶有余音。此时的石重贵呆立在一旁，不知该怎么办才好。那冯氏已经有所察觉，用水汪汪的眼波与石重贵打了个照面，更把石重贵的神魂勾了过去。举哀完毕，石重贵才稍稍定了定神，立即命左右将她引入行宫，选了一所幽雅的房间，给冯氏居住。

到了晚上，石重贵先到李后、安妃那里，请过了安，顺路来到冯氏的房间。冯氏起身相迎，石重贵说道："我的姊娘，可辛苦你了！我特意来问安！"冯氏答道："不敢不敢！陛下继承了大统，妾正当拜贺，哪里当得起问安二字！"说到这里，即向石重贵行礼，石重贵忙要搀扶，冯氏偏偏又停住不拜了，却故意说道："妾弄错了！朝贺须在正殿啊。"石重贵笑道："正是，这里只能行家人礼。你坐下吧，我们好好聊聊。"冯氏于是与石重贵对面坐下。石重贵令侍女回避，对冯氏说："我特来与婶娘商议，我现在已经正位，什么都不缺了，可惜没有皇后！"冯氏答道："元妃虽然已经早去了，难道没有嫔御吗？"石重贵说："后房虽多，但都不配做皇后，你说怎么办？"冯氏嫣然笑道："陛下身为天子，想要才貌佳人，尽管可以彩选。中原这么大，就没有一个中意的人吗？"石重贵说："中意的却有一人，但不知她乐意不乐意？"冯氏答道："天威咫尺，怎么敢不依呢？"石重贵欣然起身，凑到冯氏的身旁，贴着耳朵说了一句："我看中了婶娘。"冯氏又惊又喜，却低声答道："这可使不得，妾是残花败柳，怎么配得上伺候陛下？"石重贵叫道："我的娘！你已经说过了依我，今天就要依我。"说着，就去搂冯氏。冯氏假意推开，起身跑进卧房，想把卧室的门关上。石重贵抢步进去，关住了门，凭着一副臂力，轻轻将冯氏抱到床上。冯氏半推半就，与石重贵成了好事。

后来，这件事情就传开了。石重贵竟然不避嫌疑，要立冯氏为后，先尊高祖皇后李氏为皇太后，生母安氏为皇太妃，然后备着六宫仗卫、太常鼓吹，与冯氏一起来到西御庄，在高祖像前行礼。宰臣冯道等人都来道贺。石重贵怡然说道："奉皇太后命，卿等不必道贺！"冯道等人这才退了去。石重贵带冯氏回宫，张乐设宴。酒兴正浓、醉态横生的时候，石重贵忽然想起了梓宫，竟然端着酒去祭奠，嘴里还说着："皇太后有命，皇帝的婚礼不用太隆重！"一语即出，左右都想笑却又不敢笑。石重贵也觉察到自己说错了话，不禁笑得倒在地上，还对左右说："我今天又做新郎了！"冯氏听了这话，"扑哧"一下笑了。左右也不避讳，索性哄堂大笑。

转瞬间又过了一年，晋主石重贵已将高祖安葬，带着太后、太妃及宠后冯氏，一起回汴州去了。石重贵暂不改元，仍称天福八年。他暗自庆幸内外无事，整天与冯皇后寻欢作乐，消遣光阴。冯氏受到专宠，所有宫内女官凡是讨冯氏欢心的，都被封为郡夫人。石重贵又任用一位男子李彦弼做皇后都押衙，这也算是开创先例，破格用人了。石重贵已被色所迷，也不管什么男女嫌疑，只要皇后高兴，他什么都愿意做。皇后的哥哥冯玉，本来斗大的字不识一筐，却被任命为中书舍人。幸亏同僚殷鹏颇有才思，常替冯玉捉刀，冯玉才得以敷衍过去。不久，冯玉被升为端明殿学士，没过多久又升任枢密使。

刘弘熙杀兄篡位

南汉主刘龑自从派何词去了唐国以后，就知道唐国已经不足畏惧，并且因为击败了楚军，所以越来越强横。刘龑生了十九个儿子，全部封王。长子刘耀枢、次子刘龟图已早世。三子刘弘度受封秦王，四子刘弘熙受封晋王，二人一向飞扬跋扈、作威作福。只有五子越王刘弘昌既谦恭孝顺，又聪明伶俐。刘龑想立他为储君，只是越次册立，心中不安，只好拖延下去。

自从刘龑僭位后，岭南无事，全国太平，安安稳稳地过了二十多年。刘龑虽已五十多岁，可是体强力壮，没有什么病痛，总以为寿命很长，不妨将立储的问题暂时放一放。谁知后晋天福七年，即南汉大有十五年，竟生了一场重病，医治无效。刘龑自知命不长久，便召入左仆射王翻，秘密对他说："弘度、弘熙寿命虽长，但终究不能干大事。弘昌比较像我，我早就想立他为太子，可是下不了决心。我怕子孙不肖，将来骨肉相争，好像老鼠钻进了牛角，越斗越小。"说到这里，眼泪就下来了。王翻劝慰道："陛下既然看中了越王，就得赶紧筹备。臣认为将秦、晋二王调守他州，就不必担心了。"刘龑点了点头，打算调弘度守邕州，弘熙守容州。

主意已经定下来了，这时崇文使萧益进来问安，刘龑向他说了自己的意见。萧益力谏道："废长立少，必然引起争端，这件事还请您三思！"刘龑被他一说，又没了主意，拖延了好几天，竟然死了。刘弘度依次当立，即了南汉皇帝位，改名为玢，改大有十五年为光天元年。命弟弟晋王刘弘熙辅政，尊刘龑为天皇大帝，庙号高祖。刘龑僭位二十六年，享年五十四岁，生平最喜欢杀人，创造了汤镬、铁床等刑具，有灌鼻、割舌、肢解、剔剔、炮炙、烹蒸等刑罚。有时候将捕捉来的毒蛇养在水池里，把罪人扔进去，让蛇吮噬，号称水狱。每次处决犯人，他一定亲自去监视，往往看得口水直流，还一边欷歔不已。刘龑非常奢侈，把南海的珍宝都搜刮了来，修了一座玉堂璇宫。晚年又建了一座南熏殿，柱子上全都镂金饰玉，在础石中间暗置香炉，一天二十四小时燃着香，有

191

气无形，真的是穷奢极欲。

刘弘度即位以后，比起他的父亲，是有过之而无不及，另外还添了一种奇怪的色癖。他特别喜欢看裸体的男女互相追逐嬉戏。刘弘度整天饮酒作乐，从来不上朝，也不过问政事，有时还会在夜里穿着一身黑衣服，与娼女出入百姓家，毫无顾忌。左右稍稍谏阻，立即就被他杀死。只有越王弘昌及内常侍吴怀恩多次进谏，刘弘度虽然不听，还算是顾全脸面，没有杀他们。

晋王刘弘熙经常给刘弘度送来歌姬，诱他沉迷。昏昏沉沉过了好几个月，过了残冬，已是光天二年。刘弘熙阴谋篡位，知道哥哥喜欢手搏，特意嘱咐指挥使陈道庠，带着大力士刘思潮、谭令禋、林少强、林少良、何昌廷等五人，在晋府练习功夫。等他们练成以后，就将他们献入汉宫。刘弘度大悦，亲自检验他们的功夫，果然个个拳法高明，不同凡响。于是刘弘度留下这五个人做侍卫，有时间就命他们角逐，评定优劣，核定赏罚。

时光飞逝，很快已是暮春，刘弘度召集诸王来到长春宫，宴饮作乐。席间令五个大力士演角抵戏。五个大力士抖擞精神，卖弄拳技，引得刘弘度心花怒放，不停地把黄汤灌下去，很快便酩酊大醉，不省人事了。刘弘熙发出暗号，陈道庠即指示刘思潮等人，抬起刘弘度，借势用力，竟然把刘弘度的脊柱拉断了。只听见一声狂叫，刘弘度一命呜呼。可怜这位少年昏君，只活了二十四岁就被害死了。所有宫内侍从，被杀得一个不留，诸王乘势逃出。第二天早晨，越王刘弘昌带着弟弟们，大哭着来到寝殿。随后刘弘熙嗣位，改名为晟，改光天二年为应乾元年。命弟弟刘弘昌为太尉，兼诸道兵马都元帅；少弟循王刘弘杲为副，处理部分政事。陈道庠及刘思潮等人都得到了不同程度的封赏。

南汉吏民虽然不敢公然讨逆，但宫中弑君篡位的事情，已是无人不晓，少不得成为人们茶余饭后的谈资。循王刘弘杲请求斩杀刘思潮等人，这弑君杀兄的刘弘熙，怎么肯把佐命功臣付诸典刑。刘思潮等人听说后，反而诬陷刘弘杲谋反，刘弘熙于是嘱咐刘思潮暗中调查刘弘杲的行踪。正好赶上刘弘杲宴客，刘思潮立即纠集谭令禋等人，带着卫兵，拿着武器冲了进去。刘弘杲来不及躲避，当场被刺死。刘弘熙听说以后，很是欣慰，并拿出金帛厚赏刘思潮、谭令禋等人。他还用严刑峻法威吓大臣，并且猜忌骨肉，比之前的皇帝更为冷血，更为残暴。

南汉高祖的十九个儿子，除长子、次子早死外，三儿子和五儿子被害，第九个儿子万王刘弘操在交州阵亡，此时还剩下十四个儿子。刘弘熙想把那十三个人陆续除掉，结果却落了个同归于尽。这就是南汉主刘䶮喜欢杀人的报应。

再说唐主徐知诰，恢复了原姓李氏，改名为昪，自以为是江南强国，与晋廷不相来往，唯独向辽国通使。每当辽使来到唐国，李昪总是给以厚礼。李昪派人将来使送到淮北，进入晋境以后，暗中却派人刺杀辽使，想嫁祸给晋廷，令他们南北失和，自己好坐收渔人之利。

天福五年，晋国安远节度使李金全，受亲吏胡汉筠怂恿，擅自杀死朝使贾仁沼。石敬瑭下令捉捕他，李金全不得已奉表降唐。李昪派鄂州屯营使李承裕、段处恭等人，率兵三千，去迎接李金全。李金全与唐军会合后，李承裕进而占据了安州。晋廷派节度使马全节，兴师收复安州，与李承裕在安州城南交战，李承裕大败而逃。晋副使安审晖领兵追击，大胜唐兵，斩杀段处恭，活捉李承裕，自唐监军杜光邺以下全被俘。马全节杀死李承裕及军士一千五百人，押解杜光邺等人回大梁。

石敬瑭听说杜光邺等人被押解入都，不禁叹息道："这些人有什么罪啊！"随即赐给他们马匹和衣服，放他们回江南。李昪坚决不接受这些人，又将他们送回淮北，并且写信给晋主，内有"边校贪功，乘便据垒，军法朝章，彼此不可"四句话。石敬瑭仍叫他们南归，可是唐主派了战船，坚持拒绝接纳杜光邺，杜光邺只好回了大梁。石敬瑭授给杜光邺官职，编定杜光邺的部兵为显义都，命旧将刘康统领，追封贾仁沼官爵，算是了结了此事。李金全到了金陵，李昪待他甚薄，只命他做宣威统军，李金全已不能归晋，只好接受。此时的李昪无心窥晋，只想保守吴疆。

不久，一场大火把吴越的宫室府库，以及所储存的财帛兵甲，全部化为灰烬。吴越王钱元瓘受了惊吓，竟然病殁。将吏奉钱元瓘的儿子钱弘佐为嗣君，钱弘佐年仅十三，扭转不了局面。更因为这场大火，吴越元气大伤。南唐大臣都劝李昪，乘机进攻吴越，李昪摇摇头说："怎么可以乘人之危呢！"随即派使者前去吊丧，并送去了粮食和金钱。从此以后两国通好。冯延巳喜欢说大话，经常私下里讥讽李昪说："种田的老头怎么能成大事？"李昪虽有所耳闻，却也并不加罪。李昪只管保境安民，韬甲敛戈，吴人才得以休养生息。

李昪好不容易做了七年的江南皇帝，已经五十六岁了，未免精力衰颓。方士史守冲献上丹方，李昪照着方子制了药，服下去后，起初觉得精神一振，后来渐渐脾气急躁起来。近臣都说不应该再吃下去了，李昇却不听。一天他的背部忽然奇痛无非，生了一个疽，他不让别人知道，秘密召入御医诊治，每天早晨仍勉强起来上朝。无奈病情加重，医治无效，李昇于是召长子齐王李璟来身边伺候。

不久，已近弥留，李昇拉着李璟的手说："德昌宫储存了兵器金帛约七百余万。你要守成，就应该善交邻国，保全社稷。我曾试着服用金石，想要益寿延年，不料反而死得更快，你要引以为戒！"说到这里，他将李璟的手放进嘴里，紧紧咬住直到咬出了血才松开，哭着嘱咐道："以后北方会有变化，你不要忘了我的话！"李璟唯唯听命。当天傍晚李昇逝世，李璟秘不发丧，先下制命齐王监国，大赦内外。过了好几天，没听到异议，李璟这才宣布遗诏，即皇帝位，改元保大。太常卿韩熙载上疏说，第二年改元是古制，做事不遵守古制，不足以服人。李璟赞扬了他一番，但诏书已经颁下去了，不便收回，便将错就错地混了过去。

李璟原名景通，有四个弟弟景迁、景遂、景达、景逖。景迁早逝，李璟追封他为楚王。景遂由寿王晋封燕王，景达由宣城王晋封鄂王。景逖是妃子种氏所生。李昇受禅以后，才有了这个儿子，因此很宠爱他。种氏原来是个乐伎，生了儿子以后被封为郡夫人。郡夫人受宠以后，就想夺嫡，曾经乘机进言，说景逖比他的哥哥们聪明。李昇不禁发怒，斥责她刁狡，竟叫种氏出家为尼，而且始终没有加封景逖。李璟继位以后，种氏怕李璟报复，一边哭一边说道："手足相残，这一幕悲剧今天又要重演了！"幸亏李璟笃爱同胞兄弟，晋封景逖为保宁王，并令种氏入宫养老。李璟的母亲宋氏被尊为皇太后，种氏也受册为皇太妃。随后议定父亲的庙号为烈祖。

不久，李璟改封李景遂为齐王，兼诸道兵马元帅，鄂王王李景达为副。李璟与弟弟们在灵柩前立盟，发誓兄弟世世继立，景遂等人一再谦让，李璟始终不答应。给事中萧俨上疏劝谏，李璟也不听从。封长子弘冀为南昌王，兼江都尹。

虔州妖贼张遇贤作乱，李璟派兵将叛军荡平。中书令宋齐邱自恃功高，树党擅权，李璟调任他为镇海军节度使。宋齐邱暗生怨恨，上疏请求告老还乡，李璟爽快地答应了，并赐号九华先生，封宋齐邱为青阳公。李璟任用冯延巳、常梦锡为翰林学士，冯延鲁为中书舍人，陈觉为枢密使，魏岑、查文徽为副使。这六人中除常梦锡外，都是宋齐邱的旧党。他们肆意搜刮民脂民膏，贻误国家大事，吴人称他们为"五鬼"。常梦锡多次上疏，说这五个人不宜重用，李璟却不听从。

不久，李璟要传位给李景遂，令他裁决庶政。冯延巳、陈觉等乘机设法，令内外不得擅自上奏，大臣不经召见就不能进见。给事中萧俨再次上疏极谏，奏折都被扣押。宋齐邱在外听说，也上表谏阻。侍卫都虞侯贾崇冲破阻挠，进见李璟："臣效忠于先帝三十年了。先帝广纳忠言，尚且担心下情不能上达。陛下刚刚即位，依靠了什么人，就与群臣断绝了言路？臣已经老了，死期将至，恐怕从此不能再见天颜了！"说完，便痛哭不已。李璟不禁动容，忙给他赐座，随即将之前的命令撤销，鼓励大臣们进谏。

此时闽将朱文进弑主称王，派使者来报告，李璟斥责他不忠不义，便拘留了来使，打算发兵声讨。群臣说闽国之乱的罪魁祸首是王延政，认为应该先去讨伐伪殷国。李璟便将闽使遣回去，特命查文徽为江西安抚使，叫他查明建州的虚实，再行进兵。

闽中大乱是怎么回事呢？唐主李璟即位后，曾写信给闽王王曦及殷王王延政，责备他们兄弟自相残杀。王曦回信辩驳，引用周公诛管蔡、唐太宗杀李建成和李元吉的事，作为比较。王延政也驳斥唐主篡吴，有负杨氏之恩。李璟大怒，便与两国绝交，尤其恨王延政无礼。正巧闽拱宸都指挥使朱文进突然发难，杀死闽王，激成祸乱。于是全闽大乱，南唐坐收渔翁之利。

朱文进与连重遇分统两都，连重遇杀死王昶，拥立王曦，被任命为合门使，控鹤都归魏从朗统领。魏从朗是朱、连的党羽，统军不久，便被王曦杀死。朱文进、连重遇不免兔死狐悲，起了异心。王曦召二人侍宴，酒兴方酣，吟诵白居易的诗："唯有人心相对间，咫尺之情不能料！"二人明白了王曦的意思，慌忙起身下拜道："臣子服侍君父，怎么敢想别的事情？"王曦笑而不答。二人假装很伤心，痛哭流涕。王曦还是笑而不答。辞宴出来，朱文进对连重遇说："主上已经开始怀疑我们了，小心一些，不要遭到他的毒手！"连重遇点了点头。

正逢王曦的皇后李氏妒害尚妃，暗中想加害王曦，改立儿子王亚澄为闽王，于是派人告知朱文进、连重遇："主上将要加害二公，如何是好？"二人听说以后吓得不得了，立即密谋行刺。这时皇后的父亲李真生病了，王曦来到李真的府第问安。朱文进、连重遇暗中嘱咐拱宸马步使钱达，扶王曦上马时，乘便杀死王曦。

朱文进、连重遇带兵来到朝堂，召集百官商议。朱文进说道："太祖皇帝建立闽国，已经十几年了，如今子孙荒淫无度，抛弃苍生。上天已经厌烦王氏，应该择贤嗣立，如有异议，罪在不赦！"众人都怕死，没有人敢发一言。连重遇即接口说道："德高望重，没有人比得上朱公，今天就推立他了！"众人噤若寒蝉。朱文进并不推让，居然升殿，南面坐着。连重遇率百官北面朝贺，下拜称臣，草草成礼。朱文进下令将王氏宗族全部处死。自太祖的儿子王延喜以下，老少共五十余人，一个都没活下来。就是王曦的皇后李氏、儿子王亚澄也同时被杀。

李真得到消息后受到惊吓，不久便一命呜呼了，其余的人得过且过，苟且偷生。只有谏议大夫郑元弼抗辞不屈，想要投奔建州，最终被朱文进所害。朱文进自称威武军留后，掌管闽国之事。埋葬了闽王王曦，号为景宗。任用连重遇总掌六军，兼礼部尚书，判三司事；晋封枢密使鲍思润为同平章事。令羽林统军使黄绍颇为泉州刺史，左军使程文纬为漳州刺史。汀州刺史许文稹举郡投降了朱文进，朱文进命他担任原职。部署完毕以后，朱文进派人四处颁发告示，并且向晋国奉表称藩。石重贵授朱文进为威武军节度使，令他管理闽国之事。

唯独殷王王延政倡议讨逆，先是派统军使吴成义率兵攻打闽国，初战不利，又派部将陈敬佺领兵三千，驻扎在尤溪及古田，卢进率兵两千驻扎在长溪，作为援应。泉州指挥使留从效对同僚王忠顺、董思安、张汉思说："朱文进屠灭了王氏，又派腹心分据诸州。我们受王氏之恩，如果替朱文进做事，一旦富沙王攻克了福州，我们就是死有余辜了！"王、董等人点头同意。留从效即召集部下壮士，晚上到家中喝酒。席间留从效说道："富沙王已经平定了福州，传来密旨令我们讨伐黄绍颇。我看大家都有富贵之像，为什么不乘机讨贼，以图富贵？否则就要大祸临头了！"众人不知道这里面有诈，都踊跃效命，手持利刃，翻墙进入刺史的府第，捉住了黄绍颇，将他剁成两段。留从效找到州印，赶到王延政的族子王继勋的宅中，请他出面掌管军府，自称平贼统军使，献上黄绍颇的头颅，派兵马使陈洪进到建州传达捷报。王延政立即授王继勋为泉州刺史，留从效、陈洪进为都指挥使。漳州大将陈谟闻风响应，杀死刺史程文纬，请王继成掌管州事。王继成也是王延政的族子，与王继勋一样都远离朝廷，所以朱文进篡位，王氏亲族大多遇难，只有这两个人幸存了下来。汀州刺史许文稹见风使舵，奉表降殷。

朱文进听说三州生变，慌得手足无措，急忙悬出重赏招募兵马，聚集了两万人，令部下林守谅、李廷谔为将，去攻打泉州，钲鼓声传到百里之外。殷王王延政派大将军杜进，率兵两万去援救泉州。留从效得了援师，开城出战，与杜进夹攻闽军。闽军都是些乌合之众，一开战便作鸟兽状散去，林守谅战死，李廷谔被擒。捷报飞达建州，王延政催促吴成义率战舰一千艘，速攻福州。朱文进向吴越求救，派子弟做人质。吴越还没有出师，殷军已聚集到城下。

那时李璟已经听从查文徽的建议，派都虞侯边镐攻打殷国。吴成义恐吓闽人，诈称唐军是来支援自己的。朱文进一点办法都没有，只好派同平章事李光准去了建州，献上御宝。李光准刚刚出发，部吏已有二心。南廊承旨林仁翰偷偷地对众人说：“我们祖祖辈辈服侍王氏，如今受制于贼臣，倘若富沙王来了，有何面目相见呢？”众人应声道：“我们愿意听您的！”林仁翰便令众人武装起来，径直赶往连重遇的府第。连重遇督兵自卫，林仁翰拿着槊勇往直前，刺杀了连重遇，将他斩首示众。林仁翰对众人说：“富沙王马上就到了，恐怕你们要灭族了！现在我已经杀死了连重遇，除去一个逆党，你们何不速去杀死朱文进，立功赎罪？”众人听到这一番话，个个摩拳擦掌，闯入阙廷。凭朱文进再怎么威焰熏天，这时候也是一个独夫。乱军把他拖出来，乱刀齐下，朱文进立即粉身碎骨！

众人当下大开城门，迎吴成义入城。吴成义验过二人的首级，把它们送往建州，并由闽臣附表，请殷王王延政归闽。王延政因唐兵刚刚来到，没有时间迁都，只命侄子王继昌出镇福州，改福州为南都，并恢复国号为闽。并派南都侍卫及左右两军的士兵一万五千人，一起赶往建州抵御唐兵。

杨光远之死

唐闽交战的时候，正逢晋辽失好。晋主石重贵听信了景延广，向辽国只称孙不称臣，辽主已有怒意。辽国的回图使①乔荣，来晋国经商，在大梁买地建房。乔荣原本是河阳牙将，后来跟随赵延寿降辽，辽主因他熟悉中原的情况，就让他担任了回图使。偏偏景延广喜欢生事，说乔荣为虎作伥，劝石重贵逮捕乔荣，将其关到狱中。石重贵不问青红皂白，

---

① 回图使：辽国官名，管理通商之事。

197

就把乔荣府中的财物全部据为己有，随即下令将境内所有的辽商，一律捕杀，并把他们的财物充公。晋廷大臣担心会激怒辽国，就上奏说辽国曾经立下大功，不应相负。石重贵难违众议，把乔荣放出，赐给他厚礼，然后将他送了回去。

乔荣来向景延广告辞，景延广瞪着眼说："回去告诉你的主子，不要再听信赵延寿等人的诳言，藐视中原。要知道中原如今兵马强盛，爷爷如果来挑战，孙子的十万横磨剑足以抵挡他。日后如果被孙子打败了，会叫天下人耻笑的，那时后悔就来不及了！"乔荣正在担心丢失了货财，不便回去报告，听了景延广的大话，就乘机答道："你说的话太多了，我难免会遗忘。请您写在纸上吧。"景延广于是令属吏写下来，交给了乔荣。乔荣高高兴兴地走了。回到西楼以后，将纸呈上。辽主耶律德光一看，勃然大怒，立即命人将辽国境内的晋使，抓起来送往幽州。又召集五万士兵，指日南侵。

那时，晋国连遭水旱，接着又遇上蝗灾，国中正大闹饥荒。晋廷派了六十余人，分道而行，搜刮百姓的粮食。这时却听说辽国即将入侵，满朝文武都很担忧。桑维翰已经做了侍中，上疏劝石重贵向辽国谢罪，免得再起兵戈。唯独景延广认为没什么好怕的，再三阻挠。石重贵始终听信景延广，还以为他有平辽的妙策，对他言听计从。朝臣的领袖，除景延广外，要算桑维翰了。众人见石重贵不采纳桑维翰的意见，哪还有人再来多嘴？河东节度使刘知远料定景延广的鲁莽必然招来大敌，但是又不便力争，只好多多招募士兵戍守边疆，奏请设置兴捷、武节等十多支军队，以巩固边防。

平卢节度使杨光远早生二心，蓄谋已久。以前高祖曾借给他良马三百匹，景延广特传诏命，派人索要。杨光远不得已还了回去，私下里却对亲吏说："这明明是怀疑我！"于是派使者来到单州，召儿子杨承祚回来。杨承祚是单州刺史，见父亲召自己回去，就借口母亲生病，连夜回了青州。晋廷派飞龙使何超掌管单州之事，赐给杨光远金帛及玉带御马，以示恩惠。杨光远恩将仇报，竟密派心腹来到辽国，报称晋主负德背盟，境内大饥，乘此进攻可以一举荡平。辽主已经蠢蠢欲动，加上赵延寿从旁怂恿，便对赵延寿说："我已召集山后及卢龙兵五万人，令你为将，去荡平中原。如果得手，就立你为帝！"赵延寿听了，喜欢得不得了，急忙伏地叩谢。谢毕起身，立即统兵起程。

到了幽州，正遇上留守赵思温的儿子赵延照，自祁州前往父亲那里。

赵延寿命他做先锋，驱军南下，直逼贝州。

石重贵因为继位已经一年多了，正在大殿上接受百官的朝贺，忽然接到贝州的警报，立即召集群臣商议，大臣们都说："贝州是水陆要冲，关系重大。但此前已拨去了粮饷，大约可以支撑十年。为什么一遇到敌人，就这么紧急呢？"石重贵说："可能是知州吴峦虚张声势，待朕慢慢地派大将去支援他就是了！"

过了好几天，又有警信传来，说是贝州失守，吴峦以身殉国。晋廷君臣这才感觉到事情严重。以前吴峦在云州时，守城半年，尚且没有被攻破，此次为什么这么快就失败了呢？原来，贝州升为永清军以后，曾由节度使王周管辖。王周调任后，改用王令温。王令温因为军校邵珂不遵守法纪，便将他革职了。邵珂怀恨在心，暗中勾结辽军。这时王令温入朝执政，保举吴峦掌管州事。吴峦刚刚到任，辽兵的大部队就来了。吴峦与城中将卒不熟，怎么能分派任务？他只好拿出自己的一片诚心，誓众守城，将士颇为感动，纷纷表示愿效死力。那居心险恶的邵珂居然也在吴峦面前，自告奋勇，情愿独当一面。吴峦不知有诈，大大夸奖他一番，令他率兵守住南门，自己统率将吏驻守东门。赵延寿麾众猛扑，吴峦登城督守，辽人的武器大多被吴峦用火烧毁。不久，辽主耶律德光亲自率大军来到贝州城下，再行进攻。吴峦毫不胆怯，一面向晋廷乞援，一面督令将吏死守。不料邵珂竟大开南门，迎纳辽兵。辽兵一拥而入，全城顿时大乱。吴峦懊悔不已，仍然率领将吏巷战，等到支撑不住，只好投井殉难。贝州于是沦陷。

晋廷得到消息，立刻命归德军节度使高行周为北面行营都部署，河阳节度使符彦卿为马军左厢排阵使，右神武统军皇甫遇为马军右厢排阵使，陕府节度使王周为步军左厢排阵使，左羽林将军潘环为步军右厢排阵使，率兵三万，抵御辽兵。石重贵更是下诏亲征，择日起銮。

正巧成德军节度使杜威①派幕僚曹光裔来到青州，向杨光远讲明祸福利弊。杨光远立即令曹光裔上奏石重贵，诡言自己没有二心，并说杨承祚回家，其实是来探视生病的母亲，杨家既蒙恩宥，全族的人都受到皇上的关照，杨氏父子怎敢再作他想。石重贵信以为真，命曹光裔去安慰他们一番。其实杨光远不过是为了缓兵起见，暂且装出一副顺从的样子。石重贵以为东顾无忧，可以安心北征了，就命前邠州节度使李周为留守

---

① 杜威：即杜重威,因避晋主名讳,特改名杜威。

东京，自己率禁军起程。石重贵授景延广为御营使，一切朝政全归景延广处理。

途中连连接到各道的警报，河东奏称辽兵已经进入雁门关，恒、邢、沧三州也都上报敌寇入境，滑州飞奏辽主到了黎阳。石重贵于是命河东节度使刘知远为幽州道行营招讨使，成德军节度使杜威为副，率领右武卫上将军张彦泽等人，赶赴黎阳抵御辽兵。因为辽兵势盛，不可轻敌，所以又派了译官孟守忠写信给辽主耶律德光，乞修旧好。耶律德光回信说："事情已经到了这个地步，不能更改了！"

石重贵未免心焦，硬着头皮来到澶州。探子报说辽主屯兵在元城，赵延寿屯兵在南乐。石重贵又觉得与敌人相距太近，更加愁烦，整日忧心忡忡。太原刘知远上奏说，打败了辽国的伟王于秀容，斩首三千级，余众全部逃跑了。石重贵听了很高兴，可是没高兴多久，郓州知州颜衍派观察判官窦仪来报，说是博州刺史周儒举城降辽，又与杨光远通使往来，引辽兵自马家口渡河，左武卫将军蔡行遇战败被俘。至此，石重贵再也高兴不起来了。

石重贵无计可施，只好请景延广前来商议军事。窦仪对景延广说："胡虏如果渡河，与杨光远会师，河南两面受敌，就保不住了！"景延广于是派侍卫马军都指挥使李守贞，以及神武统军皇甫遇、陈州防御使梁汉璋、怀州刺史薛怀让，统率一万兵马，沿河抵御辽军。

景延广忽然接到高行周、符彦卿等人的急报，说大军到了戚城，被辽兵围住，请求立即发兵相援。景延广本已下令诸将分地拒守，不能互相援救，此次来使请求援师，稍与军令有违，景延广心想不如观望数天，再作安排。后来，戚城的军报一天比一天紧急。景延广这才去转告石重贵。石重贵大惊道："你怎么能不去救他们呢？"景延广答道："各军都已经派往别处，现在只剩下了陛下的亲军，难道也派出去不成？"石重贵愤然说道："朕亲自率军赴援，有什么不可以？"于是石重贵召集卫军，整军出发。

来到戚城附近，只听见鼓角喧天，料知两军已经开战，石重贵当下麾军急进。没走几里路，就到了战场。远远望见敌骑众多，纵横遍野，一位少年骁将，白袍白马，护着行营都部署高行周突出重围。敌骑四面追来，少将张弓连射数箭，百发百中，敌兵都望而却步。石重贵乘势杀去，高行周见御驾亲援，也翻身再战，救出左厢排阵使符彦卿、先锋指挥使石公霸，杀死了许多辽兵。辽兵见大事不好，转身逃跑了。

石重贵登上戚城古台，慰劳三将。三将齐声答道："臣等早已告急，援军久久不来，幸蒙陛下亲临，我们才获得了重生。"石重贵不禁失声叹道："都是被景延广耽误了！景延广迟报了好几天，所以朕来得太迟了。"三人凄然说道："景延广与臣等有什么仇，不肯派兵救急？"说到这里，相对泣下。经石重贵好言抚慰，才都停止了哭泣。石重贵问白袍少将是谁，高行周说："是臣的儿子怀德。"石重贵立即召见高怀德，赐给他弓马。随后，石重贵仍旧回了澶州。

这边刚刚奏凯班师，那边的捷报也传了来。李守贞等人来到马家口，正赶上辽兵筑垒。李守贞下令冲杀过去，守垒骑兵慌忙退走。晋军乘胜攻垒，很快就拿了下来。辽兵大溃，乘马渡河，淹死了数千人，战死数千人。驻扎在河西的辽兵，见河东失败，也痛哭着退去。辽人从此不敢东侵。李守贞活捉了敌将七十八人、部众五百人，将他们解送到澶州，一并处死。

夏州节度使李彝殷，奏请合蕃、汉兵四万，从麟州渡河，攻入辽境，牵制敌势。石重贵下诏授李彝殷为西南面招讨使。不久，听说杨光远打算西会辽兵，石重贵立即命前保义军节度使石赟分兵屯戍郓州，防御杨光远。并且命刘知远带领部众，自土门赶往恒州，会同杜威各军，掩击辽兵。刘知远不肯受命，只是移兵屯守乐平，逗留不前。

辽主耶律德光听说各路失利，已经萌生退兵之意，又不甘心就这样退去，于是想出一计，假装放弃元城，声言北归，暗中却在古顿、邱城埋伏下精骑，等候晋军。邺都留守张从恩多次奏称胡虏已经逃跑，晋军想要追击，被暴雨阻拦下来。辽兵埋伏了十几天，并不见晋军追来，反弄得人疲马饥。耶律德光见计谋没有得逞，欷歔不已。赵延寿献计道："晋军畏于我军势力强盛，一定不敢前进。不如进攻澶州，四面合攻，占据了浮梁，便可以直入中原了！"耶律德光依计而行，于三月初一，亲自督兵十余万，进攻澶州。自城北列阵，一直到东西两角，确是金戈耀日，铁骑成云。高行周等人自戚城进援，前锋与辽兵开战，从中午一直打到黄昏，也没有分出胜负。耶律德光亲自率领精骑前来接应，石重贵也率兵出阵。耶律德光望见晋军声势浩荡，便对左右说道："杨光远说晋国遭遇饥荒，士兵大多被饿死了，为何晋军还这样强盛呢？"于是分精骑为两队，左右夹击晋军，晋军屹立不动。等到辽兵趋近，却发出一声梆响，于是万弩齐发，飞矢蔽空，辽兵的前队多半中箭，立即退却。耶律德光又下令进攻晋军的东翼，两下里苦战到天黑，双方伤亡都很惨重。耶律德光知道不能取胜，引兵退去，到三十里外扎营，不久便北归了。

耶律德光帐中的一位小校偷偷跑到晋军军营，报称耶律德光已收兵北归，景延广怀疑他有诈，闭营高坐，不敢追击。耶律德光却把军队分成两支，一支从沧德出发，一支从深冀出发，安然归去。辽兵所过之处焚掠一空。耶律德光留下赵延寿为贝州留后。大将麻答攻陷德州，把刺史尹居璠抓了去。后来，缘河巡检梁进募集民兵，乘敌出境之时，将德州夺了回来。

石重贵因辽兵已退，留下高行周、王周镇守澶州，自己率亲军回了大梁。侍中桑维翰劾奏景延广不救戚城，专权自恣。于是石重贵调任景延广为西京留守。景延广郁郁无聊，整天只知道借酒消愁。不久，朝使出来搜刮民财，河南府出缯钱二十万，景延广擅自增到三十七万，想要拿那十七万缯中饱私囊。判官卢亿进言说："您已经做到将相，富贵到了极点。如今国家不幸，府库空虚，不得已才向百姓伸手。您为什么要发这种不义之财，徒为子孙增添累赘呢？"景延广也觉得很惭愧，于是放弃了这种打算。

各道横敛民财，百姓求生不得，求死不能。再加上朝旨招民为兵，号武定军，共需七万余人。每七户就得有一人充军，可怜百姓叫天天不应，喊地地不灵，都被害得卖妻鬻子，倾家荡产。石重贵还下诏改元开运，连日庆贺，朝欢暮乐，哪里晓得什么民间疾苦。

邺都留守张从恩上奏，说赵延寿虽然占据了贝州，可是部众在外已久，都想回家，正好趁机进攻。石重贵任命张从恩为贝州行营都部署，率领将士规复贝州。大军抵达贝州城下，赵延寿已经弃城逃跑。城中烟雾迷蒙，余火未熄。张从恩入城扑救，盘查府库，没有一文钱，百姓也已被抢劫一空，只剩了一座空城。

没过多久，滑州河水决堤，大水淹没了汴、曹、单、濮、郓五州。朝命连发数道，才堵住决口。石重贵要刻碑记事，中书舍人杨昭进谏，疏中有"刻石纪功，不如降哀痛之诏；染翰颂美，不如颁罪已之文"四句最为恳切。石重贵于是将原议搁置不提。

后来，有人上奏说宰相冯道立场不坚定，于国于民无用。石重贵于是调任冯道为匡国军节度使，晋封桑维翰为中书令，兼枢密使。桑维翰再秉国政，尽心尽力做事。纪纲稍振，颇有转机。石重贵授刘知远为北面行营都统，晋封北平王；杜威为招讨使，督率十三位节度使，控御北方。桑维翰在内指挥，权倾朝野，自行营都统以下无人敢违命。贿赂他的人络绎不绝。他恩怨分明，睚眦必报，又生得一张大脸，五官也都大得出奇，众人都很怕他。桑维翰秉政一年多，渐渐招来了流言飞语。

杨光远一向遭到桑维翰的猜忌，桑维翰决心除去杨光远，于是特命侍卫马步都虞侯李守贞，率两万兵马进讨青州。杨光远刚刚从棣州大败而回，突然听说李守贞的大军来到，慌忙领兵守城，并派使者向辽廷求救。李守贞奋力督攻，四面兜围，将青州城围了个水泄不通。杨光远日夜盼望辽兵来援，哪知辽兵只来了千余人，还被齐州防御使薛可言中途击退。城中援绝势孤，粮食渐尽，兵士多半饿死。杨光远料想不能突围，便登上城墙，遥向北方叩首道："皇帝啊，皇帝，你误会光远了！"说着，两行热泪就滚了下来。杨光远的儿子杨承勋、杨承信、杨承祚劝杨光远出城投降。杨光远摇摇头说："我在代北时，曾用纸钱驼马祭天，纸线驼马入池就沉，人们都说我将来会做天子。我要死守这里，等待援军，决不轻言降晋！"杨承勋等人怏怏退下，回想谋叛首倡其实是判官邱涛和亲校杜延寿、杨瞻、白承祚几个人。于是等杨光远回府以后，杨承勋等人竟一面号召徒众杀死邱、杜、杨、白四人，把他们的头颅送到晋营，一面纵火大喊，劫持杨光远出居私邸，然后开城迎纳官军，派即墨县令王德柔上表谢罪。

王德柔带着表文入都，石重贵览表，犹豫不决，召入桑维翰问道："杨光远罪该万死，但他的儿子们投降了，可否因为儿子赦免父亲？"桑维翰忙接口说："岂有逆状滔天，却要轻赦他的道理？望陛下速速将他正法。"石重贵始终犹豫不决，等桑维翰退去后，传命军前，叫李守贞见机行事。李守贞已进入青州，接到朝旨，就派客省副使何延祚率兵闯入杨光远的私邸，杀死杨光远。上疏报奏，诈称杨光远病死。石重贵起用杨承勋为汝州防御使。

杨光远叛命的时候，内外都很震惊，有朝士扬言说："杨光远要图谋大事吗？我实在不相信他能成功！他一向患有秃疮，他的妻子又是个瘸子，天下哪有秃头天子，跛脚皇后啊？"这几句话，反而使人心渐渐平静下来。不到一年，杨光远果然伏诛了！

耶律德光听说杨光远被诛、青州归降了晋国，又想大举入侵。令赵延寿领兵先行，前锋直达邢州。成德军节度使杜威飞章告急。石重贵又要亲征，可是生病没有痊愈，于是调张从恩为天平军节度使，马全节为邺都留守，会同护国军节度使安审琦、武宁军节度使赵在礼，共同抵御辽兵。赵在礼屯兵邺都，余军都驻扎在邢州，两军都按兵不动。耶律德光率大军接踵而来，声势浩大。各军已有惧意，晋廷一再告诫他们要慎重，于是将士们更加惶恐，顿时未战先退，沿途丢兵弃甲，队形大乱。众人匆匆奔到相州，勉强过了残冬。

开运二年正月，朝旨命赵在礼退屯澶州，马全节回去守邺都，另派右神武统军张彦泽戍守黎阳，西京留守景延广扼住胡梁渡。辽兵大肆抢掠邢、洺、磁三州，进逼邺境。张从恩、马全节、安审琦三军同时会集，列阵相州、安阳、水南，打算截击辽军。神武统军皇甫遇刚刚被加封为检校太师，出任义成军节度使，也闻难前来。他与濮州刺史慕容彦超带着数千骑兵，作为游骑，先去侦察敌势。早晨出发，到了傍晚也不见回来，安阳诸将都不禁惊慌起来。

闽国覆亡

义成军节度使皇甫遇与濮州刺史慕容彦超，前去探察敌军的情形，到了邺县漳水旁，正遇上数万辽兵骑马前来。皇甫遇等人且战且退，到了榆林店，后面尘土大起，只见无数辽兵飞驰而来。皇甫遇对慕容彦超说："我们寡不敌众，越是逃跑死得越快，不如列阵待援。"慕容彦超觉得他说得很有道理，于是布下一个方阵，露刃相向。辽兵四面冲杀，皇甫遇督军力战，双方伤亡惨重。皇甫遇的坐骑受伤，下马步战。仆人顾知敏把马让给皇甫遇。皇甫遇一跃上马，冲锋陷阵，奋战多时，才见辽兵稍稍退去。回头寻找顾知敏，已经不知去向，料想是被敌人抓走了，便对慕容彦超喊道："知敏这样的义士，怎么可以轻易抛弃？"慕容彦超听了，便怒马冲入辽阵，皇甫遇也随之冲了进去，从枪林箭雨中，救出顾知敏，跃马而还。

当时天已经快黑了，辽兵又调来生力军，前来围击。皇甫遇对慕容彦超说："我们绝不能逃跑，只好以死报国了！"于是闭营自固，以守为攻。皇甫遇天黑了还没回去，安阳诸将都各生疑虑。安审琦说："皇甫太师一点消息都没有，想必是被敌人包围了。"话音未落，一名骑兵驰来，报称皇甫遇等人被围，危急万分。安审琦立即引骑兵出发。张从恩问他要去哪里，安审琦慨然说道："去救皇甫太师！"张从恩说："传言未必可信。就算果真有此事，敌兵一定很多，天这么黑了，你去了又有什么用！"安审琦朗声答道："成败是天数。万一不济，也可以患难与

204

共。倘若胡虏不南下，坐失皇甫太师，我们还有什么脸面回去见天子！"说到这里，他已经扬鞭驰去。安审琦渡河急进，辽兵见有援师来到，立即解围退去。皇甫遇与慕容彦超这才回到相州。

张从恩说："辽主倾国南来，气势汹汹，我们兵力不多，城中粮食也支持不了多少天了。倘或有奸人告密，胡虏举大军来围，我们就死无葬身之地了。不如引兵去黎阳仓，倚河为拒，尚且可以保全。"安审琦等人还没同意，张从恩已经麾军先走，各军于是相继南下。军中大乱，张从恩只留下五百名步卒防守安阳桥。夜已四鼓，相州知州符彦伦听说各军退去，吃惊地对将佐说道："暮夜沉沉，人心不定，区区五百步卒怎能守桥？快召他们入城，登城守御。"当下派人召回守兵。

天刚刚亮时，遥望安阳水北，已是敌骑纵横。符彦伦命将士登城，扬旗鸣鼓，以示军威。辽兵不知底细，以为兵防严密，不敢进攻。符彦伦派出五百甲士，列阵城北，辽兵更加害怕了，到了中午就退去了。

北面副招讨使马全节等人，奏称虏众已退，应该乘势追击，袭击幽州。振武军节度使折从远，又奏称应该截击归寇，进攻胜、朔两地。于是石重贵雄心复起，召张从恩入都，担任东京留守，自己率亲军赶往滑州。命安审琦屯兵邺都，然后从滑州赶赴澶州。马全节的部军依次北上。刘知远在河东得知消息，不禁叹息道："中原人疲马倦，自守都怕守不住，现在横挑强胡，侥幸胜利尚且有后患，何况未必能胜利呢！"

耶律德光还不知道石重贵亲自出马，于是取道恒州，向北而去，并用羸弱的士兵带着牛羊作为前驱，经过祁州城时，刺史沈斌望见辽兵羸弱，以为可以进攻，于是派兵出击。不料士兵刚出发，那后队的辽兵突然赶到，竟将祁州兵截断，并趁势急攻。沈斌登城督守，赵延寿在城下指挥辽兵，仰首对沈斌大喊道："沈使君，你我本是故交，想区区孤城，如何保得住？不如趋利避害，快点出来投降。"沈斌正色答道："你们父子叛国，效忠虏廷，伤天害理，竟敢带着猪狗遗裔，来啃噬父母的宗邦！你如果还有良心，就该感到羞愧耻辱，怎么反而觉得自己脸上挺有光彩似的？沈斌弓折矢尽，就算为国家而死，也不会学你！"赵延寿恼羞成怒，加紧扑攻。两下相持了一昼夜，到了第二天早上，城池被攻破，沈斌自杀身亡。赵延寿掳掠一番，出城去了。

石重贵命杜威为北面行营都招讨使，率领本道兵马，会同马全节等人，继续进军。杜威于是进兵定州，派供奉官萧处钧前去收复了祁州，掌管州事。一面会同各军，进攻泰州。辽国刺史晋廷谦开城迎降。晋军乘胜进攻满城，捉住辽将没刺，然后移兵进拔遂城。

耶律德光回到虎北口，不断接到晋军进攻的消息，于是拥众南下，麾下约有八万人。晋营哨卒向杜威报告，杜威不禁生畏，连忙拔寨退到泰州。等到辽军进逼，他又退到阳城。耶律德光不肯罢休，继续南下，晋军无路可退，只好破釜沉舟，上前厮杀。正巧遇着辽兵的前锋，晋军一阵痛击，竟然杀败辽兵，向北追了十余里，辽兵越过白沟逃跑。

过了两天，晋军结队南行，才走了十余里，忽然遭到辽兵掩击。晋军突出重围，逃到白团卫村，依险列阵。辽兵一起奔来，又把晋营层层围住，并派士兵绕到营后，断了晋军的粮道。那夜东北风大起，拔木扬沙，很是厉害。晋军掘井取水，刚刚看见泉源，泥沙就灌了进去，将士们用布帛绞泥，以此取水饮用。这样终究不能解渴，人马俱疲，挨到黎明，风势更猛。耶律德光坐在胡车上，大声发令道："晋军只有这么多人，今天要把他们全部抓住，然后南取大梁。"于是命铁鹞军①同时下马，来踹晋营。辽军拿着短兵器杀入，后队更是顺风扬火，呐喊助威。

晋军到此时也不禁愤怒起来，齐声大呼道："都招讨使，何不下令速战！难道要束手就擒吗？"杜威还在迟疑，徐徐答道："等风小一些再说吧。"李守贞进言说："敌众我寡，现在风扬尘起，他还不清楚我军的多少，此风正是助我。如果再不出军奋击，一旦风小了，我们就完了！"说到这里，回头向众人喊道："开始反攻。"又对杜威说，"你擅长守御，守贞愿意率中军与敌人决一死战。"

马军排阵使张彦泽想退兵，副使药元福力阻道："众人都已经饥渴到了极点，一旦后退必将崩溃。敌人以为我们不能逆风出战，我们何妨上前痛击，打他个措手不及，这正是兵法中的诡道哩！"马步军都排阵使符彦卿也挺身而出："与其束手就擒，不如拼死报国！"随即，与张彦泽、药元福拔关出战。

皇甫遇也麾兵跃出，纵横驰骋，锐不可当，杀得辽兵后退了数百步。风越吹越大，天越来越黑，几乎不辨东西南北。符彦卿与李守贞相遇，对他说道："是撤兵回去，还是继续前进？"李守贞答道："正杀得起劲，应该乘机取胜，怎么可以回去呢？"符彦卿于是召集诸军，率领一万多名骑兵，横击辽军，呐喊声震动天地。

---

① 铁鹞军：辽人称精骑为铁鹞。

辽兵大败，势如山崩，晋军追了二十余里。辽国的铁鹞军已经下马，仓促之间不能再上去，兵甲丢了一路，等跑到阳城东南水上，才稍稍成列。杜威乘胜追击，到了阳城，远远望见辽兵正在布阵，于是下令："敌人已经吓破了胆，不要让他们摆成队形！"于是他派轻骑以最快的速度去袭击辽兵。辽兵都渡水逃跑。耶律德光乘车向北走了一千余里，看见一只骆驼，于是改乘骆驼，仓皇逃跑。诸将请示杜威，说应该去追击耶律德光，不要让他逃走了。杜威却说："我们遇上敌人，没死就是万幸了，还追他做什么？"李守贞说："两天以来，人和马都渴坏了，今天有水了，可是喝多了脚会肿。不如调军回去吧。"于是全军退守定州，后来又自定州引退，石重贵也回都去了。

杜威归镇以后，表请入朝，石重贵却不答应。原来，杜威久镇恒州，自恃是皇亲国戚，贪婪无度，经常借口巩固边防，敛取钱财，中饱私囊。富贵人家藏有珍宝，或者名姝骏马，他一定要设法夺取回来，甚至随便给他们加上一个罪名，将他们杀死，然后没收财产。虏骑入境时，杜威却怕得要死，任由敌人纵横驰骋，烧杀抢掠，属城变成废墟。杜威心想，边塞荒凉，这里又首当敌冲，不如入朝面见皇上，请求改调。石重贵不同意，他竟然不顾朝命，自行离镇入朝。朝廷听说以后，都很震惊。桑维翰入奏道："杜威仗着自己是皇亲国戚，飞扬跋扈，作威作福。疆场多事之时，他又没有半点守御的意思，擅自离开边镇，藐视帝命。应该乘他入朝之时，降旨黜逐，免除后患！"

石重贵默然不答，脸上反而露出几分害怕的意思。桑维翰又说道："陛下若顾全亲情，不忍加罪于他，也应授他近京小镇，千万不要再委镇雄藩。"石重贵说："杜威与朕是亲戚，一定不会心生异志。只是长公主想来探视我，所以他们才入朝，请你不要再怀疑了！"桑维翰怏怏退出。后来，桑维翰不想再参与国事，就借口生病，上表乞休。石重贵安慰他一番，桑维翰才勉强留了下来。

没过多久杜威入都，果然是带着妻子一起来的。他的妻子是石重贵的妹妹，已被晋封为宋国长公主。长公主这次入宫，名义上是探视皇上，实际上是替杜威说情，请求改镇邺都。石重贵立即应诺，命杜威为邺都留守，兼任节度使，仍称邺都为天雄军。调原来的留守马全节镇守成德军。杜威欣然辞行，带着妻子赴任去了。马全节调任没多久就病逝了。石重贵调定州节度使王周继任，命前易州刺史安审约担任定州留后。

耶律德光连年入侵，中原经他一番蹂躏，贻祸不浅，就是北廷的人畜也死了不少。述律太后对耶律德光说："我们现在请汉人做辽主，你觉得怎么样？"耶律德光坚决反对。述律太后又说："你不想让汉人做辽国之主，为什么却要去做汉人之主呢？"耶律德光答道："石氏背叛了我，我不能原谅他！"述律太后说："你今天即使得到汉土，也不能久居，万一失败，后悔难追！"又对群臣说道："自古以来只听说汉向番求和，没听说番向汉求和。如果汉人果真能够回心转意，我们何不顺水推舟，卖个人情给他？"

这个消息传入大梁，桑维翰忍耐不住，就劝石重贵向辽修和，稍缓国患。石重贵于是派供奉官张晖，奉表称臣，向辽国谢罪。耶律德光说："须派景延广、桑维翰亲自奉表前来，割让镇、定两州给我，然后再来与我讲和。"张晖不敢多言，只得回去报告石重贵。

石重贵说辽国没有诚意，便不再派遣使者，且心中暗想辽兵两次入侵，均被击退，其实也没什么好怕的。于是石重贵乐得安享太平，整日沉迷于酒色。将四方献上的奇珍异宝全部收入内府，采选嫔妃，扩建宫室，制造器玩，崇饰后庭。在宫中筑起一座织锦楼，令数百名织工织造地毯，用了一年的时间才织完。并召入优伶，日夜歌舞。不久因各道的贡赋都是银两，于是他下令将银子换成金子，藏在内库中，还笑着对侍臣说："金子质轻价高，最方便携带。"后人说这是北迁的预兆。桑维翰进谏道："强邻就在我们背后，这个时候不应贪图享乐！陛下亲自出马抵御胡寇时，遇到受了重伤的战士，也不过赏赐几匹布帛。如今优人一谈一笑，偶尔博得圣上开心，圣上就赐给他们束帛万缗，还赏赐锦袍银带，难道战士们就没有眼睛，没有耳朵吗？如果他们知道陛下待遇优伶远过战将，一定寒心，谁还肯奋身效力，为陛下保卫社稷呢？"石重贵哪里听得进这些话，只管一味骄奢淫逸。

枢密使冯玉很会阿谀奉承，博主上的欢心，没过多久竟升任同平章事。一次，冯玉身体不是很舒服，请假在家里休息。石重贵对群臣说："刺史以上官员，等冯玉病好，来上朝的时候，才可以调迁。"此后，内外官吏大多卖力地讨好冯玉。宣徽南院使李彦韬很会钻营，这时与冯玉勾结在一起，得以充任侍卫马军都指挥使，晋升为检校太保。从此，奸佞专权，朝政逐渐败落下去。

一次，石重贵生病了，桑维翰派女仆入宫朝见太后，并且询问皇弟石重睿读书了没有。这件事被石重贵知道了，不免心生芥蒂。到冯玉擅权时，石重贵与他谈起这件事，冯玉就说桑维翰有意废立，这更加触动了石重贵的疑心。李彦韬是冯家的走狗，当然与冯玉相联合，排斥桑维翰。天平军节度使李守贞也与桑维翰不睦。内外构陷，桑维翰当即被罢为开封尹。升任前开封尹赵莹为中书令，左仆射李崧为枢密使，司空刘昫掌管三司之事。桑维翰因权力被夺，多次借口生病，谢绝宾客，不去上朝。有人对冯玉说："桑公是元老，即使撤除枢务，也应当委任重藩，为什么叫他做开封尹，去处理那些烦琐的事情呢？"冯玉半晌才答道："担心他会造反！"那人又说道："他不过是一介儒生，怎么会造反呢？"冯玉答道："自己不能造反，难道不能叫别人造反吗？"朝臣因为冯玉党同伐异，都对他有意见。冯玉内恃懿戚，外结藩臣，竟把那石氏江山，悄悄地送给他人了。

且说闽王王延政与唐相拒，不分胜负。唐国安抚使查文徽多次请求增兵。唐主李璟于是派都虞侯何敬洙为建州行营招讨使，将军祖全恩为应援使，姚凤为都监，率兵数千攻打建州，从崇安进屯赤岭。闽王王延政派仆射杨思恭、统军使陈望，率一万兵马前去抵御。陈望在河的南岸安营扎寨，两军相持，唐兵也不敢进逼。

偏偏杨思恭传王延政之命，催促陈望出击。陈望答道："江淮兵精将悍，不可轻敌。我国安危，在此一举，必须有一个万全之策，然后才能行动！"杨思恭变色说道："唐兵深入，主上寝食难安，委命于将军。唐军不过数千人，将军拥兵数万，不快点督兵出击，徒然劳师糜饷，试问将军如何对得起主上？"陈望不得已率军渡水，与唐开战。

唐将祖全恩见闽兵袭来，只派了一千人前去迎战，然后装作被打败，引诱陈望追来。陈望果然猛力追去，忽然听见后队大喊，急忙回头，只见闽军已被唐兵截作数段，顿时手忙脚乱，不知所措。唐将姚凤搅入中坚，先将帅旗砍翻，祖全恩又从前面杀入。两位唐将夹逼陈望，陈望心惊胆战，一时失防，身已中槊，一个倒栽葱，跌落马下，立刻送命。杨思恭却并不援应，一听说陈望阵亡，慌忙逃回去了。王延政大惊，闭城自守，又向泉州调来大将董思安、王忠顺，命他们率本州的五千兵马，分别镇守建州的要害。

偏偏建州未能罢兵，福州又生变乱。福州指挥使李仁达背叛王曦后，投靠了建州，王延政令他做将领。朱文进背叛王曦时，李仁达又回到了福州，为朱文进谋取建州。朱文进担心李仁达有诈，将他黜居福清。著作郎陈继珣也背叛了王延政，来到福州。后来，王继昌被任为福州镇守，李仁达、陈继珣担心不能免罪，想要先发制人。王继昌嗜酒成性，不关心将士，部下多生怨谤。王延政防着此招，派指挥使黄仁讽为镇遏使，率兵保护王继昌。王继昌瞧不起黄仁讽，黄仁讽也不免心生芥蒂。李仁达、陈继珣乘机对黄仁讽说："现在唐兵乘胜南下，建州孤危，富沙王连建州都保不住，哪里还能顾及福州？昔日王潮兄弟都是光山的农民，攻取福建尚且易如反掌，何况我们？不如乘此机会，自谋富贵！"黄仁讽也不多说，点头同意。李仁达、陈继珣退出后，立即密召党羽，乘夜冲入府舍，杀死王继昌。吴成义听说以后，赶来支援王继昌，双手不敌四拳，也被杀死。

李仁达开始时想自立为王，又担心众人不服，特迎雪峰寺的僧人卓岩明为主，说他两目重瞳，手垂过膝，有天子之相。党徒同声附和，于是将那秃奴拥入，替他解去衲衣，披上衮冕，让他在南面高坐。李仁达率将吏北面拜舞，尊晋为正朔，称为天福十年。派使者到大梁，上表称藩。闽王王延政听说以后，将黄仁讽灭族，派统军使张汉真带领水军五千，会同漳泉兵讨伐卓岩明。

到了福州东关，船刚刚抛锚，城内突然冲出一将，领着数千名弓弩手射箭过来。张汉真来不及抵御，所带的战舰全被射得帆折樯摧。当下麾船欲逃，冷不防江中驶出许多小舟，舟中载着水兵，来捉张汉真。张汉真被他们打落水中，活擒而去。余众逃的逃，死的死。这位统将入城报功，将张汉真砍为两段。这位统将正是黄仁讽。黄仁讽因家族被灭，一腔怒火无处发泄，所以勇往直前，杀戮来将，聊报仇恨。那半僧半帝的卓岩明，一点用都没有，只知道在殿上泼水散豆，喃喃诵咒，说是在镇压来兵，因此得胜。赏劳完毕，卓岩明派人到莆田接来他的父亲，尊为太上皇。李仁达掌管了六军诸卫之事，派黄仁讽驻守西门，陈继珣驻守北门。黄仁讽事后追思，忽然感觉很惭愧，对陈继珣说道："人生在世，贵在忠信仁义，我曾服侍富沙王，却中道背叛，忠在哪里？富沙王将王继昌托付给我，我反而帮助乱党，将他杀死，信在哪里？近日与建州兵交战，所杀士兵多半是故乡人，仁在哪里？抛妻弃子，使他们受人屠戮，义在哪里？身负数恶，死有余辜了！"说着，泪如雨下。陈继珣劝慰他道："大丈夫建功立名，顾不到妻儿也是正常的，别想那么多了！"二人密谈心曲，偏偏被外人听见了，报告了李仁达。李仁达竟然诬称二人谋反，派兵役将他们抓来，枭首示众。

随后，李仁达召集将士，请卓岩明亲自校阅。卓岩明昂然前来，还没坐定，李仁达便递眼色给部众，众人会意，立即登台刺杀了卓岩明。李仁达装出惊惶失措要逃跑的样子，众人将他围住，逼迫他坐在卓岩明的位子上。李仁达下令杀了伪太上皇，自称威武军留后，用南唐保大年号，向唐称臣，又派人向晋廷献礼。唐主李璟任命李仁达为威武军节度使，赐名弘义。李仁达又派使者到吴越修好。

闽王王延政因国势日危，派使者到吴越乞援，愿意向吴越称臣。吴越还没有发兵，唐军却锐意进攻，日夕不休。王延政的左右密奏说，福州援兵有谋叛的势头。王延政于是收回铠甲兵器，将他们派回福州，暗中却出兵埋伏。福州援兵到了半路，被王延政的伏兵围住，杀得一个不留。王延政下令将八千多具尸骸运回去，充作兵粮。兔死尚且狐悲，这些守兵也有天良，怎么忍心残食同类，因此人人生怨。有人劝董思安早作打算，董思安慨然说道："我祖祖辈辈服侍王氏，见他处在危险之中，就背弃他，天下还有人容我吗？"部众都很感动，这才将叛意打消。

唐军先锋使王建封，攻城数日，探知城上守兵已无斗志，于是缘梯先登。唐兵随后跟上，城上守卒纷纷逃跑。闽王王延政无路可走，只好把自己绑起来投降了。王忠顺战死，董思安整军奔赴泉州。汀州守将许文稹、泉州守将王继勋、漳州守将王继成听说建州失守，相继降唐。闽国自王审知篡位，到王延政降唐，共有七位皇帝，前后五十年。

杜威误国

王延政被押解到金临，入朝见了唐主李璟。李璟下诏赦罪，授他为羽林大将军，所有建州诸臣一概赦免。仆射杨思恭横征暴敛，剥民肥己，建州人称他为杨剥皮。李璟历数了杨剥皮的罪状，然后将他处斩，向建州人谢罪。另选拔王崇文为永安节度使，令他镇守建州。王崇文清正廉洁，秉公办事，建州百姓于是安定下来。

第二年三月，唐国泉州刺史王继勋写信给福州，想要修好。李弘义认为泉州本来隶属威武军，此时王继勋却以地位平等的口气写了来信，少不得暗生愤怒，就果断地拒绝了王继勋。后来李弘义派弟弟李弘通率兵万人，攻打泉州。泉州指挥使留从效对刺史王继勋说："李弘通兵势强盛，本州将士因使君赏罚不明，不愿意出战，使君暂且退位自省吧！"王继勋沉吟不决。留从效指挥部众，把王继勋赶出府门，逼他住在私邸，自己代管军府之事，随后部署队伍，袭击李弘通。

两军战了十几个回合，留从效令旗一挥，部兵都冒死直上，李弘通招架不住，回头就逃。主将一逃，全军大乱，走得快的还能幸免，稍迟一步就立即丧命。留从效追到数十里以外，方才凯旋，随后派人到金陵告捷。唐主李璟任留从效为泉州刺史，召王继勋回金陵，调漳州刺史王继成为和州刺史，汀州许文稹为蕲州刺史。

李景达面奏李璟说，宋齐邱是国家的老功臣，把他抛弃，只会让众臣心寒的。李璟于是复召宋齐邱为太傅，只奉朝请，不让他干政。偏偏宋齐邱不肯安闲，硬要出风头。枢密使陈觉与宋齐邱交好，于是托宋齐邱上疏推荐自己，去劝李弘义入朝。宋齐邱乐得收买人心，就爽快地答应了。李璟没有批复，陈觉又自己上了一道奏章，说自己前去劝说李弘义，不怕李弘义不来。李璟于是令陈觉为福州宣谕使，赏赐李弘义金帛，并封李弘义的母亲和妻子为国夫人，四个弟弟全部升官。

陈觉到了福州，满心希望李弘义出来迎接，这样就可以用自己的三寸不烂之舌，劝他入朝。不料李弘义高坐府署，只派了属吏引陈觉入内。李弘义稍稍欠身，脸上含着一种杀气，凛凛可畏。两旁站着的刀斧手，仿佛与陈觉有仇，颇有请君入瓮的架势。陈觉吓得魂不附体，只是传达了李璟的赏赐，不敢谈及"入朝"二字。李弘义拱手言谢，然后派属吏送陈觉去馆舍，以寻常的酒饭招待他。陈觉自觉没趣，住了一夜，就告辞了。

走到剑州，陈觉越想越气愤，便传下伪诏，派侍卫官顾忠去福州，召李弘义入朝，自己权领福州军府之事，并且擅自派发汀、建、抚、信各州的戍卒，命建州监军使冯延鲁为将，前往福州，催促李弘义入朝。冯延鲁写信给李弘义，给他讲明祸福利弊。李弘义毫不畏怯，竟然回信请战，特派楼船指挥使杨崇葆，率水军前去抵御冯延鲁。陈觉担心冯延鲁独力难支，又派剑州刺史陈诲为沿江战棹指挥使，援应冯延鲁。一面上表金陵，只是说福州孤危，很容易攻下。

李璟先前并不知道消息，接到表文，才知道陈觉矫制调兵，专政擅权，十分猖狂，禁不住怒气勃发。学士冯延巳已经升任宰相，与朝上一班大臣慌忙上前劝解，说是已经出兵福州，不宜中途停止，还是等战胜后再作处置为好。李璟于是暂时忍耐下来。没过多久便接到军报，冯延鲁打了胜仗，击败了杨崇葆。不久又接到军报，冯延鲁进攻福州西关，被李弘义一鼓击退，全军覆没。连左神威指挥使杨匡邺也被俘虏。

那时李璟不能罢手，只好将错就错。当下命王崇文为东南面都招讨使，魏岑为东面监军使，冯延鲁为南面监军使，会师进攻福州。凭着人多势众，攻陷了外城。李弘义召集残众，固守内城，改名弘达，奉表晋廷。晋主授李弘达为威武军节度使，全权处理闽国国事。其实，也不过是授予他虚名，并没有什么帮助。

唐兵除了在福州外城攻扑以外，一再招诱城内的人投降。福州排阵使马捷愿意做内应，引唐军来到善化门桥。李弘达来不及防范内变，被杀了个手足无措。幸亏都指挥使丁彦贞率死士一百人，拿着短兵器，闯入唐兵阵内一阵拼杀，才将唐兵击退。但孤城总是危急得很，李弘达寝食不安，又改名为达，派使者到吴越乞援，奉表称臣。

这时，唐国漳州将领林赞尧作乱，杀死监军使周承义。剑州刺史陈海急忙会同泉州刺史留从效，去平定漳州之乱，赶跑了林赞尧。随即命闽国老将董思安掌管漳州事，且联名保荐董思安。李璟于是授董思安为漳州刺史。董思安因自己父亲的名字叫章，上疏辞职。李璟特改称漳州为南州，令他与留从效合兵，助攻福州。

福州已经危如累卵，怎么禁得住唐兵合攻，只好再三派使者到吴越催促援军。吴越王钱弘佐召集诸将商议，诸将都说道路险远，不便去支援。唯独内都监使邱昭券主张出师。钱弘佐说："唇亡齿寒，古有明诫。我世代奉中原之命，位居天下兵马元帅，难道邻国有难，可以坐视不救吗？诸君只知道饱食安坐，怎么就不为国家想想！"说着，便命统军使张筠、赵承泰调兵两万，南下支援福州。李达听说援兵来到，急忙开城迎接。唐军得到消息以后加急进攻，攻陷了东武门。李达带着吴越军拼命抵抗，鏖斗多时，不能得胜，只勉强退守危城。

李璟派信州刺史王建封赶往福州，满以为添兵增将，指日可成。偏偏王建封素性倔犟，不肯服从王崇文。陈觉、冯延鲁、魏岑、留从效等人又彼此争功，彼进此退，彼退此进，好似满盘散沙。因此将士们都很灰心，毫无斗志。李璟召江州观察使杜昌业为吏部尚书。杜昌业查阅簿籍，慨然叹道："连年用兵，国库快要空了，如何能持久呢？"

石重贵本来要发兵援闽，因北寇正盛，无暇南顾，只好勉强应付过去，得过且过。定州西北有座狼山，土人入山筑堡，意在避寇。堡中有间佛舍，由女尼孙深意住持。孙深意妖言惑众，百姓将她奉若神明。中山人孙方简及其弟孙行友，与孙深意同宗，自居侄辈，敬事孙深意。孙

213

深意病死，孙方简诡称孙深意坐化，将她的尸体放在神龛中，用香花供奉。百姓都来参拜，多达数百人。那时晋、辽绝好，北方赋役繁重，寇盗四处作乱。孙方简兄弟自称有天神相助，可以庇护人民。百姓趋之若鹜，纷纷求他保护。于是他选择壮丁编成部伍，以舍寺为寨，成为一方的强盗。

辽兵入侵，孙方简率众抵御，把抢来的兵甲牛马分给徒众，众人都高兴得不得了。百姓们听说以后，纷纷来投靠他。孙方简担心官吏来讨伐自己，就归附了晋廷。晋廷也要借他御寇，于是令孙方简担任东北招讨指挥使。孙方简于是多次进入辽境抢掠，渐渐地骄傲起来，多次向晋廷提要求。晋廷怎么能事事依他？他不能如愿，就叛晋降辽，说愿意做向导，引辽入侵。

当时，河北正闹饥荒，饿死了许多人。兖、郓、沧、贝一带盗贼四起，官吏屡禁不止。天雄军节度使杜威派部将刘延翰，出塞贩马，竟被孙方简捉走，押献给辽廷。途中刘延翰脱逃，奔回大梁，报称孙方简为辽效力，应该加紧预防。石重贵于是命天平军节度使李守贞，为北面行营都部署，义成军节度使皇甫遇为副。令彰德节度使张彦泽，任马军都指挥使；义武军节度使李殷，任步军都指挥使；并派指挥使王彦超、白延遇等人，率十营步兵戍守邢州。李守贞虽为统帅，但与内廷都指挥使李彦韬不睦。李彦韬党附冯玉，掌握军权，常常牵制李守贞。李守贞表面上对李彦韬很尊敬，心中其实早就愤愤不平。

石重贵担心吐谷浑等部落再次被辽国利用，屡召白承福入朝，给他重赏，令他戍守滑州。白承福令部众前往太原，择地畜牧。番众不知道中原的律法，违反了河东禁令。节度使刘知远将违法之人依法惩办，不肯有一丝宽容。番众的头目白可久渐渐心生怨恨，率部众回了辽国。

刘知远得到消息后，秘密与亲将郭威商议道："如今天下多事，番部出没太原，实在是个心腹大患。何况白可久已经先背叛了我们，难保他不来诱惑其他番部！"郭威答道："听说白可久投奔辽国以后，辽国让他做了云州观察使。倘若这件事被白承福知道，心里一定会很羡慕，恐怕会起二心呢。俗语说得好，擒贼先擒王。白承福一除，他的部众自然就成不了什么大气候了。况且白承福富甲一方，喂马都用银槽，我们如果拿他的钱来做军饷，雄踞河东，即使中原生变，也可独霸一方了。天下事安危难测，请你早作打算！"刘知远拍手称妙，随后秘密上表晋廷，说吐谷浑反复无常，请求将他们迁居内地。石重贵于是派人押回番众，将他们分置各州。

刘知远料想白承福势孤援绝，就派郭威前去招诱白承福。白承福一入太原城，刘知远就派兵将他围住，诬陷他谋叛，把白承福的亲族四百余人杀得精光，将白承福的遗产全部没收，事后奏达晋廷，仍然将谋叛二字作为话柄。石重贵哪里知道事实真相，即颁敕褒赏刘知远。吐谷浑部落从此衰落了，河东却从此雄起。

不久，三万辽兵入侵河东。刘知远命郭威出兵阳武谷，击破了辽兵，斩首七千级，派人向朝廷告捷。张彦泽也报称泰、定二州连败辽兵，杀敌两千名。晋廷君臣得意扬扬，还以为北虏衰落，容易歼灭。

这时，幽州有人来报，说赵延寿有意归国。枢密使李崧、冯玉信以为真，命杜威写信给赵延寿，详细地诉说了朝旨，并给他厚赏。后来得到赵延寿回信，说久居异域，思归故国，请求派大兵前去接应。冯玉等人更是怀着痴望，派人前往幽州，与赵延寿约定日期。赵延寿假意答应，暗地里却报告了耶律德光。耶律德光将计就计，并嘱咐瀛州刺史刘延祚，写信给乐寿监军王峦。刘延祚谎称愿意举城投降，并且说城中辽兵不满千人，朝廷若发兵袭击，自己愿意做内应。还说这年秋天多雨，瓦桥以北，积水漫天，耶律德光已回到牙帐，即便听说关南有变，道远水阻，如何能来，请朝廷乘势速行等。

王峦接到信，派人报告了朝廷。冯玉、李崧高兴得不得了，当下就要派大军去迎接赵延寿和刘延祚。杜威也上奏说瀛、莫二州可以攻取。深州刺史慕容迁献上瀛、莫二州的地图。冯玉与李崧于是奏明石重贵，请求任杜威为都招讨使，李守贞为副。中书令赵莹私下里对冯、李二人说道："杜威是皇亲国戚，身兼将相之职，却还贪得无厌，怎么可以再给他兵权呢？不如重用李守贞，各位才能安心！"冯、李二人同意他的观点，于是石重贵任杜威为行营都招讨使，李守贞为兵马都监，安审琦为左右厢都指挥使，符彦卿为马军左厢都指挥使，皇甫遇为马军右厢都指挥使，梁汉璋、宋彦筠、王饶、薛怀让等人也一起北征。并下敕通知各路大军，先收复瀛、莫二州，安定关南；再收复幽、燕二州，荡平塞北。擒获胡虏首领的人，除了升任节度使以外，还要赏赐钱万缗、绢万匹、银万两。这道敕一下，各军陆续出发。偏偏天公不作美，自六月开始下雨，到十月才勉强停住，军行粮饷免不了拖延，士兵各生怨言。

杜威到了广晋，与李守贞会师，向北进军。他担心兵马不足，令妻子宋国公主入都，请求增兵支援。石重贵将禁军多半调拨了过去，顾不得宫中守卫空虚，只希望他克敌奏捷。杜威带领全军，直奔瀛州，遥见城门大开，寂若无人，不由得暗暗惊疑，徘徊许久不敢前进。随后在城外筑营，分派侦骑四处探听消息。不久，接到侦报，说辽将高漠翰已经率兵悄悄退去，刺史刘延祚不知去向。杜威于是令马军排阵使梁汉璋，引两千骑兵去追击辽军。梁汉璋奉命前进，走到南阳务，却陷入敌人的埋伏之中，辽兵四面杀起，把梁汉璋困在垓心。梁汉璋左冲右突，不能逃脱，只落得全军覆没，战死沙场。

失败的消息传入杜威的军营，杜威慌忙引退。那时，耶律德光听说晋军已退，于是大举南下，追击晋军。杜威向来胆小，慌忙南逃。张彦泽这时在恒州，引兵去与杜威会师，主张拒敌。杜威于是和他同赴恒州，令张彦泽做先锋。走到中渡桥，桥在滹沱河的中流，辽兵已在桥上扼守。张彦泽麾众与辽兵争桥，三退三进。辽兵焚桥退去，与晋军夹河列营。

耶律德光见晋军来到，争桥失利，担心晋军急渡滹沱，势不可当，正打算引众北归。后来听说晋军沿河筑寨，想打持久战，于是逗留不去。杜威筑垒自固，闭门高坐，偏偏部下没有一个人奋进，只是互相承迎，置酒作乐，很少谈及军事。磁州刺史李谷献策道："如今大军与恒州相距不过咫尺。若将三根木头放在水中，在木头上积薪布土，很快桥就建成了。再密约城中举火相应，夜里招募壮士杀入虏营，内外援应，胡虏自己就怕了！"诸将都觉得很有道理，唯独杜威不同意，只是派了李谷到怀孟，督运军粮。

耶律德光见杜威久不出兵，料知他胆怯无能，于是暗中派部将萧翰与通事刘重进率领骑兵一百人、步兵几百人，潜渡滹沱河上游，绕到晋军后面，切断晋军的粮道。途中遇着砍柴的晋军，就把他们抓了去。有几个跑得快的逃回营中，惊惶失措，说有无数辽兵截断了归路。营中得此消息，当然震惊。辽将萧翰等人驰到栾城，如入无人之境，城中戍兵千余人猝不及防，竟被萧翰等人闯入，没办法只好狼狈乞降。萧翰抓住晋国百姓，在他们的脸上刺上"奉敕不杀"四字，然后放他们南下。运粮的役夫从道旁遇着这些人，还以为虏兵已经深入，心想不如赶紧逃命去，于是把粮车丢掉，四处奔逃。一时间风声鹤唳，震惊中原。

李谷在怀孟得到消息，急忙递上奏，密陈大军危急，请车驾速幸澶州，并召高行周、符彦卿扈从，速速派兵去戍守澶州、河阳，防备敌军杀来。这道奏章由大将关勋飞马递入朝廷。晋廷接到以后，非常惊惶。这时杜威又奏请增兵，都城卫士已派发军前，只剩下宫禁守兵数百名，石重贵将他们全部调赴前线，并下令将河北及滑、孟、泽、潞的粮食五十万担运到前线。不久，杜威再次派张祚告急，晋廷无兵可调，只派张祚回去报告行营，令他严守。张祚在回去的途中，竟被辽兵掳去。竟然弄得内外隔绝，两不相通。

开封尹桑维翰见形势已万分危急，求见石重贵，想要奏陈守御计划。石重贵正在苑中调鹰，只图快乐，不想见桑维翰，就派内侍拒绝了他。桑维翰不得已进入枢密院，与冯玉、李崧商量国事。话不投机半句多，任你桑维翰韬略弘深，言论确当，那冯、李二人只是摇首闭目，不答一词。桑维翰怅然退出，回去对亲信说："石晋的末日就要到了!"

过了两三天，军报更加紧急，石重贵想亲自出征，都指挥使李彦韬劝阻道："陛下亲征，谁来镇守宗社？臣听说千金之子，坐不垂堂，何况陛下尊为天子，难道可以屡冒矢石吗？"石重贵于是命高行周为北面都部署，符彦卿为副，共同戍守澶州；派西京留守景延广，出屯河阳。

杜威在中渡桥与辽兵相持多日，没有一点进展，顿时惹恼了指挥使王清，他入帐对杜威说道："我军暴露在河滨，没有城池作屏障，营孤粮尽，不攻也会自溃。王清愿率步兵两千人做先锋，夺桥开道，你率诸军随后跟进。进了恒州，有了依靠，就不用担心了!"杜威踌躇了半晌才答应。派宋彦筠领兵一千人，与王清一起前去夺桥。

王清挺身而出，渡河作战，约十几个回合，杀死辽兵百余人。胡虏的气势减弱了一些。宋彦筠胆小如鼠，一遇到辽兵接战，不到半刻立即退缩。辽兵从后面追杀过来，宋彦筠凫水逃回。唯独王清还带着孤军猛力奋战，一再派人到大营催促杜威进军。杜威安坐营幄，竟然不派一人一骑去援救王清。王清力战到天黑，对部众说道："上将坐视我们被困，不肯支援，想必另有异谋。我们吃着皇粮，应该尽力效忠。迟早总是一死，不如以死报国吧!"部众都被他感动，死战不退。不久天色渐黑，耶律德光派出新军围击王清。王清势孤力竭，与部众全部殉难，临死时还杀死了许多辽兵。

王清死后，诸军都没有了斗志，辽兵乘胜过河，围攻晋营。

石重贵降辽

辽兵环逼晋营，气焰嚣张。晋营势孤援绝，粮食也都吃光了。杜威无计可施，唯有降辽或许还能保全性命，于是与李守贞、宋彦筠等人商议投降，众人都无话可说。唯独皇甫遇进言道："朝廷因为你是皇亲国戚，所以才委付重任。如今还没有战败就要投降，你对得起朝廷吗？"杜威答道："时势所迫，不能不委曲求全！"皇甫遇气愤地退了出去。

杜威密派心腹将士，驰往辽营请降，并且请求重赏。辽主耶律德光答道："赵延寿威望很浅，不足以做中原主子，你果真投降我，我会叫你做皇帝。"将士回去转告了杜威，杜威大喜过望，立即令书记官写好降表。第二天，杜威召集诸将，把降表拿给他们看，令他们依次署名。诸将虽然惊讶，但多半贪生怕死，于是就签上了自己的名字，唯独皇甫遇不愿与他们为伍。杜威派合门使高勋，去辽营献上降表。耶律德光很客气地接待了他，派高勋转告杜威，即日受降。

杜威便令将士出营列阵，将士踊跃地跑出来，个个摩拳擦掌，等待与敌人厮杀。这时，杜威出帐宣谕道："现在已经粮尽途穷，如果想活命的话，看来只有降敌了。"说完，命将士脱去铠甲，放下兵器。将士们都感到非常意外，禁不住号哭起来，霎时间声震原野。杜威与李守贞同时说道："主上失德，任用奸邪，猜忌我军。我们进退无路，不如投顺北朝，另求富贵。"

话音未落，已有一名辽将带着辽骑来到，他身上穿着赭袍，很是鲜艳。来人正是赵延寿。赵延寿到了军前，抚慰士卒，杜威领着部下向他行礼。赵延寿命随行的辽兵递上赭袍，交给杜威。杜威高兴地穿上，向北下拜，起身面对众人时，立即换了一副趾高气扬的表情，隐隐以中原皇帝自居。赵延寿立即带杜威等人去拜见耶律德光。耶律德光对杜威说："你果真立功中原，我也不负前言！"杜威率众将下拜谢恩。耶律德光当面授杜威为太傅，李守贞为司徒。

杜威愿意为前驱，引耶律德光到恒州城下，召谕守将王周，劝他出降。王周立即开城将他们迎入。耶律德光率大军入城，派兵去袭击代州，刺史王晖也举城迎降。耶律德光又派通事耿崇美去招降易州。易州刺史郭璘是一代忠臣，每当辽兵过境，必定登城拒守，使他们无懈可击。耶律德光每次都担心他截断归路，不得不时时刻刻小心防备。每次经过城下，耶律德光都指城叹息道："我要吞并中原，只恨被此人挡住了去路，我迟早总要除掉他。"这时耶律德光命耿崇美去招抚易州，易州兵吏闻风生畏，争先恐后地出来投降。郭璘拦不住士兵，就痛骂耿崇美。耿崇美一生气，拔剑去杀郭璘，郭璘倒地身亡。

易州归降辽国以后，义武军节度使李殷、安国军留后方泰相继降辽。耶律德光命孙方简为义武军节度使，麻答为安国军节度使，另派客省副使马崇祚掌管恒州之事。随后，耶律德光引兵自邢相南下，杜威率降众随从。皇甫遇不想降辽，偏偏耶律德光召他入帐，令他做先驱，攻入大梁。皇甫遇坚决不答应，退出去以后，哭着对左右说："我是将相，打了败仗却苟且偷生，怎么忍心倒戈害主呢？"那一夜，他带着从骑数人离开了辽营。走到平棘，皇甫遇对从骑说："我打了败仗，还有什么脸面南行！"说完，自缢而死。

耶律德光改命张彦泽做先锋，任命通事傅住儿为都监，与张彦泽一起前往大梁。张彦泽带着两千骑兵，倍道疾驰，星夜渡白马津，直抵滑州。石重贵这时才听说杜威败降，接着收到耶律德光的檄文，是由张彦泽传递来的，其中有"纳叔母于中宫，乱人伦之大典"等话。石重贵慌得面色如土，急忙召冯玉、李崧、李彦韬三人入内议事。三人面面相觑，最后还是李崧开口说道："禁军都已经调出去了，现在无兵守卫。看来只有飞诏河东，令刘知远派兵进来守卫了！"石重贵听了，立即命李崧写诏书，派人西去。

过了一宵，天色微明，宫廷内外忽然喧哗起来。石重贵惊醒了，出来问明左右，才知道张彦泽领着番骑已逼近城下。不久，又有内侍进来报告说："封邱门失守，张彦泽斩关直入，已经到明德门了！"石重贵更加慌忙，急令李彦韬召集禁兵，去阻击张彦泽。不料李彦韬已经逃跑了。宫中更是乱了套，有两三处纵起火来。石重贵自知难以幸免，就携剑巡宫，逼迫后妃以下十余人，一同赴火。亲军将领薛超从后面赶上，抱住石重贵，请他慢慢想办法。随后，手下递入耶律德光的书信，信中语气十分平和。石重贵于是令亲卒扑灭大火，自己走出上苑中，召入翰林学士范质，含泪对他说道："杜郎背我降辽，真是过分。以前先帝起事太原时，想选择一个儿子做留守。他与辽主商量，辽主曾经说我能担当此任。爱卿现在替我起草一份降表，多多提及以前的事，我们母子或许还有希望活下来。"范质依言起草。

219

表文写好以后，呈给石重贵。石重贵正在读着，突然有个老太太踉踉跄跄跑进来，一边哭一边说道："我以前多次说过，冯氏兄妹是靠不住的。你宠信冯氏，由他肆意妄行，如今闹到这个地步，如何保全宗社？如何对得住先人？"石重贵抬眼一看，进来的不是别人，正是皇太后李氏。当下心烦意乱，也无心行礼，只呆呆地站立一旁。李太后还要说话，外面又有人来报："辽兵已进入宽仁门，专等太后及皇帝回话！"太后问石重贵："你究竟想怎么办？"石重贵答不出一句话，只好将降表奉上，太后大略一瞧，又痛哭起来。

　　范质在一旁劝慰道："臣听说辽主的来信，并没有恶意。说不定因为我们奉表请罪，仍旧还给我们宗社呢。"太后也想不出别的办法，徐徐答道："火烧眉毛，也顾不得许多了。他既然写信来，我也要答复一表，爱卿且为我起草吧。"范质于是又起草一表。

　　太后与石重贵把表文大体看了一下，便召入石延煦、石延宝，令他们带着表文去辽营。石延煦、石延宝是石重贵的侄子，石重贵把他们当做自己的儿子一样看待。二人素居内廷，所兼节度使的职衔也只是挂个名，并不莅任，此次奉主之命，只好带着表文前去。

　　辽国通事傅住儿，已入朝来宣布辽主的敕命。石重贵无法拒绝，勉强出来见他。傅住儿令石重贵脱去黄袍，改穿素衣，下阶再拜，听读辽敕。石重贵顾命要紧，只得唯言是从，左右都掩面而泣。待傅住儿读完离开以后，石重贵垂泪入内，特派内侍去召张彦泽，要与他商量后事。张彦泽不肯应召，只派内侍来回话："臣没脸见陛下！"石重贵还以为他害怕受责备，因此不来。再次派人前去慰召，张彦泽微笑不答，自己到侍卫司中，假称晋主召开封尹桑维翰入见。桑维翰应命前来，走到天街，与李崧相遇，才说了几句话，就有军吏来到桑维翰马前，向他作揖，说道："请相公去侍卫司。"桑维翰这才明白被张彦泽骗了，势难免祸，于是对李崧说道："侍中当国，今天国亡，反而叫桑维翰去死，究竟是为什么？"李崧惭愧地走了。

　　桑维翰来到侍卫司，见张彦泽堂皇高坐，脸上露出骄傲之色，不禁愤恨交加，指斥张彦泽道："去年主上免了你的罪，把大镇交给你戍守，后来又授予你兵权。主上待你不薄，你为何如此负恩？"张彦泽无言以对，只是命人把桑维翰关到另一间屋子里，派兵看守。随后，张彦泽到处抓捕仇人，凡是与他有过摩擦的，全部被处死。然后纵兵大掠，抢来的珍宝大多据为己有。贫民也乘势闯入富人家，杀人越货。抢劫了两个昼夜，都城变成了空城。

张彦泽的住处积宝如山，他自称有功北朝，日益骄横，出入时骑从多达数百人，前面举着大旗，上面写着"赤心为主"四个字。路旁的士民免不得笑骂揶揄，随军听到以后就抓捕他们。有几个晦气的被带到张彦泽面前，张彦泽不问他们犯了什么罪，只是瞪着眼，竖起三根手指，便将犯人枭首。宣徽使孟承诲躲在私邸，也被张彦泽抓到，结束了性命。合门使高勋外出还没回来，张彦泽乘醉来到高勋家，高勋的叔母和弟弟出来酬应，几句话不和，就被杀死，陈尸门前。都中人都有戒心，差不多似豺虎入境，寝食不安。

张彦泽曾任彰义军节度使，擅自杀死掌书记张式，甚至将他剖腹挖心，截断四肢。后来又抓住亡将杨洪，先截断手足，然后处斩。河阳节度使王周曾奏劾张彦泽的二十六条罪状，刑部郎中李涛等人也上奏请求处死张彦泽。张彦泽因此被贬为龙武将军。后来御辽有功，因而被提拔。上文桑维翰所说的，就是指此事。

李涛这时是中书舍人，私下里对亲信说："我如果躲起来，也不会幸免，何不亲自去见张彦泽，听他处置！"于是他便大胆前去。来到张彦泽那里，直接走进去，朗声呼道："上疏请杀太尉的人李涛，谨来请死！"张彦泽欣然接见，并且笑着说："舍人今天可害怕了？"李涛答道："李涛今天害怕足下，仿佛足下前日害怕李涛。如果朝廷早听了李涛的话，也不至于到今天这个地步！"张彦泽越发狂笑，命从吏酌酒给他。李涛接过来一口喝光，从容地走了出去，旁若无人。最后，张彦泽倒也没把他怎么样。

没过多久，张彦泽令部下入宫，胁迫石重贵的家属迁到开封府，宫中无不痛哭。石重贵与太后李氏、皇后冯氏坐着轿子，十余名宫人宦官随后步行。张彦泽见石重贵等人带着金银珠宝，就说："北朝皇帝就要来京，库物不应该私藏。"石重贵没办法，只好全部交出去。张彦泽挑选了一些奇珍异宝，其余的封在库中，留给辽主。石重贵等人进了开封府，他派控鹤指挥使李筠率兵监守，让石重贵与世隔绝。石重贵的姑母乌氏公主，拿金帛贿赂守卒，才见到石重贵及太后。众人抱在一起，痛哭了许久。乌氏公主诀别而归，当夜悬梁自尽。

石重贵叫人去取内库的布帛数匹，库吏不肯照给，并且厉声问道："这还是晋主的东西吗？"石重贵又向李崧要酒，李崧对来人说："我不是舍不得给，只是担心陛下饮酒后，更加忧躁，恐生不测，所以不敢奉

221

进。"石重贵召见李彦韬，等了好久李彦韬都没有来。正在伤心难过，忽然张彦泽差来悍吏，强索楚国夫人丁氏。丁氏是石延煦的母亲，三十岁出头，风韵犹存。石重贵禀明太后，不想让她去，太后当然迟疑。怎奈张彦泽一再强迫，连太后也不能阻拦，丁氏更是身不由己，就被带了去。

那天傍晚，张彦泽竟杀死了桑维翰，把绳子放在他的脖子上，派人去报告耶律德光，诡称桑维翰自缢身亡。耶律德光怅然叹道："我并不想杀桑维翰，他为什么要自尽呢？"于是传命厚恤家属。晋将高行周、符彦卿都到辽营请降。耶律德光传见，两人拜倒在帐前，只听耶律德光问道："符彦卿，你可记得阳城一战？"符彦卿答道："臣当日出战，只知为晋主效力，没有想别的。今天特来请罪！"耶律德光解颐笑道："好一个强项令，我赦免你的前罪就是了！"符彦卿拜谢，与高行周一同退出。

这时，石延煦、石延宝奉表入帐，并呈上传国御宝。耶律德光览过表文，也不多言，唯独接受御宝时，却反复摩挲，最后问石延煦："这印可是真的？"石延煦回答是真的。辽主沉吟道："恐怕未必！"随即从案上取过一张纸，草草写了数行，递给石延煦："你去交给石重贵吧。"二人退出，立即回来报告石重贵。石重贵见耶律德光的手书，是模模糊糊的汉文："孙子石重贵不要担心，爷爷大辽皇帝一定会叫你有饭吃。可是，你献上的传国宝不是真的。你既然诚心归降，速将真印送来！"

石重贵看了前面的几句话，心下略略放宽，读到后面几句话，又不免焦急起来，便自言自语道："我家只有这么一个传国宝，为什么说是假的？"又猛然醒悟道，"不错！不错！"旁顾左右，只有愁容惨淡的几个妃嫔，没有人可代为写信，于是援笔自书道："先帝入洛京时，伪主李从珂自焚，传国旧宝不知去向，想必与之俱焚。先帝受命后，制造此宝，臣僚都知道这件事。臣到今天，哪里敢藏宝不献？"这奏状派人递去，才免受耶律德光的诘责。

后来听说耶律德光渡河而来，石重贵打算与太后前去奉迎，先告诉了张彦泽。张彦泽不想让他见耶律德光，特地派人上奏耶律德光说："天无二日，哪有两位天子在路旁相见的道理？"耶律德光因此不同意石重贵郊迎。赵延寿等人对辽主说："晋主既然已经乞降，应当令他衔璧牵羊，率领大臣，到郊外恭迎。"耶律德光摇头说："我派奇兵直取大梁，并非前去受降，何必用这般古礼！唯独景延广出言不逊，很是可恨，应速速将他捕来！"于是便派兵去抓捕景延广，自己则带着亲军渡河南行。途中传令晋臣，一切如故，朝廷制度，仍用汉仪。晋臣请求备齐法驾，迎接耶律德光。耶律德光批复道："我刚刚披甲督兵，太常仪卫都没有时间用，尽可不必施行!"

走到封邱，景延广自己前来拜见。耶律德光怒责道："两国失和都是你一人所致，你还敢来见我吗？你的十万横磨剑在哪里呢？"景延广百般抵赖。耶律德光召入乔荣作证，景延广还不肯承认。乔荣取出一张纸，就是当日的笔录，白纸黑字记得十分清楚。又举证景延广的罪案十条，景延广每服一事，即授一筹。筹到八时，耶律德光愤然说道："罪不胜诛，说它干什么!"景延广浑身发抖，伏地请死。耶律德光喝令将他锁上，押到北庭。景延广夜宿陈桥，等守兵稍稍放松了警惕，便自杀了。

时已岁暮，到了除夕这一日，晋廷文武百官听说耶律德光翌日到都城，就在夜里出来住到封禅寺。第二天是元旦，百官在寺内排班，遥辞晋主，改穿素衣纱帽，出来迎接辽主。只见辽兵整队前来，前面是步兵，后面是骑兵，都是些雄赳赳的健儿、声蹀蹀的壮马，中间拥着一位辽国皇帝，貂帽貂裘，穿着铁甲，高坐逍遥马上，英气逼人。晋臣看得眼花缭乱，慌忙匍伏道旁，叩头请罪。耶律德光见路左有一高坡，便纵辔登上，笑吟吟地俯视晋臣，随后令亲军传谕，叫晋臣一律起身，仍改穿常服。晋臣三呼万岁，响彻云霄。

晋左卫上将军安叔千起身出班，走到高阜前，再行跪下，嘴里说着胡语。耶律德光哂道："你就是安没字吗？你以前镇守邢州，就上表通诚，我还记着呢，今天也没有忘。"安叔千听着，好像小孩得了个大饼，非常高兴，便磕了几个响头，欢跃而退。他本来就喜欢学习胡语，汉字却识不了几个，众人都叫他"安没字"，所以耶律德光也这样称呼他。

晋臣都已起身，带着耶律德光进入封邱门。才到门前，石重贵带着太后等人一起出城，去迎接耶律德光。耶律德光拒不相见，自己率大军径自入城。城内百姓吓得四处乱躲。耶律德光登上城楼，派通事宣谕说："我们都是好人，大家不用惊慌！我本无意南来，是汉人带着我来到这里的!"百姓听了，稍稍安静下来。辽主下楼进入明德门，门内就是宫禁，他下马拜揖，然后入宫，令枢密副使刘敏掌管开封尹之事。到了傍晚，耶律德光仍旧出屯赤岗。

晋合门使高勋上报耶律德光，说张彦泽妄杀自己的家人，百姓也都来数说张彦泽的罪状。耶律德光命人将张彦泽带来，宣示百官，问张彦泽是否应该被处死。百官都说应该。耶律德光说："张彦泽应斩，傅住儿也不是清白的，索性叫他同死吧。"于是命人抓住傅住儿，将他与张彦泽带到

223

北市，派高勋监刑。号炮一响，双首齐落。张彦泽前时所杀士大夫的子孙，都来观看，一边哭一边骂。高勋命将张彦泽的尸骸断腕剖心，祭奠之前枉死的人。

耶律德光又命将晋主的宫眷全部迁到封禅寺，派兵把守。正逢连日雨雪，石重贵等人又冷又饿。李太后派人对寺僧说："我曾赏给你们数万金，今天你们都忘了吗？"僧徒回答说胡虏心思难以猜测，不敢给太后饭吃。太后哭泣不止。石重贵密求守兵，乞得一点儿粗米糙饭勉强充饥。过了好几天，耶律德光颁下诏敕，废石重贵为负义侯。晋国自石敬瑭僭位，只传了一代，十一年而亡。

耶律德光称帝中原

耶律德光废去晋主石重贵，并且令他迁到黄龙府。黄龙府本是渤海扶余城，辽太祖东征渤海，来到城下，见有黄龙出现在城上，因此改渤海扶余城为黄龙府。石重贵听说要迁到辽东，哪能不慌张，哪能不悲哀？李太后以下的宫眷也都相向号泣，以泪洗面。耶律德光派人传话给李太后："听说石重贵不听母亲的话，以致覆亡。你可以自便，不必与石重贵同行。"李太后哭着答道："石重贵对我一向尊重，不过违背先君的遗嘱，与上国失和，所以一举败灭。今幸蒙大恩，保全了全家。母亲不跟着儿子，又能往哪里去呢？"

耶律德光自赤岗入宫，所有内外各门都派辽兵守卫。他面谕晋臣道："从今以后，不修甲兵，不买战马，轻赋省役，与天下共享太平。"随即撤销东京名目，降开封府为汴州，府尹为防御使。耶律德光改穿中原的衣冠，百官起居沿用旧制。赵延寿举荐李崧，说他才可大用。还有辽国学士张砺，以前原是晋臣，与赵延寿同时降辽，也上奏说李崧可以做宰相。耶律德光因此授李崧为太子太师，令他担任枢密使。

正逢威胜军节度使冯道自邓州入朝，耶律德光久仰他的大名，立即召见他。冯道按礼相拜，耶律德光戏问道："你是什么老子？"冯道答道："无才无德，痴顽老子。"耶律德光不禁微笑，又问道："你看天下百姓，如何救得？"冯道应声答道："此时就算佛祖出世，恐怕也救不了百姓。唯独皇帝可以救他们。"耶律德光很高兴，仍令冯道做太傅，担任枢密顾问。随即派使者颁诏各镇，诸藩争相上表称臣，唯独彰义节度使史匡威占据泾州，不受辽命。雄武节度使何重建杀死辽使，举秦、成、阶三州降蜀。

杜威降辽后，仍恢复原名杜重威，率部众屯驻陈桥。耶律德光在河北时，担心他率领兵众生变，曾令他缴出铠仗数百万，搬到恒州，战马数万，驱回北庭。耶律德光渡河入梁以后，想派胡骑把众人赶到河里，全部处死。部将说别处的晋兵如果知道了，一定都会抗命，不如暂时安抚，慢慢再想办法。耶律德光虽然听从了他的建议，心中总是不平，所以供给不及时，害得陈桥降卒白天挨饿，晚上受冻，都怨骂杜重威。

杜重威不得已表明军情，耶律德光召赵延寿前来商议，仍要将晋兵赶尽杀绝。赵延寿说："皇帝亲冒矢石，取得晋国，是归自己拥有呢，还是替他人代取呢？"耶律德光变色答道："我倾国南征，五年不解甲，才得到中原，难道甘心让给别人吗？"赵延寿又说："晋国南有唐，西有蜀，皇帝可曾听说？"耶律德光满脸疑惑："怎么不知道？"赵延寿说："晋国东起沂密，西到秦凤，绵延数千里，与吴蜀交界，晋曾用兵防守，连年不懈。臣想南方暑湿，非北人所能久居，他日皇帝车驾北归，无兵守边，吴蜀必乘虚入侵，那时恐怕中原仍非皇帝所有，岂不是历年辛苦，终归他人吗？"耶律德光愕然："我怎么没想到这一点？按你的意思，今天该怎么办？"赵延寿说："最好命陈桥降卒分守南边，吴蜀便不能为患了。"耶律德光点点头："我以前在潞州，一时失策，把唐兵全部给了晋国。晋国有了这些兵，反而与我为仇。转战数年，才得以告捷。如今落入我的手中，若不全部歼除，后患不小啊！"赵延寿道："以前留住晋兵，没有让他们带家属，所以成了隐患。如果让戍卒的家属随军，料他们顾念家人，不敢生变。这才是上策呢！"耶律德光点头同意，立即将陈桥降卒分派回营。

石重贵得到耶律德光的敕命，迁去黄龙府，不敢不行，又不想立刻动身，拖延了好几天。耶律德光派去三百名骑兵，迫令他北迁。石重贵只好起程。耶律德光又派晋相赵莹、枢密使冯玉、都指挥使李彦韬一路监视石重贵。所到之处，州郡长吏都不敢迎奉。即使有人给他们送来吃的，也被辽骑抢了去。可怜石重贵等人吃了上顿没下顿，更何况山川艰险，风雨凄清，真是悲惨到了极点！回忆起在大内时，与冯皇后等人饮酒作乐，恍若隔世。

进入磁州境内，刺史李谷到路旁迎接，这对昔日的君臣相对泣下。

225

李谷一边哭一边说："臣实在无能，有负陛下大恩！"石重贵流涕不止，仿佛有什么东西堵在喉咙里，一句话都说不出来，过了许久，只说了"与卿长别"四个字，辽兵不肯容情，催李谷赶快离开。李谷于是拜别石重贵，返回磁州。石重贵走到中渡桥，看见杜重威的寨址，气愤地叹道："我哪里对不起杜贼，全家都被他害得这么惨，天理何在？"说到这里，不禁大哭。左右上前劝慰，他才过河北上。到了幽州，全城的百姓都来探望石重贵。有的人牵羊持酒，愿意献纳，都被卫兵斥去，不让他们与石重贵相见。石重贵当然悲泣，州民也都欷歔不已。石重贵入城，驻留了十几天。州将奉耶律德光之命，犒赏酒肉。赵延寿的母亲也献上吃的，石重贵及从行诸人才算吃了一顿饱饭。

不久又从幽州起程，过蓟州、平州，东向榆关，榛莽塞路，尘沙蔽天，途中毫无供给，众人都饿得饥肠辘辘，困顿异常。夜间住宿也没有馆驿，只能在山麓林间打个瞌睡。幸好野果到处都有，宫女、从官去采来充饥，石重贵也分得了一些，苟延残命。

又行了七八天，来到锦州，州署中悬有辽太祖阿保机的画像，辽兵迫令石重贵等人下拜。石重贵不胜屈辱，拜后哭着喊道："杜威误我！为什么不叫我快点死呢？"又走了五六天，过了海北州。境内有东丹王墓，特派石延煦去瞻拜。后来，渡国辽水，到达渤海国的铁州，再到黄龙府，大约又过了十几天，说不尽的苦楚，道不完的劳乏。李太后、安太妃两人年事已高，疲惫得不行。安太妃本来有眼疾，连日流泪，竟然失明了。冯皇后以下诸妃嫔都累得花容憔悴，玉骨销磨。

辽主耶律德光已将石重贵北迁，自据中原。于是号令四方，征求贡礼，整日里饮酒作乐，不顾百姓的疾苦。赵延寿请求分给辽兵军饷，耶律德光笑道："我国一向无此先例，如果士兵们饿了，就叫他们去抢劫吧。"既然耶律德光这样说了，胡骑自然四出剽掠，凡东西两京畿，及周围几百里以内，财畜俱尽，村落一空。

耶律德光又曾对判三司刘昫说："辽兵应有犒赏，你要快些筹办！"刘昫答道："府库空虚，看来只有向富人借了！"耶律德光点头同意。于是先向都城百姓搜刮钱帛，随后又派了十几个人，传诣各州，到处搜刮。百姓被逼得倾家荡产，痛苦异常。哪知这些钱物并没有用来犒赏士兵，而是全部贮入内库。内外怨愤，连辽兵都抱怨不已。

杨光远的儿子杨承勋，由汝州防御使调到郑州。耶律德光因他害死自己的父亲，召他入都。杨承勋不敢不到。拜见耶律德光时，被耶律德

226

光当面训斥了一顿，随后处以极刑。另用杨承勋的弟弟杨承信为平卢节度使。匡国军节度使刘继勋，曾参与绝辽之策，来拜见耶律德光时，也被耶律德光斥责了一顿，随后被锁起来，准备解送到黄龙府。

宋州节度使赵在礼，听说辽将述轧、拽剌等占据了洛阳，急忙自宋州赶赴洛阳，来见辽将。述轧、拽剌踞坐堂上，没有答礼，反令他献出财帛。赵在礼很是生气，借口先入朝大梁，再来报命。侥幸脱身以后，转赴郑州，接到刘继勋被拘的消息，担心自己不能幸免，便在马槽间自缢而死。耶律德光听说赵在礼死了，这才将刘继勋释放，刘继勋已惊慌成疾，没过多久就死了。为此种种事情，各镇都惶恐不安，想要另立一位主子，驱逐胡兵。这时，河东节度使刘知远乘势崛起，威震西陲，于是中原帝统落在刘氏身上，又出来一代乱世君主。

刘知远镇守河东，本来是蓄势待时，审机观变，所以晋主绝辽，他明知不是上策，却始终不曾进谏。耶律德光入汴以后，刘知远急忙派兵分守四境，以防不测。见辽兵强盛，一时不便反抗，特派客将王峻带着三道表文去了大梁。一是贺辽主入汴；二是说河东境内，夷夏杂居，随时需要防范，所以不便离镇入朝；三是辽将刘九一驻守南川，有碍贡道，请将刘军调开，以便入贡。耶律德光看完表文，很是喜欢，便令左右拟诏褒奖。诏书草定，由耶律德光过目，特提起笔来，在"刘知远"三字前面，加了一个"儿"字。又取出木拐一支，作为赐物，命王峻持诏书和拐杖，回去报告刘知远。耶律德光赏赐大臣，木拐是最贵重的，大约如汉朝旧制中颁赐几杖相似，辽臣中唯独皇叔伟王才得到此物。王峻负拐西行，辽兵望见，都给他让路，可见这支木拐，是非常贵重的礼物。

王峻来到河东，呈上耶律德光的诏书及所赐木拐，刘知远略略一瞧，并没有什么稀罕，随口询问大梁的情况。王峻答道："辽主贪得无厌，人心背离，必不能久居中原。大王如果举兵起义，锐图兴复，海内一定积极响应！"刘知远说："我递去三表，原是缓兵之计，并不是甘心臣服胡虏。但用兵应当审时度势，不可轻举妄动。如今辽兵刚刚占据京邑，没有其他变故，怎可轻易与他争锋？好在他很贪财，欲壑填满，必将北去。况且冰雪已经融化，南方湿热，虏骑断不便久留。我乘他北上之时，进取中原，可保万全了。"于是按兵不发，只是暗中窥察大梁的动静。

耶律德光没接到刘知远的谢表，怀疑他有二心，就派使者催他进贡。刘知远派副留守白文珂献上奇缯名马。耶律德光对白文珂说："你的主帅刘知远，既不事南朝，又不事北朝，究竟是什么意思？"白文珂勉强应付过去。等耶律德光令他回去，白云珂立即兼程西归，报明刘知远。孔目官郭威在一边听着，进言道："胡虏已经怀疑您了，不可不防啊！"刘知远说："探听虚实以后，再起兵也不迟。"

忽然由大梁传来辽诏，说大辽会同十年大赦天下。刘知远大惊道："辽主颁行正朔，宣布赦文，难道真要做中原皇帝吗？"行军司马张彦威进来劝道："中原无主，唯独大王威望最高，理应乘此正位，号召四方，共逐胡虏。"刘知远笑道："这可不行，我毕竟是个晋臣，怎么可以背主称尊？主上北迁，我如果能够半道截回，将他迎入太原，再图兴复，也就名正言顺，容易成功了。"于是下令调兵，打算从丹陉口出发，去迎晋主。特派指挥使史弘肇预算行期，部署兵马。刘知远的举动，果真是真心为晋吗？其实，是他探得大梁消息，众人大多推尊辽主为中原皇帝，不禁心中一急，想出一个迎主的主意，试探军情。

耶律德光入据大梁，已有一个月，于是召入晋朝百官商议。耶律德光开口问道："我看中原风俗与我国不同，我不便在此久留，当另择一人为主，你们意下如何？"话刚说完，即听得一片喧声，或是歌功，或是颂德，最后是说的中原内外都愿意推戴皇帝。耶律德光狞笑道："你们真是这么想的？"话音未落，又听见几十个"是"字。耶律德光说："大家的意见都这么一致，足见天意。我在下月初一，升殿颁敕就是了。"众人这才退去。

转眼间就是二月初一，天色微明，晋朝百官已奔入正殿，排班候着。众人已忘了故主，只眼巴巴地望着辽主临朝。好容易等到辰牌，才听见钟声震响，杂乐随鸣，里面拥出一位华夷大皇帝，戴通天冠，着绛纱袍，手执大珪，昂然登座。晋朝百官慌忙拜谒。朝贺礼毕，辽主颁正朔，下赦诏，当即退朝。

晋朝百官陆续散去，都以为富贵犹存，毫无怅触。独有一个为虎作伥的赵延寿回到私邸，很是怏怏不快。耶律德光本来答应立他为帝，此时却忽然变卦，一个大希望，化作水中泡，哪能不郁闷？左思右想，才得一计，第二天立即进谒耶律德光，乞求做皇太子。耶律德光勃然大怒："你也太蠢了！天子的儿子才可以做皇太子，别人怎么能掺和进来！"赵延寿连磕了好几个头，好似哑巴吃黄连，有苦说不出。过了一会儿，耶律德光说道："我封你为燕王，莫非你还不满足？我以后多多提拔你就是了。"赵延寿不好多说，只得称谢而出。耶律德光于是召入学士张励，令他为赵延寿迁官。这时，刚刚改称恒州为辽中京，张励就奏请封赵延寿为中京留守，大丞相录尚书事都督中外诸军事，兼枢密使。耶律德光见了草奏，提笔划去几个字，单剩下"中京留守兼枢密使"八个字，颁给赵延寿。赵延寿不敢有违，暗中怨恨耶律德光食言，更加愤愤不平。

赵延寿不能称帝，刘知远却自加帝号，与辽抗衡。河东指挥使史弘肇奉刘知远之命，召诸军到球场，当面传言，令他们即日迎主。将士齐声答道："天子已被掳去，何人做主？现在请我王先正位号，然后出师！"史弘肇转告了刘知远，刘知远说："虏势强盛，我军不振，宜乘此建功立业，再作打算。士卒无知，快不要让他们乱说话！"于是命亲吏来到球场，传示禁令。将士争呼万岁，禁令传下以后，才稍稍安静了一些，随后各自归营。

那天晚上，行军司马张彦威等人上笺劝进，刘知远还是不肯答应。第二天又连上两笺，刘知远于是召郭威等人商议。郭威还没开口，都押衙杨邠进言道："天与不取，反受其咎。大王如果再谦让，人心一移，反而生变了！"郭威接上话茬："杨押衙说得很对，请大王不要再迟疑了！"刘知远说："我始终下不了狠心背叛晋国。即使权宜正位，也不应该立刻更改国号，另颁正朔。"郭威不屑地说："这有什么呢？"刘知远于是择定二月辛未日即皇帝位。

到了那天，刘知远在晋阳宫内，被服衮冕，登殿受贺。随后，刘知远传制，仍称晋朝，唯独略去开运年号，复称天福十二年。礼毕还宫，又传谕各道，凡被辽国搜刮钱帛一概加禁。并且指日出迎故主，令将士部署整齐，护驾起程。

一代雄主归天

刘知远即位称帝，然后亲督将士，从寿阳出发，借口北上恭迎故主。这时石重贵等人差不多要到了黄龙府，哪里还能截回？刘知远于是分兵戍守，自己率亲军回到晋阳。他本打算敛取民财，犒赏将士，将士巴不得有重赏，当然没有异议。独有一位新皇内助，听说此事，便乘刘知远入宫时，直言进谏道："国家建立，虽由天意，亦须与民同治。陛下刚刚即位就要剥削人民，这岂是新天子救民的本意？妾请陛下不要敛取民财！"刘知远皱眉说道："可是内库空虚，该怎么办呢？"那位内助答道：

"后宫颇有积蓄，不妨全部取出，赏劳各军！即使不能厚赏，想各军也能够体谅，不会心生怨恨。"刘知远不禁改色道："你说得很对，敬当从命！"于是取出内库金帛全部颁赏，军士格外感激，更加欢跃。

这位贤妇就是刘夫人李氏。李氏本是晋阳的农村女子，颇有才色。刘知远为校卒时，在晋阳牧马，偶然窥见李氏，便要娶她为妻，于是向李家求婚。偏偏李家不愿意联姻，严词拒绝，惹得刘知远性起，邀同伙伴，夜里闯入李家，把李氏劫娶回来。李家一向贫寒，无处申诉，只好由他劫去。李氏不得脱身，无可奈何从了刘知远，成为夫妇。不料遇难成祥，转祸为福，刘知远连升大官，进王爵、握兵权，李氏随夫贵显，也受封为魏国夫人。此次刘知远称帝，事出突然，来不及立后。李氏乘机进言，情愿将半生积蓄一并充公。农家女有此大度，怪不得身受荣封，转眼间就要成为国母了。

且说辽主耶律德光听说刘知远称帝河东，勃然大怒，立刻削去刘知远的官爵。派通事耿崇美为昭义节度使，守住泽潞；高唐英为彰德节度使，守住相州；崔廷勋为河阳节度使，守住孟州。三面扼定，断绝河东来路，好相机进攻。哪知各处百姓，苦于辽主的贪虐，又经游兵辗转招诱，随即相聚为盗，纷纷揭竿起义。

滏阳贼帅梁晖招集了一千人，向晋阳进贡，愿为刘知远效命。磁州刺史李谷也派人密报刘知远，令梁晖去袭击相州。梁晖得知相州空虚，高唐英还没有来到，急忙率领数百名壮士，乘夜潜行，直抵相州城下。城上毫无守备，梁军便悄悄地架起云梯，有好几十个矫捷的勇士陆续登城。城内此时毫无察觉，直到勇士下城开门，迎入众人，一哄杀进来，守城的将吏这才从梦中惊醒。他们来不及抵御，只得拼命闯出，夺路飞跑，一半送命，一半逃跑了。梁晖入据相州，自称留后，并向晋阳报捷。还有陕府指挥使赵晖、侯章，以及都头王晏等人，杀死了辽监军刘愿，悬首府门。众人推举赵晖为留后，侯章为副，奉表晋阳，说愿意为刘知远效命。

刘知远听说两处响应，就要进取大梁。郭威说："晋、代二州未平，不宜远出，暂且先攻取这二州，然后再图大梁。"刘知远于是就派史弘肇率兵五千，去攻代州。代州刺史王晖背晋降辽，以为从此高枕无忧，忽然听说晋阳兵到，慌忙调兵守城。无奈士兵还没召集起来，敌人已经先登城了。霎时间满城敌兵，无处逃避。王晖立刻被河东兵拘住，带到史弘肇的马前，一刀毙命。

代州已经被攻下，晋州相继归顺。原来刘知远登基，曾派部吏张晏洪、辛处明等人召谕晋州。正赶上晋州留后刘在明去朝见辽主，由副使骆从朗掌管州事。骆从朗抓住张、辛二使，把他们关在狱中。正巧辽吏赵熙奉命驰到，搜刮民财。骆从朗格外巴结他，助纣为虐，民不聊生。大将药可俦打抱不平，听说河东势盛，有意归服，于是纠众杀死骆从朗和赵熙，释放了张、辛二使，推张为留后，辛为都监。张、辛二人回去奏报晋阳，刘知远自然感到欣慰。接着潞州留后王守恩也上表投诚。

没过多久，刘知远接到澶州的表章，乞请速速支援。澶州已为辽藩，由辽将耶律郎五据守。耶律郎五贪婪残酷，百姓都很痛恨他。水运什长王琼联合强盗张乙，得到千余人，袭据南城，围攻耶律郎五。耶律郎五一面拒守，一面求救。王琼也担心辽兵来援，自己寡不敌众，忙令弟弟王超奉表晋阳，乞请援师。刘知远重赏王超，第二天就将他派回，只说立即派发援兵。王超驰回澶州，王琼已经战死，王超只好自寻生路。

耶律德光连连接到变乱的消息，不免心惊，就派天雄军节度使杜重威、泰宁军节度使安审琦、武宁军节度使符彦卿等人各归原镇，用汉官治汉人，仍用亲吏监军。正赶上赵延寿的妻子死了，打算续婚。他的妻室，即燕国公主，本是唐明宗的女儿，还有个妹妹永安公主住在洛阳。赵延寿听说永安公主颇有姿色，于是请示耶律德光，愿以妹代姊。耶律德光当然同意，立即派人到洛阳，迎永安公主入京。这永安公主是许王李从益的胞妹，由王太妃抚养。石敬瑭篡唐即位后，曾将王太妃母子留养宫中，并封李从益为郇国公，继承唐祀。石重贵嗣立以后，心里猜忌他们。王太妃主动请求出宫，挈领李从益兄妹去了洛阳。此时接得辽敕，王太妃是一个女人，怎敢违慢，立即与郇国公李从益送永安公主入京，顺便拜见耶律德光。耶律德光下座答礼，对王太妃说："明宗与我结为兄弟，你是我嫂子，我怎么好受拜！"王太妃令李从益入谒，耶律德光也欢颜相待，令他们母子住在客馆。婚嫁礼毕，王太妃母子向辽主辞行。耶律德光当面封李从益为彰信军节度使。王太妃说李从益年少，不通政事，替他代辞。耶律德光于是令随他们母子回洛阳，仍封李从益为许王。

不料册封礼仪刚刚结束，那宋、亳、密各州接连传来警报，都说被叛贼攻陷了。耶律德光长叹道："中原人如此难以管制，真是出乎我的意料！"后来惹动归思，打算立即北返。不多久，天气渐暖，春光将老，耶律德光越发不耐烦，便召入晋臣面谕道："夏天快要来了，我难以在此久留，想要暂回北庭探望太后。此地留下一位亲将做节度使，料也不会生变。"晋臣齐声答道："皇帝怎么可以北去呢？如果是因为省亲不便，不妨派人将太后接过来。"耶律德光说："太后族人众多，好似古柏蟠根，不便移动。我意已定，不要再多说了！"晋臣不敢再言，纷纷退出。

不久，有诏颁下，复称汴梁为宣武军，令国舅萧翰为节度使，留守汴梁。萧翰是述律太后哥哥的儿子，太后赐姓为萧，于是辽国后族，世称萧氏。耶律德光打算令晋臣一并从行，后来担心人心摇动，于是只命文武诸司以及诸军吏卒随行，已多达数千人。又选了随侍的宦官宫女数百名，所有库中金帛全部运往北方。耶律德光向北进发，见沿途一带，村落都成了废墟，却也不免欷歔感叹，立即命人榜示百姓，招抚流亡。偏偏胡骑喜欢剽掠，遇到有民众聚居的地方，仍去劫夺，耶律德光也不曾禁止。

昼行夜宿，到了白马津，耶律德光率众渡河，对宣徽使高勋说："我在北庭时，每天都打猎，觉得很有精神。自从进入中原后，寓居宫廷，毫无乐趣，今天能够活着回来，虽死亦无遗恨了！"行抵相州，正值辽将高唐英围攻州城，与梁晖相持不下。耶律德光纵兵助攻，顿时将州城攻陷，梁晖巷战身亡。城中所有男人全被杀死。胡骑把婴儿抛向空中，然后在下面举刀接着，可怜那些小孩子，不是破腹流肠，就是被摔成肉饼。妇女中老的都被杀死，只留下年轻漂亮的，被驱使北去。又留下高唐英驻守相州，高唐英检视城中遗民，只剩下七百人。

耶律德光听说磁州刺史李谷密通晋阳，派兵把他拘捕了来，亲自审讯。李谷诘问证据，反使耶律德光语塞，耶律德光佯装从车中拿出文书。李谷窥破他的诈谋，乐得再三狡辩，不依不饶。耶律德光竟被他骗了过去，下令将他放回去。

后来，耶律德光见所过城邑满目萧条，于是对蕃、汉群臣说道："使中原如此遭殃，都是燕王一人的罪过。"又对相臣张砺说："你也算一个出力的人！"张砺俯首怀惭，无言以对，闷闷地随他北行。

宁国军都虞侯武行德被耶律德光派去，与辽吏督运兵器。他们用舟装载兵器，自汴州入河，逆流北驶。武行德麾下有士卒千余人，驶到河阴，他秘密对士卒说："我们被胡虏逼迫，离乡远去，人生总有一死，难道都去做孤魂野鬼吗？如今虏主已经回去了，虏势渐衰，何不变计逐

232

虏，据守河阳，待中原有主，然后臣服于他，岂不是一条好计？"士卒一起赞成，纷纷表示愿意听从武行德的指挥。武行德于是把舟中的铠甲和兵器，分给士卒，一声号令，全军出动，把辽吏砍成了肉泥，乘势袭击河阳城。这时，辽节度使崔廷勋已派兵援助耿崇美，进攻潞州，城内没有设防，武行德突然杀入，赶跑了崔廷勋，占据河阳，随后令弟弟武行友持奉蜡书，从小路至诣晋阳，表明诚意。

那时，潞州留守王守恩已向晋阳告急，刘知远命史弘肇为指挥使，率兵援潞。史弘肇命部将马诲作先锋，星夜前进。马诲到达潞州城下，见城内外寂静无声，并不见有辽兵，大起疑心。等王守恩出城相迎，两下晤谈，才知道辽兵听说有援师来到，已经退去了。马诲愤然说道："胡虏听说我军到来就立即退兵，这是古人所谓的'弩末'呢。我们应该前去追击，杀敌报功！"正说着，史弘肇也来到了，马诲请命麾兵追虏。史弘肇同意。马诲追上辽兵，奋勇向前，挟刃齐进，好似秋风扫落叶一般，一眨眼的工夫，已砍下虏首千余级，余众纷纷逃跑。马诲这才奏凯回军。辽将耿崇美退守怀州，崔廷勋也狼狈跑到怀州。就是洛阳辽将拽刺等人也闻风丧胆，跑到怀州，与耿崇美、崔廷勋商量对策，并报告了辽主。

耶律德光得报，感到很失落，继而自叹道："我有三处过失，怪不得中原背叛我呢！我令各道搜刮钱财，是第一个过失；纵兵烧杀抢掠，是第二个过失；没有早派诸节度使还镇，是第三个过失。如今是追悔莫及啊！"耶律德光也是一个好大喜功的雄主，此番大举入汴，到处顺手，已经如愿以偿，只是他还想要久据中原，偏偏不能得意，连得许多警报，渐渐地由愤生悔，由悔生忧，最后竟然郁郁成疾。来到栾城，他遍体苦热，只好用冰沃身。到了狐林，耶律德光病势恶化，即日毙命。

亲吏担心他的尸身腐臭，于是剖腹贮盐，载尸归国。耶律德光的肚子很大，能容下数斗盐。回国后，辽太后述律氏抚摸着尸体，并没有哭，只是咬牙切齿地说："你违背我的命令，谋夺中原，坐令内外不安，等各个部落都安定下来，才可以埋葬你。"

耶律德光一死，形势就立刻发生了变化。赵延寿恨他背约，首先发难。赵延寿本内任枢密，遥领中京，这时扈跸前驱，想借中京为根据地，便带着兵先入恒州，并且对左右说："我不想再进辽京了！"哪知人有千算，不如老天一算，那位卖国求荣、蹂躏中原的赵延寿，怎么可以长享富贵，落个好结局呢？赵延寿入恒州时，即有一位辽国亲王悄悄地带兵

233

跟了进来。赵延寿不敢拒绝，只好由他进城。这位辽亲王就是耶律德光的侄子、东丹王突欲的长子兀欲。突欲奔唐，唐主赐他姓名为李赞华，留居京师。后来，李赞华被李从珂杀死。突欲的儿子兀欲却还留在北庭，不曾跟随父亲归唐。耶律德光因兀欲舍父事己，颇为忠诚，特封他为永康王。

兀欲随主入汴，又随主归国。兀欲见赵延寿快快不快，料他蓄怨已久，于是暗地里加强了防范。此次跟踪而来，分明是要夺赵延寿的根据地。兀欲一入城门即令门吏交出钥匙，自己则大摇大摆地进入府署，随后又令库吏缴出簿籍，把全城的要件都握在自己手里。辽将多半归附于他，愿意立他为君。兀欲登上鼓角楼，与诸将商定密谋，择日称尊。那赵延寿好像在睡梦中一般，对这些事情全然不知晓，反而自称奉辽主遗诏，掌管南朝军国之事，并向兀欲索要钥匙和簿籍，兀欲当然不肯给他。

有人告诉赵延寿说："辽将与永康王聚谋，必有他变，还是早作准备。如今中原兵尚有一万人，可以凭借他们攻打胡虏，否则事情就不好办了！"赵延寿迟疑不决，后来想出一个办法，想在五月初一受文武百官谒贺。晋臣李崧说："胡虏不会同意的，事情难以预测，请您再好好想想吧。"赵延寿才放弃了这个打算。

辽永康王兀欲听说赵延寿将行谒贺礼，立即与各辽将商定，届期掩击，后来因赵延寿罢议，不得不另想其他办法。正巧兀欲的妻子从北庭来探望兀欲，兀欲大喜："妙计成了，不怕燕王不中计。"于是他派人邀请赵延寿及张砺、和凝、冯道、李崧等人，一起到寓所饮酒。赵延寿如约前来，张砺等人也都应召而到。兀欲欢颜迎入他们，请赵延寿入坐首席，众人依次列坐，兀欲下坐相陪。众人喝了好几杯，谈了许多客套话，兀欲这才对赵延寿说："我妻子来了，燕王要不要见见她？"赵延寿答道："妹妹既然来了，怎么可以不见呢？"说完便起身离座，与兀欲欣然入内。

去了多时，不见赵延寿出来，李崧很是担忧。和凝、冯道悄悄地问张砺："燕王的妹妹嫁给永康王了吗？"张砺摇摇头道："不是燕王的亲妹妹。我与燕王在辽国多年，才知道永康王的夫人与燕王拜为异姓兄妹，所以燕王称她妹妹。"话音未落，兀欲从里面出来了，赵延寿却没跟着一起出来。李崧正要问，兀欲笑着说："燕王谋反，我已将他锁住了！"这话一出，吓得其他人面面相觑，不发一言。兀欲接着说："先帝在汴州时，给我一筹，叫我掌管南朝的军国之事。先帝途中猝崩，并无遗诏，

234

燕王怎么能擅作主张,假传先帝的遗命?有罪的只是燕王一个人,大家不要害怕,继续喝酒吧!"和凝、冯道等人唯唯听命,勉强撑到席散,告谢而出。

第二天,兀欲下令宣布先帝遗制,大意是:"永康王是大圣皇帝的嫡孙、人皇王的长子,太后钟爱他,群臣推戴他,可以在中京即皇帝位。"遗制实际上是兀欲欲假造的。大圣皇帝就是辽太祖阿保机的尊谥,人皇王就是突欲。阿保机在世时自称天皇王,称长子突欲为人皇王。兀欲举哀成服,传讣四方,并派人报知述律太后。述律太后生气地说:"我儿子平晋国、取中原,才建了这样的基业。人皇王叛我归唐,兀欲是人皇王的儿子,怎么能够僭立呢?"当下传谕兀欲,制止他僭立。兀欲哪里肯从命,竟在恒州即皇帝位,接受番汉各官的朝贺。不久他便换下丧服,鼓吹作乐,自顾自地做起了皇帝。

忽然听说述律太后要发兵征讨自己,兀欲恨恨地说道:"我不逼人,人来逼我,难道我会坐以待毙吗?"于是命亲将麻答镇守恒州,并且将晋臣文武吏卒一概留下,自己率部兵北行。选了宫女、宦官、乐工数百人跟在马后。队伍后面,数十名士兵押着一辆囚车,里面坐着燕王赵延寿。

李从益母子之死

赵延寿被兀欲带回辽京,消息传到河东。河中节度使赵匡赞是赵延寿的儿子,河东军将都说正好乘势召谕,劝赵匡赞归降。刘知远依计而行,派人到河中招抚。不久传言纷纷,说赵延寿已死。郭威献策,派人去河中吊祭。其实,赵延寿这时还活着,过了两年,才受尽折磨,死在狱中。

刘知远于是召集将佐,商议进取之事。诸将纷纷进言:"要取河南,应该先定河北。现在不如出师井陉,攻取镇、魏二州。拿下二州,河北已定,河南自然拱手称臣了。"刘知远沉吟道:"此计太绕圈子了,朕打算先拿潞州开刀。"说到这里,有一人谏阻道:"两计都不可行。如今虏主虽死,但党众的势力还很强大,各据坚城。我们出兵河北,兵少路远,旁无援应。倘若群虏合势共击,截我前锋,断我后路,我们不能进,又不能退,援绝粮尽,怎么支撑?这是万不可行的。如果从潞州进兵,山路险窄,粮少兵残,不能供给大军,也非良策。臣以为应该从陕、晋进发。陕、晋二镇最近刚刚归服我军，如果带兵过境，他们必然欢迎。饷通路便，万无一失，不出两旬，洛、汴二州就可以拿下了。"刘知远点点头道："你说得很对，朕应当照行。"

节度判官苏逢吉已升任中书侍郎，进言说："史弘肇屯兵潞州，胡虏相继逃跑，不如出师天井关，直达孟津，更为利便。"刘知远也同意。后来，司天监奏称太岁在午，不利于南行，应该由晋州、绛州去陕州。刘知远决定于天福十二年五月十二日，自太原起銮。刘知远册魏国夫人李氏为皇后，封皇弟刘崇为太原尹，堂弟刘信为侍卫指挥使，皇子刘承训、刘承佑、刘承勋及皇侄刘承赟为将军，杨邠为枢密使，郭威为副使，王章为三司使，苏逢吉、苏禹珪为同平章事。最先归附的各镇的将军，如赵晖、王守恩、武行德等人，都被任命为节度使。

转瞬间已是起銮的日子，刘知远命太原尹刘崇留守北都，赵州刺史李存为副，幕僚李骧为少尹，牙将蔚进为马步指挥使，辅佐刘崇驻守。刘知远挈领全部家眷及部下将士三万人，由太原出发。过阴地关，取道晋、绛二州，想要召回史弘肇一同扈驾。苏逢吉、杨邠谏阻道："今陕、晋、河阳均已归服，虏将崔廷勋、耿崇美也将逃跑，如果召回史弘肇，恐怕河南人心动摇，胡虏死灰复燃，反而成为隐患。"刘知远犹豫不决，便派人去征求史弘肇的意见。史弘肇的意见和苏、杨二人的一样。于是刘知远令史弘肇屯守潞州，乘机收复泽州。

泽州刺史翟令奇坚壁拒守，史弘肇已派兵去攻打，十几天过去了却毫无进展。部将李万超主动请缨前去招降，得到史弘肇的允许。李万超来到城下，对翟令奇喊道："如今虏兵北逃，天下无主。太原刘公，兴义师，定中原，所向披靡。你为什么不替自己想想呢？"翟令奇迟疑不答，李万超又说："你是汉人，怎么为胡虏守节？更何况城池一破，玉石俱焚。你甘心为胡虏而死，难道要百姓也跟着遭殃吗？"翟令奇被他提醒，这才决定投降，随即开门迎纳官军。史弘肇听说以后，也驰入泽州，安抚百姓，留下李万超掌管州事，自己则回去镇守潞州。

辽将崔廷勋、耿崇美等人再次进逼河阳，节度使武行德初战失利，向潞州求援。史弘肇率众南下，刚入孟州境内，崔廷勋等人已拥众北逃，经过卫州时，大肆抢掠了一番。武行德出城迎接史弘肇，两下联合，分守河南。史弘肇沉默寡言，非常严厉，将校有了过错，必会受到严惩。他治军颇严，所到之处，秋毫无犯。因此将士们都竭力效命，百姓也都十分拥戴他。刘知远从容南下，由史弘肇开路，抚定百姓，一路上非常顺利。

辽将萧翰留守汴梁，听说刘知远拥兵南来，崔、耿诸将都已逃走，自知大势已去，不如北归。筹划了好几天，又担心中原无主，一定会大乱，归途中也难免受到牵连。于是萧翰从无策中想出一策，他假传辽主诏命，令许王李从益主持南朝军国之事。当即派部将驰抵洛阳，奉迎李从益母子。王太妃听说后，大惊道："我儿子年纪还小，怎么能当此大任？"说着，急忙带着李从益躲到徽陵城中。辽将找到他们，强迫李从益母子去大梁。

萧翰带兵拥护着李从益，来到崇元殿。李从益才十七，胆子很小，吓得几乎从座上跌下来，勉强支撑着接受番汉诸臣的谒贺。萧翰率部将在殿上拜谒，令晋朝百官在殿下拜谒，奉印纳册，由李从益接受。王太妃担心发生意外，一直在殿后站着。李从益回来以后，她的心还是久久不能安定。偏偏晋臣联袂入谒，吓得王太妃直往后退："不要拜！不要拜！"晋臣只管屈膝，黑压压地跪了一地。王太妃连忙说："快……快请起来！"众人起身，王太妃不禁泪如雨下："我们母子无依无靠，现在被诸公推戴，眼看就要遭殃了！怎么办？怎么办？"众人支吾了一番，陆续告退。萧翰留下部将刘祚，带着一千名士兵，护卫李从益，自己率番众北去。

王太妃昼夜不安，多次派人侦探河东军，当下有人进来报告说："刘知远已经进入绛州，收降刺史李从朗，留下偏将薛琼为防御使，自己率大军东来了。"没过多久，又有人来报，说刘知远已抵达陕州。很快，接到刘知远的檄文，是从洛阳传来的，意在宣慰汴城官民，说凡是辽主部署的各吏一律任旧职。晋臣读了檄文，又聚在一起商议了许久，最终决定迎接新主。于是，大臣们争先恐后地奔赴洛阳，去为刘知远效命，都想做个佐命功臣。王太妃焦急万分，与群臣商议了数次，想召回宋州节度使高行周、河阳节度使武行德，共商拒守事宜。几次派人传诏，并不见二人来到，王太妃于是召集群臣说："我们母子被萧翰所逼，大祸就要临头了。诸公无罪，可尽早迎接新主，谋求富贵，不要管我们了！"说到这里，那两只凤眼中已落了无数的珠泪。众人都很感动，一起跟着落泪。

忽然有人说道："河东兵远道而来，一定人疲马倦。如果我们调集诸营，与辽将合力拒守，以逸待劳，也不至于坐失此城。只要坚持一个月，北边的援军就到了，那时就不用担心了。"王太妃说："我母子二人是亡国残余，怎敢与别人争夺天下，如果新主能明白我们的苦衷，知道我们是被辽人所逼，或许可以留我们一条命。如果我们出兵抵御，惹动了敌怒，我母子二人死不足惜，只怕全城要生灵涂炭了！"众人听了，讨论了半天，还是主张坚守。三司使刘审交说："城中已经没有多少人了，若再受围一个月，一定会全部死光。请各位不要再坚持了，一切听凭太妃处置吧！"众人无言以对。王太妃与群臣议定，派人奉表洛阳，迎接刘知远。表文首署的名衔是"臣许王掌管军国事李从益"。李从益从宫中搬出来，专等刘知远到来。

刘知远到洛阳后，两京文武百官陆续迎谒。看了李从益的表文，刘知远命郑州防御使郭从义，领兵数千人，先去大梁清宫。临行时秘密对郭从义说："李从益母子并非真心迎接我。我听说他们曾召高行周等人与我相争，高行周等不肯应召，他们穷蹙无法，才派人奉表相迎。你到了大梁，要先除去这二人，一定不要有什么差错！"郭从义奉命而行。到了大梁，他便率兵围住李从益的私邸，传刘知远之命，迫令李从益母子自杀。王太妃临死大呼道："我们母子究竟有什么错，为什么不留我儿一命，好叫他在每年的寒食节，捧一盂麦饭，祭扫徽陵啊！"说完，与李从益拔剑自尽。

大梁城中大多替他们母子伤心难过。郭从义派人去报命，刘知远非常欢慰，随即起程去大梁。汴城百官争先恐后地去荥阳迎驾。辽将刘祚无法归国，也只好前去迎降。刘知远骑马入城，御殿受贺，随后下诏大赦。辽主部署的官吏各安旧职，不再变更。称汴梁为东京，国号大汉，却还是沿用天福年号。刘知远对左右说："我实在不能忘掉晋国啊！"后来他封赏功臣，犒劳将士，当然有一番忙碌。

各道镇帅先后纳款。吴越、湘南、南平三镇也派人奉表道贺。大汉皇帝刘知远得到晋国的版图，南面称尊，又是一番新朝气象。在辽主耶律德光入汴时，南唐主李璟曾派使者向辽主道贺，并且请诣修复诸陵，即唐高祖太宗的诸陵。耶律德光没有同意。晋密州刺史皇甫晖、棣州刺史王建都避辽奔唐，淮北贼帅也大多向江南请命。唐史馆修撰韩熙载上疏说："陛下恢复祖业，正在今天。等虏主北归，中原有主之时，恐怕就落在别人后面了，那时再想挽回局面可就难了。"李璟览表感叹，很想出师，怎奈福州还没有拿下，反而传来失败的消息，丧失了不少将士。国威已挫，哪里还能规取中原？

福州李达得到吴越的援军，与唐兵相持。两下里攻守一年多，难分胜负。吴越令水军都帅余安带着一千艘战舰，继续支援福州。到了白虾浦，余安率兵登岸去攻击唐兵。唐将冯延鲁抵挡不住，弃师先逃。唐军死了许多人，良将孟坚阵亡。原来唐兵停止射箭是冯延鲁的主意。冯延鲁想纵敌登岸，然后把他们全部歼除。孟坚苦谏，他却听不进去。吴越兵登岸以后，奋勇向前，锐不可当。冯延鲁逃跑，孟坚战死。唐将留从效、王建封等人相继逃跑。城中兵又出来夹攻，大破唐兵，尸横遍野。还亏唐帅王崇文亲督牙兵三百人，切断敌人的后路，边战边退，才得以保全残众，回到江南。这次唐兵丧师两万余人，丢弃的军资器械多达数十万，府库一空，兵威大损。

李璟因陈觉下伪诏、冯延鲁失策，打算将他们正法，将其余的人都赦免。御史江文蔚本来是中原名士，与韩熙载同具盛名。韩熙载奔唐，江文蔚也因坐连安重荣叛党，惧罪南奔。李璟欣赏江文蔚，令他担任谏职。江文蔚见李璟的诏敕中只归罪陈觉、冯延鲁，并不惩罚冯延巳、魏岑，心里很是不平，于是上疏，洋洋洒洒，说得淋漓痛快。

江文蔚上疏时，明知言辞太过激烈，会触怒主上，于是先在江中备着小舟，载着老母，然后等着左迁。果然李璟下敕责备他诽谤大臣，将他贬为江州司士参军。江文蔚立即奉母赶赴江州。直臣虽然去了，谏文还在，江南人士纷纷传抄，一时间洛阳纸贵。太傅宋齐邱曾举荐陈觉做福州宣谕使，这时竭力营救他，竟然得以成功。李璟赦免了陈觉、冯延鲁的死罪，只流放陈觉到蕲州，冯延鲁到舒州。韩熙载也忍耐不住，上疏奏劾宋齐邱，以及冯延巳、魏岑二人。李璟只是撤了冯延巳的相位，降他为少傅，贬魏岑为太子洗马，宋齐邱则毫发无损，受宠如故。韩熙载又多次说宋齐邱等人一定会酿成祸乱。宋齐邱更加忌恨韩熙载，奏劾他狂妄自大。于是，韩熙载被贬黜为和州司士参军。这时辽主已死，辽将萧翰弃汴北逃。李璟想要统治北方，命李金全为北面招讨使。哪知刘知远已捷足先登，驰入大梁，还要他费什么心，动什么兵呢？

吴越军将解了福州之围，随后凯旋。吴越王钱弘佐另派东南安抚使鲍修让，助守福州。没过多久，吴越王病殁，年仅二十，无子继位。他的弟弟钱弘倧依次嗣立，颁敕到福州，李达令弟弟李通作留后，自己去钱塘朝贺新君。钱弘倧命李达兼任侍中，赐名孺赟，不久就把他派回去了。李达返回福州，与鲍修让多次发生口角，于是决定杀死鲍修让，然后举兵降唐。偏偏他的阴谋被鲍修让察觉，于是鲍修让先带着兵去攻打李达，一场蹂躏，不只杀死了李达，还将他全家老小一并诛杀。随即将李达的首级送到钱塘，上报吴越王。吴越王钱弘倧，另外派丞相吴程出任威武军节度使。

从此福州归吴越所属，建州归南唐所属，两地各守疆域，相安无事。

239

那北方最强的大辽帝国，偏偏由兀欲继位，他仇视祖母，祖母也想除掉他，彼此相争。最后兀欲赢了，竟把那位聪明伶俐的述律太后，送到辽太祖阿保机墓旁，软禁起来。

皇帝的流放岁月

辽国永康王兀欲在恒州擅自称帝，随后率兵北上回辽京。到了石桥，正遇上述律太后派来的将士，为首的是降将李彦韬。李彦韬随辽主耶律德光北去，进谒述律太后，述律太后见他相貌魁梧，聪明伶俐，便把他留在了麾下。此时述律太后听说兀欲前来，便命李彦韬为排阵使，去抵御兀欲。兀欲的前锋是伟王，伟王大喊道："来将是李彦韬吗？要知道新主是太祖的嫡孙，理应继位。你受何人差遣，竟敢抵抗新主？若下马迎降，还可保你富贵，否则刀剑无情，何必来做无头鬼？"

李彦韬见来军声势浩大，本来就有点害怕，一听伟王招降，乐得滚鞍下马，迎拜道旁。伟王大喜，传话给李彦韬的部众，叫他们一起投诚，免受屠戮。于是众人纷纷丢盔弃甲，情愿归降。两军一合，倍道急进，不到一日，便到达辽京。述律太后派李彦韬出战，以为他会拼尽死力。不料才过了一个晚上，就听说伟王兵到，惊得手足无措，悲泪满面。

城中将吏一向感激兀欲的厚恩，争相出来迎接他。原来，兀欲性情豪爽，礼贤下士，深受众人爱戴。耶律德光赐给他的数千匹绢，他全部分给了手下。所以将士都被他笼络，十分拥护他。伟王入城，兀欲随后来到，述律太后束手无策，只好由他处置。几名骑兵入宫，拥着太后出来，将她带到木叶山。木叶山就是阿保机的葬处，墓旁建了几座矮屋，派人守护陵墓。那述律太后被迫到此，无可奈何只好在矮屋栖身，昼听猿啼，夜闻鬼哭，任她是铁石心肠也忍受不住，况且年事已高，猝遭此变，自己也情愿速死，没过多久便郁郁而终。

兀欲改名为阮，自号天授皇帝，改元天禄。国舅萧翰来到都城，大局已定，孤掌难鸣，也只能得过且过。见了兀欲，行过了君臣礼，才报称张砺谋反，已经被杀了。兀欲也不细问，只令萧翰复职了事。

原来，张砺随辽主耶律德光来到汴州，曾劝耶律德光不要任用辽人做镇帅，萧翰因此怀恨在心。萧翰自汴州回到恒州，与麻答说明情况，带骑兵围住张砺的府第，牵出张砺问道："你叫先帝不要任用辽人做节

240

度使，究竟怀着什么鬼胎？"张砺抗议道："中原百姓非辽人所能统治，先帝不听我的话，所以功败垂成。我今天还要转问国舅，先帝命你守汴州，你为何不召自来呢？"萧翰无言以对，只是更加气愤，命左右将张砺锁起来。张砺又恨恨地说道："要杀就杀，何必锁我？"萧翰置之不理，只令左右牵他下狱。第二天，狱卒报告说，张砺已经气绝倒地，想必已是气死了。张砺、赵延寿同是汉奸，共作虏伥。张砺拜相，赵延寿封王，为胡虏效力，结果都死在胡虏手里。古人说："惠迪吉，从逆凶。"这两人就是榜样呢！

兀欲已经定国，随后安葬先君耶律德光，将他葬在木叶山营陵，追谥耶律德光为嗣圣皇帝，庙号太宗。临葬时，兀欲派人到恒州召晋臣冯道、和凝等人前来吊祭。正巧恒州大乱，指挥使白再荣等人赶跑了麻答，并占据定州。冯道等人乘机南归，仍到中原来服侍新主，免得成为异域孤鬼。恒州叛乱，全是麻答一人引起。麻答是耶律德光的堂弟，喜欢杀人。在恒州时，更加残酷，经常虐待汉人，或者剥面抉目，或者髡发断腕。麻答出入都带着刑具，甚至卧室里四处悬挂着人的五脏六腑、断臂残肢。百姓不堪忍受他的荼毒，所以起来反抗。不久，白再荣等人归顺汉廷，于是恒、定二镇仍为汉所有。

石重贵自从徙居黄龙府后，曾奉述律太后之命，改迁怀密州，距黄龙府西北一千余里。石重贵不敢逗留，带领家眷，长途跋涉。老皇后冯氏不堪忍受折磨，密嘱内官寻找毒药，想与石重贵一起喝下，做一对地下鸳鸯。无奈毒药难求，命不该绝，不得不再次迁徙。离辽阳二百里，正逢兀欲入都，幽禁了述律太后，特下赦文，命石重贵等人还居辽阳，还赐给他们一些生活起居用的物品。石重贵等人稍稍感到安慰。

第二年四月，兀欲巡幸辽阳，石重贵带着家眷，身着白衣头戴纱帽，去帐前拜谒。还算蒙兀欲特恩，令他改穿常服入见。石重贵伏地痛哭，兀欲令人将他扶起，命他坐在一旁。当下摆起酒席，奏起乐歌，令石重贵入座饮酒。帐下的伶人从官大多是从大梁俘虏来的，此时见了故主，没有感到不伤怀的。饮毕散去时，各自拿着衣服等物送给石重贵。石重贵感动得泪流满面，想自己被掳到此地，受尽磨难，这时苦尽甘来，倒也安心了。

偏偏福无双至，祸不单行。兀欲住了十几天，因天气已近盛夏，就打算上陉避暑。他竟然向石重贵索取内官十五人，及东西班十五人，还要石重贵的侄子石延煦随他同行。石重贵不敢不依，心中很是伤感，最苦恼的是膝下的爱女也被番骑抢去。父女惨别，怎能不悲？原来，兀欲妻子的哥哥禅奴，见石重贵的幼女娇小动人，便想娶她做婢妾，当面向石重贵请求，石重贵以年幼为理由拒绝了。禅奴告诉了兀欲，兀欲竟派了一名骑兵，硬抢了去，赐给了禅奴。到了仲秋，凉风徐拂，暑气尽消，兀欲于是下陉到霸州。陉是北塞的高凉地，夏上陉、秋下陉，辽主年年如此。

石重贵思念石延煦，探得兀欲下陉的消息，立即求李太后去求见兀欲，乘便探看石延煦。李太后来到霸州，与兀欲相见，石延煦从兀欲帐后出来拜见祖母，老少重逢，悲喜交集。兀欲对李太后说："我无心害你的孙子，你不用害怕！"李太后拜谢道："蒙皇帝特恩，宽待妾的孙子。只是他在此坐享其成，徒劳上国供给衣食，自己都感到很惭愧。能不能在汉人城郭的边上，赐给他一点儿土地，让他自己耕种为生？如果陛下答应了，我们会更加感激陛下的！"兀欲和颜悦色地说道："我会让你们满意的。"又对石延煦说，"你可以跟着你祖母回辽阳，静待后命。"石延煦于是与李太后一同拜辞，回到辽阳候敕。

没过多久，辽敕颁到，令他们南徙建州，石重贵再次带着全家起程。自辽阳到建州又要一千余里，途中翻山越岭，艰辛极了。安太妃双目早已失明，禁不起这接连不断的折磨，整日里卧在车中，水米不沾。她与李太后等人诀别，并且嘱咐石重贵说："死后就把我焚骨成灰，撒向南方，好叫我的遗魂返回中原，再也不做虏地之鬼了！"说着，痰喘交作，顷刻即逝。石重贵遵照她的遗命，要把她的尸体火化。偏偏路旁没有一棵草木，只有一带沙碛，无边无垠，哪里找得到能点火的东西？后来，仆从想出一个办法，折毁车轮作为火种。还有余骨烧不尽，就载到了建州。

建州节度使赵延晖已经接到辽敕，要他优待石重贵一家。于是赵延晖出城将他们迎入，把正房让给石重贵母子住。一连住了好几天，李太后与赵延晖商量，请求给他们一块耕牧之地。赵延晖令属吏四处寻找，在离建州数十里以外的地方，找到了五千余顷土地，可以耕作也可以放牧。赵延晖拿了些库银给石重贵，叫他去盖房耕地。石重贵的随从还有数百人，也都去种地，以供养石重贵母子。石重贵却逍遥自在，安享天年，随身除冯皇后外，还有好几个宠姬陪伴寂寥。

一天，他正在与妻妾闲谈，忽然来了数名胡骑，说是奉皇子之命，索要赵氏、聂氏两个美人。这两个美人是石重贵的宠姬，石重贵怎么忍心无端割舍？偏偏胡骑不肯容情，硬把二人拉上车，向北驰去。石重贵伏案悲号，李太后也不胜凄婉。众人哭了一阵，想不出什么办法可以追回，只好撒手了事。唯独李太后看到这样的惨剧，悲愤异常。蹉跎过了一年，已是后汉乾佑三年。李太后生了重病，无药可医。她仰天号泣，喊着杜威、李守贞等人的姓名，边哭边骂："我死了，不知道也就罢了；倘或有知，地下相逢，一定饶不了你们这些奸贼！"后来，太后的病情越来越重，拖到八月，已经弥留了，见石重贵在旁边，呜咽着对他说："以前安太妃病终，曾叫你焚骨扬灰。我死了以后，你也照办。我的骨灰可送到范阳佛寺，我也不愿做虏地之鬼！"当天傍晚，李太后就死了，石重贵遵照她的遗嘱，将她火化。

后来石重贵夫妇不知所终。后周显德年间，有中原人自辽国逃回来，说石重贵还在建州，只是随从吏役多半已经亡故，此后再也没有了他们的消息。总之难免一死，他们也不过是生做异乡人，死做异乡鬼罢了。史家因石重贵北迁，称他为出帝；有人因他年少失国，称他为少帝，究竟他哪一年死在什么地方都无从查考。

且说刘知远入主大梁，四方的贺表纷纷呈上。河南一带都已归顺，辽兵或降或逃。辽将高唐英驻守相州，被指挥使王继弘、楚晖杀死了，首级被送到朝中。刘知远大喜，免不了有一番封赏。湖南节度使马希广派人告哀，并报称兄终弟及，有乞请册封的意思。刘知远于是任命马希广为检校太尉，兼中书令，镇守湖南，加封楚王。

马希广即马希范的弟弟。马希范曾受石晋的册封，每一年都向石晋进贡。他生平奢侈，挥金如土，曾营造会春园及嘉宴堂，耗资数万。后来还修建了九龙殿，用沉香雕成八龙，外饰金银，抱柱相向，声称自己也是一条龙，故称九龙。辽兵灭晋，中原大乱，湖南牙将丁思瑾劝马希范出兵荆襄，进图汴洛，成一时霸业。马希范觉得他的"奇论"很有道理，只是最终不能照行。丁思瑾意图尸谏，自缢而死。可是，马希范纵乐忘返，哪里肯发愤图强？白天与狎客饮酒作乐，夜里与美人鬼混。后宫多到数百人，他还嫌不足，甚至对先王的妃嫔也很无礼。马希范嘱咐部下，暗中寻找良家女子，凡是有点儿姿色的，就强行把她们带到宫中。一个商人的妻子长得很美，马希范听说以后，胁令这个商人把他的妻子送进宫。商人不同意，便立即被杀死了。偏偏商人的妻子很刚烈，也上吊自杀了。马希范不知悔改，肆淫如故，对左右说："我听说轩辕宠幸了五百个女人，然后得以升天，我也要做轩辕氏。"果然，他贪欢成疾，一病不起。

临终时，马希范召入学士拓跋常，将弟弟马希广托付给他，令他辅立。拓跋常以直言敢谏而出名，马希范一向很讨厌他，最终却把后事托付给拓跋常，想是昏聩一世才有这明白的一时。可是，马希广还有个哥哥马希萼，是朗州节度使。舍长立少，并非良策。马希范病殁以后，马希广入嗣。拓跋常怕有后患，劝马希广让位给哥哥。可是，都指挥使刘彦瑶、天策学士李弘一定要遵照先王的遗命。于是，马希广继受汉主册封。似乎名位已定，可以无忧，哪知手足反目，祸患不远。

天雄军节度使杜重威、天平军节度使李守贞等人，之前奉辽主耶律德光之命，各自还镇。刘知远入汴州，杜重威、李守贞都奉表归命。这时，宋州节度使高行周入朝。朝廷命高行周镇守天雄军，调杜重威镇守宋州，徙河中节度使赵匡赞镇守晋昌军，调李守贞镇守河中，其他人也各有迁调，无非是防微杜渐，免得他深根固蒂，跋扈一方。各镇都奉命转徙，独有一个反复无常的杜重威，竟然抗旨不遵，派儿子杜弘璲北上乞援。那时，辽将麻答还在恒州，立即拨赵延寿遗下的幽州兵两千人，令指挥使张琏为将，南援杜重威。杜重威请张琏助守，再次求麻答济师。麻答又派部将杨衮率辽兵一千五百人、幽州兵一千人，共赴邺都。

汉主刘知远得知消息后，急忙命高行周为招讨使，镇宁军节度使慕容彦超为副，率兵讨伐杜重威，并下诏削去杜重威的官爵，令二将立即出师。高行周与慕容彦超来到邺都城下，慕容彦超自恃骁勇，请示高行周，说自己愿意督兵攻城。高行周说："邺都重镇，容易固守，何况杜重威屯戍此地已久，兵甲坚利，怎么可能一鼓即下呢？"慕容彦超说："行军全靠锐气，今天乘锐而来，还不速攻，更待何时？"高行周说："兵贵持重，现在不应该急攻，等城内有变时，再进攻不迟！"慕容彦超反驳道："此时不攻，留屯城下，我军士气越来越弱，敌人的士气则一天比一天强盛。更何况听说辽兵就要来支援杜重威，他日内外夹攻，敢问主帅如何对付？"高行周说："我是都帅，进退自有主张，你不要再说了！"慕容彦超冷笑道："大丈夫当为国忘家，为公忘私，可你顾及儿女亲家，甘误国事！"高行周听了，越发觉得恼怒，正要诘责他，慕容彦超又冷笑几声，然后转身走了。

原来，高行周的女儿是杜重威的儿媳，所以慕容彦超怀疑他营私，并且四处传言，说高行周疼爱女儿，不愿意进攻。高行周百口莫辩，不得已上表汉廷。刘知远担心发生变乱，想要亲征。随即召入大臣苏逢吉、苏禹珪等人，商量亲征事宜。苏逢吉、苏禹珪两人犹豫不决。刘知远转而询问吏部尚书窦贞固。窦贞固赞成亲征。窦贞固原来与刘知远同事石晋，两人一向交好。中书舍人李涛不曾发言，却密上一疏，催促御驾即日征讨邺都，毋误时机。汉主因窦贞固、李涛二人同心辅政，擢拔他们为相，随即下诏出巡澶、魏，慰问王师。过了两天，刘知远即打算起程，命皇子承训为开封尹，留守大梁。

这时，晋臣李崧、和凝等人自恒州前来归顺，报称辽将麻答已经被赶跑了，可断绝杜重威的后援。刘知远大喜，当面授李崧为太子太傅，和凝为太子少保，令他们辅佐承训，驻守京城。并且颁诏恒州，安抚指挥使白再荣，命他为留后。复称恒州为镇州，仍用原名成德军。

号炮一响，銮驾出征，前簇后拥的卫兵将吏不下一万人。行径匆匆，刘知远也无暇访察民情，一直赶到邺下行营。高行周首先出来迎谒，哭着陈述了军情。刘知远知道错在慕容彦超，因此慕容彦超谒见时，责备了他几句，且令他向高行周道歉。高行周的怒气这才稍稍减了一些，随即派给事中陈观去传谕杜重威，劝他快点投降。杜重威关上城门，不肯放陈观进去。陈观回来如实报告，触动了刘知远的怒意，便下令攻城。慕容彦超踊跃向前，领兵先行，高行周不好违慢，也驱军接应。

刘知远登高遥望，只见城上的矢石，好似雨点一般飞向城下，城下各军冒险进攻，也是个个争先，人人奋力。怎奈矢石无情，不容各军前进一步，从早晨杀到中午，危城兀立，垣堞依然。刘知远只得鸣金收军，检点士卒，一万余人受伤，一千余人丧命。刘知远这时才赞叹高行周有先见之明，就是好勇多疑的慕容彦超也十分惭愧，哑口无言。高行周入帐献计说：“臣来此已久，听说城中粮食将尽，军心却不曾动摇，更有辽将张琏助守，所以相持不下。请陛下召谕张琏，张琏若肯投降，杜重威也就无能为力了。”

刘知远依计而行，派人招降张琏，说饶他不死。偏偏张琏不肯从命，刘知远一再派人去劝说，始终无效。相持了两旬有余，城中渐渐觉得不支，内殿直韩训献上攻具。刘知远摇头说：“守城全靠人心，人心一离，城就不保了，还要什么攻具呢？”韩训怀惭而退。忽然帐外士兵来报，说有一位妇人求见，刘知远问明底细，忙命人将她召入。

杜重威自食恶果

刘知远传见来人。这位妇人就是杜重威的妻子宋国公主。公主进来拜见刘知远，行过了礼，刘知远给她赐座，随口问起杜重威的情形。公

245

主说："杜重威受陛下厚恩，得以重见天日，心里不胜感激。只担心陛下追究下去，罪责难免，所以一听说移镇，担心遭遇不测，正赶上辽将又来监守，以致触犯天威，劳动王师。现在他愿意开城谢罪，令臣妾前来谢罪，望陛下网开一面，放他一条生路！"刘知远说："朕十分信任杜重威，杜重威还不肯相信朕吗？况且朕已经多次招降他，为什么他还要抗命呢？"公主答道："杜重威不敢抗命，其实是虏将张琏挟制杜重威，不让他迎降。"刘知远说："难道虏将就不怕死吗？"公主答道："正为怕死，所以阻挠。"刘知远沉吟半晌，才微笑道："朕一视同仁，既然赦免了杜重威，也一起赦免张琏。麻烦你入城传话，只要真心投降，不论何人，一律赦免！"公主起身拜谢，辞别回城。

杜重威听了公主的传话，转告了张琏。张琏答道："你可以保全性命，张琏难以幸免。我愿意独守此城！"杜重威说："粮食早就吃完了，士兵都饿着肚子，看来是不能不投降了。汉主说一律赦免，谅他也不会欺骗我们，你不要担心！"张琏又说："恐怕未必。"杜重威说："我再派次子杜弘琏前去请求，拿到朝廷的赦书，大家也好安心出降。"张琏这才答应了。杜弘琏立即去了汉营。

过了半天，杜弘琏带着刘知远的手谕回来了，刘知远答应让张琏回辽国。杜重威于是派了判官王敏，先送去谢罪表，随即素服出降，拜谒刘知远。刘知远赐还衣冠，仍授杜重威为检校太师，兼中书令。大军随刘知远入城，城内已饿殍载道，满目萧条。辽将张琏也来拜见刘知远。刘知远突然变脸说："全城兵民被你一人害得这样凄惨，你可知罪？"张琏没料到刘知远会这样诘问自己，一时不知道该怎么回答。刘知远便令人将他推出去斩首，随后又捕杀了十几个头目，唯独把什长以下的人放回幽州。辽众没有地方申冤，快要走出汉境时，就大掠一番而去。枢密使郭威入帐，附在刘知远耳边说了几句话，刘知远即令他会同王章，将杜重威的部下亲将一并拿下，全部处斩。又将杜重威的家产及僚属的家产抄没充公，分赐给将士们。杜重威痛心疾首，却又毫无办法，只是与妻子儿女相对流泪罢了。

刘知远在邺都住了好几天，然后下令还都，留高行周为邺都留守，任天雄军节度使。高行周上疏推辞，刘知远对苏逢吉说："想是为了慕容彦超的缘故，我会命他徙镇泰宁军，你可以替我转告高行周。"苏逢吉转谕高行周，高行周于是受命留在邺都。刘知远晋封高行周为临清王，命杜重威随驾还都。

回到大梁，刘知远加封杜重威为楚国公。杜重威平时出门，路人就向他扔石头，一边扔一边骂。亏得他脸皮一向很厚，还是经受得起的，只是已经威风扫地了。

刘知远的原籍本属沙陀部落，刘知远因自己姓刘，改国号为汉，强引西汉高祖、东汉光武帝作为远祖。尊汉高祖为太祖，光武帝为世祖，立庙祭享，历世不变。高祖湍被尊为文祖，妣李氏为明贞皇后，曾祖昂为德祖，妣杨氏为恭惠皇后，祖僎为翼祖，妣李氏为昭穆皇后，父琠为显祖，母安氏为章懿皇后，共立四庙，与汉高祖光武帝并列，合成六庙。命太常卿张昭厘定六庙乐章舞名。刘知远因为邺都的事已经告一段落，于是入庙祭祖。

不料皇子刘承训，自从祭祀后染上风寒，病情一天天恶化。刘承训孝顺忠厚，聪敏睿智，刘知远十分宠爱他，所以格外留心看护，找来很多名医给他医治。怎奈区区药物不能挽回造化，刘承训竟于天福十二年十二月中悠然而逝，年仅二十六岁。刘知远在太平宫举哀，哭得几次都差点晕过去。经左右极力劝慰，他才勉强收泪，亲自棺殓，追封刘承训为魏王，送回太原安葬。从此以后，刘知远陷入忧伤之中，整天郁郁寡欢。一代枭雄，又将谢世。

蹉跎过了残年，便是元旦，刘知远因身体不适，不受朝贺，自己在宫中调养。转眼间已过了四天，他病体少痊，于是出宫视朝，改天福十三年为乾佑元年，颁诏大赦。过了几天，刘知远改名为暠，晋封冯道为齐国公，兼太师。兵部递上奏牍，报称凤翔节度使侯益与晋昌节度使赵匡赞，叛国降蜀，盘踞关中，请速派将士去讨伐他们。刘知远立即命右卫大将军王景崇、将军齐藏珍调集禁兵数千，去攻打关西。

蜀主孟昶继承孟知祥之位以后，除去了强臣李仁罕、张业，国内太平，十年无事。辽主耶律德光灭晋，晋雄武节度使何重建举秦、成、阶三州降蜀。孟昶于是想吞并关中，派山南西道节度使孙汉韶等人攻下了凤州。这时，晋昌军节度使赵匡赞听说杜重威获罪，担心自己也不能保全，索性向蜀国投降，另图富贵。他派人奉表蜀主，乞求蜀主派兵援应长安，一并攻打凤翔。孟昶很高兴，立即命中书令张虔为北面行营招讨安抚使，宣徽使韩保贞为都虞侯，率兵五万，取道散关，支援赵匡赞。孟昶又令何重建为副使，领部众取道陇州，与张虔等人会师，然后一同赶往凤翔。并令都虞侯李廷珪统兵两万，绕出子午谷，声援长安。

凤翔节度使侯益得知孟昶大举入侵，惊慌得不得了，正打算上表告

247

急。忽然雄武军弁吴崇恽来了，递上何重建的手书，并附有蜀国枢密使王处回的招降文，无非是晓示利害，劝侯益降蜀。侯益担心援军来得太慢，心想不如乞降，免得自己死无葬身之地。于是缴出地图兵籍，叫吴崇恽带回去，附表请求平定关中，并且写信给赵匡赞，约他互相帮扶。偏偏赵匡赞狐疑不定，又听信了判官李恕，仍然上表汉廷，自请入朝。

李恕本是赵延寿的幕僚，赵延寿令他辅佐赵匡赞，做晋昌军节度判官。赵匡赞降蜀时，李恕出言谏阻，赵匡赞不听。李恕再次极力劝阻说："燕王入胡，并非出于自己的意愿。如今汉主刚刚得到天下，正是求贤若渴的时候，您若谢罪归朝，必能保全富贵。入蜀恐怕并非良策。蹄涔不容尺鲤，愿您三思，不要后悔！"赵匡赞听了，觉得很有道理，因此派李恕入朝谢罪，请求面觐汉主，听受处分。刘知远问李恕："赵匡赞为什么附蜀？"李恕答道："赵匡赞因身为虏官，父亲在虏廷，担心陛下不肯原谅自己，所以降蜀求生。臣一再谏阻，说陛下一定能谅解他，赵匡赞也自知悔悟，所以派臣来请罪！"刘知远说："赵延寿父子本是我的故交，不幸陷入虏境，如今赵延寿刚刚入狱，我怎么忍心再害赵匡赞呢？你回去告诉赵匡赞，叫他不必多疑，尽可入朝！"李恕拜谢而去。

不久，刘知远接到侯益的奏章，与赵匡赞一样，也是谢罪请降。这时，王景崇还没有起程，刘知远将他召入寝室，秘密宣谕道："赵匡赞、侯益虽然都来请罪，但不知道他们是不是有诡计。你率兵西去，秘密观察他们的动静。他们若真心入朝，那就不必过问了；倘或他们迁延观望，你可以见机从事，不要中了他们的计谋！"王景崇应声遵旨，即日起程，西赴长安。

赵匡赞担心蜀兵来到，自己反而难以脱身，不等李恕返回，他便离开长安，去了大梁。途中与李恕相遇，得知汉主的谕旨，更加放心前行。赵匡赞与王景崇晤谈，王景崇也同意让他过去。王景崇自己率兵直接去了长安。刚进入长安城中，军报就陆续来到，都是说蜀兵已经进入秦州，就要来攻打长安了。王景崇因随兵不多，担心不足以抵御蜀军，急忙派本道兵马及赵匡赞的牙兵千余人，一同抗拒蜀军。他又害怕赵匡赞的牙兵叛变，想要在这些士兵的脸上刺字，使他们不能得逞。当下与齐藏珍商议，齐藏珍不是很赞成。这时，牙兵将校赵思绾进来请求在自己脸上刺字，为部兵作个表率。王景崇心里当然很高兴。齐藏珍待赵思绾退出，私下里对王景崇说："赵思绾面带杀气，恐怕并非良将。况且黥面的命令还没有下达，他就先来面请。越是阿谀奉迎的人越不可靠。还是要尽快除掉他才好！"王景崇摇摇头说："无罪杀人，如何服众？"于是不听从齐藏珍的建议，自己督兵去堵截蜀军。

蜀将张廷珪正从子午谷出师，探得赵匡赞入朝的消息，便要引退。不料王景崇突然来到，张廷珪仓促迎敌，已被王景崇麾兵杀入，冲破中坚，只好边战边退。张廷珪退到十里以外，王景崇才停止追袭。张廷珪丧失了数千名士兵，懊丧地退了回去。

侯益听说王景崇得胜，张廷珪败回，自然顺风使舵，决计拒蜀。蜀帅张虔来到宝鸡，得知了侯益举棋不定的情形，便与诸将商议计策。有人主张进军，有人主张退师，弄得张虔不知道该听谁的，只好按兵不动。忽然听说汉将王景崇，召集凤翔、陇、邠、泾、鄜、坊各兵，大刀阔斧地杀来，张虔吓得魂不附体，急忙带着士兵趁夜逃跑。等王景崇追到散关，蜀兵已奔入关中，只剩下后队的四百人，被王景崇一鼓歼灭。

王景崇两次告捷，朝廷命王景崇兼任凤翔巡检使。王景崇立即带着士兵来到凤翔，侯益开门将他迎入。王景崇与他谈起入朝的事，侯益支支吾吾地没有明确的态度。王景崇不免动疑，立即派部军分守各门，然后暗中窥察侯益的动静。忽然接到朝旨，御驾升遐，皇次子刘承佑即皇帝位，王景崇不由得心下一动，倒有些踌躇起来。

刘知远自从长子刘承训死后，感伤成疾，幸亏不间断地服用人参茯苓等补品，才勉强支撑了一两个月。乾佑元年正月下旬，刘知远病情加重，服药也不管用了。刘知远召入宰相苏逢吉、枢密使杨邠和郭威商议后事。还有都指挥使史弘肇，刘知远虽然命他兼镇宋州，却是在都遥制，所以也被召见。四位大臣一起进入刘知远的御寝，见刘知远已经病入膏肓，都满脸愁容。刘知远见他们神色悲凄，就说："人生总有一死，有什么可怕的呢？只是承训已殁，承佑依次当立，朕担心他少不更事，不得不将一切后事托付给诸卿！"四人齐声答道："臣一定尽心尽力！"刘知远又长叹道："眼前还没有什么危险，只须小心防范杜重威！"说到"威"字时，好像有什么东西堵在了喉咙里，不能继续说下去。四人慌忙退出，请进后妃、皇子等送终。

没过多久，就响起了一片哭声，这时苏逢吉进来说："且慢！且慢举哀！皇帝有要旨传下，必须立刻办了，才可以发丧。"后妃等人都不知道是怎么一回事，只因苏逢吉身任宰相，而且是第一顾命大臣，料想他一定有重要的事情，众人当即停住了哭泣，让他出去办理。苏逢吉退出去，见杨邠、郭威等人已经拟好诏敕，立即令侍卫带领禁军，去捉拿杜重威及杜重威的儿子杜弘璋、杜弘琏和杜弘璲。杜重威在私邸中安然坐着，丝毫没有防备。禁军入门后，他仓皇接诏，刚刚跪下，冠帽已被禁军搞去。随后，侍卫宣诏将杜重威父子处斩。

杜重威听了，吓得六魂无主，一边哭一边辩解。偏偏侍卫毫不留情，立即令禁军缚住杜重威，并将他的三个儿子拿下，一并牵了出去。甚至都不让他的妻子宋国公主与他诀别。侍卫把他们匆匆赶到市曹，已有监刑官在那里等着，指挥两旁的刽子手，来到杜重威父子身旁，拔出光芒闪闪的大刀，剁了过去。一眨眼的工夫，杜重威父子的头颅都已落地。杜重威父子的遗骸横放在大街上，百姓们在一旁看着，激起了一腔义愤，有人诟骂，有人踢打，连军吏都禁止不住。霎时间杜重威父子的尸体成为肉泥，几乎无法辨认了。

杜重威被处斩以后，苏逢吉才为故主发丧。并传出遗制，封皇子刘承佑为周王，即日嗣位，朝见百官。先前，刘知远想要更改年号，大臣们商议为"乾和"二字，御笔改为乾佑，正好与嗣主的名字相同，众人视为一种预兆，所以后来沿称乾佑，不再改元。太常卿张昭呈上先帝谥号，称为睿文圣武昭肃孝皇帝，庙号高祖，后来葬在睿陵。虽然刘知远称帝不满一年，但是中间过了年，历史上算做二年。

刘承佑继位后，尊母亲李氏为皇太后，颁诏大赦。关中接得诏书以后，王景崇在处置侯益的问题上踌躇不定。侯益非常狡黠，所以被王景崇猜疑。有人劝王景崇杀死侯益，王景崇叹道："先帝以前叫我权衡行事，这件事只有和先帝知道。嗣皇帝不知道，我若杀死了侯益，反而会有擅权之嫌。况且赦文已下，更觉得难以行事，我也只好先密奏朝廷，然后再作打算。"主意已定，王景崇便起草密疏。奏疏还没有送出去，侯益已经私自离开凤翔，星夜入都去了。王景崇后悔不已，不停地责备自己。

这侯益却是随机应变，一入都门便请求见皇上。嗣主刘承佑问他为什么引入蜀军。侯益并不慌张，十分从容地答道："蜀兵多次侵犯西陲，臣想要诱他入境，把他们聚歼。"刘承佑不由得"嗤"地一声笑了，令侯益退出。侯益见刘承佑的神情，觉出了自己的处境十分不利。幸而他家资丰厚，可以用那些金银珠宝贿赂相臣。金银是人人喜欢，大臣们得了侯益的好处，哪有不替他说话的？毕竟刘承佑年纪还小，也以为以前错疑了侯益，不久即授他为开封尹，兼中书令。侯益又买通了史弘肇等人，谗构王景崇，说他如何专恣，如何骄横。刘承佑不得不信，于是派供奉官王益到凤翔，征赵匡赞的牙兵入朝。赵思绾很是不安，又经王景崇激了他几句，越发觉得心慌，就随着王益起程。到了半路，赵思绾对同党常彦卿说："小太尉①已落入别人手中，我们如果去京师，那是自己去送死！你说该怎么办呢?"常彦卿答道："随机应变吧，不要多说了！"

第二天，他们来到长安，长安已经改称永兴军。节度副使安友规和巡检使乔守温，出城迎接王益，并在客亭摆好了酒席。赵思绾进来请示道："将士们已在城东驻扎下来，但是他们的家属大多在城中。将士仍想暂时入城，带家眷到城东住宿。"安友规不知是计，见赵思绾没有铠甲兵器，于是乐得卖个人情，就爽快地答应了。

赵思绾带着手下驰入西门，见州校坐守在门旁，腰剑下悬，就瞅准机会，突然向前，顺手夺下州校的腰剑，挺刃一挥，砍下了州校的头颅。随即号令党羽一起动手，没有武器，便从附近找来木棍，左右横扫，杀死了十几个门吏。然后把城门关上，进入府署，打开武库，取出铠甲兵器，分给部众，派他们把守各门。安友规等人听说起了变乱，人人惊惶失措，不等宴会结束，就溜走了。朝使王益也逃之夭夭，不知去向。赵思绾占据城池，招募城中的壮士修缮城墙。

王景崇不去讨伐赵思绾，反而暗示凤翔官民上表，请求让自己掌管军府之事。刘承佑与群臣商议，众人都料到了这是王景崇的诡计。刘承佑拒绝了凤翔官民的请求，另外调任邠州节度使王守恩为永兴节度使、陕州节度使赵晖为凤翔节度使，调王景崇为邠州留后，令他即日赴镇。王景崇迁延观望，不肯立即起程。这时，突然出来一个叛臣，竟然勾结永兴、凤翔两镇，图谋中原。这个叛臣就是河中节度使李守贞。

汉将郭威

李守贞与杜重威是故交。杜重威被诛杀以后，他不免兔死狐悲，心里暗想汉室刚刚换了新主，朝中执政的都是后进之人，没有一个比得上自己，不如乘机叛变，反而可以转祸为福。于是偷偷招纳亡命之徒，整

---

① 小太尉:指赵匡赞。

治城堑，修缮甲兵，昼夜不息。参军赵修己精通术数，李守贞与他密议，赵修己说："此时不可轻举妄动。"赵修己再三劝阻，李守贞半信半疑，赵修己不得已只好卸职归田。忽然有个游僧总伦，来拜见李守贞，说是望气而来，称李守贞为真主。李守贞大喜，尊总伦为国师，天天想着发难。

一天，李守贞大摆酒席宴请将佐，畅饮了好几杯之后，起座取弓，遥指着一张虎舐掌图，对将佐说："将来我若是能够得到大福，就让我射中虎舌。"说完，即张弓搭箭，向图画射去。"嗖"的一声，箭镞好像长了眼睛一般，不偏不倚，正好插在虎舌上。将佐齐声喝彩，纷纷离座拜贺。李守贞更加得意，与将佐入席接着痛饮。将佐乐得阿谀奉承，拍马溜须，使得李守贞更加忘乎所以。

没过多久，长安的使者送来文书。李守贞打开一看，是赵思绾的劝进表文，不由得心花怒放。使者接着献上御衣，华丽无比。李守贞到了此时，更是得意忘形，随便问了使者几句，令左右好好款待他。过了几天，李守贞才将使者派回去传递消息，与长安交好。从此，李守贞更加坚定了谋反的信念，妄称自己称帝是顺天应人，僭号秦王。派人传命任赵思绾为节度使，下令仍称永兴军为晋昌军。

同州节度使张彦威因自己与河中相近，探知了李守贞的所作所为，于是时刻处于戒备状态，秘密上表请求增兵。汉廷派滑州指挥使罗金山，率领部众，助戍同州。因此同州不再担心李守贞会起事。李守贞派骁将王继勋出兵占据潼关。军报驰入大梁，刘承佑于是命澶州节度使郭从义任永兴军行营都部署，与客省使王峻，率兵讨伐赵思绾；邠州节度使白文珂，做河中行营都部署，率兵讨伐李守贞。随后又任虢州指挥使尚洪迁，为永兴行营都虞侯；阆州防御使刘词，为河中行营都虞侯。

各军同时西行，唯独尚洪迁恃勇前驱，急急赶到长安城下。这时，赵思绾养足了锐气，专待官军的到来。远远看见尚洪迁率兵前来，立即麾众杀出，与他交锋。尚洪迁还未列阵，赵思绾已经杀到，主客异形，劳逸异势，即使尚洪迁骁悍过人，此时也是旗靡辙乱。尚洪迁勉强招架，终究是不能支撑，而且士卒大多负伤，他便麾兵先退，自己率亲军断后，边战边退。赵思绾穷追不舍，惹起了尚洪迁的血性，回头拼死力斗，这才把赵思绾击退。可是，尚洪迁身上的伤已多达几十处，回到大营，吐血不止，只过了一夜就去世了。

郭从义和王峻因尚洪迁战死，不免有些胆怯，敛兵不进。郭、王两人又是死对头，谁也不服谁，此时更是互相推诿，拖延不前。汉廷又派泽潞节度使常恩领兵援应，正巧郭从义分兵去迎接。两下会师，总算收复了潼关，由常恩屯兵守着。河中行营都部署白文珂逗留在同州，不曾进兵。新授凤翔节度使赵晖到了咸阳，部署士兵，一时也不能急进。刘承佑非常担忧，特派枢密使郭威为西面军前召谕安抚使，河中、永兴、凤翔诸军，全听郭威调遣。

郭威奉命将行，先到太师冯道那里询问计策。冯道缓缓地说："李守贞的宿将自以为德高望重，必能约束士卒，想让他们归附自己。你去了以后，将财物全部分赏给兵吏，就一定能够得到军心。那时，李守贞就无能为力了！"郭威拜谢后，立即出发，承制传檄，调集各道兵马，前来会师，并促令白文珂赶往河中，赵晖赶往凤翔。

赵晖已探知王景崇降蜀，并且暗通李守贞，于是连上奏章。刘承佑命郭威一并讨伐王景崇。郭威与诸将商议军情，诸将打算先攻打长安和凤翔。那时，华州节度使扈彦珂也奉调从军，在一旁献计说："如今三处叛乱连兵，推李守贞为主。李守贞死了，其余两镇自然就好办了。古人说，擒贼先擒王。不去攻取首逆，先攻王、赵，并不是什么好计策。更何况河中路近，长安、凤翔路远，攻远舍近，倘若王、赵拒我前锋，李守贞袭我后路，岂不是陷入绝境吗？"郭威连声称妙，于是决定分三路进攻河中，白文珂及刘词自同州进军，常恩自潼关进军，自己率部众从陕州进军。一路上，郭威与士卒同甘共苦，小功必赏，微过不责。士卒生病了，他亲自去探视，属吏无论贤愚有所奏请，他都和颜悦色，虚心听从。因此人人都很敬畏郭威。

李守贞听说是郭威统兵，毫不在意，并且觉得禁军曾是自己的手下，受过自己的恩施，可以坐等他们倒戈，不战自服。哪知三路汉兵陆续赶来，都是扬旗击鼓，耀武扬威。郭威所带的禁军，更是气势汹汹，野心勃勃。李守贞这时已有三分惧色，登城俯看，见有相识的军将，便想与他们搭话。还不曾开口，已是一片哗声，众人都喊李守贞是叛贼。李守贞几乎无地自容，转念一想木已成舟，徒悔无益，只得打起精神，督众严守。

郭威竖栅城西，白文珂竖栅河西，常恩竖栅城南。郭威见常恩立营不整，又见他无将领之才，就派他归镇，自己分兵驻扎在南城。诸将请求急攻，郭威摇摇头说："李守贞是前朝的宿将，多次立下战功。况且城临大河，楼堞牢固，他居高临下，我军仰首攻城，非常危险。如果下令进攻，就像是把士兵往火坑里推，有什么好处？从来勇有盛衰，攻有缓急；时有可否，事有后先。不如暂且设下长围，以守为攻，使他陷入绝境。我军洗兵牧马，坐食转饷，温饱有余；而城中缺水断粮，人心惶惶。然后我们搭上绳梯，传示檄文，一边攻打一边安抚。我料想城中的将士一定会纷纷乞降。"诸将问道："长安、凤翔已经与李守贞结盟，一定会来相救。倘或他们内外夹攻，我们该怎么办呢？"郭威微笑着说："诸位尽可放心！赵思绾和王景崇只凭蛮勇，不懂兵法。何况郭从义等人在长安，赵晖去了凤翔，已足以牵制两人，大可不必多虑！"

郭威征集了各州的民夫两万余人，叫白文珂督领，让他们四面掘长壕、筑连垒，环城围住。过了好几天，见城上守兵还没有心生变志，郭威对诸将说："李守贞以前畏惧高祖，不敢嚣张。如今见我们在太原崛起，轻视我们，所以造反。我们应该装出软弱的样子，慢慢儿将他制伏。"随即传令将吏，叫他们偃旗息鼓，闭垒不出，沿河遍设火铺，绵延长数十里，命部兵轮番巡守。他又派水军日夕防备，将水陆扼住。逼得李守贞无路可走，只好驱兵突围。偏偏郭威早已料到，只要守兵出来，便命各军截击，不叫一人一骑突过长围。所以李守贞的士兵，突围几次就失败几次。李守贞派使者带着蜡书，分头求救，南求唐、西求蜀、北求辽。不幸的是，这些使者都被汉营的巡逻兵抓了去。城中越发穷蹙无计，渐渐地粮食就要吃光了，支撑不了多久了，急得李守贞像热锅上的蚂蚁。国师总伦经常跟随在李守贞左右，当然少不了挨骂。总伦说："大王应当做天子，这是谁也改变不了的。可是现在诸侯混战，需等他们磨灭将尽，单剩下一人一骑，才是大王鹊起的时候。"李守贞觉得他的话很有道理，所以依然待他如初。

王景崇占据了凤翔，暗通李守贞，接受他的封爵，杀死了侯益的家属七十余人。只有侯益的儿子侯仁矩，在外得以幸免于难。侯仁矩的儿子侯延广还在襁褓中，乳母刘氏用自己的儿子将他换下来，抱着侯延广偷偷逃了出来，一路乞讨，来到大梁。侯益大恸，哀请朝廷诛叛复仇。刘承佑传诏军前，催促攻打凤翔。

赵晖这时已经发动进攻，与王景崇相持。忽然听说蜀兵来支持王景崇，大军已到散关，赵晖当即派都监李彦从带着军队，悄悄去袭击蜀兵。李彦从杀退蜀兵，并且乘势夺取凤翔西关。王景崇退守大城，赵晖多次用羸弱士兵诱战，却不见王景崇出师。于是另设一计，暗令一千多人绕过南山，穿上蜀装，打着蜀旗，从南山趋下。又命围城的军士佯作慌张，哗称蜀兵来到。王景崇本已派儿子王德让去蜀国乞援,眼巴巴地等着好消息。此时一听说蜀兵来到,还辨什么真假?立即派数千名士兵去迎接。这些士兵出城还不到一里,忽然听见号炮声响,霎时间,赵晖的士兵四面攒集,把数千名凤翔兵围住。凤翔士兵这才知道自己中了埋伏,可怜他们进退无路,都被杀死。王景崇听说以后,徒落得垂头丧气,懊悔不已,从此不敢轻易出兵。

蜀主孟昶派山南西道节度使安思谦,率兵去援救凤翔;另派雄武节度使韩保贞,带兵出沂阳,牵制汉军。王景崇的儿子王德让先回来报告,王景崇才令部将李彦舜等人去迎接蜀兵。赵晖得知蜀兵来到,急忙分兵扼守宝鸡。蜀将申贵为安思谦的前驱,以诱敌计对付汉兵。汉兵已经进入宝鸡城内,见蜀兵人少,就出城追赶,半路上遇到埋伏而败回,不料城内已被蜀兵掩入,竟将宝鸡夺去。幸亏赵晖事先有所准备。他担心宝鸡的戍兵不足以与蜀军抗衡,又派了精兵五千人前去援应。五千精兵途中遇着败军,两下会合,又将宝鸡夺了回来。安思谦率军来到渭水,听了申贵的报告,才知道军队先胜后败。再想进攻,因探得宝鸡有了防备,料想一时不能攻下,安思谦对众人说:"敌人的势力还很强大,我军粮草不足,不便与他久持,不如暂且退下,再作打算。"于是退屯凤州,不久又退到兴元。

王景崇听说蜀兵退了回去,就再次派使者向蜀国告急。蜀臣大多不愿意发兵相助。经王景崇再三表请,孟昶才下令仍命安思谦出援。安思谦请求先运来粮食四十万斛,才可以出境,孟昶叹息道:"安思谦不曾出兵,先来索粮,他的意思已经很清楚了。他哪里是在为朕做事?朕且拨粮给他,看他是否愿意出兵?"于是孟昶从兴州、兴元调来数万斛米,交给安思谦。安思谦这才从兴元出凤州,再由凤州进散关,另派部将申贵、高彦俦等人击破汉箭筈、安都各寨。宝鸡的戍兵到玉女津截击,被蜀兵打败,仍然退了回去。安思谦进驻模壁,韩保贞也出新关,同到陇州会齐,准备攻打宝鸡。赵晖想要分军接应,因怕势分力弱,反使王景崇有机可乘,于是令宝鸡的兵吏严守城池,不得妄动。一面送信到河中,向郭威乞师。

郭威正想消灭李守贞,却赶上南唐起兵支援河中,不得不分兵前去进攻,只好暂缓攻城。李守贞的幕下有两个游客,一个是狂士舒元,一个是道士杨讷。二人见李守贞被围困,就扮作平民从城南溜出去,向唐廷求救。舒元改姓朱,杨讷改叫李平,混出重围,奔到金陵,呼请救急。

唐主李璟犹豫不决，谏议大夫查文徽和兵部侍郎魏岑，怂恿李璟出师。李璟于是命北面行营招讨使李金全去救援河中，以清淮节度使刘彦贞为副，查文徽为监军使，魏岑为沿淮巡检使，令他们一同赶往沂州。

李金全令部众暂时休息，先派探骑去侦察汉营，再定行止。探骑去了很久，到中午仍然没有回来。营中将士们正在吃饭。这时，那探骑回来报告说："距此地十几里以外，有一个长涧，涧北有汉兵驻守，不过几百人，而且很羸弱，请速速攻打，不要坐失良机！"李金全不等他说完，厉声将他斥退，仍然安坐着吃饭。诸将感到莫名其妙。

大家吃完了，将领们都到李金全面前，请求立即出战。李金全又厉声说道："敢再提出战者，立斩！"诸将默然退出，免不了交头接耳，私下里毁谤李金全。等到夕阳西下，暮色苍黄，李金全又下令说："营内队伍须要整齐，兵器不能离手。大家守住营门，不要妄动，违令者立斩！"诸将更加疑心，只是军令如山，不敢不遵守。

忽然听见鼓声大震，敌军从四面八方聚来，都到营门前呐喊，不知有多少人马。李金全营内，只守住营垒，无人出战。那来兵喧嚷了好久，并没有进攻，最后四散而去。到了起更，已寂静无声，将士们才奉李金全的命令，做饭就餐。

李金全问诸将："你们想想，午后可以出战吗？"诸将齐声答道："大帅料敌如神，使全军幸免于难，只是您究竟是从哪看出来的？"李金全微笑道："兵法中说，知己知彼，百战不殆。汉帅郭威，善于用兵，难道我军远道而来，他能不知道吗？他派羸弱的士兵驻守涧北，明明是想诱我过涧，进入他的埋伏。我军天黑了还不出兵，伏兵派不上用场了，他当然前来鼓噪，乱我军心。但是见我军壁垒森严，他无机可乘，不得已知难而退。明眼人一看就明白！"诸将对李金全佩服得五体投地。

李金全一连好几天按兵不动，又探知汉垒严密，料知河中必危，便对诸将说："郭威为帅，李守贞一定难以幸免。我们去支援他，有百害而无一利，不如退师为是。"查文徽、魏岑等人前时乘兴而来，此时也兴尽想返回去。于是李金全拔营退驻海州，并派人入奏唐主，详陈一切情形。李璟给刘承佑写信，委婉向他道歉，请求两国仍然通商，并乞求赦免李守贞。

汉廷对此置之不理，只听说赵晖情急，令郭威设法去援救。郭威计退唐兵以后，亲自督兵去支援赵晖。行抵华州，接到赵晖的来信，说蜀兵已经粮尽退去，郭威立即折回。途中过了残腊，便是乾佑二年。白文珂听说郭威将到，带兵前去迎接，河中行营只留下都指挥使刘词。

郭威西行以前，曾告诫白文珂、刘词："敌军不能突围，迟早难逃我手；他若突围，我们就功败垂成了。成败在此一举。我看敌人的骁勇之士全在城西，我走了他们必来突围。你们要严加防范，切毋疏忽！"白文珂、刘词两人听了郭威的话，日夕注意，守兵也不敢出去。这时，白文珂出去迎接郭威，城中已经探知，派人夜里偷偷出城，送酒给刘词的巡逻骑兵。骑兵多半嗜酒，见了这杯中物，不禁垂涎三尺，更何况又不用花钱，乐得畅饮数杯。骑兵一直喝得酩酊大醉，都在营中熟睡，没人巡逻。刘词虽然小心，唯独这一招不曾预防，中了敌人的诡计。

三鼓时分，刘词觉得有些疲倦，就和衣躺下。正要蒙眬睡去，忽然听见栅外有鼓噪声，急忙跑出寝所，向外一望，已是火势炎炎，明亮如昼。部兵东张西望，不知道发生了什么事。刘词故作镇定，面不改色，并下令说："区区小盗，大家不要惊慌！"于是率众堵御，冒着浓烟冲了出去。客省使阎晋卿说："敌兵的铠甲都是黄色的，被火光一照，容易辨认。可是大家都没有斗志，真是没办法！"裨将李韬朗声说道："我们吃着皇粮，哪有不报效国家的道理？我愿意一马当先，诸将士快随我来！"说到这里，即冲向前去，众人也趁势跟上。

俗话说得好，一夫拼命，万夫莫挡。何况李韬一句话，激起众愤，即使火势燎原，众人也没有一丝怕惧，只管向前奋击。河中兵为首的骁将王继勋，虽然勇敢善战，到此也被杀得大败，身受重伤，逃入城中。手下剩下一百多名骑兵，踉跄逃回，其余的人都被杀死了。

刘词这才收军入栅，扑灭余火，连夜修补，第二天壁垒一新。待郭威到来，刘词跪倒马前，向郭威请罪。郭威欣然说道："我正愁你打不过他呢。现在有幸破贼，贼众已经无计可施，我们可以不用担心了。"入营以后，郭威厚赏刘词及李韬，将士们也都得到了财帛。郭威严申酒禁，不是在破城以后的犒宴上，不准私自饮酒。爱将李审却第一个触犯军令，私自喝了一点酒。郭威知道了这件事，召入李审，诘问道："你是我帐下的亲将，竟敢违抗我的命令，若不处罚，以后还怎么服众？"于是喝令左右，将李审推出门外，斩首示众。李审被诛，全营上下震惊不已。此后人人令出必行，成功就在眼前了。

赵思绾伏法

河中叛帅李守贞被围困了一年多，城中粮食已尽，士兵十成死了五六成，眼见是把守不住了。他左思右想，除了突围外没有别的办法。于是派出敢死军五千余人，分作五路，猛攻长围的西北角。郭威派都监吴虔裕，带着士兵前去横击，大扫河中兵，五路纷纷溃逃，伤亡过半。

过了好几天，又有守兵出来突围，陷入埋伏，都将魏延朗和郑宾都被汉兵抓了去。郭威没有杀他们，而是好言抚慰了一番。魏、郑二人十分感激，立即投诚。郭威叫他们写信，射入城中，召谕副使周光逊及骁将王继勋、聂知遇。周光逊等人知道已经无力回天，也率领一千余人出来投降。后来，城中的将士陆续向汉营投降。郭威下令各军分道进攻，各军接到命令以后，当然踊跃争先，巴不得将城池一鼓攻下。怎奈城高堑阔，一时不容易攻下，因此一攻一守，又拖延了一两个月。

正巧郭从义、王峻报称赵思绾已有降意，说此人不除，终为后患，应该如何处置，请主上定夺。郭威令他们见机行事。于是，最先发难的赵思绾也最先伏诛。赵思绾被郭从义、王峻围困，苦守多年，曾派儿子赵怀义去蜀国乞援。蜀兵都不能到河中，又怎么能入援长安？没有人支援倒也罢了，最要命的是粮食也吃完了。赵思绾原本喜欢吃人肝，曾亲自持刀，剖腹吃肝，肝都吃完了，人还没有死。而且，他还喜欢用人胆作下酒物，一边喝一边说："吃一千个人胆，就胆气无敌了。"城中的粮食吃完了以后，赵思绾就抓来妇女儿童充作军粮。割肉给士兵吃，自己吞食肝胆。可怜城中冤气冲天，整日里笼着黑雾，不论晴天雨天，都是一副阴森恐怖的样子。郭从义于是派人前去诱降。

以前，赵思绾年轻的时候，请求做左骁卫上将军李肃的仆从，李肃那时刚刚做了官，拒绝了他。李肃的妻子张氏是梁、晋两朝元老张全义的女儿，颇有远见卓识。她问李肃为什么不答应赵思绾的请求，李肃慨然答道："这个人眼珠子总是转来转去的，言语也很荒诞，以后一定会成为叛贼！"张氏点点头："臣妾也这样认为。只是今天您拒绝了他，他一定会记恨在心，一旦得志，就会来报复您。不如多给他一些金帛，叫他另谋生计！"李肃照着张氏的话做了，赵思绾拜谢而去。

后来，赵思绾入据长安，正值李肃闲居城中，赵思绾立即前去谒见，拜伏如故。李肃吃惊地回避一边，赵思绾力大无穷，强行将李肃按到座位上，一定要他受拜，并且尊称李肃为恩公。李肃勉强敷衍，心中实在难过，等赵思绾退出以后，急忙入内对张氏说："我说此人一定叛乱，现在果然应验了。他来拜见我，就等于把我也拖下了水。怎么办才好呢？"张氏说："何不劝他回国？"李肃摇摇头说："赵思绾已经是骑虎难下了。我若劝他，反而会惹他起疑心，那不是自己找死吗？"张氏答道："长安虽然牢固，料他必不能久据。赵思绾舍此而去，就不用说了；否则官军来攻，总有危急的一天，那时容易进言，也不用担心别的了。"李肃听了，心里才稍稍放宽了些。

赵思绾多次派人送来珍馐佳肴，以及绫罗绸缎。李肃不好拒绝，又不便接受，百般为难。心想将来凶多吉少，不如自尽，免受株连，所以找来毒药，正想服下。亏得张氏及时发现，将毒药夺了去。

长安被围困了很久，陷入窘境以后，每天都得吃人肉，张氏对李肃说："今天正好可以入府劝降，不要再拖延了！"李肃于是去见赵思绾，赵思绾热情相迎，推李肃上座，然后开口问道："恩公前来，想是可怜赵思绾，要替我设法解围，还请多多指教！"李肃答道："你本来与朝廷没有冲突，不过因惧罪起见，据城固守。如今国家三道用兵，均不成功。你如果乘此变计，归顺朝廷，料想朝廷必然会很高兴，会保全你的富贵。你自己想想，坐以待毙怎么比得上全身而退呢？"赵思绾说："倘若朝廷不容许我归顺，岂不是弄巧成拙了吗？"李肃答道："这倒不必担心，包在我身上了。我虽然不做官了，但是朝廷也没忘了我。你若表明诚意，再附上我的一道奏疏，为你求请，不怕他不答应！"赵思绾还是犹豫不决。判官程让能这时接到了郭从义的密信，有意出降，乘着李肃进言时，也进来劝说。赵思绾于是立即令程让能起草，撰成二表，一表是以李肃的名义写的，另一表是以赵思绾的名义写的。随后，赵思绾派人带着两道奏章去了朝廷。

十几天以后，差人回来了，说朝廷已经答应免罪，并且要将赵思绾调任其他藩镇。赵思绾大喜。没过多久，即有诏敕颁到行营，授赵思绾检校太保，调任华州留后。郭从义将诏敕传入城中，令赵思绾出城受诏，赵思绾释甲出城，拜受朝命，然后与郭从义当面约定行期，指日去华州任事。郭从义答应了他，叫赵思绾回城作准备，并且派兵跟着他入城，守住南门。赵思绾久久逗留，借口还没有准备好，要改行期。行期一改再改，赵思绾拖延着不走。郭从义与王峻商议说："狼子野心，终不可

259

信，不如尽早将他除去，以绝后患！"王峻不太赞成，只说应当禀报郭威。

郭从义派人到河中行营，请求除掉赵思绾。郭威同意之后，郭从义即与王峻骑马入城，带着步兵和骑兵来到府署。郭从义派人召赵思绾出来，说："太保就要起程了，郭从义特意前来饯行，请就此对饮一杯。"赵思绾不得不从。一出署门，郭从义一声暗号，麾动将士，将赵思绾拿下。随后进入府署搜捕他的家属及都指挥使常彦卿，将他们一并牵到市曹，枭首示众。并没收了赵思绾的家产，得到二十余万贯，一半入库，一半赈饥。城中人口，原来有十几万，现在仅剩下一万人。郭从义召入李肃，请他主持赈灾事务，李肃自然答应。两天就把事情办完了，入府交差，然后回家与张氏说明一切。一对老夫妻，这才得以高枕无忧，安享晚年。

赵思绾伏法以后，郭威免得两头兼顾，于是日夕督兵攻城，冲入外郭。李守贞收拾余众，退保内城。诸将请求乘胜急攻，郭威说："狗急了还跳墙呢，何况一支军队！现在大功即将告成，就好像涸水取鱼，不必性急。"

李守贞知道自己必死无疑，在衙署中放了很多薪草，准备自焚。拖延了好几天，守将开城迎降，有人报告了李守贞，李守贞慌忙纵火焚薪，举家投入火中。官军驰入府衙，将火扑灭。李守贞与妻子及儿子李崇勋已经被烧死，还有几个儿子和两个女儿，只是触烟倒地，没被烧死。官军抬出尸骸，砍下李守贞的头颅，并将他活着的子女，献到郭威马前。

郭威查验李守贞的家属，差逆子李崇训一人，再次命军士入府搜捕。府署外厅已毁，但内室没被烧着。将士跑进内室，只见积尸累累，也不知谁是李崇训。唯独堂上坐着一位装扮华丽的妇人，风采如故，毫不慌张。众人怀疑是个木偶，要走上前去看个清楚，只听那妇人厉声说道："不要过来！不要过来！郭公与我父亲是故交，你们怎么敢冒犯我？"将士更不知道她是什么人，不敢上前锁拿，只好退出府门，报知郭威。

郭威也惊诧起来，便下马入府，亲自去看。那妇人见郭威进来，才下堂相迎，款款下拜。郭威略有三分认识，一时又想不起来，当即问明姓氏。那妇人从容说出，郭威才又惊又喜地说道："你是我的世侄女，叫你受惊了！我这就送你回娘家。"那妇人却凄然说道："叛臣家属难逃一死。承蒙您的盛德，这样可怜我，我感激不尽！只是侄女误入孽门，与叛子李崇训结为夫妻。李崇训已经自杀，可否令侄女棺殓，作为永诀？如果您能答应，来生我做牛做马再报厚恩！"郭威见她可怜，不禁心软，便令她指出李崇训的尸首，由部将代为殓理。妇人送丧尽哀，然后向郭威拜谢，郭威派人护送她回娘家去了。

这位妇人究竟是什么人呢？她自己说与李崇训结婚，明明是李崇训的妻室，可她的娘家却在兖州。兖州即泰宁军，节度使魏国公符彦卿，就是她的父亲。

先前，李守贞有了异心，曾找来术士卜问凶吉。有一个术士能听声算命，判断吉凶。李守贞叫出家眷，叫他们一一出声。术士听一个，评一个，都不过是寻常的套话。轮到李崇训的妻子符氏出言，术士不禁叹道："你大福大贵，一定会母仪天下！"李守贞听了，心里想："我儿媳尚且会母仪天下，我夺取天下，当然能成功，何必再疑虑呢？"于是决定造反。

城破以后，李守贞葬身火窟。李崇训没有跟着他去，而是先杀了自己的儿女，接着想要杀死符氏。符氏藏了起来，李崇训找不到她，随即自杀了。符氏得以脱身，东归兖州。符彦卿写信感谢郭威，并且因郭威有对女儿的再生之恩，愿让女儿拜郭威为父。郭威并不推辞。唯独她的母亲说她夫家灭亡，她自己活了下来，全靠神明佑护，不如削发为尼，做一个禅门弟子，聊尽天年。符氏摇摇头说："死生由天命，无故削发毁容，这是何苦呢？"后来，符氏嫁给了周世宗，术士的话最终应验了。

郭威攻克河中，检阅李守贞的文书，所有的信札，或者与朝臣勾结，或者与藩镇暗通，全是些指斥朝廷，大逆不道的话。郭威想要援为证据，一并上奏。秘书郎王溥进谏道："请把这些东西付之一炬，这样大家就都安心了！"郭威觉得他的话很有道理，于是将河中所留的文牍全部焚毁，当即驰书奏捷。郭威召赵修己为幕宾，掌管天文。四面搜缉伪丞相靖岿和孙愿、伪枢密使刘芮、伪国师总伦等人，将他们与李守贞的子女，分别关入囚车，派将士押到朝中。

刘承佑在明德楼，接受俘虏，百官称贺。礼毕，刘承佑即命人押着罪犯巡行都城，把李守贞的头颅悬挂在南市，将各犯在西市处死。两处叛乱都已平定，凤翔一城，很快就可以拿下。朝旨令郭威回朝，留扈彦珂镇守河中，命刘词补任华州的空缺。授郭从义为永安节度使，兼同平章事。此外立功的将士，都得到了封赏。

郭威奉诏还都，入朝拜见刘承佑。刘承佑令郭威走上台阶，当面慰劳他，还亲酌御酒赐给郭威。郭威跪着一饮而尽，然后叩首谢恩。刘承佑又命左右取出赏物。郭威拜辞道："臣受命一年多了，只攻克了一座城，哪有什么功劳？况且臣统兵在外，镇守京师、拨运军粮等事，都由各位大臣从中调度，才得以灭叛诛凶，臣怎敢独享这些东西呢？请分赏给朝廷的大臣吧！"刘承佑说："朕也知道其他大臣的功勋，会给他们奖励的。这些东西是赏给你的，爱卿就不要再推辞了！"郭威见无法推辞，只好拜受。

第二天早晨，郭威入朝，刘承佑打算叫郭威兼领方镇。郭威又拜辞道："杨邠位在臣之上，尚且不接受一寸土地，臣怎么敢兼领方镇呢？况且臣曾蒙陛下的厚恩，位居枢密史，内心已经十分惭愧。史弘肇是开国功臣，总领军事，所以兼领藩镇。臣万万不敢接受！"刘承佑于是晋封郭威为检校太师，兼任侍中，并且晋封了史弘肇、苏逢吉、苏禹珪、窦贞固、杨邠等人。唯独中书侍郎李涛很早就罢相，没有得到晋封。刘承佑还想要特别赏赐郭威，郭威一再叩谢："运筹谋划，全靠庙堂；发兵馈粮，全靠藩镇；浴血奋战，全靠将士。如今功劳全部归到臣的头上，再三加赏，反而会使臣折福。臣以后有了别的功劳，再领赏就是了！"刘承佑这才罢议。

后来因为受赏的大臣们说，恩赏只给了亲近之人，外藩却什么都没得到，不免有些重内轻外。刘承佑于是再次加恩，封天雄节度使高行周为太师，山南东道节度使安审琦为太傅，泰宁节度使符彦卿为太保，河东节度使刘崇兼中书令，忠武节度使刘信、天平节度使慕容彦超以及平卢节度使刘铢兼侍中；朔方节度使冯晖和夏州节度使李彝殷兼中书令，义武节度使孙才简和武宁节度使刘赟兼同平章事。其他如镇州节度使武行德、凤翔节度使赵晖等，也加封爵位。

赵晖围攻凤翔已经一年多了，听说河中、长安相继被平定，唯独凤翔久攻不下，功落人后，免不了焦急异常。于是他督令部众努力进攻，并且订下了最后期限。王景崇困守危城，也智穷力竭，粮尽势孤。幕客周璨对王景崇说："您以前与河中、长安互为援应，所以坚守到今天。现在二镇都被平定了，您还有什么依靠呢？蜀人是靠不住的，不如降顺汉室，还可以保全自己。"王景崇说："我一时失策，连累了你们，现在虽然后悔，也没有回头之路了！你劝我投降，也不是不对，只是城破必死，投降也不一定能活着。你没有听说过赵思绾的事情吗？"周璨知道劝不动王景崇，就退出署外。

几天以后，外面的进攻更加猛烈。王景崇登上城墙，四处眺望，见赵晖骑着马，亲自指挥，全体将士无不拼死效命，城北一带攻扑得更是厉害。王景崇不由得俯首长叹，猛然间得了一计，立即下城，召来亲将公孙辇、张思练，对他们说："我看赵晖的精兵大多在城北。明天五鼓时分，你们二人可毁掉东门，装作投降的样子，但不要让敌人进来。我与周璨带领牙兵，突然杀出北门。如果有幸得胜，击退敌兵，是守城还是离开，以后再说。万一失败，也不过一死。比起坐以待毙，要好多了。"二将唯唯听命，王景崇又与周璨约定。随后一切准备停当，专待天明。

不久，城楼谯鼓已经打了五更，公孙辇、张思练两人走到东门，令随兵纵起火来。周璨也到了府署，恭候王景崇出门。不料府署中忽然起火，烧得烟焰冲天，不能靠近。周璨急忙召集牙兵救火。等到把火扑灭，署内已毁去一半，四面壁立。王景崇的居室已经烧成灰烬，眼看着王景崇的全家被烧死了。公孙辇与张思练正派人来约王景崇，见府舍成了废墟，不禁大惊失色。来人急忙返回去报告，急得两将没法，只好弄假成真，毁门出去投降。周璨早有降意，当然也投降了赵晖。赵晖带着士兵入城，拣出王景崇的烬骨，折成好几段。当即晓谕众人，禁止抢掠。然后立刻派部吏报捷大梁。汉廷又有一番赏赐。

当时另有一位大员也受到株连。这个人就是太子太傅李崧。李崧受株连的原因与三叛不同。以前，刘氏进入汴州，李崧北去不回，所有都中宅舍都被刘知远赐给了苏逢吉。苏逢吉得到李崧的宅第，占有了宅中的宿藏及洛阳的其他产业。李崧回到都城以后，虽受命为太子太傅，家产却没有还给他。李崧知道自己处境危险，不敢生怨，又因自己还留着宅券，就拿出来献给了苏逢吉。苏逢吉不好当面斥责他，勉强接受了。回家后，苏逢吉却对家人说："此宅是皇上赏给我的，用他李崧献什么券！难道他还想卖个人情给我吗？"从此与李崧有了嫌隙。李崧的弟弟李屿嗜酒成性，生性鲁莽。他曾与苏逢吉的子弟往来，酒后忘情，经常埋怨苏逢吉夺了他家的宅第。苏逢吉听说以后，更加怀恨在心。

翰林学士陶谷先前被李崧举荐，现在却阿附苏逢吉，经常在苏逢吉的耳边说李崧的坏话。正巧三叛连兵，都城震惊。史弘肇在都中巡逻，遇到有罪的人，不问情迹轻重，一股脑儿归入叛案，全部加诛。李屿的仆人葛延遇，因为一点小过错，被李屿打了一顿，就怀恨在心。他与苏逢吉的仆人李澄，一起诬陷李屿谋叛。苏逢吉接到葛延遇的诉状，正好乘机报怨，于是将原状交给了史弘肇，并派官吏召李崧到自己的府第，从容地对他说了葛延遇的事，还佯装叹息。李崧还以为他是个好人，将幼女托付给苏逢吉。苏逢吉又假装答应下来，不让李崧回家，即命家人送李崧入狱。

李崧这才知道苏逢吉是个狡猾的人，既后悔又生气，说："自古以来，没有一国不亡，一人不死的。我死就死了，何用这般诬陷呢？"李屿在堂上极力辩论。李崧说："任你口吐莲花也没有用，当道的权贵硬要灭我的家族，你就不用再说什么了！"李屿于是自诬服罪，只说与兄弟童仆二十个人，同谋作乱，又派人勾结李守贞，并与辽兵有联系。苏逢吉得了供词，将"二十"改为"五十"。刘承佑下诏诛杀李崧和李屿，并把他们的亲属也全部杀死。葛延遇和李澄反而受到奖赏。都中人士都为李崧喊冤。

酒席上的冲突

刘承佑因三叛已平，内外无事，自然异常欣慰，除了赏赐诸臣外，又加封了吴越、荆南、湖南三位镇帅。吴越王钱弘倧秉性刚正，都军使胡进思骄横不法，被钱弘倧视为眼中钉。钱弘倧与指挥使何承训秘密商议，想办法挤兑胡进思。何承训假装与他商量，出来以后却全部告诉了胡进思。胡进思立即带领亲兵，穿着铠甲乘夜入宫。钱弘倧吃惊地问胡进思有什么事。胡进思说是来索取他的性命的，急得钱弘倧奔入义和院，把门紧紧地关上。胡进思反锁院门，假传王命，诡称钱弘倧突然得了风瘫，不能再处理政事，应当传位给弟弟钱弘俶。

钱弘俶原本出镇台州，钱弘倧嗣立时，将他召入钱塘，赐居南邸。胡进思颁发伪敕以后，即召集文武大吏，到南邸迎接钱弘俶。钱弘俶吃惊地说："如果能保全我哥哥，我才会答应你们。否则我是不会同意的，你们也不要强迫我！"胡进思拜道："臣等愿意遵照您的话去办！"诸官吏也俯伏称贺。钱弘俶于是进入元帅府南厅，受册视事，将故王钱弘倧迁到锦衣军，派都头薛温率兵保护，并且告诫薛温："此后如有其他的命令，都不是我的意思，你不得从命！"薛温受命而去。

胡进思多次劝钱弘俶害死钱弘倧，钱弘俶始终不从，并且严防胡进思。何承训请钱弘俶尽快杀胡进思。钱弘俶恨他反复无常，突然命左右拿下何承训，将他推出去斩首。胡进思听说何承训出卖自己，也说他该杀，只是每天都担心钱弘倧会报复自己，又假传钱弘俶的命令，叫薛温毒死钱弘倧。薛温抗议道："薛温受命时，没听说这话，不敢擅自行动!"胡进思于是夜里派了两个私党,翻墙而入,持刀向前。亏得钱弘倧日夜戒备,闻声大呼,薛温急忙率众前来救他,捉住二贼,剁死在庭中。第二天,薛温将夜里发生的事报告给钱弘俶,钱弘俶大惊道:"保全我哥哥,全靠你了。"于是赏赐给薛温许多金帛,仍令他加强戒备。胡进思无从下手,更加担心,突然背上生疽,呼号而死。

钱弘俶仍奉汉正朔,奏明钱弘倧传位的情形。刘承佑授钱弘俶为东南面兵马都元帅,兼镇海、镇东等军节度使,封他为吴越国王。没过多久,因钱弘俶平定覃恩之乱,加授他为尚书令。钱弘倧受到钱弘俶的优待,移居东府,悠闲地活了二十年,安然告终,吴越称钱弘倧为让王。

这时,荆南节度使高从诲病殁,儿子高保融继位。先前,汉高祖起兵太原,高从诲曾派人劝进,并入贡大梁,取媚辽主耶律德光。汉国定国以后,高从诲上表称贺,并请求将郢州赐给自己。刘承佑没有答应。高从诲于是带兵偷偷袭击郢州,被刺史尹实击退。他又派水军袭击襄州,被节度使安审琦打败。高从诲两次失败,担心汉兵南讨,急忙向唐、蜀称臣,请求他们援助。当时人们见他东奔西走,南投北降,见利即趋,见害即避,称高从诲为"高无赖"。

乾佑元年,高从诲因与汉失和,北方商旅不通,境内贫乏,于是再次上表汉廷,自陈悔过,愿修职贡。汉廷此时正忙于三叛构兵之事,无暇诘责高从诲,就派人宣抚荆南。不久高从诲生病了,命三子高保融掌管内外之事。高从诲病终以后,高保融继承留后之职,告哀汉廷。刘承佑授高保融为荆南节度使,兼同平章事。第二年,汉国平定了三叛,推恩加封,命高保融兼官侍中,与吴越同时颁诏。

湖南节度使楚王马希广也被晋封为太尉,算是大汉的隆恩。马希广当然拜命,只是马希广的哥哥马希萼,据有朗州,也派人到汉朝,上表求取晋封。马希广有个庶弟马希崇,曾担任天策左司马,为人阴险狡诈。他暗中写信给马希萼,说指挥使刘彦瑫等人假传遗命,废长立少,请哥哥不要被他们欺骗。马希萼看了这封信,激起怒意,于是借口奔丧,前去探听虚实。

马希萼走到碛石,刘彦瑫探知后,请命于马希广,派都指挥使周廷诲带着水军,去迎接马希萼。两下相遇,周廷诲逼马希萼交出兵器,然后把他带了进去。马希萼见周廷诲已经有所准备,不得不屈意相从,交出兵器,随周廷诲入城,改穿丧服,住在碧湘宫。丧葬完了以后,马希萼请求回去。周廷诲对马希广说:"大王若能让位给兄长,自然不必说了；否则为国割爱，不要使他生还！"马希广摇摇头说："我怎么忍心杀死兄长呢？我宁可与他分土而治。"马希广于是厚赠马希萼，然后将他派回朗州。

马希萼大为失望，回镇后立即上奏汉廷，说马希广越次擅立，臣位次居长，愿意与马希广各修职贡，置邸称藩。汉廷因马希广已受册封，不便再封马希萼，于是没有答应他的请求，只是说哥弟一体，不要失和。又另赐马希广诏书，也无非是劝他友爱待人，不要起引起冲突。马希广原是受命，马希萼偏偏不肯从命。他招募乡兵，制造战舰，想与马希广争个你死我活。

南汉主刘晟杀死自己的弟弟，过着骄奢淫逸的日子。这时，他特派工部郎中钟允章赴楚求婚。哪知马希广不同意，谢绝了钟允章。钟允章回来报告了刘晟。刘晟愤愤地说道："马氏还能经略南土吗？"钟允章答道："马氏刚刚起了内讧，怎么可能来侵犯我们呢？"刘晟点点头："如果真像你说的这样，我正好可以乘机进取了。"钟允章极口赞成。刘晟于是派指挥使吴珣、内侍吴怀恩，率兵攻打贺州。楚王马希广急忙派指挥使徐知新、任廷晖，率兵去救援。

二人来到贺州城下，见城上已遍竖敌旗，就激起众愤，立刻攻城。鼓声一响，各队竞相冲锋。忽然几声怪响，地面裂开，前驱的士兵都坠入地下去了。徐知新等人急忙收军，十成兵已失去了四五成。徐知新、任廷晖担心敌兵出击，星夜奔回，乞请济师。马希广责怪他们不肯尽力，立刻将徐、任二将处斩。

徐、任二将之所以失败，并非是畏怯，其实是他们太鲁莽了。南汉都将吴珣攻下贺州，就在城外挖了一个大陷阱，上面覆盖着竹箔和泥土。又在堑中挖了个洞穴，直通陷阱，设着机轴，专待禁军来攻。如果徐、任二人能小心察看，就可以免祸。他们的失误在于麾兵轻进，徒然把前驱的士兵送死阱中。罪无可赦，情有可原。马希广当日何妨令他们戴罪立功呢？可是，他偏偏杀死二将，叫将士们寒心，又如何能御敌固防呢？

南汉兵转攻昭、桂、连、宜、严、梧、蒙诸州，多半被攻陷，大掠而去。马希萼乘势发兵，督领战舰七百艘，要去攻打长沙。妻子苑氏进阻道："兄弟相攻，无论胜负，都会被别人笑话的，不如别去了！"马希萼不听，带着士兵奔趋潭州。马希广听说以后，召入刘彦瑫等人，慨然对他们说："朗州归我兄长镇治，不可以与他争夺，我情愿举国让给兄长。"刘彦瑫极力反对，天策学士李弘皋、邓懿文也同声谏阻。于是，马希广命岳州刺史王赟为战棹指挥使，抵御马希萼，并命刘彦瑫监军。刘彦瑫与王赟，乘船来到仆射洲，正巧朗州的战船逆风前来。王赟占据上风，麾众截击，大破朗州兵，截获战舰三百艘，接着顺风追赶。快要追上马希萼的坐船时，忽然后面有差船来到，传马希广的命令，说是不要伤着马希萼。王赟于是退了回去，马希萼得以从赤沙湖逃回。苑氏听说马希萼败回，哭着对家人说："大祸临头了！我不忍心看着他们自相残杀。"于是投井自尽。

静江军节度使马希瞻是马希广的弟弟，听说两个哥哥交战，多次写信劝诫，见他们都不听自己的，忧愤成疾，不久就死了。马希萼因为失败更加愤怒。他招诱辰溆州及梅山蛮人，共同攻击湖南。蛮众贪利忘义，争先恐后地赴敌，与马希萼一起进攻益阳。马希广派指挥使陈璠前去支援益阳。两军在淹溪交战，陈璠战败而死。马希萼又派群蛮攻破迪田，杀死镇将张延嗣。马希广命指挥使黄处超赴剿，黄处超也败亡。马希萼连得胜仗，再次向汉廷上表，请求封给自己名号。刘承佑仍然婉言拒绝，只是劝他们兄弟修和。马希萼于是改道求援，臣事南唐。唐主李璟令楚州刺史何敬洙，率兵去助马希萼一臂之力。

马希广到了此时，哪能不焦灼万分？他慌忙派人去汉廷，上表称荆南、岭南、江南连兵，图谋瓜分湖南，乞求尽快派兵驻守澧州，扼住江南、荆南要路。汉廷没有回音，急得马希广寝食难安。刘彦瑫对马希广说："朗州兵不足一万，马不足一千，有什么好怕的？请给臣士兵一万余人，战舰一百五十艘，让臣直接进入朗州，把马希萼给您捆回来，为大王解忧。"马希广大喜，立即授刘彦瑫为战棹指挥使，兼朗州行营都统，亲自出都门为他饯行。刘彦瑫辞别了马希广，乘船进入朗州境内。父老乡亲们带着牛和酒前来犒劳将士。刘彦瑫认为民心趋附，一定可以打胜仗。战舰所过之处，即用竹木自断后路，以表决心。走到湄州，望见朗州战舰一百余艘，载着州兵、蛮兵各数千人。刘彦瑫立即乘风纵击，并且抛掷火器，焚毁敌船。敌兵吓得不得了，正打算往回逃，忽然风势倒吹，大火烧着了刘彦瑫的战船。刘彦瑫来不及扑救，只好往后退。无奈后路已断，追兵又到了，士兵们穷蹙无路，战死的战死，淹死的淹死，损失不下数千人。刘彦瑫自己则跳上小船逃跑了。

失败的消息传入长沙，马希广整天哭泣，不知道该怎么办才好。有人劝马希广散财犒师，鼓励将士继续拒敌。马希广一向很吝啬，此时也

267

只好散布钱财，取悦军心。还有人说马希崇散布流言，扰乱军心，明显是要造反，请求尽快把他杀死以绝内应。马希广还是不忍心，潸然流涕："我若杀死自己的弟弟，还有什么脸面去见地下的先王？"将士们见马希广这样迂腐，人心都散了。

马军指挥使张晖从小路袭击朗州，听说刘彦瑶兵败，也立即退屯益阳。后来因朗州大将朱进忠来进攻，他就欺骗众人说："我率士兵绕到敌人的后面，你们可以留在城中等我。我们首尾夹击，不怕不能取胜。"说完，他便带着部众出城，竟从竹头市逃回长沙。朱进忠听说城中无主，驱兵急攻，于是攻陷了益阳。守兵九千余人，全部被杀。

马希广见张晖逃了回来，急上加急，不得已派僚属孟骈赴朗州求和。马希萼令孟骈回去报告说："我们之间大义已绝，不到地下，不便相见了！"马希广更加害怕了。忽然又接到朗州的探报，说马希萼自称顺天王，大举入侵。那时马希广无计可施，只好派人去汉廷，三跪九叩地乞求援师。刘承佑倒也被他感动，打算调兵遣将，支援湖南。偏偏这时外敌入侵，内乱纷起，连自己的宗社都要拱手让人了，哪里还能顾及南方？

刘承佑嗣位，转眼间已经过了三年，起初是任用老功臣，命杨邠掌管机要，郭威主持征伐，史弘肇统帅宿卫军，王章总管财赋。四位大臣同心协力，国内稍稍安定了些。只是国家大事全部由四位大臣掌握，宰相苏逢吉、苏尚珪等人心里就不平衡了。二苏多次迁补官吏，杨邠却说虚糜国用，多次加以裁制，于是将相生嫌，互怀猜忌。正赶上关西乱起，纷扰不休，中书侍郎兼同平章事李涛，请求调杨、郭两位枢密出任重镇，控御外敌，内政委托二苏办理。

这明明是思患预防，调停将相的意思。不料杨、郭二人误会了李涛，怀疑他联络二苏，从旁倾轧自己，竟入宫向李太后哭诉，请求将自己留在山陵侍奉太后。李太后怀疑刘承佑喜新厌旧，抛弃旧臣，当面斥责刘承佑。刘承佑讲了李涛的话，更加激怒了李太后。李太后立即命刘承佑罢免李涛，勒令他回私邸。刘承佑想要叫母亲高兴，于是更加重用杨、郭、史、王四位大臣，除了史弘肇兼官侍中外，三位大臣都加封同平章事兼衔。二苏失权，心里更加不平静。

不久，郭威讨伐河中，朝政归三位大臣主持。杨邠掌管人事，他重武轻文，经常抑制文吏的升迁；史弘肇掌管社会治安，他怙权专杀，经常横加诛夷；王章掌管财务，他增加税赋，横征暴敛，不顾民生。因此官民怨声载道，恨不得将这三位大臣剁成肉酱。

　　等到平定了三叛，郭威还朝，刘承佑今天赐宴，明天颁赏，以为四海清平，从此没有了隐患。这时，刘承佑已经长大，渐渐放荡起来，视朝听政之余，经常与近侍胡闹。飞龙使后匡赞、茶酒使郭允明，最善于谄媚，经常编些淫词艳曲，不顾主仆名分，嘈嘈杂杂地聚成一堆，互相笑谑。李太后对此有所耳闻，常常召刘承佑入宫，严词斥责。刘承佑开始时倒还遵礼，不敢说话，后来听得厌烦，竟然反唇相讥："国事由朝廷做主，太后是妇道人家，管什么朝事！"说完，转身就走了。徒惹得太后烦恼一场，他却仍去寻欢作乐去了。太常卿张昭得知此事，上疏切谏，大意是说要远小人亲君子。刘承佑哪里听得进去。

　　到了乾佑三年初夏，边疆报称辽兵入侵，横行河北。刘承佑召集大臣，共商战事。商量的结果是，派枢密使郭威出镇邺都，督率各道抵御辽军。史弘肇提出一个建议，说郭威虽然出镇，仍然可以兼领枢密。苏逢吉据例辩驳，史弘肇愤然说道："想要做事，手中必须有权力，为什么非得按照旧例办事？况且兼领枢密，才方便行事，使诸军畏服。你一个文臣，怎么晓得疆场上的机变呢？"苏逢吉很怕他，不敢再与他争辩，只是退朝后对别人说："用内制外，凡事才能顺利进行。现在反而用外制内，离祸变不远了！"过了一天，有诏颁出，授郭威为邺都留守、天雄军节度使，仍兼枢密使，有权支配河北的一切兵甲钱粮，不得违误。

　　那天傍晚，宰相窦贞固为郭威饯行，并且邀集朝廷的权贵，入座相陪，大家各敬郭威一杯酒，然后才回到各自的座位上。史弘肇见苏逢吉在旁边，就斟满酒杯，故意向郭威厉声说道："昨天在朝廷上各有争议，小弟应该为大哥喝了这一杯。"说完，一饮而尽。苏逢吉也忍耐不住，举杯说道："彼此都为国事，不要介意！"杨邠也举杯说："我也是这么想的！"于是与苏逢吉接连喝了许多杯。郭威有些过意不去，就开言劝解他们。史弘肇又厉声说道："守卫朝廷，平定祸乱，要靠长枪大剑，笔杆子有什么用？"王章听了，为他们打抱不平，也插嘴说："没有笔，饷军的钱财从哪里来？你未免欺人太甚了！"史弘肇这才不说话了。散席以后，大家怏怏不快地各回府第。

　　第二天郭威入朝辞行，伏地奏请道："太后跟随先帝多年，颇有阅历。陛下有事应当禀训而行，而且应该亲近忠直，摒除奸邪，善善恶恶，最应该明察！苏逢吉、杨邠、史弘肇都是先帝的旧臣，尽忠为国，请陛下推心委任，遇事多问问他们。至于疆场战事，臣愿尽竭愚诚，不负陛

269

下的厚望，请陛下不要担心！"刘承佑谢过了他。郭威北去以后，刘承佑就把这一番话都抛到了脑后。朝中权贵的明争暗斗日益激烈，好像彼此之间有什么不共戴天的大仇恨。

一天，王章置酒，宴请群臣。酒到半醉，王章提议行酒令，拍手为节，谁拍错了，就罚酒一樽。大家都愿意遵行，只有史弘肇喧嚷道："我不会行这种酒令，你们不要捉弄我！"客省使阎晋卿正好坐在史弘肇下边，便对史弘肇说："史公不妨少数服从多数。如果不习惯行此令，可以先练习一下，很简单的，一学就会了。"说着，即拍手示范。史弘肇瞧了几拍，觉得也不太难，就同意了。

众人行令，你也拍，我也拍。轮到史弘肇时，偏偏生手容易犯错，他不禁忙乱，幸而有阎晋卿在一旁指导，才避免被罚酒。苏逢吉冷笑道："身旁有姓阎的人，自然不用担心被罚酒了！"话音未落，史弘肇拍案而起，大声诟骂。

苏逢吉见史弘肇变脸，慌忙住了口。史弘肇不肯善罢甘休，一甩袖子站了起来，亮出拳头，对着苏逢吉。苏逢吉慌忙起座离席，骑上马，一溜烟儿地跑了。史弘肇向王章索剑，一定要追杀苏逢吉。杨邠哭着劝道："苏公是宰相，您若杀死他，将置天子于何地？请您三思而后行！"史弘肇怒气不平，上马离去。杨邠担心他去追苏逢吉，也立即上马追驰，与史弘肇并行，一直将他送回家，才告辞回去。

苏逢吉虽然出言嘲笑史弘肇，也无非是随口说说，并不是真心揶揄，史弘肇为什么生这么大的气呢？原来，史弘肇原籍郑州，是农民出身，小时候好斗，经常闯祸。乡里有什么不平之事，他就会出来扶弱锄强。酒妓阎氏受到富人的逼迫，史弘肇出面将问题解决了。娼妓多情，以身报德，并且悄悄拿出自己的积蓄，给史弘肇，叫他投军。史弘肇从军以后，升为小校，感激阎氏的恩德，将她娶为妻室。至此，夫荣妻贵，相得益欢。

苏逢吉是指阎晋卿，史弘肇还以为是讥讽他的爱妻，所以怒不可遏。况且平时二人就合不来，史弘肇带着三分酒意，越发觉得怒气上冲。幸亏苏逢吉逃得快，才保全了性命。苏逢吉遭此不测，想要外调避祸，转念一想："如果出了都门，只要仇人动动手指，我就成粉末了。"于是打消了外调的主意。王章也郁郁不乐，想要外调，还是杨邠把他挽留下来。刘承佑知道了这件事，特命宣徽使王峻设席让他们和解，却没什么效果。

270

刘承佑丧命

　　杨邠、史弘肇等人揽权执政，一手遮天，就是皇帝老子也拿他们没办法。刘承佑的近侍以及太后的亲戚，靠特殊关系做官的，多半被杨邠等人罢免了。李太后的一个故人的儿子，请求补任一个军职，史弘肇不但不答应，还把他斩首示众。还有李太后的弟弟李业，原来担任武德使，掌管内帑。正赶上宣徽使有了空缺，李业私下里告诉了李太后，乞求升补。李太后转告了刘承佑，刘承佑又转告了杨邠和史弘肇。两人一起反对说："内使的迁补是有次序的，不可以超拔外戚，扰乱朝纲！"刘承佑入禀太后，李太后也只好作罢。客省使阎晋卿依次应当升为宣徽使，却很久没有补任。枢密承旨聂文进、飞龙使后匡赞、茶酒使郭允明，都是刘承佑的宠臣，也始终得不到提拔。平卢节度使刘铢罢职回都，等了好几个月，也没有得到调任。因此，这些人各生怨恨，渐起杀机。

　　一次，刘承佑赐给伶人一些锦袍玉带。伶人知道史弘肇非常骄横，不得不前去道谢，果然触怒了史弘肇，当面叱辱道："士兵守边苦战，还得不到这样的重赏。你们有什么功劳，也配享用这些东西？"立即命他们脱下来，贮藏到官库里。

　　刘承佑娶了张彦成的女儿做妃子，两人不是很和睦。后来他得到一位耿氏女子，秀丽绝伦，刘承佑非常宠爱耿氏，想要立她为后，便与杨邠商量此事，杨邠说立后为时尚早。偏偏红颜薄命，耿氏不久便病死了。刘承佑悲痛欲绝，想以皇后的礼节将她殓葬，又被杨邠从旁阻挠，不能如愿。刘承佑积怨已久，怀恨在心。

　　一次，与杨邠、史弘肇商议政事，刘承佑说："行事须谨慎，不要叫别人有怨言！"杨邠与史弘肇齐声说："陛下别吭声就是了，有臣等在，还怕什么人？"刘承佑虽然不敢斥责，心中却懊恨得很。退朝后与左右谈起这事，左右趁势进言道："杨邠等人太专横了，以后一定会造反。陛下如果想要高枕无忧，应该尽快设法除奸！"刘承佑还在犹豫不决。那天晚上，刘承佑听见作坊里有打造兵器的声音，怀疑有急兵，通宵没有睡着。后来，一天比一天担心，于是想要除去权臣，以保全自己。

　　宰相苏逢吉与史弘肇有过节，多次挑拨李业，叫他杀死史弘肇。李业与聂文进、后匡赞、郭允明，定好密计，去告诉了刘承佑。刘承佑令他转禀李太后。李太后说："这种事怎么能轻举妄动呢，应该与宰相等人分析透了利害，才可以定议。"李业答道："先帝在时曾说，朝廷大事不可与书生商议，文人怯懦，容易误事。"李太后始终不以为然，召入刘承佑，嘱咐他要慎重。刘承佑愤愤地说："国家大事，妇道人家跟着掺和什么？我自有主张！"说完，一甩袖子就走了。李业等人回去告诉了阎晋卿。阎晋卿担心谋事不成，反而招来大祸，急忙去史弘肇的府第求见，想要把自己听到的都告诉他。可能是史弘肇已经恶贯满盈，天要亡他，他正有其他事情，没有时间见客，竟命门吏谢绝了阎晋卿。阎晋卿不得已只好回去了。

第二天，杨邠、史弘肇、王章入朝，刚到广政殿东庑，忽然有十几名士兵跑过来，拔出腰刀，向史弘肇砍去。史弘肇猝不及防，竟被砍倒。杨邠、王章想要逃跑，士兵们聚拢过来，七手八脚，立刻将两人砍翻。不久，三道冤魂，一起去了冥府。

殿外的官吏不知道是怎么回事，都惊惶得不得了。忽然，聂文进走了出来，宣召宰相朝臣，排班崇元殿，听读诏书。大臣们硬着头皮，入殿候旨。聂文进宣诏说："杨邠、史弘肇、王章，同谋叛逆，想要危害宗社，所以一并处斩，应该与卿等同庆。"众人听了，退出朝房，不敢散去。后来，刘承佑亲御万岁殿，召入诸军将校，当面慰谕道："杨邠、史弘肇、王章，欺负朕年幼，专政擅权，使你们时时担忧。朕今天为你们做主，除此大孽，你们总算可以免遭横祸了！"众人都拜谢而退。刘承佑又召前任节度使、刺史等升殿，安抚了他们一番。众人也都没有异议，陆续趋退。

宫城诸门由禁军守住，不放走一个人，等到日落，才放众人出宫。众人回到各自的府第，才知道杨邠、史弘肇、王章三家，尽被屠戮，家产也被全部籍没了。第二天，又听说骑兵四处搜捕杨、史、王三人的戚党，以及平时的仆从。众人都担心连坐，等到天黑无事，才略感安心。

侍卫步军都指挥使王殷，一向与史弘肇交好，此时正出屯澶州。刘承佑听信了李业等人的话，派供奉官孟业带着密敕，令李业的弟弟——澶州节度使李洪义，乘便杀死王殷。因为邺都留守郭威向来与杨、史等人联络一气，刘承佑也派人带着诏书，密授邺都行营马军指挥使郭崇威、步军指挥使曹威，令他们杀死郭威及监军王峻。

那时，高行周调镇天平，符彦卿调镇平卢，慕容彦超调镇泰宁。刘承佑颁敕，叫他们与永兴节度使郭从义、同州节度使薛怀让、郑州防御使吴虔裕、陈州刺史李谷，一同入朝。刘承佑命宰相苏逢吉掌管枢密院

272

事；前平卢节度使刘铢，掌管开封府事；侍卫马步都指挥使李洪建，权判侍卫司事；客省使阎晋卿，权充侍卫马军都指挥使。

苏逢吉虽与史弘肇有嫌隙，但只是李业等人私下定谋，没有向他透漏一点风声。忽然听说此变，苏逢吉也觉得心惊，私下里对同僚说："事出仓促，倘若主上有话问我，也不至于这般仓皇了！"

刘铢性情残暴，升任开封尹以后，便与李业合谋，决定实施斩草除根的计划。凡郭威、王峻的家族，一律捕戮，不管老的小的，一个都不留。李洪建是李业的哥哥，李业叫他去捕杀王殷的家属，李洪建却不肯逞凶，只是派兵监视他们，仍让他们照常生活。王殷的家人因此得以平安无事。只是王殷在澶州，还不知道这些事情。忽然李洪义入帐，递上密诏，叫王殷自己看。王殷看完以后，大吃一惊，问他是从哪里得来的。李洪义说："朝廷派了孟业来，嘱咐洪义遵照密旨，加害使君。洪义与使君交好多年，怎么忍心下此毒手？"王殷慌忙下拜："王殷的这条命都是您给的！"又问孟业还在不在。李洪义回答说："刚才我与他一起来的，应该还在门外。"说完，便出去找着孟业，带他进来见王殷。王殷问及朝廷的事，听了几句话，已经气得不行，便将孟业关起来，立刻派副使陈光穗转告邺都。

郭威到了邺都后，去繁除弊，严令边将慎守疆场，不得妄动，如果遇到辽人来犯，尽可以坚壁清野，以逸待劳。边将相率遵令，辽人也不敢入侵，河北稍稍安定下来。一天，郭威与宣徽使监军王峻出城巡阅，正在谈论边疆之事，忽然澶州副使陈光穗来到。陈光穗呈上密信，郭威看了以后，才知道京都有变，便将来信藏入袖中，带着陈光穗回到府署。王峻还不知道底细，也跟着回来了。郭威召入郭崇威、曹威及大小三军将校，当面宣布道："我与诸公披荆斩棘，跟随先帝夺取天下。先帝弥留之际，我亲受顾命，与杨、史诸公苦心经营，废寝忘食，才令国家无事。如今杨、史诸公无故遭到屠戮，现在又有密诏来到，要取我和监军的首级。故人都已经死了，我也不愿意独生，你们可以奉行诏书，砍下我的头颅以报天子，这样也不会连累你们！"

郭崇威等人听了，不禁大惊失色，哭着答道："天子年少冲动，此事肯定不是他的意思，一定是受到左右小人的挑唆。假使这些小人得志，国家还能安宁吗？末将等愿意跟随您入朝，当面把事情说清楚，除掉鼠辈，廓清朝廷。万万不可白白送死，徒留下一个恶名！"见郭威很为难的样子，枢密使魏仁浦进言道："您是国家大臣，功高盖世，如今手握强

273

兵，占据重镇，如果被小人踩到了脚下，岂不被天下人耻笑？事情已经到了这步田地，怎么能坐以待毙？"翰林天文赵修己接着说："您徒死无益，不如顺从众人的请求，驱兵南下。天意难违，请您不要推辞！"郭威于是下定了决心，留下养子郭荣镇守邺都。

郭荣本姓柴，是郭威的侄子，天姿聪敏。郭威很喜欢他，于是收他做了义子。刘承佑命郭荣做贵州刺史，郭荣愿意跟随义父，不曾赴任，所以留居邺城，任牙内都指挥使。

郭威因为已经有人留守，于是命郭崇威做前驱，自己与王峻带领部众，向南进发。到了澶州，李洪义与王殷到郊外去迎接郭威。王殷对着郭威恸哭，说愿意举兵归服郭威，率领部众跟随郭威渡河。途中抓获了一名间谍，经过审讯得知，这人名叫鸢脱，奉刘承佑之命，来探察邺军的行止。郭威高兴地说："我正要劳烦你回去向朝廷报信呢。"当下命随吏写好奏章，放在鸢脱的衣袖中，叫他回去了。

郭威遣回鸢脱，率领部众继续前进。到了滑州，节度使宋延渥，料知自己不能与郭威抗衡，就开城将他迎入。郭威入城以后，取出府库里的财物，犒赏将士，并对众人说："主上被小人所迷惑，诛戮功臣，我此来实在是迫不得已。只是以臣拒君，终究是不对的。我越想越觉得惭愧。你们家在京师，不如奉行前诏，我死而无怨！"诸将应声道："国家负您，您不负国家，请您不要再犹豫了！安邦雪怨，正在此时！"郭威不再说话了。王峻却私下里对将士说："我从郭公那里得知，攻克京城以后，他打算任由你们剽掠！"众人听说以后更加兴奋，怂恿郭威飞速进兵。郭威于是与宋延渥同出滑城，直奔大梁。

那时，汉廷的君臣已经听说郭威南来，打算发兵抵御。慕容彦超与吴虔裕应召入朝。刘承佑与大臣们商量发兵的事，慕容彦超力请出师。前开封尹侯益也在朝上，出奏道："邺军前来，势不可挡，应该闭城坚守，挫败他的锐气！邺都士兵的家属大多在京师，最好是叫他们的母亲、妻子登城招降，这样就可以不战自败！"慕容彦超应声道："这是懦夫的愚计！叛臣入犯，理应发兵征讨。侯益一把老骨头了，陛下不要与他共商大计！"刘承佑说："慎重也是好事，朕叫你们同行就是了！"于是令侯益与慕容彦超，以及阎晋卿、吴虔裕，还有前郦州节度使张彦超，率禁军奔赴澶州。

诏敕刚刚颁下，正值鸢脱回朝，报称郭威的部队已到河上，并呈上郭威的奏疏。刘承佑读了以后，既恐惧又后悔，急忙召入大臣们商议。

窦贞固首先开口：“前日事变，臣等实在是什么都不知道。既然有幸得以除去三逆，为什么还要波及外藩？”刘承佑叹息道：“前日之事确实太仓促了，但事已至此，说什么都没有用了。”李业抗议道：“不要再提前日之事了！现在叛兵前来，应该去截击。请汉主倾空府库，赏赐诸军，重赏之下，必有勇夫。用得着吓成那样吗？”苏禹珪反驳李业说：“倾空府库，国用将从哪里支出？臣以为不可以这样做！”这句话一出，急得李业头爆青筋，向苏禹珪下拜道：“相公请先顾全天子，不要吝惜钱财！”于是开库取钱，分赐禁军，每人二十缗，下军十缗。所有邺军的家属也受到了抚恤，汉廷令他们写家信招降。

没过多久，汉廷接到紧急军报，说郭威的部队已到封邱，距都城不过一百里。宫廷内外得此消息，震惊不已。李太后听说以后，不禁痛哭道：“以前不听李涛的话，应该遭受此祸。现在后悔也迟了！”刘承佑也觉得很是不安。只有慕容彦超自恃骁勇，入朝奏请道：“前几天因叛臣郭威已到河上，所以陛下收回前命，留臣宿卫。臣看北军不过是乌合之众，不值得臣一扫，请陛下不要担忧！”刘承佑将他慰劳一番，令他出朝候旨。慕容彦超退出，碰见聂文进，就向他询问郭军的人数，以及将校的姓名。聂文进说了大致的情况，慕容彦超不禁大惊失色：“看来还不能轻视他们呢！”

随后，有朝旨颁出，令慕容彦超做前锋，左神武都军袁巘、前邓州节度使刘重进、侯益为后应，抵御郭威。慕容彦超领军出都，在七里店驻营，掘堑自守，令坊市献出酒肉和美女饷军。袁巘、刘重进、侯益也出都驻扎在赤岗。两军等了半天，不见邺军来到。天色已晚，他们就各自退守城内。第二天，两军再次出营，来到刘子坡，与邺军相遇，彼此下营，按兵不战。

刘承佑想亲自出去慰劳将士，向李太后禀白。李太后说：“郭威是老臣了，如果不是你把他逼上了绝路，怎么会到这种地步！只叫他们守住都城，然后飞诏慰谕。郭威一定有话要说，能依他就依了他，不能依他再慢慢商量。这样，君臣的名分还能保全，千万不要轻易出兵！”刘承佑不听，出来后召集聂文进等人护驾，竟出都门去了。李太后派内侍前去告诫聂文进：“贼军气势强大，一定要留意！”

聂文进答道：“有臣随驾，一定不会有事的。即使有一百个郭威，也能全部活捉回来！太后何必多心？”内侍走了以后，聂文进即引着车驾来到七里店，慰劳慕容彦超等人。刘承佑在军营逗留多时，天快黑了，南北两军仍然没有动静，于是起驾还宫。慕容彦超送刘承佑出营，又吹牛说："陛下在宫中没有什么事，请明天再莅临臣营，看臣破贼！臣不用和他交战，只喊一嗓子，贼众就会溃退了。"刘承佑很是欣慰，回宫美美地睡了一觉。

第二天一大早，他就起来了，用过早膳，还想出城观战。李太后急忙来劝阻，无奈禁止不住少年豪兴，刘承佑一定要亲自去督军，毕竟慈母无威，只好眼睁睁地由他去了。刘承佑率侍从出城，忽然御马无故失足，险些将乘舆掀翻。幸亏侍从人多力量大，急忙勒住马缰，才得以无事。到了刘子坡，刘承佑骑着马登上高坡，看两军交战。南北军各出营列阵，郭威下令说："我来此是要清君侧，不敢与天子为仇。如果南军不来进攻，你们不要轻举妄动！"

话音未落，突然听见南军阵内鼓声一震，那自负的慕容彦超带着轻骑，跃马前来。邺军指挥使郭崇威与前博州刺史李筠，也率骑兵出战。两下相交，喊声震天，几十个回合之后，仍不见胜负。郭威又派前曹州防御使何福进、前复州防御使王彦超，率领劲骑出阵，横冲南军。慕容彦超来不及防备，被他们冲了进来。眼看着人仰马翻，不能阻挡，慕容彦超还仗着勇力，上前拦阻。但他哪里经得起铁骑纵横，劲气直达，慕容彦超的坐骑忽然被撞倒。邺军一起上前，来捉慕容彦超。幸亏慕容彦超反应快，翻身一跃，改乘了其他战马。他还想继续督战，左右看了一下，见敌骑已围拢过来，担心陷入垓心，于是怒马冲出，带着士兵退去，麾下死了一百余人。

汉军之威，全仗这位慕容彦超。慕容彦超败回，众人都十分灰心，陆续投降了北军。侯益、吴虔裕、张彦超、袁巘、刘重进等人，都暗通郭威。郭威的士气大振。慕容彦超知道已经无法挽回局面，自己带着几十名骑兵奔赴兖州。郭威知道刘承佑孤危，对宋延渥说："天子陷入危急之中，你是国戚，可率牙兵去护卫乘舆，并且面奏主上，请他尽快到我的军营来，免得发生意外！"宋延渥奉命而行，带着士兵来到汉营，只见乱兵云扰，无从前进，只得半路折回。

那天晚上，刘承佑与宰相从官十几个人，留宿七里寨。吴虔裕、张彦超等人相继逃跑。侯益也偷偷跑到郭威的军营，请罪投降。余众失去都帅，当然四散而去。到了天明，刘承佑起来一看，只剩下一座空营。他慌忙登高北望，见邺营高悬旗帜，熠熠生光，将士出入营门，很是神气，不由得魂飞天外，当即策马而下，加鞭驰回。

走到玄化门，门已紧闭，城上站着开封尹刘铢，厉声问道："陛下回来，为什么没有兵马？"刘承佑无言以对，回头看着从吏，想叫他替自己回答。忽然弓弦声响，刘承佑急忙闪避，那从吏已应声倒地，吓得刘承佑两腿发软，掉转马头，向西北驰去。苏逢吉、聂文进、郭允明等人也跟着他一起跑去，一口气跑到了赵村。背后尘土大起，人声马声，杂沓而来。刘承佑料有追兵，慌忙下马，想躲到百姓家里避祸，不料背后被人刺入一刀，刘承佑狂号一声，倒地而亡，年仅二十岁。

澶州兵变

刘承佑背后忽然被人刺入一刀，当即倒地身亡。出手的人正是茶酒使郭允明。他见后面追兵来到，还以为是邺都将士，因此想要弑主报功，恶狠狠地下此毒手。不料追兵来到跟前，仔细一看，并不是邺军，而是刘承佑的亲兵。郭允明才知道自己弄错了，心下一急，便拿着弑主的大刀，向脖颈上一横，也立即倒地而死。

苏逢吉还要逃跑，偏偏前面出来一个浑身血污的人，挡住了他的去路。仔细辨认，正是已故太子太傅李崧。这一吓非同小可，苏逢吉顿时心胆俱碎，跌落马下，也到阎王爷那里报到去了。

聂文进逃了一程，被追兵挥刀一阵乱砍，当即分作数段。李业和后匡赞还在城中，听说北郊兵败，便从宫中取出金银，藏入怀中，混出城外。李业逃往陕州，后匡赞逃往兖州，阎晋卿在家中自尽，都中大乱。

郭威得到刘承佑被弑杀的消息，放声恸哭。将佐都入帐劝慰，郭威边哭边说："我早晨出营巡视，还望见天子的车驾，停在高坡上。正想着下马解甲，去迎接天子，偏偏车驾已经南去，我以为是回都休息，不料竟被奸贼杀死了，叫我怎么不难过？细想起来，实在是老夫的罪过啊。"将佐说："主上失德，应有此变，与您无关。请您尽快入都平乱，保国安民！"郭威于是收住眼泪，率军入都。到了玄化门，见刘铢拒守，箭如雨下，于是转向迎春门。门已大开，难民载道。郭威无心抚恤，纵辔驰入，先到私邸中探望，门庭无恙，人财一空，回首前时，忍不住滴下几点痛泪。便派何福进守明德门，纵兵四掠。可怜城中各个角落都没有躲过这一劫。毁宅纵火，杀人抢钱，闹得一塌糊涂，不可收拾。前任滑州节度使白再荣闲居私邸，乱兵闯了进去，把他捆起来，尽情劫掠。

把所有值钱的东西都拿走了以后，对白再荣说："我们曾是您的部下，今天这样无礼，实在是没有脸再见您了。您不如把头颅也慷慨地给我们吧！"说完，即拔刀剁下白再荣的头，扬长而去。

吏部侍郎张允积攒了很多钱，却吝啬到极点，即使是自己的妻子儿女，也不让他们随便花一文钱。他把所有的钥匙都挂在衣服里，好像妇人的环佩一样，走起路来叮当作响。这时候，张允藏在佛殿中，还是担心有人找到他，特地钻到重檐下面的夹板中间，蜷缩着身子，像老鼠一样。怎奈乱兵不想放过他，先到他家中拷问他的妻妾，逼迫她们说出张允的藏身之处，然后又入殿搜寻。到处寻觅，不见踪迹，便登上重檐，从夹板中窥视，果然看见有人趴在里面，当即用手拉扯。张允还不肯出来，拼死抗拒。

一个躲，一个扯。那夹板却不是很坚固，两下里用力过猛，张允连人带板，坠了下来。乱兵似虎如狼，把张允按在地上，剥下他的衣服，将钥匙一并取去。张允已经跌得鼻青脸肿，不省人事。当他苏醒过来，睁开眼睛一看，只剩下一个光身，又痛又冷，更心痛的是那些钥匙。张允急着要出殿回家，但是手脚都不能活动。正是悲惨的时候，幸亏家人来这里找他，才将他扛了回去。一进家门，听说历年的积蓄已被抢劫一空，张允"哇"的一声，鲜血狂喷，不到半天就一命呜呼了。

乱兵越抢越凶，夜里也不休息。满城里烟火冲天，哭声惊天动地。右千牛卫大将军赵凤看不过去了，挺身而出，说道："郭侍中举兵入都，是为了除暴安良，现在看看你手下的士兵都干了什么！难道侍中的本意，就是叫他们这个样子吗？"随即拿上弓箭，带着十几个从兵，来到巷子口。遇着乱兵劫掠，就与从兵搭箭射去，射死了好几个人。巷中的百姓才得以免祸。

第二天，郭崇威对王殷说："这些士兵也太胡闹了，如果不加以制止，再过一天，可就只剩一座空城了！"郭崇威请命于郭威，令将士们分道巡城，禁止继续抢掠，违令者立斩。士兵们因为事先有约定，都不肯罢手，直到好几个人被斩首示众，才收敛了一些，各回各的营队。

郭威带着王峻入宫，向李太后问安，李太后已是泣涕涟涟。可事情已经无法挽回，郭威不得已只好出言慰抚。郭威请示李太后说，此后的军国重事，须有太后的教令，才能施行。李太后也不多说，只命郭威为故主发丧，另择嗣君。郭威唯唯而出，令礼官去赵村，找到故主的尸骸，棺殓以后移入西宫。郭威的部下对丧礼有争议。有人说应该像魏高贵乡

278

公那样，以公礼安葬。郭威叹息道："祸起仓促，我不能保护乘舆，已经罪过深重，还怎么敢贬君呢？"随后择日举哀，命前任宗正卿刘皞主丧，并且禀承太后的命令，宣召百官入朝，商议后事。

太师冯道率百官去见郭威。郭威下了台阶，向冯道行礼。冯道居然像以前一样受拜，并徐徐说道："侍中此行，真是不容易啊！"郭威听了，脸色大变，半天才恢复过来，看了看旁边的文武百官，多半在列，只是不见窦贞固、苏禹珪二相。问明冯道，才知道二人从七里寨逃回，藏在了私邸中，当下派人去召二人入朝。二人不敢再拒绝，只好入朝。郭威装出什么都没发生的样子，与两人欢颜叙旧，请求他们照常办事，才把二人的忧虑，一概消除。

众人共同议定，指定罪魁祸首是李业、阎晋卿、聂文进、后匡赞、郭允明等人。阎、聂、郭三人已死，李业、后匡赞在逃，还有掌管开封府事的刘铢、权判侍卫府事的李洪建，也属从犯，还留在都中。大臣们立即派兵去抓捕，将他们关入狱中。冯道乘机进言说："国不可一日无君。明天应该禀明太后，请她来定夺！"百官当然赞同，郭威也不能不同意。

第二天一早，郭威会同冯道，来到明德门，等待太后起居，然后奏述军国大事，并请求早立嗣君。李太后召冯道入内，商量了好久，才由冯道带着教令，出宫宣读。

读完教令，郭威与百官选立嗣君。郭威说："高祖的三个儿子，只剩下一个前任开封尹刘承勋，除了他还有谁更适合继位？"众人齐声答道："这是不争的事实！"郭威立即拍板："大家的意见既然这么一致，我们现在就去入禀太后吧。"随即率众退朝，再入明德门，进到万岁宫，面谒李太后，请求立刘承勋为嗣君。李太后说："承勋依次当立，名正言顺。只是他自开封卸任，久病不起，该怎么办呢？"郭威答道："可否令众人前去探视病情？"李太后爽快地说："有什么不可以？"便令左右入内，抬出刘承勋，众人看了一下，才不再说什么。郭威对王峻说："这该如何是好！"王峻想了想："看来只好迎立徐州节度使刘赟了。"郭威沉吟半响，才缓缓答道："还是到朝堂上再商议吧。"

众人出宫，再次来到朝堂。大家都愿意立刘赟，郭威也不便抗议，只是淡淡地说道："时候不早了，我们不要再入宫中，向太后絮烦了，看来只好上表了。"众人又应声道："说得很对！就请侍中嘱咐官吏起草表文吧。"郭威应声而出，众人也都散去。

郭威回到私邸以后，便令书记起草奏章。写完后，郭威审阅了一下，不是很满意，令他进行修改。第二次仍然不满意，只好凑合着将表文递了上去。

第二天入朝，百官都已在列，郭威取出表文，推冯道为首，自己与百官陆续署名。签好了名字，命内侍呈入。很快便接到太后的旨意，召入冯道、郭威，同意立刘赟，命冯道代撰教令，择日去迎接嗣君。冯道是个出了名的圆滑人物，料知此次迎立刘赟，不是郭威的本意，不如推诿掉这个差事，较为妥当。他禀奏李太后说："迎立新主，须先酌定礼仪，就是教令也须要斟酌。还是等臣与郭威商定以后，再行上奏吧。"李太后点头称是。冯道与郭威退出以后，边走边说："郭侍中幕下有很多人才，所有教令礼仪，还请侍中酌定吧。"郭威笑道："太师何必过谦！"冯道皱着眉头说："我已经老了。前日，太后命我起草教令，我搜肠刮肚，才勉强完成，这次就饶了我吧。"郭威说："我是武夫，不通文墨，幕下没有合适的人。只是想起我出征河中的时候，每次见朝廷的诏书，军事处分都恰到好处，当时问明朝使，说是翰林学士范质的手笔。不知他现在是不是还在都中？"冯道回答说，范质不曾回故里，应该还在都中。郭威高兴地说："我前去拜访他一趟就是了。"随后，两人分途而行。

时已隆冬，风雪漫天，郭威冒雪前进，到处询问，才找到范质的住处。敲门进去，叙谈一番，二人相见恨晚。郭威脱下紫袍，披到范质身上，范质当然拜谢。郭威邀他入朝，替太后写教令。范质说前代的旧例是，太上皇的命令称为诰，皇太后的命令称为令。现在是否仍然遵守古制。郭威答道："现在国家无主，凡事须由太后裁断，不妨称为诰。"范质当即应命，提笔写了诰文，一挥而就。

刘赟是刘知远的养子，他的生父是刘知远的弟弟——河东节度使刘崇。刘知远非常喜欢刘赟，收他做了养子。这次奉迎的礼节，在汉朝没有先例。范质援古证今，仓皇讨论，即日撰定。郭威拿给廷臣看，大家齐声赞美。郭威上奏太后，请求派太师冯道，及枢密直学士王度、秘书监赵上交，一起去徐州，迎刘赟入朝。李太后当即批准，颁下诰令。

冯道得到诰令，不免吃惊，沉思了很久，竟去见郭威说："我已年老，为什么还要派我去徐州？"郭威微笑道："太师的威望比谁都高，此次出迎嗣君，如果不劳烦太师，什么人能胜任呢？"冯道反问："侍中这样做，果真是出自真心吗？"郭威一本正经地说："太师不要怀疑，天日在上，郭威并无异心。"冯道于是和王度、赵上交，出都南下。途中，冯道对二人说："我生平不曾说错话，今天却说错话了。"

郭威送冯道出都以后，率领群臣上禀李太后，说嗣皇前来朝廷，还需要几天的时间，请求太后临朝听政。李太后答应了，立刻颁发诰命，料想仍是翰林学士范质的手笔。

李太后既然答应听政，当然要封赏功臣。随后，升王峻为枢密使兼右神武都军，袁鸶为宣徽南院使，王殷为侍卫马步军都指挥使，郭崇威为侍卫马军都指挥使，曹威为步军都指挥使。三司事宜，权且命陈州刺史李谷处理。

朝廷忽然接到兖州的奏牍，节度使慕容彦超捉住了后匡赞，并将其押往东都。后匡赞到了东都，郭威便令人将他押送到法司，与刘铢、李洪建两人，一并受审，然后定刑。后来，法司呈入奏章，说后匡赞、刘铢、李洪建，已经一并认罪。后匡赞与苏逢吉、李业、阎晋卿、聂文进、郭允明等人同谋，令散员都虞侯奔德等下手，杀害了杨邠、史弘肇、王章。刘铢、李洪建党附李业等人，屠害将相的家属，证据确凿，依法应该被诛杀。只是李业畏罪潜逃，应该勒令陕州节度使李洪信，速拿李业入朝，归案正法。

郭威派人奔赴陕州，勒令李洪信交出李业。李业前时跑到陕州，正是因为节度使李洪信是自己的堂兄。李洪信知道李业闯了祸，不敢收留他。李业向西逃往晋阳，途经绛州，因为带了很多财宝，就被盗贼盯上了。盗贼杀了李业，把他的财宝抢了去。李洪信听说郭威入都，担心连坐自己，就派人去追捕李业，查知他已被盗贼杀死了，立即将此事上奏朝廷。差人在途中与朝使相遇，一齐入都，报知郭威。随即，郭威将全案的处置，奏闻李太后，李太后当然批准。

先前，刘铢被抓的时候，对妻子说道："我死了以后，你难免要去做别人的奴婢。"妻子哭着答道："如果是做奴婢就好了。臣妾担心要与你一同被斩首。"刘铢默不作声。只是郭威得知了他妻子的话，十分触动，因此派人入狱，谴责刘铢说："我曾经与你一起为汉室做事，难道没有故人情谊？我的家属被屠杀，虽然是皇上的命令，你为什么毫不留情，而使我全家受戮！你家里有没有妻子儿女，今天是不是也很牵挂他们？"刘铢竟然强辩道："刘铢当时只知道为汉室着想，没有考虑其他的。今天任由郭公处分，没什么好说的！"郭威于是把他的全家都杀了，只饶了他的妻子。

281

王殷的家属前时被李洪建保全。王殷多次向郭威求情，乞求免李洪建一死，郭威不答应，但赦免了他的家属。刘铢、李洪建、后匡赞被同日处斩，苏逢吉、阎晋卿、郭允明、聂文进的首级被砍下，悬挂在市曹。

朝廷忽然接到镇、邢二州的急报，说辽主兀欲发兵深入，占领封邱，攻陷饶阳，乞求立即调师出援。郭威入禀李太后。李太后立即令郭威统师北征，将国事交给窦贞固、苏禹珪、王峻，军事委托王殷，任命翰林学士范质为枢密副使。郭威于十二月初一，率领大军出发。

走到滑州，遇着徐州来使，是奉刘赟之命，前来慰劳诸将。诸将见郭威的脸色不是很好，于是面面相觑，不肯受命，私下里议论道："我们屠陷京师，自知不法，如果刘氏复立，我们还能活命吗？"郭威听了，故意做出吃惊的样子，随即遣回徐州来使，带着将士奔趋澶州。

途中正值天晴，冬日荧荧，很是可爱。诸将乘势献谀，说郭威的马前有紫气环绕。郭威佯装听不见，驱兵渡河，进入澶州留宿。第二天，吃完早餐以后，下令起程。忽然听见将士大声喧哗，郭威不慌不忙地反身入内，把门关上。将士翻墙而入，向郭威奏请道："侍中才应该做天子！众人已与刘氏结仇，不愿意再立刘氏后人了！"郭威来不及回答，将士们已将他团团围住，前簇后拥。有人当即扯裂黄旗，披在郭威身上，高呼万岁。郭威无法制止，只好任由他们摆布。

等众人稍稍安静了一些，他才开口说道："你们不要喧哗，想要我回朝，就得奉汉室宗庙，谨事太后，而且不准骚扰百姓！你们答应了我，我就回去；如果不答应，我宁死不从！"众人应声道："我们愿意听您的指挥！"郭威于是率众南归。

到了河滨，河冰刚刚融化，需要修筑浮桥才能过去。郭威命将士驻扎一宿，第二天再筑桥渡河。到了半夜，朔风大起，天气骤寒。第二天，起来一看，河上结了一层厚厚的冰。各军立即簇拥着郭威南渡，大军过了河，风也停了，冰开始慢慢融化。

文身天子郭雀儿

枢密使王峻和马步军都指挥使王殷，本是郭威的心腹，一听说澶州兵变，料知郭威必定南还，自称天子。当即派马军指挥使郭崇威，率骑兵七百人，驰赴宋州，扬言去护卫刘赟，其实是去谋害他。郭崇威出发以后，便与窦贞固等人商议，去迎接郭威。窦、苏二相本来很是庸懦，何况又手无兵权，怎能与郭威抗衡，只好无可奈何地答应了。

正巧郭威差人来到，向李太后呈上奏章，说自己被诸军所迫，班师南回，并且受到将士们的一致拥戴，但自己始终不忘汉恩，愿意奉汉室宗庙，侍奉太后。一介女流，多次经历巨变，只有在宫中悄悄流泪，没有别的办法。

窦贞固、苏禹珪已经与王峻、王殷等人来到七里店，迎接郭威。郭威一到，四人立即在路旁屈膝跪拜。郭威下马，与他们寒暄了几句，窦贞固等人就呈上一篇劝进文，上面有文武百官的署名。郭威喜不自禁，表面上却很是谦逊，口口声声说不奉太后诰敕，不敢擅权。窦贞固等人请他即刻入都，郭威总以不奉诰敕为托词，留驻门村。那天傍晚，窦贞固等人回朝，将一切报明李太后，不知他们用什么方法胁迫李太后，拿到了一道诰文，立即在第二天黎明，带着诰文去了郭威的军营。郭威拜受诰敕，便称孤道寡起来。

转眼新年就要到了，郭威仍留驻门村，打算等新年来到的时候入都，即位改元，做一个新朝天子。徐州节度使刘赟还不知道这些事，命右都押牙巩廷美、教练使杨温，据守徐州，自己与冯道等人西来。沿途的仪仗很是显赫，就像天子出巡一般，左右都称他万岁。刘赟得意扬扬，昂然前行，到了宋州，便在府署留宿。

第二天早上起来，听见门外有人声鼎沸，不知道是什么变故。刘赟急忙关门登楼，凭窗俯看，见有许多骑士气势汹汹，环集在门外，为首的将官扬鞭仰望，英气逼人。刘赟吃惊地问道："来将是什么人？为什么在此喧哗？"将官应声答道："末将是殿前马军指挥使郭崇威，如今澶州军变，朝廷特派郭崇威前来护驾！"刘赟答道："既然如此，可令骑兵暂时退下，你自己来见我吧！"郭崇威低着头迟疑起来。刘赟派冯道出门，与郭崇威叙谈了片刻，郭崇威这才下马进门，跟随冯道登上楼，向刘赟谒见。刘赟拉着郭崇威的手，抚慰了几句，接着眼泪就流下来了。郭崇威说："澶州虽有变动，郭公仍然效忠汉室，不要太担心！"刘赟稍稍放心了一些，郭崇威于是下楼。

徐州判官董裔进来对刘赟说："郭崇威此来，看他的言谈举止，一定没安什么好心。外面谣传，说郭威已经称帝，陛下如果继续前进，不免凶多吉少！陛下有指挥使张令超护驾，何不与他商量商量，叫他乘夜挟持郭崇威，夺了他的部众，明天掠取睢阳的金帛，北上晋阳，召集士兵，再行东下。想郭威此时，新定京邑，一定没有时间派兵追袭。这可是唯一的出路啊！"刘赟还在犹豫不决，董裔叹息而退。刘赟夜不成寐，辗转筹思，才觉得董裔言之有理。天明以后，他便急忙宣见张令超，哪知张令超已被郭崇威收买，不肯进见。

冯道入见，奉上一封信，是郭威写给刘赟的，大体说了一下兵变的事，召冯道先回去安抚都中百姓，留下王度、赵上交护送刘赟入朝。刘赟也知道是郭威欺负人，一时却不便说破。冯道竟然开口辞行，刘赟伤心地说："您是三十年的老相，德高望重。如今郭崇威夺去朕的卫兵，朕危在旦夕，还要仰仗您了！"冯道支支吾吾，只说等回京后，安抚了兵变，再来复命。刘赟的部将贾贞在一旁，瞪着眼看着冯道，并举起佩剑示意刘赟，刘赟摇摇手说："不得草率！这事与冯公无关，不要怀疑冯公。"冯道乘机告辞而去，连夜走了。很快，李太后的诰命传到宋州，郭崇威令刘赟拜受。诰命降授刘赟为开府仪同三司，封湘阴公。

刘赟受诰后，面色如土。郭崇威更是毫不留情，立即逼迫刘赟赴任，不准在府署逗留。董裔、贾贞替刘赟打抱不平，硬与郭崇威理论。郭崇威竟麾动部众，拿下二人，枭首示众。可怜这位湘阴公刘赟，鼻涕眼泪流成了河，无可奈何地搬出了府署。随后，郭崇威派兵监守刘赟，限制他的自由。王度、赵上交奉郭威之命，回了都中。

王峻等人助纣为虐，派申州刺史马铎率兵来到许州，监视节度使刘信。刘信是刘知远的堂弟，曾任侍卫马军都指挥使。刘知远临终时，杨邠等人派刘信镇守许州，不准他入都，刘信号哭着离去。刘承佑嗣位，刘信仍任原职。杨邠等人被诛以后，刘信召集将佐，设宴庆贺，还说："我还以为老天瞎了眼，叫我三年如履薄冰。主上孤立，差点儿落入贼人手中。今天有幸天日重开，贼臣伏诛，乐得与诸公畅饮数杯！"不久，邺军入都，刘承佑被弑，刘信又慌张得不得了，寝食难安。随即听说要迎立刘赟，他立刻命儿子去徐州奉迎。谁知一波未平，一波又起，马铎竟突然领兵入城，刘信再也经不起折腾，只好自尽了事。马铎派人回去复命。

王峻、王殷等人已为郭威除去二患，便于正月五日，迎郭威入都，一面胁令李太后下诰，把汉室传国御玺，送交郭威，郭威敬谨受诰。郭威受诰后，接收传国御玺，便进入大内，被服衮冕，亲临崇元殿，接受文武百官的朝贺。随后，新天子下诏，改元大周，改汉乾佑四年为周广顺元年。

第二天，郭威临朝听政，命前曹州防御使何福进，任许州节度使；提拔前复州防御使王彦超，做徐州节度使；前澶州节度使李洪义，任宋州节度使。又过了一天，上汉太后尊号，称为昭圣皇太后，让她徙居西宫；命人择日为故主发丧。丧期已定，周主郭威亲自到西宫成服，祭奠举哀，辍朝七日。追谥故主为汉隐帝，并且遵照古制殡灵七月，然后派前宗正卿刘皞，护着灵枢，送葬许州。

五代诸朝之中，汉朝最短，先后两主，仅有四年。汉前开封尹刘承勋，于周广顺元年去世，被追封为陈王。汉太后又延寿三年，于周显德元年在宫中病逝，葬于汉高祖的陵墓中。

说完了汉事，再来详细介绍一下郭威这个人。郭威本是邢州尧山人，父亲名简，曾担任晋国顺州刺史，死于战乱。郭威那时年仅几岁，跟着母亲王氏前往潞州。母亲中途病逝，郭威全靠姨母韩氏抚育。潞州留后李继韬招募壮士，郭威那年刚刚十八岁，应征入伍。他一向要强，不肯落后别人半步。李继韬非常欣赏郭威的勇敢，即使他逾法犯禁，也经常宽大处理。一次，郭威在街市上游玩，看见一个屠夫横行霸市，不由得愤怒起来。于是让屠夫割肉，稍有不满意，就把屠夫大声呵斥了一顿。屠夫挺着胸脯，很不服气地说："你敢刺我吗？"话音未落，郭威的刀已经刺进了屠夫的胸膛。众人大惊，拥着郭威去了官府。李继韬不忍心杀他，叫他逃亡去了。

后来，朋友李琼给了郭威一本《阃外春秋》，他得以粗通兵法。郭威娶了同乡柴氏为妻。柴氏家道殷实，把嫁妆换成钱，给了郭威，叫他再去从军。郭威来到汉高祖麾下，后来积功发迹，代汉为帝。追尊高祖璟为信祖，妣张氏为睿恭皇后；曾祖湛为僖祖，妣申氏为明孝皇后；祖蕴为义祖，妣韩氏为翼敬皇后；父简为庆祖，母亲王氏为章德皇后。

夫人柴氏早已去世，追封册为皇后，谥曰圣穆。继室杨氏也早已病逝，第三个妻子是张氏。郭威出镇邺都时，留下张氏居住在都中，后来被刘铢所杀。儿子青哥、意哥，侄子守筠、奉超、定哥，孙子宜哥、喜哥、三哥，也同时被杀。郭威顾念前情，追封杨氏为淑妃，张氏为贵妃；儿子青哥赐名为侗，追封太保；意哥赐名为信，追封司空；守筠赐名为愿，追封左领军将军；奉超封左监门将军；定哥赐名为逊，封左千卫将军；宜哥封左骁卫大将军，赐名为谊；喜哥封武卫大将军，赐名为诚；三哥封左领卫大将军，赐名为诚。

家属以外，郭威还晋封故旧。高行周晋封为尚书令，仍封齐王；安审琦封南阳王；符彦卿封淮阳王，派回原镇；王殷加同平章事职衔，任邺都留守，典军如故；前太师冯道为中书令、弘文馆大学士，以司徒兼门下侍郎同平章事；前宰相窦贞固为侍中，兼修国史；苏禹珪为司空、同平章事。追封杨邠为恒农郡王，史弘肇为郑王，王章为琅玡郡王。召回郭崇威，令他做洋州节度使，兼检校太保；曹威为荆州节度使，兼检校太傅。郭崇威避周主讳，省去威字；曹威改名为英。郭威的养子郭荣，听说已经有人镇守邺都，表请入朝觐见皇上。郭威下旨叫他不必来朝，调任郭荣为澶州节度使，兼检校太保，封为太原郡侯。

河东节度使刘崇是刘赟的生父，听说故主遇害，打算发兵南下，接着又得到刘赟入嗣的消息，欣然说道："我儿子做了皇帝，我还有什么要求呢？"于是按兵不动，只是派人去郭威那里探明虚实。郭威年轻时曾在颈上文了一只飞雀，当时人称郭雀儿。郭威对河东来使说："郭雀儿要做天子，也用不着等到今天了！"指着自己的脖子给来使看，"世上哪有文身的天子？请你转告刘公，叫他不必多疑。"

来使当即辞行，返报刘崇，刘崇更加高兴。只是太原少尹李骧进言说："您不要相信郭威，我看他的志向很大，将来一定会自己称帝。请您速速带兵翻越太行，占据孟津，等徐州殿下即位，然后再回来，这样才不会有事。"刘崇拍案大怒道："你想要离间我们父子吗？快快推出去斩首！"李骧大喊："我真是瞎了眼，来替愚夫谋事，死了也是活该！只可怜家有老妻，我愿意与她同死！"刘崇听了更加愤怒，竟令属吏抓来李骧的妻子，将两人一同处斩。后来，刘赟被废，被囚禁在宋州，刘崇派徐州押牙巩廷美，奉表周廷，请求将刘赟调回藩镇。这道奏章，却把刘赟送到冤死城里去了。

兀欲之死

周主郭威接到巩廷美的表文，踌躇了一会儿，想出几句话，作为答复。大体意思是，只要刘崇父子同心推戴自己，以后一定会有享不尽的荣华富贵。巩廷美将回信转交给刘崇，并且说郭威狡猾得很，不可不防，请刘崇立即发兵支援徐州，自己愿意与教练使杨温固守徐州，静待后命。

刘崇想在晋阳称帝，与周抗衡，一时无暇派援。哪知巩廷美、杨温二人，已奉刘赟的妃子董氏为主，打着汉旗，不服周命。郭威派刚刚到任的节度使王彦超，率兵赶往徐州，并且写信给湘阴公刘赟，令他转告巩廷美等人，叫他们静候新节度使入城，并许诺封他们做刺史。刘赟依言嘱咐巩、杨迎接王彦超，巩、杨不肯从命，一意拒守。王彦超到了城下，射书谕降，他们仍然不从，于是督兵围攻。巩、杨二将日夜戒备，专待河东援兵。

河东节度使刘崇决计抗周，就在晋阳宫中，南面称帝。国号仍为汉，沿用乾佑年号，据有并、汾、忻、代、岚、宪、隆、蔚、沁、辽、麟、石十二州。命节度判官郑珙、观察判官赵华任同平章事；次子刘承钧为侍卫亲军都指挥使兼太原尹；副使李存为代州防御使；裨将张元徽为马步军都指挥使；陈光裕为宣徽使。李存、张元徽等人请求建立宗庙。刘崇慨然叹道："朕因高祖皇帝的基业毁于一旦，不得已南面称尊，暂承汉祚。我究竟是什么天子，你们是什么将相呢？宗庙暂且不必立，只要照旧祭祀，延我宗祀就可以了。如果能规复中原，那时再修建宗庙、告慰先灵也不迟啊。"将吏们这才罢议。只是河东地窄民贫，岁供不多，百官的俸禄不得不格外减省。历史上称刘崇为东汉，有人称为北汉，以免与南汉相混。本书中称其为北汉。

北汉主称帝的这一天，正是湘阴公刘赟毕命的那天。当时宋州节度使李洪义讣报周廷，说刘赟暴亡。后来《涑水通鉴》和《紫阳纲目》中大写特写，说："周主郭威将湘阴公刘赟杀死在宋州，刘崇在晋阳称帝。"可见刘赟暴亡，其实是李洪义密奉主命，暗下毒手。

郭威即位以后，颁诏四方。荆南节度使高保融第一个上表道贺，并且报称去年十一月间，朗州节度使马希萼攻破潭州，十二月缢杀楚王马希广，自称楚王、天策上将军，武安、武平、静江、宁远等军节度使。郭威因国家初定，无暇南顾，只是下旨嘉奖高保融，加封他为渤海郡王。

楚王马希广出师屡败，益阳失守，长沙吃紧，马希萼大举入侵。马希广向汉廷告急，正值汉廷内乱，无法顾及他。马希萼知道马希广势单力孤，急忙带着士兵进攻岳州。王赟登城拒敌，使得马希萼无隙可击。马希萼在城下对王赟喊道："你难道不是马氏的旧臣，不来服侍我，难道要去服侍异国吗？身为人臣，却怀有二心，岂不是对你先人的侮辱？"王赟从容答道："亡父是先王的将军，也曾打败淮南兵。大王如果能罢兵，不伤和气，王赟愿意拼死效忠大王兄弟，怎么敢生二心？"马希萼听了，自己也觉得很惭愧，便带着部下转赴长沙。部将朱进忠已经从益阳攻陷了玉潭，与马希萼会师，屯兵湘西。

马希广令刘彦瑫召集水师，与水军指挥使许可琼，率战舰五百艘，守住城北的渡口，任庶弟马希崇为监军。随即又派马军指挥使李彦温，领骑兵屯守驼口，扼住湘阴路；步军指挥使韩礼，率步兵屯守杨柳桥，扼住栅路。两军相持了好几天，不分胜负。强弩指挥使彭师皓登城西望，对马希广说："敌兵因打了几场胜仗，现在有些忘乎所以，队伍都站不整齐了，又有蛮兵搅和进去，更是喧闹不堪。如果给臣步兵三千，从巴陵渡江，绕出湘西，从敌人的后面进攻，再令许可琼率领战舰，从敌人的正面进攻，背腹夹击，不怕他不败。敌军经历一场败仗，将来就不敢轻易来胡闹了。"马希广点头称是，召进许可琼商议。

哪知许可琼已暗中与马希萼约定，将来两人分治湖南，现在听了彭师皓的计策，瞠目结舌地说："这样做实在是太危险了！更何况彭师皓出身蛮都，难保他不生异心。"马希广于是放弃了这个计划，并命诸将受许可琼的指挥调遣，每天给许可琼五百两黄金。

许可琼关闭营垒，不让士兵们知道敌军的进退。有时，他借口巡江，与马希萼密会，说愿意做内应。马希广反而将许可琼视为不可多得的良将，对他言听计从。彭师皓听说许可琼通敌，就对马希广说："许可琼将要背叛您，众人都知道了这件事，请您尽快除掉他，免得他成为心腹之患！"马希广斥责道："许家世代为楚将，怎么可能背叛我呢？"彭师皓退出，喟然长叹道："大王优柔寡断，失败就在眼前了！"

不久，长沙下了大雪，有四尺厚。马希广迷信僧巫，用泥土做成鬼神的塑像，举手指江，说可以击退朗人。还命众僧日夜诵经，向佛祖祷告。马希广也披衣膜拜，嘴里大声念着宝胜如来，声音在很远的地方都能听见。

朗州步军指挥使何敬真，在雪停了之后，立即率蛮兵三千，进逼韩礼的军营。他暗中派小校雷晖，冒充长沙士兵，混入韩礼的营寨，拿剑去刺杀韩礼。韩礼一边逃跑一边狂喊，惊扰了自己的士兵。何敬真乘乱杀入，立刻将韩礼的军营捣破。韩礼的士兵四散而逃。韩礼受了重伤，过了一天就一命呜呼了。

朗兵水陆齐进，急攻长沙。长沙指挥使吴宏，对小门使杨涤说："强敌临境，城边不保。我们现在不以死报国，还等什么时候？"于是各自带着士兵出战，吴宏出清泰门，杨涤出长乐门。怒马争先，以一当十，奋战了三四个时辰，朗兵稍稍退去。刘彦瑫与许可琼袖手旁观，并不出兵支援。吴宏的士兵又饿又累，先退入城中，接着杨涤也退兵。

朗兵再次攻城，彭师皓挺身而出，与朗兵在城北交战，难分胜负。朗将朱进忠带着蛮众，到城东纵起火来。城上的守兵被烟雾所迷，不免十分惊惶。马希广急忙召许可琼前来救城。可许可琼竟然举兵投降了马希萼。守兵见许可琼降敌，当然惊乱，朗兵于是一拥登城，攻陷了长沙。马希广急忙带着妻子儿女躲到慈堂里。朗兵和蛮兵屠杀官民，烧毁房屋，彻夜不休。自从马殷立国以来，积藏的所有珍宝，全被抢劫一空，宫殿房屋都烧成了灰烬。

李彦温屯兵驼口，见城中起火，急忙带着士兵回来支援。走到清泰门，朗人已据城拒战，箭石齐下。李彦温正打算冒险进攻，忽然有一千余人绕城而来，神色仓皇，狼狈至极。为首的人凄惨地喊道："李将军快快自寻生路吧!"李彦温仔细一瞧，正是刘彦瑫，便问他主子怎么样了。刘彦瑫答道："主子下落不明。我已找着主子的儿子们，带着他们从旁门逃出，幸好与您相遇，正好结伴而行。朗兵厉害得很，再不快走，恐怕就没命了!"李彦温被他一吓，也非常惊慌，于是与刘彦瑫一起逃向袁州，转降南唐。

马希萼入城后，即与马希崇相见。马希崇率将吏进谒，上疏劝进。吴宏战血满袍，对马希萼说道："我不幸被许可琼所误，今天只有拼命了。即使死了，地下也好见先王了!"彭师皓把槊扔在地上，仰天大喊道："师皓决不投降，只求速死!"马希萼叹道："真是个难得的忠臣!"便放他走了。马希崇带着马希萼入府，闭城搜捕马希广夫妇、李弘皋、钱弘节、唐昭胤、邓懿文、杨涤等人。将他们先后抓到，囚禁了起来。

马希萼首先审问马希广："你我在继位这件事上，难道不分长幼吗?"马希广流着泪说："又不是我自己要做皇帝的，将吏们一致推戴，朝廷也有命令，我也是没办法啊。"马希萼不禁动了恻隐之心，对左右说："他不过是个愚钝之人，怎么能作恶呢?只是受了小人的欺蒙，所以才这个样子。"于是命人将马希广带回狱中。

后来审讯李弘皋、钱弘节等人，他们多半说自己是奉先王的遗命，而不肯服罪，惹得马希萼很是生气，下令将李弘皋、钱弘节、唐昭胤、杨涤四人，推出府门，凌迟处死。邓懿文少说了几句话，总算从宽处置，被枭首示众。随后，马希萼自称楚王、天策上将军，武安、武平、静江、宁远等军节度使。授马希崇节度副使，命他掌管军府之事，其余要职全由朗人充任。

过了一天，马希萼对将吏说："马希广是个懦夫，受制于左右，我想饶他一命，你们觉得怎么样？"诸将都不敢回答。朱进忠曾被马希广鞭笞，乘此报怨，愤然进言说："大王血战三年，才得以攻克长沙。一国不容二主，今天不除掉他，以后后悔都来不及了！"于是，马希萼命人牵出马希广，将他勒死。马希广临刑前，还喃喃诵佛，到死才闭口。马希广的妻子被捶死。彭师皓不忘故主，棺殓马希广，将他葬在浏阳门外。后人称马希广为废王。

马希萼命儿子马光赞做武平留后，任命何敬真为朗州都指挥使。并且因故学士拓跋恒，曾劝马希广让国，马希萼召令他复职。拓跋恒称病不到，马希萼也拿他没办法。

过了不久，马希萼令掌书记刘光辅出使南唐。唐主李璟命右仆射孙晟、客省使姚凤为册礼使，册封马希萼为楚王。马希萼又令刘光辅去道谢。李璟厚待刘光辅，并问起湖南的情形。刘光辅密奏道："湖南民疲主骄，陛下如果发兵去取打，很容易获胜。"李璟于是命都虞侯边镐为信州刺史，屯兵袁州，渐渐想谋吞湖南了。

南方扰攘不休，北方也兵戈迭起。北汉主刘崇听说刘赟死在他人手里，向南大哭道："我后悔不听忠臣的话，叫儿子白白送命！"于是命为李骧立祠，年年祭奠。此外，刘崇整兵缮甲，锐意复仇。正巧，辽将潘聿拈奉兀欲之命，带信给刘崇的儿子刘承钧，询问国情。刘崇叫刘承钧回信，大体说了汉朝的情况，因袭帝位，想像晋朝一样，求援北朝。潘聿拈转报兀欲，兀欲当然爽快答应。他立即发兵屯守阴地、黄泽、团柏，遥作声援。刘崇命皇子刘承钧为招讨使，白从晖为副，李存为都监，统兵一万人，分作五道，攻打晋州。

晋州节度使王晏闭门不出，城上的旗帜兵仗也散乱不整。刘承钧还以为他不能拒守，就下令登城。不料一声鼓响，城内的伏兵冲了出来，拿着硬弓毒箭，接连射下，还有长枪大戟、巨斧利矛，钩的钩，砍的砍，杀死无数北汉兵。刘承钧慌忙鸣金收军，退出濠外。王晏驱兵杀出，前来追击。刘承钧哪里还敢恋战，急忙麾兵逃窜，跑了十多里，才不见追兵。刘承钧择地下寨，检点将士，死伤了一千余人，并损失了副兵马使安元宝，不知他是否阵亡。后来，探骑报告说，安元宝被擒，投降晋州。

290

刘承钧既惭愧又气愤，于是移攻隰州。走到长寿村，隰州步军指挥使孙继业，突然从旁边杀了出来，刘承钧大吃一惊。前锋牙将程筠不管好歹，竟挺枪跃马，出来与孙继业交战。孙继业大喊一声，把程筠刺落马下。隰州兵捉住程筠，立刻斩首，传示军前。刘承钧大怒，麾兵奋战，要与孙继业拼命。偏偏孙继业刁滑得很，率军急退，竟回城中去了。刘承钧追到城下，城上早有准备。隰州刺史许迁亲自督守，又有孙继业登城相助，里守外攻，几个昼夜以后，北汉兵没有占到一点便宜，反而伤亡了许多人马，只好退去。

刘崇接到失败的消息，正在焦灼，怎奈不如意的事接踵而来。徐州城被周将王彦超攻陷，巩廷美、杨温被杀。只有湘阴公的夫人董氏，还算受到郭威的特恩，不曾殉难。刘崇忧愤交加，立刻派通事舍人李鋆赴辽乞援。

辽主兀欲本来是用两头烧通的计策。郭威称帝时，他派番将朱宪奉书周廷，称贺即位。周廷派尚书右丞田敏报聘。此次兀欲联络北汉，明明是想叫他们鹬蚌相争，自己好做个渔翁。李鋆前来乞师，兀欲不肯发兵，先派使臣拽剌梅里与李鋆一起回到北汉，伪称已经与周使田敏约定，每年的岁贡十万缗。刘崇不禁情急，忙派宰相郑珙带着金帛，与拽剌梅里一同回去，贿赂兀欲。国书中自称侄皇帝致书于叔父天授皇帝，请求册礼。

兀欲非常高兴，厚待郑珙，天天赐宴。郑珙在途中受了风寒，禁不起肉酪厚味，晚上吃完饭，回到馆中，竟然暴亡。兀欲为郑珙发丧，并派燕王述轧、政事令高勋，同到北汉，册封刘崇为大汉神武皇帝，刘崇的妃子为皇后。刘崇情急求人，也顾不得什么屈膝，只好对着辽使拜受册封，改名为旻，令学士卫融等人到辽国道谢，乞求立即济师。

兀欲召集各部酋长，打算即日援汉侵周。各部酋长大多不愿意南下，兀欲强迫他们从命，亲自督部众到新州，驻宿火神淀，夜间忽然遭遇兵变。燕王述轧及伟王的儿子呕里僧为首，持刀闯入帐中，竟将兀欲劈死。

辽太宗耶律德光的儿子齐王述律，听说兵变，慌忙逃入南山。述轧即自立为帝，偏偏各部酋长不愿意推戴他，情愿迎立述律，于是杀死述轧和呕里僧。述律从火神淀来到幽州，即辽主位，号天顺皇帝，改元应历，当下为故主兀欲发丧，并派使者到北汉告哀。

刘崇派枢密直学士王得中等人，前去祝贺述律即位，并且为兀欲吊丧。刘崇仍称述律为叔父，述律派兵攻打周国。述律是个游手好闲的人，不处理政事，每天晚上都喝酒，天亮了就睡觉，中午才起床，国人称为"睡王"。北汉再三乞援，他才派彰国军节度使萧禹厥，统兵五万，与北汉会师，从阴地关进攻晋州。

那时，晋州节度使王晏，与徐州节度使王彦超已经对调。王晏离镇，王彦超却还没有到任。巡检使王万敢掌管晋州军事，与龙捷都指挥使史彦超、虎捷都指挥使何徽，领兵拒守。辽兵五万人，北汉兵两万人，一起来到晋州城北。三面营垒，日夜攻扑。王万敢等人多方抵御，并派人到周廷求援。郭威命王峻为行营都部署，派各道兵支援晋州。郭威亲自到西庄饯行，赐御酒三杯。王峻一饮而尽，然后上马离去。到了陕州，他却逗留不前。郭威得知以后，派人催促王峻进军，并想督师亲征。

马氏国灭

王峻驻军陕州，并非故意逗留，而是另有密谋，不便先行上奏。郭威却起了疑心，打算亲自统帅禁军出征。他想取道泽州，与王峻会师，然后援救晋州。郭威派翟守素去告谕王峻。王峻与翟守素相见，屏去左右，附在翟守素耳朵上，悄悄对他说："晋州城池坚固，可以久守。刘崇会合辽兵，正是锐不可当的时候。王峻在此驻兵，并非是因为害怕，其实是想等他气馁以后再进攻。如今皇上刚刚继位，藩镇不一定心服，切不可轻易离开京师！听说最近慕容彦超占据了兖州，心生异志。皇上车驾出了汜水，慕容彦超一定会去偷袭京城。一旦京城被陷，就无力回天了！请你转达陛下，叫他不要生疑！"翟守素唯唯遵教，即日驰回京城，报知郭威。郭威听了恍然大悟，提着自己的耳朵说："差点儿就坏了大事！"于是取消了亲征的计划。

那时已是广顺元年十二月，天气寒冷，雨雪霏霏。王峻下令各军速速进发。他对药元福说："晋州南边有蒙阮，地势险恶，如果被敌兵占据，就会阻住我们。你带着三千士兵，加紧前行，能抢先占领蒙阮，就可以无忧了！"药元福应命前行，冒雪急进。到了蒙阮附近，见地势果然险恶，幸好没有敌兵把守，他便纵马飞越，出了蒙阮，才停下来，令部校回去报告王峻。王峻偷偷乐道："我的事成了！"随即麾军继续前进，过了蒙阮小路，与药元福相会，向晋州进兵。

刘崇及辽将萧禹厥，正担心攻不下晋州，加上粮食将尽，大雪漫天，四处都是荒野，不免智穷力尽，动了退兵之心。忽然接到哨骑的探报，知道王峻已越过蒙阮，不由得心惊胆战，立刻命人烧去营垒，连夜逃跑了。

王峻到了晋州，敌兵早已逃走了。王万敢、史彦超、何徽等人，出城迎接王峻。史彦超禀告王峻说："敌兵虽然退去，却没有走多远，如果派轻骑追击，一定能大获全胜。"王峻答道："我军远道而来，劳乏不堪，先休息一晚上，明天再说吧。"

第二天早晨，史彦超又来劝王峻追击，药元福等人也在一旁怂恿。王峻于是令药元福统兵，与指挥使仇弘超，左厢排阵使陈思让、康延诏，策马追击。他们驰到霍邑，追上敌众，便奋击过去。敌军的后队都是北汉兵，一听说追兵来到，纷纷翻山逃跑，急不择路，有人坠崖，有人坠谷，死了无数。药元福催促后军急进，偏偏康延诏很是怯懦，沿途逗留，对药元福说："地势险要，恐怕会有伏兵，我们不如慢慢进军。"药元福生气地说："刘崇引着胡骑南下，想要吞并晋、绛。如今他气衰力疲，狼狈逃跑，不乘此时把他扫灭，将来一定会成为后患。"还没说完，王峻派人来到，说是穷寇勿追，下令回军。药元福长叹几声，收军而还。

辽兵退到晋阳，人马丧失了三四成。萧禹厥因为没有立功而感到羞耻，诿罪一位部落酋长，将他钉死在市中。刘崇也丧兵无数，又因辽兵要回去，不得不给些赏赐。徒害得府库空虚，人财两失，只好付诸一叹罢了。

楚王马希萼占据长沙后，残暴无度，已失去了人心。而且他纵酒荒淫，把军府政事全部委托给了马希崇。小门使谢彦颙是家童出身，面目清秀，马希萼很是宠爱他，曾令他坐在妃嫔中间，把他当做男妾。谢彦颙恃宠生骄，欺凌大臣，就是手握大权的马希崇，他也不加尊敬。马希崇对他恨之入骨。按照旧例，王府开宴，小门使只能在门外伺候。马希萼却叫谢彦颙入座，甚至位列诸将之上，诸将也愤愤不平。马希萼因府舍被焚，就命朗州指挥使王逵、副使周行逢，率部众一千余人修葺府署。众人虽然很辛苦，却没有得到一点赏赐，士兵都有怨言，王逵悄悄地对周行逢说："士兵们积怨已久，如果不早作打算，就要殃及我们两个了！"于是，他们率领众人逃回朗州。

马希萼沉醉不醒，左右不敢禀报，第二天才报知马希萼。马希萼大怒，立刻派指挥使唐师翥，领兵追去。唐师翥直抵朗州城下，被王逵的伏兵一阵猛击，竟然全军覆没了。唐师翥孑然一身逃了回去。王逵进入朗州城，赶走了留后马光赞，另奉马希萼的侄子马光惠掌管朗州之事，不久便拥立马光惠为节度使。马光惠愚懦嗜酒，不能服众。王逵、周行逢与朗州戍将何敬真商议，废去马光惠，推立辰州刺史刘言做留后，王逵自己做副使。因担心马希萼前来讨伐，王逵特向南唐请求保护，李璟不答应。于是，王逵又奉表周廷，自称藩臣，郭威也不给答复，对他们置之不理。

马希萼本来与许可琼秘密约定，将来二人分治湖南。可是，攻入潭州以后，他却背约食言。马希萼担心许可琼心生怨恨、暗通朗州，就调任他为蒙州刺史。并派马步指挥使徐威、左右军马步使陈敬迁、水军指挥使鲁公绾、牙内侍卫指挥使陆孟俊，率兵到潭州城的西北角，立营置栅，防备朗兵。

半个月以来，徐威等人辗转作战，出生入死，辛苦劳累，却连一句抚慰的话都没听到，免不得私下里抱怨。马希崇知道众人心里都十分不满，却不曾进谏。一天，马希萼在端阳门宴请将史。徐威等人没有赴宴，马希崇也称病没有出席。徐威等人趁机共谋作乱。他们先派人把十几匹受惊的马赶入府中，然后率领徒众拿着兵器跟进去，借口来套马，冲到酒席上，乱打一气。马希萼吓得要死，想翻墙逃跑，被徐威等人追上，把他关进了囚车。还抓住小门使谢彦颙，把他碾成了粉末。众人推举马希崇为武安留后，大肆掠夺了两天才罢休。

马希崇想要借刀杀人，特令彭师皓押住马希萼，送去衡山县软禁起来。马希萼走了以后，朗州传来檄文，历数了马希崇的罪状，马希崇这才觉得心惊。忽然，又听说朗州留后刘言派将士来到益阳，将要进逼潭州，马希崇顿时仓皇失措，急忙派了两千士兵前去抵御，一边派人赴朗州求和，说愿意做邻藩。

刘言见了潭使，很是犹豫，掌书记李观象进言说："马希萼的旧将还在长沙，他一定不是真心做邻藩。您不如叫马希崇献上旧将们的头颅，然后再谈议和的事。马希崇如果答应了，攻取湖南就易如反掌了。"刘言依计而行，即令潭使回去报告。果然，马希崇杀死了马希萼的旧臣杨仲敏、魏光辅、魏师进、黄勔等十余人，将他们的头颅送到朗州，派前辰阳令李翊为使者。

李翊到了朗州，献上首级，那些首级都已血肉模糊，不能辨认。刘言和王逵说他以假充真，呵斥了李翊一顿。李翊既气愤又恐惧，一头撞死在墙上。刘言为之感动，暂且答应与马希崇议和，调回益阳等军。马希崇听说朗军调回，自己又没事了，乐得纵情酒色，终日寻欢作乐。

不料，彭师皓押着马希萼到了衡山，竟与衡山指挥使廖偃，共立马希萼为衡山王，改县为府，断江立栅，用竹子编成战舰，公然与马希崇为敌。原来，彭师皓受马希崇的差派，明知他是借刀杀人，与廖偃见面后，慨然说道："马希崇想要借刀杀人，我却不愿意弑君。我宁可以德报怨，也不甘枉受恶名！"廖偃也很同意他的看法，立即与彭师皓拥立马希萼，然后招募徒众，十几天就召集了一万余人，并派判官刘虚己向唐主李璟乞援。

马希崇得知此变，也派使者奉表唐廷，请求出兵抗击朗军。李璟立刻命袁州戍将边镐西趋长沙。楚将徐威等人想要杀死马希崇，被马希崇事先察觉。马希崇左思右想，没有别的办法，只有赶紧迎接边镐，才能够保全自己。忽然听说边镐的大军已到醴陵，他急忙发放库款，派人前去犒劳将士。差人回来报告马希崇，转述了边镐的话，说此来是要平定楚乱，并非替他消灭朗兵，如果想要自保，就快点迎降。马希崇听后，半天没说一句话，后来眼泪就下来了。无可奈何只好迫令前学士拓跋恒，写信给边镐，说自己情愿降唐。拓跋恒怅然叹道："我不久就要入土了，却还要为他送降表，岂不可叹！"随后，拓跋恒去了边镐的军营请降。

边镐率兵来到潭州，马希崇出城相迎，远远看见边镐，就立即下拜。边镐下了马，与马希崇等人一同入城，住在浏阳门楼。湖南将吏相继来拜见他，边镐打开湖南的仓库，取出金帛粟米，金帛送给将吏，粟米赈济饥民，全城的官民都高兴不已。

南唐武昌节度使刘仁赡乘势攻取岳州，然后安抚官民。捷报送到金陵，南唐百官额手称庆，只是起居郎高远说："乘乱攻取楚国，本来就是很容易的一件事。只是统兵的将领之中，没有一个真正的将才。恐怕是易取难守呢。"李璟却是喜出望外，授边镐为武安节度使，召马氏全族入朝。

马希崇不想东行，全族的人更是哭成一团。他重重地贿赂边镐，请求替自己说说话，让自己仍然留居长沙。边镐微笑着说："我朝与你们马家世代为仇敌，屈指算来快六十年了，天天想着报仇雪恨，只恨没有机会。如今你们兄弟相残，你走投无路了来乞降，这是天意要我朝翻身。你如果还想着复国，恐怕人可以原谅你，老天也不肯原谅你了！"马希崇无言以对，只好带着宗族及将佐一千余人，号哭着登上船，去了金陵。

马希萼占据了衡山，还想经略岭南，特命龙峒戍将彭彦晖，移兵屯守桂州。桂州节度副使马希隐是马殷的小儿子，不想让彭彦晖前来，于是急忙写信给蒙州刺史许可琼，约他一起抗击彭彦晖。许可琼带着士兵赶到桂州，与马希隐会师，杀退了彭彦晖。彭彦晖逃回了衡山，马希萼大吃一惊。这时，唐将李承奉边镐之命，带着数千名士兵来到衡山，催促马希萼去金陵，逼得马希萼忧上加忧。廖偃、彭师皓也想不出救急的办法，索性决定投顺南唐。他们与马希萼沿江东下，去了南唐。

湖南有一首童谣："鞭打马，马急走!"现在果然应验了。马希隐听说两位哥哥降唐，还想据守岭南，凭着险要的山势保全自己。偏偏南汉主刘晟，派内侍吴怀恩来到岭南，先乘虚袭击蒙州，继而乘胜进逼桂州。马希隐与许可琼据守不住，只好乘夜斩关，带领余众向全州逃去。吴怀恩得到了蒙州、桂州，又接连攻下连、梧、严、富、昭、流、象、龚等州，于是南岭以北属于南唐，南岭以南属于南汉。只有朗州还被刘言所占据，但也不再属于马氏。自马殷据有湖南，到马希崇降唐，一共有六位皇帝，共历五十六年。

马希萼兄弟先后到了金陵。李璟见他们非常恭顺，就命马希萼为江南西道观察使，驻守洪州，仍封为楚王；马希崇为永泰军节度使，驻守扬州；其余湖南将吏，以次封官；并且因廖偃、彭师皓二人忠于故主，特授廖偃为左殿直军使兼莱州刺史、彭师皓为殿直都虞侯。湖南刺史都望风降唐。前岳州刺史王赟，此时已改调永州，伤心故国的悲惨下场，不忍降唐。经唐廷一再征召，他才勉强入觐。李璟责备王赟来得太迟，赐给他鸩酒，叫他自尽。人生至此，天道难论，这是一种幸运呢，还是不幸呢？

南唐吞并了湖南，又觊觎北方的辽阔土地。参军韩熙载这时担任户部侍郎，上疏谏阻道："郭威虽然刚刚称帝不久，边境却已经加固了不少。我们如果妄动兵戈，恐怕是有百害而无一利!"李璟这才罢兵。偏偏兖州节度使慕容彦超叛周起兵，向南唐求援，触动了李璟的雄心，于是出兵五千，令指挥使燕敬权为将，支援慕容彦超。

慕容彦超从汴京逃回来，经常疑神疑鬼的，昼夜不安。他特意派人献上财宝，表示自己的悔意，以探试郭威。周主封慕容彦超为中书令，并派翰林学士鱼崇谅到兖州传旨抚慰。慕容彦超得了召谕，还是不放心，得知刘赟暴死以后，更加不安。他招募壮士，贮备军粮，购买战马，还暗暗派人送信给北汉。信使被关吏抓获，奏报了周廷。郭威命中书舍人郑好谦，申谕慕容彦超，与他订下誓约。慕容彦超始终不相信郭威，特令都押牙郑麟去了朝廷，表面上是进贡，其实是去摸底。他还伪造天平节度使高行周的书信，说是高行周约他造反。郭威看了以后，不禁微笑道："就这点雕虫小技，还想来骗我？"他将书信拿给高行周看，高行周果然激烈地辩解。郭威即派合门使张凝，领兵赴郓州，帮助高行周守城。慕容彦超计不得逞，又表请入朝，郭威竟然同意了。不久，慕容彦超再次上奏，谎称境内盗贼很多，不便离镇。郭威只是付之一笑，只等他发难，再去兴师问罪。

过了一年，已是广顺二年。慕容彦超召集乡兵入城，引来泗水注入城壕，以加强守备。他一面令部吏伪扮成商人，混入南唐，请求援师；一面募集群盗，剽掠邻境。不久，朝廷颁下诏敕，沂、密二州不再属于泰宁军。慕容彦超怎么肯白白失去二州呢？他决计抗命。判官崔周度谏阻道："东鲁一向学习《诗》、《书》，自伯禽以来，不能用暴力征服诸侯，只能用礼法守国，然后才能长久。何况您与朝廷并没有私怨，何必自疑呢？主上又对您再三谕慰，如果您能回心转意，一定可以长享富贵。您难道没有听说过杜重威、李守贞的事情吗？为什么要自取灭亡呢？"慕容彦超不听，竟然叛周。郭威命曹英为兖州行营都部署，齐州防御使史彦超为副，皇城使向训为都监，陈州防御使药元福为都虞侯，东讨慕容彦超。

慕容彦超听说周廷出师，急忙派人南行，约唐廷夹攻周廷。唐将燕敬权已到下邳，担心寡不敌众，就退屯沭阳。不料徐州巡检使张令彬领兵来偷袭，捣破了唐营，竟将燕敬权活捉了去，献入周廷。郭威想要借此笼络南唐，命人给燕敬权松绑，赐给他衣服金钱，放他回去。燕敬权感激得涕泪横流，郭威安慰他说："奖顺除逆，无论在哪个国家都一样。难道江南不是吗？我国的贼臣据城叛逆，殃及万民，你们国家却要帮他，真是让人费解。你回去告诉你主子，叫他不要再错下去了！"燕敬权应命辞行，上报李璟。李璟也觉得十分感激，不敢再去支援慕容彦超。慕容彦超失去了援军，不得已登城守御。

曹英等人到了城下，猛扑一阵，攻克不下，于是筑垒围城。正巧王峻自晋州还师，也被郭威调到兖州。慕容彦超见周军接连来到，很是心慌，多次率壮士出城突围，都被药元福打败，只好闭城固守。周军四面围住，困得兖州水泄不通。从春相持到夏，守兵疲惫不堪，慕容彦超因库资告罄，令手下士兵搜刮民财，以犒赏守兵。前陕州司马阎弘鲁把自己的积蓄全部献了出来，慕容彦超还说他有私藏，命崔周度到阎弘鲁家搜索。崔周度带人到处都搜遍了，却什么都没找到，于是返回去报告慕容彦超。慕容彦超斥责崔周度包庇阎弘鲁，把他们都关进了监狱。阎弘鲁家的乳母拾到一个金缠臂，献给了慕容彦超，想要赎回阎弘鲁。却惹得慕容彦超更加憎恨阎弘鲁，派军校拷问阎弘鲁夫妇，硬要他们献出私藏。可怜阎弘鲁夫妇已经没有什么东西可献，婉转哀号，一起死在杖下。崔周度也被处斩。崔周度坐罪，还不全是因为阎弘鲁，大半是因为前日的忠谏，触怒了慕容彦超，所以遭此奇祸。

郭威因兖州久攻不下，下诏亲征。命李谷、范质为同平章事；留下李谷权守东京，兼管开封府之事；升郑仁诲为枢密使，权充大内都点检；郭崇充任在京都巡检。布置已定，于是从京城出发，直抵兖州。郭威先派人前去召谕慕容彦超，守兵出言不逊，他才督诸军进攻。

王逵计夺朗州

慕容彦超困守兖州，已是势穷力竭，并且他素性贪吝，搜刮来的民财，一半用来犒赏将士，一半却中饱私囊，因此士兵们都没有了斗志，相继出去投降。郭威又亲临城下，督军猛攻。眼看着守不住了，慕容彦超无计可施，竟然跑到镇星祠中，禳灾祈福。这镇星祠里供得是什么神呢？原来，慕容彦超要造反的时候，有个术士占卜天文，说镇星走到了角亢，角亢是兖州的分野，应该请神仙保佑。慕容彦超信以为真，特意修了一座祠堂，令百姓家家都插上黄旗，每天祭拜一次。此时他穷蹙无计，不得不求神仙保佑。

忽然听说城池被攻陷，慕容彦超急忙跑出祠堂督战，那周军像潮水一样冲了进来，怎能招架得住？巷战了很久，慕容彦超手下的士兵都散了，他再次跑到镇星祠旁，放了一把火，将祠堂毁去，然后驰入府署，带着妻子跳井自尽。他的儿子慕容继勋率残众五百人逃跑，路上被周兵抓住，当即磔死。慕容彦超的族人全部被诛杀。

兖州平定以后，郭威留端明殿学士颜衎，掌管兖州军府之事，降泰宁军为防御州，并且想要把慕容彦超的将佐全部杀掉。翰林学士窦仪心中不忍，与冯道、范质商量了一番，请他们出面求情。两人面奏郭威，说是暴力统治会失去人心，郭威于是把慕容彦超的将佐全部赦免。

郭威来到曲阜县，拜谒孔子祠。他登上殿堂，就要下拜，左右劝阻道："孔子是陪臣，不应该受天子拜！"郭威说："孔子是百世帝王的老师，难道不应该受到尊敬吗？"于是虔诚拜讫，随后命人将祭器留藏在祠中。又到孔林拜谒孔子墓，造访了孔子的四十三世孙孔仁玉，命他做曲阜令；还造访了颜渊的后裔颜涉，命他为主簿。令兖州修葺孔祠，禁止在墓旁砍柴。随后，郭威起驾回都。

过了好几天，德妃董氏在宫中病殁。天子悼亡，免不得辍乐举哀，饰终尽礼。董氏是镇州人，原先嫁给了同乡刘进超。刘进超在晋朝做官，充任内廷职使。辽兵入犯，刘进超殉难，董氏一人住在洛阳。汉高祖自太原入京师，郭威在军队之中，路过洛阳时，他听说董氏德艺兼长，就把她纳为姜媵。后来郭威出镇邺中，只命董氏随行，所以家属全被屠戮，董氏得以幸免于难。郭威称帝以后，中宫虚位，只封董氏为德妃，摄掌宫事。谁知董氏竟然病殁，享年三十九岁。

郭威既伤心爱妃病逝，又触动旧痛，好几天不愿意视朝。接着，天平节度使高行周病逝，他又辍朝好几天，也幸亏内外无事，朝政清闲。只是辽兵侵犯冀州边境，被都监杜延熙一鼓击退，损失倒也不大，不足担忧。不久，武平军留后刘言，派牙将张崇嗣入奏，报称收复了湖南，乞请册封。朝堂上又有一番议论。

自唐将边镐入据长沙，百姓过上了安定的生活，称边镐为边菩萨。后来，边镐沉迷于佛道，修寺庙、建道观。所收的赋税，除了进献金陵外，全部花在了佛事上，地方的一切政事，他都置之不理。潭州百姓很是失望。南汉内侍省丞潘崇彻以及将军谢贯，乘机攻打郴州。边镐出兵抵御，大败而回。郴州被攻陷，边镐坐失军威。

唐指挥使孙朗、曹进跟随边镐平楚，部下所得的奉禄，反而没有湖南降兵的多，将士们都有怨言。李璟派郎中杨继勋等人，在湖南横征暴敛。行营粮料使王绍颜，按照杨继勋的意旨，减少军粮，更加激起众怒。孙朗、曹进于是率部众去攻打王绍颜。王绍颜藏到柴火堆里。众人找不到他，转而去了府署，要求边镐斩了王绍颜。边镐含糊答应下来。

等孙朗等人退回营中，边镐却并不将王绍颜抓出来枭首示众。所以孙、曹二人商量着一并谋杀边镐。他们夜里率领部众，打算焚毁府门，却正赶上下雨，多次点燃多次被浇灭。边镐本来已有戒心，听说有人在府门点火，就派兵去抓捕，并且命人传吹鼓角，让人以为天快亮了。孙朗等人中了边镐的计谋，担心天亮了大军来到，反而难以脱身，于是斩关出去，投奔朗州。他一声吆喝，麾下党徒，纷纷出城，贪夜向朗州奔去。

走了两三天，孙朗等人才来到朗州城外，求见刘言。刘言召他们入府，问明原委，很是高兴。王逵在一旁问孙朗："我想要再取湖南，却又担心唐兵会去支援他们，我该怎么办？"孙朗答道："孙朗臣事唐朝好几年，很了解那边的情况。唐廷现在内无贤臣，军无良将，忠佞不分，赏罚不当，能保守淮南，已经是幸事了，哪里还有空闲兼顾湖南呢？孙朗愿意为您做前驱，攻取湖南就像捡个芝麻一样容易。"王逵心里很高兴，十分厚待孙朗和曹进，并整兵治舰，准备大举进攻。

李璟刚刚任命冯延巳、孙晟为同平章事。两相意见不合，经常发生口角。李璟曾派将军李建期出屯益阳，叫他进图朗州；又命张峦兼任桂州招讨使，进图桂州。两军出驻多日，却没有报功。李璟召见冯延巳、孙晟说："楚人归服我，其实是要休养生息。我没能抚平疮痍，却要劳民伤财，现在担心失去人心，想要将桂林、益阳两处的戍军全部调回，双方息兵。你们认为怎么样？"孙晟说："陛下如果真是这样想的，不只楚国安定，唐国也能安定。"冯延巳反驳道："臣觉得事情并不是这样的。以前，您派出偏将下湖南，远近震惊。现在不能让别人藐视我们。请您派边将窥察形势，该进就进，该退则退。"

李璟派都军使侯训，率兵五千，与张峦合兵，一起进攻桂州。侯训与张峦联军南下，将到桂州城下，被南汉兵内外夹击，大败而逃。侯训战死，张峦收集残兵，逃回全州。失败的消息传到了唐廷，李璟决定召回李建期，授刘言为节度使。偏偏冯延巳又出来反对，说应该召刘言入朝，观察他的举止，如果是真心归顺，再授他为节度使也不迟。李璟于是派使者到朗州，召刘言入朝。

刘言与王逵秘密商议，王逵说："武陵临江面湖，又有百万雄师，怎么甘心拱手让人！何况边镐无德无才，官民都对他不满，还怕他什么呢？"刘言还在沉吟，王逵又接着说："行军贵在神速，一旦迟延，边镐做好准备，就不容易进攻了。"于是，刘言送回唐使，假装与他约定入朝。一面召集何敬真、张仿、蒲公益、朱全琇、宇文琼、彭万和、潘叔嗣、张文表等牙将，将他们全部封为指挥使，令周行逢为行军司马，部署队伍，即日发兵。

周行逢善于谋略，张文表善于作战，潘叔嗣擅长冲锋，三人同心协力，誓死报国。王逵为统军元帅，分道进趋长沙。他令孙朗、曹进为先锋，直抵沅江，抓住了唐都监刘承遇，收降了唐军校李师德，乘胜进逼益阳，举着大刀阔斧，砍入唐守将李建期的寨内。李建期慌忙迎敌，被

300

孙朗、曹进二将团团围住，一阵厮杀。张文表、潘叔嗣持矟助战，任你李建期怎么英勇善战，终究被他们七手八脚，活捉了去。两千戍兵全部被杀，一个不留。

后来，朗兵水陆并进，势如破竹。破桥口、入湘阴，直逼潭州。大慈大悲的边菩萨，变成了无人无势的边和尚。他自知不能抵御朗兵，慌忙派人身唐廷乞援。怎奈远水难救近火，唐兵还没赶到，朗兵已经登城。边镐弃城，连夜逃走。官民大乱，人多马杂，竟把醴陵桥踏断，淹死的淹死，踩死的踩死，损失了一万多人。

王逵入城，自称武平军节度副使，掌管军府之事，并派何敬真等人去追击边镐。边镐已经狂窜而去，追赶不上了。何敬真杀死了五百名士兵。王逵又令蒲公益攻打岳州。岳州刺史宋德权以及监军任镐，不战即溃。湖南各州县的唐吏闻风丧胆，相继逃跑。以前马氏的岭北故土，现在全到了刘言手里。只有郴、连二州为南汉所有。王逵再次想要攻取郴州，亲自统领诸军及峒蛮，共约五万人，将郴州围住。南汉大将潘崇彻连夜赶来救援，出其不意，掩击朗兵。朗兵大败。

王逵退了回去，派人去朗州，请刘言入主长沙。刘言不愿意舍弃朗州，因此上表周廷，报捷称臣。而且说潭州混乱不堪，请求周廷派人前来治理朗州。郭威与群臣商议，众人都主张招抚。广顺二年正月，郭威封刘言为武平节度使，兼朗州大都督；升朗州为湖南首府，位列潭州之上；王逵为武安节度使，周行逢为武安行军司马，何敬真为静江节度使，朱全琇为静江节度副使，张仿为武平节度副使。这道诏旨颁到朗州，刘言等人通通拜受。

只是李璟因败治罪，削去边镐的官爵，命他留戍饶州，斩杀宋德权、任镐，将冯延巳、孙晟贬为左仆射、右仆射。李璟自己也很后悔以前的过失，想要休兵息民。左右劝告李璟说："陛下如果能罢兵几十年，国家一定可以强大起来。"李璟愤然说道："李璟将终生不用兵！"没过几个月，又召回冯延巳做宰相，大臣们都觉得很奇怪。

王逵进入潭州以后，与何敬真、朱全琇等人，各置牙兵，分厅理事，官民都不知道该怎么办才好。有时宴请诸将，也不辨尊卑，不分主客，彼此喧闹，毫无规矩。王逵对此非常担忧。只有周行逢、张文表二人对王逵非常恭敬。王逵视二人为左右手。何敬真和朱全琇不免怀疑王逵，随后接到周廷的命令，去镇守静江军，当即辞别。王逵拔去了眼中钉，也感到十分欣慰。只是他自恃有功，不肯位居刘言之下，平常给刘言写信，言辞也非常傲慢。刘言不能容忍，想要谋害王逵。

　　王逵对此有所耳闻，时时刻刻戒备着。周行逢对王逵说："刘言与我们不和，何敬真、朱全琇又与您有过节。如果不先下手，将来两路发难，您可怎么办呢？"王逵答道："你说得很对。我早就为此担忧，只是苦于没有好办法！"周行逢附在王逵耳朵上说了几句，王逵大喜道："与你同除凶党，共治潭州、朗州，我还担心什么呢？"于是派周行逢去朗州，进谒刘言。

　　刘言问他的来意，周行逢说："南汉已兴兵入侵，全、道、永三州都已吃紧。周行逢特来报奏！"刘言吃惊地问："王节度为什么不去抵御？"周行逢答道："南汉太强大了，非潭州兵力所能抵御，需联合武平、静江两路军马，才能退敌。"刘言踌躇了半晌，才答道："我这里兵马不多，而且是军事要地，不便远离，看来只好檄调静江军了！"周行逢拍手叫道："真是个好主意，请大都督照行！"

　　刘言于是檄令何敬真为南面行营招讨使，朱全琇为先锋使，赴潭州会师，共同抵御南汉。周行逢先行辞退，回去报告了王逵。王逵见何敬真、朱全琇来到，连忙出城相迎。二人问起敌情，王逵答道："我已经拨兵前去堵截，料想没什么大问题。你们远道而来，先进城休息一下吧。"王逵邀请何敬真、朱全琇入城，为二人摆酒接风，并召入美妓陪酒，惹得两人眼花缭乱，情志昏迷。饮罢散席，嘱咐美妓们留在客馆，何敬真、朱全琇一住好几天，几乎与美妓们结下不解之缘，朝朝暮暮，卿卿我我，哪里还记得什么军事。王逵又每天送上美酒佳肴，使得他们整日里沉醉不醒。王逵又派人去朗州，再请济师。

　　刘言派指挥使李仲迁，率部兵三千，支援潭州。王逵叫他与何敬真见面，何敬真令李仲迁先出发，赶赴岭北，等着后军。李仲迁率兵翻越山岭，在岭北扎营。好几天过去了，并不见何敬真来到，也没听说有什么南汉兵。正在纳闷，部将符会因士兵们想回家，竟劫持李仲迁回了朗州。

　　何敬真还留居在馆中，整日昏醉不醒。忽然朗州差人来了，传刘言之命，指责何敬真沉迷酒色，延误战机，把他捆了起来，送入潭州狱中。何敬真醉眼蒙眬，哪里辨得清真伪？其实，朗州差人是潭兵假扮的，南汉入侵也是周行逢捏造的。朱全琇闻变逃跑，王逵派兵把他追捕回来。随后，从狱中牵出何敬真，将他与朱全琇一起处斩。并派人报告刘言，诬称何敬真、朱全琇私通南汉，借故逗留，不得不以军法论处；李仲迁

302

等人私自逃回，应该给他们治罪。刘言诘问李仲迁，李仲迁归罪于符会。刘言于是将符会枭首。

周行逢对王逵说："武平节度副使李仿是何敬真的亲戚，如果不把他除去，他将会替何敬真报仇。您应该留意预防！"王逵立即转告刘言，请求派副使李仿，与自己一同御敌。刘言本是个愚笨之人，一次中计，还没觉察到，再次派李仿去了潭州。王逵又殷勤地将李仿迎入，设宴款待，帐后却暗设伏兵。正喝到兴头上，王逵把杯子扔到地上作为暗号，伏兵立刻冲出来，把李仿剁成了肉泥。王逵留下周行逢驻守潭州，自己率领轻骑，袭击朗州。

朗州毫无防备，王逵杀入，直奔府署。指挥使郑玫出来拦阻，还没开口说话，脖子上就挨了一刀，立刻倒地而死。刘言闻变，还不知道原因，冒冒失失地走了出来，兜头碰着王逵。王逵麾动徒众，将刘言带到另一个房间，拘禁起来。朗州士兵仓皇逃跑。王逵宣告城中，说刘言暗通南唐，所以问罪，此外概不株连。刘言平时为人刻薄，自然没人想帮他。何况朗州本是王逵打下的，刘言不过坐享其成，各军又多是王逵的旧部，乐得依从王逵，索性睁一只眼闭一只眼。

王逵安然占据朗州，奉表周廷，诬称刘言打算举周降唐，并且添油加醋地说刘言想要攻打潭州，部众不同意，才将他幽禁了起来，自己到朗州安抚将士，才得以平定，随后仍移军府到潭州。郭威虽然是个聪明人，毕竟相隔太远，无从辨别虚实，并且只要湖南称臣纳贡，凡事也不想细问。因此，他立即派通事舍人翟光裔前去安抚王逵，答应了王逵的请求，并授王逵为武平军节度使，兼中书令。王逵给了翟光裔许多金银财宝，送他回周廷，自己拿了朗州的图籍，回到潭州，还派潘叔嗣去杀刘言。刘言镇守朗州三年，朗州人称他为"刘咬牙"。湖南有一首童谣："马去不用鞭，咬牙过今年。""鞭""边"同音，边镐赶跑了马氏，刘言驱逐了边镐，王逵又杀死了刘言。童谣果真应验了。

镇宁节度使郭荣莅镇以后，郭威选了一些朝臣作为郭荣的僚佐，任用王敏、崔颂为判官，王朴为掌书记。他们三人都是当时的名士，很有才华。郭荣的妻子刘氏留居大梁时，被刘铢杀害。郭威即位以后，追封刘氏为彭城郡夫人。郭荣断弦待续，另外选择配偶。他听说符彦卿的女儿，足智多谋，得以在一场灭门之灾中全身而退，现在住在母亲家里。郭荣请求义父出面做媒，愿意纳娶符氏做继室。郭威本来认了符氏做义女，乐得成全养子，于是写信给符彦卿。符彦卿自然遵命，立即把女儿送往澶州，与郭荣结为夫妻。

郭荣在镇两年，多次请求入朝。王峻那时已经做了宰相，十分忌妒郭荣的聪明才智，经常从旁阻止。正赶上黄河决口，王峻奉命前去巡视，郭荣趁机陈情入朝。郭威批准了。郭荣即日起程，来到朝中，父子相见，自有一番温存的话。郭威当即授郭荣为开封尹，兼功德使，加封晋王。王峻得知消息，立刻回到大梁，一再请求辞官，郭威不答应。王峻又乞求外调，郭威安慰他一番，并命他兼任平卢节度使。王峻还是连上奏章，请求解除相职，并辞去枢密使一职，好几天不来上朝。郭威令近臣前去征召，王峻仍然称病不来上朝。枢密直学士陈同与王峻的关系很好，郭威特意派他传示谕旨，说王峻再不上朝，就亲自前去看望他。王峻不得已去见了郭威。郭威虽然和气地安慰了他一番，心里却已经有了芥蒂。王峻还不知道反省，多次提出要求，于是患难君臣最终翻脸。

郭荣即位

王峻恃宠生骄，多次要挟郭威。郭威虽然一再迁就他，但也免不得心存芥蒂。王峻在枢密院中盖了一个厅舍，极其华丽，特邀郭威临幸。郭威崇尚俭约，因不便当面诘责王峻，只好敷衍了几句，就回宫去了。没过多久，郭威要在内苑中建一座小殿。王峻上奏说："宫室已经很多了，还建什么小殿？"郭威不高兴了，说道："枢密院的房子也不少，你为什么要添筑厅舍呢？"王峻无言以对，只好趋退。

寒食节那天，郭威不用视朝，百官也放了假。早晨，郭威起得较迟，还没用早膳，王峻已进入内殿，说有重要的事要上奏。郭威还以为他有特别的大事，立即召见。王峻行过礼，便奏请道："臣看李谷、范质两位宰相实在是不称职，不如改用其他人。"郭威问道："你认为什么人可以代替他俩？"王峻说："端明殿学士颜衎、秘书监陈观都很有才华，陛下为什么不重用他们？"郭威很不高兴地说："废立宰相不应该仓促行事，让朕好好想想再说吧。"王峻还是不依不饶，硬要郭威答应。郭威那时已经饥肠辘辘，恨不得立刻将他斥退，勉强忍住气，含糊说道："等寒食假期以后，为你改任二人就是了。"王峻这才退出。

郭威入内用膳，越想越恨。好容易过了一宵，第二天一早即召见百官。王峻昂首挺胸地走了进来，郭威喝令左右，将王峻拿下，关入狱中。

郭威对冯道等人说："王峻是朕的患难弟兄，朕什么事都迁就他。可是他欺人太甚，甚至想要翦除朕的羽翼。朕只有一个儿子，王峻十分嫉妒他。朕要提拔郭荣，王峻就想方设法出来阻挠。目无君上，谁能忍受得了？朕也顾不得他了！"冯道等人稍稍劝解了一番，请求将王峻免死贬官。郭威于是把王峻放出来，降为商州司马，勒令他即日赴任。王峻神情沮丧，狼狈地离开了都城。走到商州时，忧愤成疾，不久就死了。颜衎、陈观是王峻的同党，同时被贬官。

邺都留守王殷，与王峻共同辅佐郭威，立下大功。王峻获罪，王殷也感到十分不安。先前，王殷出镇邺都，仍统领亲军，兼任同平章事，自黄河以北，各镇都受王殷的统率。王殷横征暴敛，百姓十分怨恨他。郭威曾派人告诫王殷："朕在邺都起事，所有的储蓄足以维持好几年。你只要按配额征税，就可以了，千万不要额外增加赋税，使百姓对我们失去信心！"王殷不以为然，依然我行我素，并且任意更调河北戍兵，并不上奏朝廷。郭威对他很反感。广顺三年九月，郭威生日，王殷表请入朝庆寿，郭威怀疑王殷有异心，不准他入朝。

到了冬季，众人都忙着准备举行郊祀礼仪，不料王殷竟擅自入都，麾下带着许多骑兵，出入护卫着他，很是神气。正赶上郭威生病，得知这个消息以后，很是惊疑。又因王殷多次请求面见郭威，并请求拨给卫兵。郭威更加有了戒心，于是拖着病体，来到滋德殿，召见王殷。王殷刚上殿阶，郭威即命侍卫将王殷拿下，斥责他擅离职守，罪在不赦。一道诏敕，把王殷的官爵全部削夺，并把他流放到了登州。王殷已经东去，郭威又派将吏带着诏书，追到半途，说他有意谋叛，想要在郊祀那天作乱，要将他就地正法等。王殷无从辩解，只好伸颈受戮。一道冤魂进入冥府，与前时病死的王峻，再做阴间朋友去了。

郭威杀死了二王，才没有了后顾之忧。他命皇子晋王郭荣掌管内外军事；改邺都为天雄军，调天平节度使符彦卿去镇守，并且加封他为卫王；调任镇州节度使何福进镇守天平军，加封为同平章事；镇州的空缺，命侍卫步军都指挥使曹英出任；澶州的空缺，命侍卫马军都指挥使郭崇出任。只是郭威的病始终没有痊愈。

残冬将尽，郭威勉强支撑，亲自祭祀太庙，从斋宫乘辇车到庙廷，下了辇车，由近臣搀扶着登上台阶。刚走了几步，已经痰喘交作，不能行礼。只得命晋王郭荣代替，自己仍退居斋宫。夜间郭威痰喘更加厉害，险些谢世回天，幸亏经过良医调治，才得以保住性命。

第二天就是广顺四年元旦，郭威又勉强起来，亲自到南郊祭祀圜丘。觉得身体疲乏，只好草草行礼，然后回宫。来到明德楼，受百官朝贺，颁诏大赦，改广顺四年为显德元年。文武百官都有封赏。郭威经过这一番折腾，病情加重，基本上把所有的事都交给了郭荣。

郭荣总握内外兵柄，每天都在府中办事，人心稍稍安定下来。忽然澶州牙校曹翰入都求见郭荣，秘密对郭荣说："大王是国储，应当孝顺主上。如今主上卧病在床，大王不进去伺候，整天在外办事，叫天下人怎么想呢？"郭荣恍然大悟，便留下曹翰代理政务，自己进宫伺候郭威。

郭威对郭荣说："朕去世以后，你速修山陵，不要让我的灵柩久留殿内。一切从简，不得劳役百姓，不得多用工匠，不要守陵宫人，不必用石人石兽，只用纸衣为殓，瓦棺为椁，陵前只立一块石碑，刻上"周天子平生节俭，遗令用纸衣瓦棺"几句话就可以了。你如果违背我的遗言，我死后有知，一定不会保佑你！"郭荣含糊应命。郭威见他迟疑，又申诚道："以前我西征时，见唐朝的十八帝陵都遭到挖掘。这都是因为他们墓里藏了太多的财宝，才招来了盗贼。你平时读史，应该知道汉文帝十分节俭，葬在霸陵原，陵墓至今完好如初。每年寒食，可差人去祭扫，如果没人差遣，遥祭也可以。并且在河府、魏府间各葬一副剑甲，澶州葬通天冠绛纱袍，东京葬平天冠衮龙袍，千万不要忘记我的遗言！"郭荣唯唯遵命。

郭威又命郭荣传敕，加封冯道为太师；范质为尚书左仆射，兼修国史；李谷为右仆射，兼集贤殿大学士；升端明殿学士尚书王溥为同平章事，宣徽北院使郑仁诲为枢密使，枢密承旨魏仁浦为枢密副使，司徒窦贞固晋封沂国公，司空苏禹珪晋封莒国公；授龙捷左厢指挥使樊爱能为侍卫马军都指挥使，虎捷左厢指挥使何徽为侍卫步军都指挥使；加封殿前都指挥使李重进为武信军节度使，检校太保。

李重进的母亲是郭威的胞姊，郭威因为李重进是自己的外甥，所以任命他做亲将。郭威病危的时候，特地召李重进入内，仔细嘱咐了一番。郭威令他向郭荣下拜，以示君臣名分，李重进一一遵旨。郭威又叹息道："依朕看来，当世的文才就属范质和王溥最有才华，现在两人都做了宰相，我就不用担心什么了！"那天晚上，郭威在滋德殿病逝，享年五十一岁。

晋王郭荣秘不发丧，过了三天，大殓以后，将灵柩迁到万岁殿，召集文武百官，颁布遗制，令晋王郭荣即皇帝位。那年自正月初一起，天

306

色非常昏暗，日月多晕，嗣主即位以后，天忽然晴朗了。人们都传为奇谈。嗣主郭荣居丧几天以后，宰相冯道等人上表请求郭荣听政。递上三道奏疏以后，郭荣终于答应了。他命太常卿田敏为先帝拟谥，田敏呈上，尊谥为圣神恭肃文武孝皇帝，庙号太祖。

忽然，潞州节度使李筠报称，北汉主刘崇与辽将杨衮，率领几万士兵，从团柏谷入侵潞州。周主郭荣刚刚继位就发生了这样的事，听着也有些心惊。幸亏他生性英勇，性格沉稳，不至于惊慌失措。郭荣立即召集群臣商议，打算亲征。冯道等人不同意，说："刘崇从晋州跑回来，势弱气夺，一定不会立即振作起来。陛下初承大统，人心未定，况且先帝的山陵刚刚动工，不应轻率出征。如果刘崇入侵，只需命几位将军前去，便足以制敌。"

郭荣摇摇头，说道："刘崇趁我朝大丧，听说我刚刚继位，自以为是个好机会，可以入侵中原。眼下潞州告急，我要亲自出征，先声夺人，免得敌人小看了我们！"冯道等人一再劝阻。郭荣说："以前唐太宗创业，多次亲征，朕哪能害怕河东刘崇？"冯道只是答道："陛下不可学太宗。"郭荣有些急了："别看刘崇有几万兵马，那不过是些乌合之众，遇到我的军队，那就是泰山压卵，我们必胜无疑。"冯道又说："请陛下扪心自问，我们果真是泰山吗？"郭荣拂袖而起，转身就走了。

第二天，郭荣颁出诏敕，分发给各道，令他们招募勇士，送入朝中。各道的节度使接旨以后，陆续送来了壮丁。郭荣把这些人编入禁卫军，天天操练，为圣驾亲征作准备。不久，又接到潞州的急报。郭荣不想再与冯道等人商量，只召入王溥、王朴两人讨论亲征的事。王溥和王朴都赞成亲征。他们奏请先调各道兵马在潞州会集，然后车驾再起程。

于是，郭荣命天雄军节度使符彦卿从磁州赶赴潞州，切断敌军的后路，以澶州节度使郭崇为副；河中节度使王彦超从晋州赶赴潞州，袭击敌人的东面，以陕府节度使韩通为副；命马军都指挥使樊爱能、步军都指挥使何徽、滑州节度使白重赞、郑州防御使史彦超、前耀州团练使符彦能等人，率领兵马先去泽州，以宣徽使向训为监军。郭荣令冯道护送梓宫去山陵，留下枢密使郑仁诲据守京师。车驾于三月上旬起程。

到了怀州，听说刘崇已领兵南下，郭荣打算兼程速进。控鹤都指挥使赵晃，私下里对通事舍人郑好谦说："敌人气势强大，绝不可以轻视。主上打算加速进兵，恐怕这并非良策啊！"郑好谦去劝阻郭荣。郭荣大发雷霆："你怎么可以来阻挠朕进军？想是有人指使，快说是谁，免得受刑!"郑好谦慌乱之中只好如实交代。郭荣于是把赵晁关入大牢,下令即日起程,麾众急进。

很快就到了泽州,郭荣在泽州城的东北方驻营。刘崇带着辽兵,越过潞州,直接向泽州进发。到了高平南岸,听说周军已经到了,他才据险立营,然后派前锋去挑战。被周军一阵痛击,刘崇的前锋立即败退。郭荣担心刘崇逃跑,急命诸军夜里前进,并催促河阳节度使刘词赶紧派兵前来援应。诸将因刘词未到,不免寒心,只因郭荣军令甚严,不敢中途逗留,不得已驱军前行。第二天早晨,到了巴公原,远远望见敌兵,北汉大将张元徽在东边列阵,辽将杨衮在西边列阵,队伍很是整齐。郭荣命滑州节度使白重赞与马步都虞侯李重进,率左军在西边列阵;樊爱能、何徽率右军在东边列阵;向训、史彦超率精骑在中央列队;殿前都指挥使张永德,率禁兵护住御驾。

两阵对垒,周军人数只不过是刘军的三分之二。刘崇见周军人少,后悔请来辽兵,对诸将说:"我看周兵与我本部的兵将相差不多,早知如此,何必向外人求援?今天我不仅要破周兵,还要叫外人心服口服,倒也是一举两得了。"辽将杨衮策马上前,望了很久,回来对刘崇说:"周军队形严整,我们不可轻敌!"刘崇瞪着大眼说:"你别再说了!机不可失,看我与周军决战一场,今天一定要给我儿子报仇。"杨衮默然退去。

忽然刮起了东北风,吹得两军汗毛都竖起来了,很快又转为南风,风力也稍稍减弱了一些。北汉副枢密使王延嗣和司天监李义,对刘崇进言说:"风势已经小了,现在正好可以出战。"刘崇便下令进兵。枢密直学士王得中冲到马前,谏阻道:"风势逆吹,对我们很是不利。李义主管天文,却不知道风势的顺逆,竟然昏昧到这种地步,罪当斩首!"刘崇怒叱道:"我已经打定主意了,你一个老书生,就不要在这里胡说八道了!如果再敢多嘴,我先斩了你!"王得中吓得退到一旁。

刘崇立即麾动东军,令张元徽先进军。张元徽率领一千骑兵,去袭击周军的右翼。与樊爱能、何徽相遇,两下交锋,打了几个回合,樊爱能、何徽就引兵退去。郭荣的右军大败,一千多名步兵解甲投戈,投降了北汉。刘崇见南军的队形有些变化,就亲自督领诸军继续前进。箭如飞蝗,石如雨点,周军不免有些惊乱。郭荣带着亲兵,冒着枪林箭雨,前去督战。

这时,惹恼了一位周将,大声喊道:"主上这样冒险,我们怎么可以不拼命呢？"又对张永德说："敌人已经疲惫，我们只要加把劲，就可以打败他们。您的旗下有很多弓弩手，请您趁势从西边进攻，末将愿意从东边进攻，左右夹击，不怕不胜。国家的安危，在此一举了！"张永德点头称善，于是与那员大将分别率领两千人出战。

大将身先士卒，驰入敌人的前锋。士兵们也接连跟上，捣入敌阵，个个勇猛似虎。北汉兵不能抵御，纷纷后退。这名大将就是后来的宋太祖赵匡胤。赵匡胤是涿郡人，父亲赵弘殷，曾任岳州防御使。赵匡胤出身将门，后来做了宿卫，此时随驾出征，见郭荣深入危境，不由得热血沸腾，勇往直前，把北汉兵杀得大败。

内殿直马仁瑀也对徒众喊道："让皇上冲锋陷阵，还要我们这些人做什么？"说完，骑上战马，冲入敌阵，接连杀死了几十个人。殿前右番行首马全义，来到郭荣前面请求道："敌人已经稳不住阵脚，就要被我军打败了。请陛下按兵不动，看臣等破贼！"说完，即带着数百名骑兵进陷敌阵。正巧碰着张元徽出来阻拦，马全义立即拨马舞刀，与张元徽大战了几十个回合。马仁瑀暗中帮助马全义，瞅准了张元徽的马首，一箭射去，正中马眼。马负痛乱跳，把张元徽掀落在地。马全义趁势一刀，把张元徽斩成了两段。张元徽是北汉的一员骁将，突然被杀死，北汉兵都十分惊慌。

这时，南风越吹越猛，周军顺风冲杀，士气更加强盛。刘崇料到不能再抵抗，慌忙鸣金收兵。可是，士兵们已经被冲散了，一时无法集合。辽将杨衮见周军得胜，不敢进援，而且也恨刘崇妄自尊大，不知进退，杨衮于是乐得袖手旁观，带着全军退了回去。

樊爱能、何徽领着残众，擅自南回。他们沿途遇上粮车，剽掠了一番，运粮的人都逃命去了。郭荣派部将去追回粮车，部将竟然不听指挥，把郭荣派的差人杀死，然后骑马跑了。凑巧遇着河阳节度使刘词率兵来援，樊爱能急忙摇手说："辽兵来了，我军已经退回去了，你何必前去寻死？"刘词问："天子怎么样了？"何徽答道："幸亏我们跑得快，还能保全生命。主上不肯退回，大约已经攻进泽州了。"刘词勃然大怒："主上受辱，大臣战死，你们为什么不救援？"随即带着士兵北上，驰赴战场。

正值敌众败退，还有残兵一万余人，在涧间列阵。天色向晚，南风刮得很猛，刘词带着一支生力军，呐喊一声，杀入敌阵。北汉兵已经吓破了胆，还有什么心思打仗？死的死，逃的逃。刘词麾众追去。在涧南休息的周军遥见刘军得胜，也奋勇前进，与刘军并力追击。刘词等人一直追到高平才收军。只见尸横遍野，血流成河，丢弃的辎重器械数不胜数。周军陆续将辎重搬入御营，天已经快黑了。郭荣在野外随便宿营。各军彻夜巡逻，抓住樊、何麾下降敌的士兵，把他们全部处死。

第二天，郭荣进军高平。刘崇听说郭荣将到，急忙被衣戴笠，骑上胡马，从鹏窠岭逃了回去。天黑以后迷了路，刘崇就强迫村民做向导。村民带着他走错了路，来到晋州。走了一百余里，才知道错了，刘崇于是杀死村民，掉头向北。好不容易找来点吃的，刚打算拿筷子，听说周兵追来，刘崇慌忙将碗筷丢掉，骑上马就跑。刘崇年事已高，昼夜赶路使他快要支撑不住了。幸亏他骑的马是已故辽主兀欲送给他的良马，刘崇趴在鞍上，才得以奔回晋阳。

郭荣料知追赶不上刘崇，就下令在高平休息。他选了几千北汉降兵，称为效顺指挥军，命前武胜行军司马唐景思为将，率领他们前去淮上，防御南唐。对剩余的两千多名降兵，郭荣赏赐每人二匹绢，并还给他们衣服，将他们放回本部。降兵们拜谢而去。郭荣转入潞州，正要赏赐功臣，樊爱能、何徽二人前来请罪。郭荣微笑道："他们还敢来见朕吗？"随即下令将二人抓起来，听候发落。

晋阳之战

郭荣夜里暗想樊爱能、何徽是先帝的旧臣，何徽曾守御晋州，立下战功，不如饶他一死；转念一想，不杀了他们，怎么振肃军纪？他辗转反侧，不知该怎么办才好。正赶上张永德值班，郭荣便问他怎么想。张永德说："樊爱能本无大功，却做了都将。见了敌人就逃跑，杀他还算便宜了他。何况陛下还要削平四海，如果不申军纪，即使有百万雄师，又有什么用呢？"郭荣躺在床上闭目养神，听了张永德的话，忽然坐了起来，把枕头扔到地上，拍手叫好。

当下出帐升座，召入樊爱能、何徽。樊、何二人趴在地上，不停地磕头。郭荣斥责道："你们二人是累朝宿将，打了不少仗。这次并非不能作战，而是你们想把朕交给刘崇。现在还敢来见朕，难道还想活命吗？"两人无法辩解，只是乞求赦免家人。郭荣说："朕并不想杀你们，实在是国法难违。家属无辜，朕自然会赦免他们！"二人叩谢完毕，帐前的将士就上前将二人斩首示众，并诛杀了二人的几十名部将，然后将他们殓棺入葬。

第二天，郭荣论功行赏，命李重进兼任忠武军节度使，向训兼任义成军节度使，张永德兼任武信军节度使，史彦超为镇国军节度使。张永德保荐赵匡胤，说他智勇双全。郭荣特意授赵匡胤为殿前都虞侯，兼严州刺史；并派人到怀州，放了赵晁，令他立功赎罪。赵晁急忙到潞州来谢恩，继续像之前一样跟随圣驾。

郭荣命天雄军节度使符彦卿，为河东行营都部署，掌管太原行府之事，澶州节度使郭崇为副，向训为都监，李重进为马步都虞侯，史彦超为先锋都指挥使，率领两万人马，讨伐河东。又令河东节度使王彦超、陕府节度使韩通，领兵进入阴地关，与符彦卿合军西进。任用刘词为随驾都部署，以郦州节度使白重赞为副。符彦卿、史彦超两军即日起程。刘词等人还在潞州，等车驾出发，然后从行。

北汉汾州防御使董希颜防守严密。史彦超从阴地关进兵，第一重门户就是汾州城。他围攻了好几天，都不能拿下。符彦卿的前军也到了，与史彦超合攻，四面猛扑，锐不可当。守兵有些害怕了，史彦超却忽然下令停攻。各部将都来谏阻，史彦超说："汾州城已经垂危，一鼓就可以攻下。如果现在攻城，并非不可以攻下，只是一定会死伤很多士兵。何不等上一两天，让他们自己投降?"随即收兵入营，派部吏把招降书送进城内。果然董希颜从命，开城相迎。史彦超入城安抚百姓，休息了一晚，符彦卿就到了。二人会师以后，进逼晋阳。

北汉主刘崇收集散兵，修缮兵器，加固城垣，以防御周军。辽将杨衮退屯代州，刘崇派部吏王得中为他送行，顺便到辽廷乞援。辽主述律答应支援，让王得中先回去报告。途中不免耽搁了几天，刘崇等不到援军，只好固守晋阳，无暇顾及属地。辽州刺史张汉超、沁州刺史李廷诲，先后降周。石州刺史安彦进被王彦超抓获，解送到潞州，石州城也陷没。郭荣听说前军得手，非常高兴，于是打算亲征河东。刚刚出了潞州，就接到符彦卿的军报，说北汉宪州刺史韩光愿、岚州刺史郭言，举城归顺。

郭荣进入北汉境内以后，河东父老都来迎接王师，哭诉刘氏苛政，民不聊生，说愿意供给军需，帮助郭荣攻打晋阳。郭荣本无意吞并河东，不过想炫耀一下自己的威力，叫刘崇不敢轻视。他见河东百姓夹道相迎，就想一劳永逸，趁势吞并河东。当下与诸将商议，要攻下晋阳。诸将大多担心军粮不足，请求先班师回朝，然后再作打算。郭荣已经出发，怎

311

么肯退回？随后，他麾军疾进，直抵晋阳城下。

符彦卿、王彦超等人已在晋阳城外安营，听说御驾亲临，当然出营迎拜。郭荣进入符彦卿的军营，与他谈起军事。符彦卿密奏道："晋阳城十分坚固，不易攻打。我军远道而来，师劳饷匮，恐怕一时不能取胜，何况晋阳还有辽兵援助，还望陛下三思，慎重而行！"郭荣默然不答。

后来听说代州防御使郑处谦，赶跑了辽将杨衮，派人前来纳款投诚，郭荣对符彦卿说："代州投降，忻州就孤立了，你可以移军去攻打。此处由朕督领，定要扫灭河东，以绝后患。"符彦卿不便再说什么，勉强应命。郭荣于是命郭从义为天平军节度使，令他与向训、白重赞、史彦超等，跟随符彦卿北进。

郭荣自己则率领各军，把晋阳城围得水泄不通，旌旗蔽天，戈甲耀日，绵延四十多里。郭荣一面命人把安彦进押到城下，枭首示众，威慑守兵。一面令宰相李谷调度军粮。怎奈行营人马有几十万之多，粮草随到随尽，军士免不了要去抢掠。百姓对郭荣非常失望，纷纷躲入山谷中，避难去了。郭荣听说以后，命诸将安抚百姓，禁止士兵侵扰百姓。下令只征纳当年的租税，百姓只要缴纳五百斛粮食、五百围牧草，就赐出身①；交纳一千斛粮食，一千围牧草，就授给州县之官。

河东百姓已经离散了，哪里还有人来交纳粮草？徒然颁出一纸文书，只是有名无实。城下几十万兵马仍旧是伸着脖子等着，看不到一点希望。符彦卿的奏报却是接连不断。第一次是辽主把杨衮关了起来，另派精骑到忻州。郭荣立即授郑处谦为节度使，令他接济符彦卿。第二次是忻州监军李勍，杀死了刺史赵皋及辽通事杨耨姑，举城请降。郭荣授李勍为忻州刺史，令符彦卿速速赶往忻州。第三次是代州军将桑珪、解文遇，诬陷郑处谦通辽，并把他杀死。符彦卿为了防止桑珪、解文遇兵变，请求速速济师。郭荣派李筠、张永德带领三千士兵，去支援符彦卿。最后一次是报称进兵忻口时，先锋都指挥使史彦超阵亡。郭荣性格虽然沉稳，听到这个消息也不禁心惊。

原来，符彦卿等人到了忻州，正值郑处谦被杀。桑、解二人因符彦卿来到，也出来迎拜。只是符彦卿总是小心戒备，直到李筠、张永德来到，兵力较强一些以后，才觉得稍稍安心。无奈辽兵不时到城下骚扰一

---

① 出身：科举时代为考中录选者所规定的身份、资格。唐代举子中礼部试称及第，中吏部试称出身。

番。符彦卿于是决计出击，与诸将开城列阵，静待与敌兵厮杀。

很快，敌骑来到，三三两两，好像散沙一样。前锋史彦超自恃骁勇，当即怒马冲出，杀向前去，从骑只有二十几个人。敌骑略略招架就四散逃走，史彦超驱马急追，东挑西拨，越发觉得有趣，不肯回头。符彦卿担心史彦超有闪失，急命李筠带着士兵去接应。李筠跑得慢，史彦超跑得快。李筠走了一程，见前面都是山谷，树木丛杂，崖壑阴沉，四下里探望，并没有看见史彦超，也不见有辽兵。他自知凶多吉少，只好仔细窥探了一番，然后继续前进。

猛然响起几声呼哨，深谷中拥出许多辽兵，当先的一员大将，眼似铜铃，面似锅底，手拿一柄大杆刀，高声喝道："杀不尽的蛮子，快来受死！"李筠心下一慌，也顾不上史彦超的生死了，只好火速收军，回马急奔。番兵番将杀了过来，冲得周军七零八落。李筠这时候什么都顾不上了，连士兵也不管了，一口气跑回大营。番将哪里肯放弃，当即驱马来追。幸亏符彦卿出兵相抵，李筠才得以无恙。

太阳快要落山了，番将才收兵回去，符彦卿也敛兵回城。这次开战，损失了一员大将史彦超，还有史彦超带去的二十多名骑兵，一个也没逃回来。就是李筠麾下的士兵，十成也死了七八成。符彦卿长叹道："我原说不如回军，偏偏主上不听，害得丧兵折将，有什么好处？"说完，他命侦骑趁夜去找史彦超。第二天早晨，接到侦报，说史彦超被辽兵诱入山中，无法突围，杀死很多辽兵，力竭身亡。符彦卿流了几滴眼泪，便令随员写好奏疏，报明败况，自请处罚，并乞求郭荣班师回朝。

郭荣看了奏章，忍不住悲咽道："可惜！可惜！失去了一员猛将，这是我的错啊！"随后，他追封史彦超为太师，命符彦卿找到史彦超的遗骸，立即返回御营。郭荣本想吞并北汉，天天征兵催饷，东起怀孟，西到蒲陕，所有的壮丁良马，全部调派到了战场。人马都已经疲惫不堪，天还不时下一场大雨，再加上疾病肆虐，不便久屯城下，郭荣已经有了回去的念头，一听说史彦超战死，就下定决心班师。

北汉使臣王得中被周军抓住，桑珪把他锁起来，送到周营。郭荣下令给王得中松绑，并赐给他酒菜和马匹，和颜悦色地问道："你去辽国求援，辽兵什么时候到？"王得中答道："臣奉汉主之命，送杨衮北返，其他的什么都不知道。"郭荣冷笑道："你休想欺骗朕。"王得中说自己没有撒谎。郭荣于是令他退下，嘱咐将校接着盘问。

将校对王得中说："我主仁慈宽厚，待你不薄。你不从实招来，一旦辽兵来了,还想活命吗?"王得中叹息道:"我拿着刘氏的俸禄,应该为刘氏尽忠!况且还有老母在围城中,如果以实相告,不但害了我的老母亲,还害了我的国君。国亡家也亡,我一个人怎么活得下去?我宁可舍生取义,保全国和家,虽死也瞑目了!"郭荣南归时,给王得中加上一个欺君的罪名,把他杀死了。

符彦卿等人从忻州回来,见了郭荣,上奏说没找到史彦超的遗骸,不得已只好招魂入棺,拿史彦超旧时的衣冠入殓,令随兵抬了回来。郭荣也只好付诸一叹,出营亲自祭奠,然后命军士收拾行装,即日班师。同州节度使药元福上奏说:"进军容易退军难,陛下要慎重行事!"郭荣说:"朕就全部交给你了。"

药元福部署队伍,让各军依次先行,自己殿后。营内还有数十万粮草,来不及搬走,就全部烧毁了,随军的辎重器械也大多抛弃。众人匆匆上路,巴不得立刻入京,队伍散乱,不成行列。北汉主刘崇出兵追击,幸亏药元福断后的军队列成方阵严行戒备。北汉兵靠近了,他们仍然屹立不动,镇定如山。北汉兵进击了好几次,就像碰在铜墙铁壁上,见无懈可击,渐渐地就灰心丧气了。药元福阵内发出一声梆响,把方阵变成长蛇阵,攻打北汉兵。北汉兵顿时惊退,周兵追杀了好几里,斩首千余级,才徐徐退去,向南护驾去了。

郭荣走到了新郑县。该县是嵩陵的所在地,嵩陵是周太祖的陵墓。太师冯道曾在此监工,工程早已告竣,梓宫已经安葬,冯道也病死了。郭荣拜谒嵩陵,望着陵墓痛哭,俯地哀泣好久。祭奠完了,他才收泪而退,随后遍赐守陵的将吏,追封冯道为瀛王,赐谥文懿。

郭荣回到大梁,册封卫国夫人符氏为皇后;提拔符彦卿为太傅,改封魏王;郭从义加任中书令,刘词移镇长安;王彦超移镇许州,加任侍中;潞州节度使李筠加任侍中,李重进移镇宋州,张永德加检校太傅,兼滑州节度使;药元福移镇陕州;白重赞移镇河阳;韩通移镇曹州,加检校太傅。这都算从征有功,所以升官加爵。其实只有高平一战杀退了敌人,算是有功。进攻晋阳,有损无益,就是前时所得的北汉州县,一听郭荣回师,所任命的刺史都望风而逃,城池仍归入北汉所有。代州桑珪死守孤城,最终被北汉兵攻破,桑珪逃跑了。郭荣耗去了无数军饷,结果却是竹篮打水一场空!

回京以后,郭荣天天上朝,事无大小,都要亲自处理,文武百官都成了摆设。河南府推官高锡上疏切谏,劝郭荣择贤任能,将权力下放,不要大事小事都自己办理。郭荣却不肯听从。

一天，郭荣对大臣们说："兵贵在精，而不在多。养一百个农夫，还不如养一名壮士。依朕看来，历朝的士兵都很羸弱，而且骄奢淫逸、不听指挥，一旦遇上大敌，不是逃跑就是投降。仅仅几十年间，就改朝换代这么多次，都是因为用兵不当。朕要精简各军，择优留用，这样才能振奋军心，不至重蹈前人的覆辙！"大臣们都异口同声地赞成。郭荣于是命殿前都虞侯赵匡胤检阅将士，挑选精锐的士兵，骄兵、惰兵全部淘汰。经过一番整治，军事方面有了很大的起色。

那年冬季，北汉主刘崇忧愤成疾，最终逝世。次子刘承钧向辽国告哀，辽廷册封刘承钧为汉帝。刘承钧也奉表称儿，改名为钧，改元天会，还在晋阳修了七庙，尊刘崇为世祖。随后，他向辽国乞师复仇。辽廷派高勋为将，率兵前去助刘钧一臂之力。刘钧即令部将李存与高勋一同去攻打潞州。二人无功而退，高勋也回国去了。刘钧料知不能战胜周国，只好罢兵息民。辽骑经常来侵周国边境。郭荣因为刚刚班师回朝，战争的创伤还没有恢复，只命边将们固守边疆，不得出战。

很快已是显德二年，郭荣仍然沿用旧时的年号，不再改元。忽然听说夏州节度使李彝兴不奉朝命，拒绝周国的使者。郭荣与群臣商议，群臣都说："夏州地处偏隅，朝廷一向优待它。这次他拒绝我们的使者，无非是因为府州防御使杜德扆厚沐国恩，受到表彰，李彝兴心里很不服。臣等以为府州事小，无足重轻，不如顾全大局抚谕李彝兴。"郭荣生气地说："朕到了晋阳，德扆立即率众来朝，并且和我一起抗击刘氏。朕嘉奖他，是因为他立了功。夏州只生产羊马，其他的物资供应全靠我国。我如果与他断绝往来，他就会陷入困境，难道我还要怕他不成？"随后郭荣派供奉官去了夏州，带着诏书诘责李彝兴。果然，李彝兴惶恐谢罪，不敢违抗。

郭荣见一切都在掌握之中，非常高兴，再次下诏询问边疆之事。边将张藏英上疏献策，说深、冀二州交界的地方，有条葫芦河横亘数百里，只要将它挖得再深一些，足以阻挡胡马南下。郭荣立刻派许州节度使王彦超、曹州节度使韩通，征发役夫，挖掘河道。并令张藏英将当地的地形绘成地图，详细说明。张藏英奉诏，带着地图入朝，当面向郭荣奏明一切。郭荣高兴地说："爱卿熟谙地势，悉心规划，一定能为朕控御边疆！朕答应你的所有请求，你就放心大胆地干吧！"张藏英随即拜辞。

一个月以后，张藏英招募了一千多人，在堰口筑城。辽主述律得知以后，派兵前来侵扰。王彦超、韩通分头堵御，却也挡得住辽兵。无奈辽兵忽来忽去，行动无常。周军进攻，他就退去；周军退去，他又来进攻，害得王、韩二人天天绷紧了神经，不敢松一口气。凿河筑城的役夫们也都惊慌得不得了，干一会儿，停一会儿。

这时张藏英募齐了兵丁，前来大堰口，与王彦超、韩通商议，决计自己做前驱，王、韩为后应，杀个痛快，使胡骑不敢再来。张藏英带着众人驱杀，锐不可当，辽兵已经有些胆怯了。张藏英又挺着长矛，左旋右舞，杀得辽兵人人落马、个个穿胸。王彦超、韩通又从后面追来，杀死了无数辽兵，剩下几个跑得快的，抱头鼠窜，不知去向。

张藏英追赶到二十里以外，不见辽兵，才收兵回去。不久葫芦河被挖深了，大堰口的城垒也竣工了。王彦超和韩通同时返镇，只留下张藏英驻守城寨。周廷改称大堰口为大宴口，称屯军为静安军，任命张藏英为静安军节度使。

周蜀之战

郭荣败汉却辽以后，就计划西征南讨，想要统一中原。当下召入范质、王溥、李谷等人，开口宣谕道："要想平定天下，实在不是一件容易的事。自从唐、晋失德，天下更乱了，悍臣叛将争斗不休，直到我太祖抚定中原，两河流域才稍稍安定下来，只是吴、蜀、幽、并四州还没有归服。朕日夜愁思，苦于没有良策。众人拾柴火焰高，我想叫你们应试论策，各抒己见，如果有良策，朕一定采用施行。你们认为怎么样？"众人都说好。

于是，郭荣召来翰林学士承旨徐台符等二十多个人，入殿亲试，命他们每人各写两篇文章，一是"为君难，为臣不易论"，一是"平边策"。徐台符等人拿了题目，各自撰写。下午的时候，众人陆续交卷。郭荣逐篇细览，多半都是在说空话。看到比部郎中王朴的文章时，郭荣大加称赞，立即把他召来，与他共商国家大事。王朴侃侃而谈，每一句都说到了郭荣的心坎上。郭荣当即就授他为左谏议大夫。没过多久，又命王朴掌管开封府之事。郭荣用声东击西的计策，先命偏师攻蜀，然后派正军击唐。

先前秦、成、阶三州归服了蜀国，蜀军又攻下了凤州，这四个州成了蜀国的领土。蜀主孟昶挥霍无度，国用不足，就伸手向百姓索取。秦州和凤州的百姓，苦于赋税繁重，仍想回归中原，于是百姓接连不断地来到朝廷，乞求郭荣举兵收复旧地。郭荣正要发兵，又得了这个机会，更加高兴。他立即命凤翔节度使王景、宣徽南院使向训为征蜀正、副招讨使，攻打秦州和凤州。

孟昶听说以后，急忙派客省使赵季札赶赴秦、凤二州，巡查边防。赵季札不仅没有什么才干，而且目中无人、妄自尊大。到了秦州，节度使韩继勋把他迎入城中，与他谈论军事。几句话不和，赵季札怏怏不快地走了。到了凤州，刺史王万迪见他趾高气扬，也很看不惯，勉强应酬了事。赵季札匆匆回到成都，面奏蜀主，说韩、王都不是将才，不足以御敌。孟昶也叹道："韩继勋的确不能抵挡周军，你觉得什么人可以担此重任？"赵季札朗声答道："臣虽不才，愿当此任，保证杀得周军片甲不留！"

于是，孟昶命赵季札为雄武节度使，拨给他宿卫兵一千人，命他扼守秦州、凤州。随后孟昶派了知枢密王昭远，在北边城塞部署兵马，防备周师，自己仍是寻花问柳，饮酒吟诗，就像太平无事一样。

广政初年，内廷的专宠要算妃子张太华，孟昶走到哪里都带着她。孟昶与张太华同游青城山，住在九天文人观中，一个多月都不回朝。一天，忽然雷雨大作，张太华胆子小，急忙躲到了小楼里。不料霹雳无情，偏偏向这美人头上击过去，一声巨响，香消玉殒。孟昶十分难过。因为张妃非常喜欢九天文人观，曾经说过死后要葬在这里，于是，孟昶把她葬在了观前的白杨树下。

孟昶即日回銮，哀痛不已。一班媚子谐臣，想要给主子解忧，所以广选佳人。果然找到一个绝色娇娃，献入宫中。孟昶仔细端详，花容玉貌，俨然另一个张太华，而且秀外慧中，擅长文墨，诗词歌赋无一不精，直把这好色的昏君，欢喜得手舞足蹈。过了几天，就封她为贵妃，别号花蕊夫人，不久又赐号慧妃。蜀地向来富饶，又十年无事，五谷丰登，所以百姓安居乐业，孟昶居安忘危。

那年周蜀开战，正值夏日。孟昶派出赵季札、王昭远二人，还以为御敌有余，因此依旧流连声色。渐渐地天气炎热起来，他便带着花蕊夫人等人，到摩诃池避暑。夜凉开宴，一群美人坐在周围，孟昶左顾右盼，无限欢娱。酒酣兴至，孟昶就命左右取过纸笔，即席作词，赞美花蕊夫

317

人。第一句写道："冰肌玉骨清无汗"，第二句是："水殿风来暗香满"。再打算写第三句，突然有紧急边报来到，说周招讨使王景从大散关到秦州，连拔八寨。孟昶扔下笔："可恨这强盗败坏了我的诗兴！"随即撤掉酒肴，召入词臣拟旨，派都指挥使李廷珪为北路行营都统，高彦俦为招讨使，吕彦琦为副招讨使，客省使赵崇韬为都监，抵御周师。并催促赵季札速速赶赴秦州，援应韩继勋。

赵季札奉命出军，还把爱妾带在身旁，慢慢前行，兴致益然。到了德阳，听说周军连拔诸寨，气势强盛，赵季札不由得畏缩起来。后来朝旨再三催促，他越发觉得进退两难。床上妇人的权力比皇上的权力还大，爱妾劝他还都避寇，不容赵季札不答应。于是，赵季札上疏请求解任，借口回朝秉事，先派亲军保护爱妾和辎重一同西归，然后自己带着士兵也回成都去了。

到了成都，赵季礼留下将士在外驻扎，自己入城。都中的百姓还以为他是子身一人逃回，都很震惊。入宫以后，孟昶向他询问军情，赵季札都是支吾对答，并没有切实的办法。孟昶大怒道："我还以为你真的很有才能，才委付重任于你，没想到你却这么胆怯！"于是命人将赵季札关到御史台，交给御史审问。御史上奏说他带妾同行、擅自回朝，应判死罪。孟昶允准，命人把赵季札推出崇礼门外，斩首示众。

蜀军行营都统李廷珪率兵来到威武城，正值周军排阵使胡立带领一百多名骑兵，前来巡逻。李廷珪立即麾军杀上前去，把胡立困在垓心。胡立兵少势孤，无法突围，被蜀将射落马下，活捉了去。胡立的部下大多被抓，只剩下几十名骑兵逃回周营。李廷珪打了一场小胜仗，就上报说是大捷，并且下令在军衣上绣上斧形，号称破柴都。因为周主本姓柴，所以有此号。

孟昶接到捷报，很是欣慰，派使者到南唐、北汉，相约一起出兵攻打周国。偏偏得意的事少，失意的事多，捷报刚刚送到，兵败的消息接着就传来了。李廷珪的前军被周将打败，三百将士被抓走了。蜀主孟昶立刻派知枢密使伊审征前去抚慰将士，再行督战。伊审征来到军前，与李廷珪商定计谋：派先锋李进守住马岭寨，截住周军的来路；再派游击队绕出斜谷，进屯白涧，作为偏师；又令染院使王峦到堂仓镇和黄花谷，切断周军的粮道。三路出师，伊审征和李廷珪则择地扎营，专待消息，准备接应。

王峦率领三千人，直奔堂仓。他先令侦骑到黄花谷中，探明敌踪。

318

侦骑回来报告，说谷外有周军往来，都是输运辎重，接济周营，并没有大将守卫。王峦大喜道："我去把他们的辎重夺来，保证叫他们粮食断绝，全军溃逃。"于是驱军前进，驰入黄花谷。谷长路窄，士兵不能并行，只好一个一个地前进。哪知周军伏在谷口，见蜀兵出谷前来，立即冲了出来，打倒一个捉一个，打倒两个捉一双。王峦押着后队，还不知道，只管催促士兵快走。直到前队已被捉去了一千人，才接到谷外的警报，王峦慌忙传令退还，不料后面的谷口也有周军，王峦拼命杀出去，手下只剩下一百多名骑兵，其余的都陷入谷中，被周军前后搜捕，一股脑儿捉了去。王峦带着余众匆忙退回。

刚到堂仓镇附近，见前面一标人马，很是雄壮。为首的戴着兜鍪，穿着铁甲，立马横枪，朗声喊道："我是周将张建雄！来将快快下马受缚，省得我动手。"王峦至此叫苦不迭，进退无路，只好硬着头皮，纵马来战。两下交锋，一个是胆壮气雄，一个是心惊胆怯。刚打了四五个回合，王峦就满身大汗，招架不住。张建雄大喝一声，扯住王峦的衣服，把他摔落马下。周军顺手按住，把王峦捆好，牵到马前。蜀兵只有一百多人，怎能夺回主将，更何况无路逃脱，只好投降。张建雄令将士反绑蜀兵，仍然由原路回军。那时黄花谷内的蜀兵已被捉捕得精光。仔细检点，恰恰三千人，一个也不少，一个也不多，更奇的是一个都没死。张建雄带着这些俘虏，回营报功去了。原来王景、向训等人早已防着蜀兵劫粮，在黄花谷口埋下伏兵。正巧王峦中计，导致全军覆没。

李进在马岭寨中得知消息，吓得腿都软了，还以为周军具有神力，能百战百胜。要想活命，走为上策，便放弃了马岭寨，奔回大营。白涧的屯兵听说以后，也都逃跑了。伊、李两位蜀将的计划一并失败，他们自知立不住脚，不如见机早退，因此弃营而逃，直到青泥岭下，依险扎住营寨。雄武节度使韩继勋也乐得逃跑，回了成都。秦州观察判官赵玭对手下说："敌兵非常厉害，战无不胜，攻无不克。我国派出的兵将，一向骁勇，但还是死的死逃的逃。我们怎么可以坐以待毙呢？不如投降吧！不知诸君意下如何？"众人贪生怕死，听了赵玭的话，都积极响应，立即开城迎纳周军。

王景已经进入秦州，就分兵攻打成、阶二州，自己督军围攻凤州。成、阶二州的刺史，听说秦州失守，当即投降，只有凤州久攻不下。自从韩继勋逃回成都，孟昶把他撤职，改任王环为威武节度使，赵崇溥为都监，支援秦州。

王环和赵崇溥走到中途，接到秦州降周的消息，急忙转赴凤州。刚刚进入凤州城，王景已经率军前来攻城。二人急忙登城守御。王景从四面攻扑，都被赵崇溥督兵击退了。于是王景筑垒成围，断绝城中粮草和水源。这时曹州节度使韩通奉郭荣之命，来援助王景。王景命他去城固镇，堵住蜀中援师。城中缺水断粮，又没有援兵，渐渐地支撑不住了，每夜都有兵将出城投降。王景乘危督攻，一鼓登城。兵无斗志，陆续逃散，只剩下王环、赵崇溥两将无路可逃，都被周将抓了去。赵崇溥愤不欲生，绝食而死，王环被关进了大牢。至此，秦、凤、成、阶四州都成为周国的领土。

王景上奏捷报，静候朝命。郭荣传谕嘉奖将士，并下令赦免俘虏。愿意回去的，给一定的路费，让他回去；愿意留下的，编为怀恩军，令降将萧知远带领，暂时驻留凤州。后来因为要兴兵南讨，郭荣就取消了西征的计划，派萧知远率兵西归。

蜀中兵败地削，朝野震惊，伊审征、李廷珪等人奉表请罪。孟昶对这些概不过问，只是下令在剑门、白帝城各处多储备粮草，为防御做准备。蜀主还下令铸造铁钱，禁止民间私自使用铁器。百姓都觉得十分不方便，就归咎于李廷珪等将士。孟昶的母亲李氏也多次说统兵的将领都靠不住，除了高彦俦是个忠义之士外，其他人应全部改换。孟昶不肯听从，只是解除了李廷珪的兵权，命他做检校太尉。萧知远等人回到蜀国以后，孟昶也放了周将胡立等八十几个人，并叫胡立带着国书，向周廷请和。

胡立回到大梁，呈上孟昶的书信。郭荣展开一看，只见开头一句就是："大蜀皇帝谨致书于大周皇帝阁下"，很生气地说："他还敢与朕为敌吗？"看完以后，郭荣这才稍稍平静了一些，对胡立说："他向朕求和，情有可原，只是不应该与朕平礼，朕不便答复他。你在蜀国待了这么多天，对那边的情况了解了多少？"胡立奏陈了孟昶的荒淫行径。郭荣说："现在朕要南征，暂且叫蜀国苟延一两年。等征服了南唐，再图谋西蜀也不迟！"孟昶等不到郭荣的回信，竟然指着东方说："朕郊祀天地即位称帝时，你只不过是个鸡鸣狗盗之徒，现在竟敢这样藐视朕！"于是仍与周国绝好，再次与周为敌。

南讨李璟

郭荣为了南讨，暂罢西征，令各将班师回朝。另命宰相李谷为淮南道前军行营都部署，兼管庐、寿等州的行府之事，许州节度使王彦超为副，都指挥使韩令坤等十二将，一起从征，向南进发，并事先传谕给淮南的各个州县。谕旨传入南唐、江淮一带，引起了很大的震动。

唐主李璟只信用二冯。冯延巳曾坐罪罢相，没过几个月，就复职了；冯延鲁升任为工部侍郎，兼东都副留守。就是陈觉、魏岑等人也相继被起用。奸佞当道，国政一天比一天混乱。

每年冬季，淮水浅涸，李璟原本发兵戍守，称为把浅兵。寿州监军吴廷绍认为疆场无事，奏请撤掉戍守的士兵，李璟竟然同意了。清淮节度使刘仁赡拼命劝阻，李璟却听不进去。刘仁赡只好作罢。忽然听说周师将到，正值天寒水干的时候，淮上的百姓很是恐慌。刘仁赡神色自若，分部守御，与平常一样。众人这才稍稍安定了一些。

李璟命神武都军刘彦贞，为北面行营都部署，率兵两万奔赴寿州；命皇甫晖为北面行营应援使，常州团练使姚风为应援都监，率兵三万驻屯在定远县；命镇南节度使宋齐邱回金陵；命户部尚书殷崇义掌管枢密院之事，与宋齐邱共商兵谋，从中调度。

周都部署李谷领兵来到正阳镇，见淮河无人防守，就赶造浮桥，越过淮河，直指寿州城。虽然半途有两千唐兵出来拦阻，可他们哪里是周军的对手，交战刚刚几个回合就逃跑了。周都指挥使白延遇乘胜进军，走到山口镇，又遇到一千余名唐兵，也是不堪一击。周军进攻寿州，却是城坚难拔，用了许多兵力，还是没有一点进展。李谷多次上书周廷，报明实情，郭荣打算亲征。这时，枢密使郑仁诲病逝，朝中失去一位谋臣，郭荣很是叹惜，要亲自去吊丧。近臣奏称不便驾临，郭荣摇摇头说："君臣义重，还管什么忌讳？"于是亲自到郑宅哭奠了一场。

不久，吴越王钱弘俶派来贡使，献上财物。郭荣召见使臣，叫他带着诏书回国，命吴越王发兵击唐。吴越王应诏发兵，特命同平章事吴程去袭击常州。唐右武卫将军柴克宏率军邀击，大破吴越军，杀敌一万多。吴程逃了回去。柴克宏移军支援寿州，途中忽然病故。

寿州固守，李俶久攻不克，便在行营中过年。过了年就是周显德三年。郭荣听说寿州久攻不下，决计亲征，命宣徽南院使向训担任留守，端明殿学士王朴为副，彰信节度使韩通权任点检侍卫司及在京内外都巡检。郭荣命侍卫都指挥使李重进做先锋，前去正阳；河阳节度使白重赞屯兵颍上，与李重进遥相呼应。两人先行，然后郭荣自己督令禁军起程。

那时，唐将刘彦贞已经率兵支援寿州，并且派了几百艘战船去正阳，毁掉周军的浮桥。李谷知道了唐军的计谋，召集将佐商议道："我军不能打水仗，如果正阳的浮桥被敌人毁掉，我们就会腹背受敌，没有退路。现在不如退守正阳，等车驾来到，再作定夺。"于是一面报明郭荣，一面焚去粮草，拔营齐退。

郭荣走到固镇，接到李谷的奏报，觉得李谷的计策很是不妥，急忙派人骑着快马去阻止退兵。李谷到了正阳才接到谕旨，于是复奏道："贼将刘彦贞来救援寿州，臣并不是胆怯，只是担心贼舰顺流掩击，断我浮桥，截我后路，所以不得已退守正阳。如今贼舰日进，淮水日涨，如果车驾亲临，万一粮道断绝，就危险了。请陛下在陈颍驻扎下来，等臣探明情况，再进军也不迟！"郭荣看了以后很不高兴，催促李重进赶赴淮上与李谷会师，并且传谕说："唐兵马上就来了，要尽快进攻，不要错失良机！"

李重进奉命赶赴正阳。唐将刘彦贞到了寿州，见周军退去，便想追击。刘仁赡谏阻道："您的大军还没来到，敌人就已经先退去了，想是畏于您的声威，所以逃跑了。现在只需巩固防线，不用速战。倘若追击失利，反而失去了大势。"刘彦贞反驳道："水来土掩，兵来将挡。敌人已经被吓跑了，正好乘此进攻，有什么不可以的？"池州刺史张全约也拼命阻谏。可是刘彦贞执意不从，驱军急进。刘仁赡长叹道："如果真的遇到周军，必败无疑！看来寿州是难保了。我要为国效死，与寿州城共存亡。"说完，眼泪就下来了。部众深受感动，于是修城增兵，决计死守。

这位不识进退的刘彦贞本是无才无能，不懂兵法，平时靠着剥削百姓，积累了大量财富，一半儿充入私囊，一半儿贿赂权要。所以冯延巳、陈觉、魏岑等人争相吹捧他，说他治民如龚遂、黄霸，用兵如韩信、彭越。李璟信以为真，一听说周师入境，便把兵权交给了刘彦贞。禆将咸师朗等人也都轻率寡谋，不足为用。刘彦贞违谏进兵，直抵正阳，旌旗辎重横亘数百里。

周军的先锋李重进见唐兵来到，便渡河东进，也来不及与刘彦贞答

322

话，就身先士卒，冲入唐军。唐将咸师朗自恃骁勇，策马舞刀，上前挡住李重进。战到四五十个回合，李重进佯装输了，骑马绕阵而跑。咸师朗不知是计，驱马急追。跑了二百多步，李重进回头放了一箭。咸师朗刚刚追上，相距只有几步，无从闪避，左肩上挨了一箭，摔落在马下。唐兵急忙来抢救，被李重进回马杀退。李重进捉住咸师朗，派部兵将他押到李谷的军营。

李谷听说李重进得胜，就调拨韩令坤等将士渡河接应。李重进杀入唐阵，凭着一把大刀，左劈右斩，砍死了好多士兵。刘彦贞的随兵虽然很多，但都是酒囊饭袋，忽然遇到李重进的人马，就像羊群见了老虎，立即乱了阵脚。再加上韩令坤等相继杀来，这群乌合之众哪里还敢抵抗，霎时间狂奔乱窜，四散逃命去了。单剩下刘彦贞的几百名亲军，哪里能够抵挡得住？他们拥着刘彦贞，落荒而逃。

李重进不肯饶了刘彦贞，紧紧追击。前面有个斜坡，地势不高，却很峻峭。唐军越坡而逃，刘彦贞也跃马上坡，不料马失后蹄，倒退下来，刘彦贞滚到了坡下。凑巧李重进追到，顺手一刀，把刘彦贞劈成了两段！此外四窜的唐兵，被周军分头赶杀，斩首万余。

唐军刺史张全约正往前线运粮，途中见败兵逃回，报称刘彦贞已经战死。张全约急忙带着粮车折回寿州，刘彦贞的残众也都逃入寿州城内。刘仁赡举荐张全约为马步左厢都指挥使，与自己同守州城。皇甫晖、姚凤听说刘彦贞战败，不敢继续屯留在定远县，立即退到清流关。滁州刺史王绍颜早已弃城逃跑。

郭荣得知正阳打了胜仗，从陈州赶到正阳，命李重进代为招讨使，只令李谷掌管寿州行府之事。郭荣则督领大军进攻寿州，在淝水南岸扎营，把正阳的浮桥搬到下蔡镇，并且召集宋、亳、陈、颍、徐、宿、许、蔡等州的兵马，一起围攻寿州，昼夜不息。刘仁赡早已做好准备，天天射箭抛石，鸣炮扬灰，使周军不能靠近。周军虽多，却也无可奈何。

忽然传来消息说，唐军都监何延锡率领百余艘战舰，在涂山扎营，声援寿州。郭荣召入殿前都虞侯赵匡胤，对他说："何延锡来支援寿州，只在涂山下立营，不敢到这里来，想他也没有什么能力。只是寿州城内的守兵得此声援，更不易动摇。你现在引兵前去，拔掉此营。"赵匡胤领命，立即率领五千士兵赶赴涂山。

赵匡胤遥见唐兵列舟山下，一排排很是整齐，岸上只有一个营，想是何延锡的，就对部将说："我军是陆兵，敌军是水师，叫我们怎么破敌?我只好另想办法了。"于是他挑选了老弱士兵一百多人,传授密计,叫他们前去诱敌,自己带着精骑埋伏在涡口。

何延锡正在营中坐着,心想寿州孤危,不好不救,又不能立刻去救,心里好像辘轳一样。突然,军吏进来报告,说周军来了。何延锡慌忙上马,召集水军,出营迎敌。见营外只有一百多名周兵,老的老,小的小,高的高,矮的矮。何延锡不禁大笑道:"我还以为周军有多么厉害呢,哪知竟是这等人物!就他们也想来踹我军营吗?"说完,麾兵杀上前去。周兵并不接战,回头就跑。何延锡追了一程,便想回军,只听敌骑笑骂道:"料你们这些没用的贼奴也不敢追来!我们有大军在涡口,你们如果再追,一定把你们都送到阎王爷那里!"

何延锡被他一激,不肯罢休,索性再追,并下令五十艘战舰驶到涡口,心想倘若遇着不测,也可以下船逃走。周兵在前面跑,唐兵在后面追,不久就到了涡口。只见前面都是芦苇,有一人多高,并没有周军驻扎。何延锡胆子更大了,又听见敌骑在前面揶揄,就一马当先,奋力追去。敌骑蹿进了芦苇中,何延锡不知好歹,纵马追了进去。不料两旁伏着绊马索,竟将马足绊住,马忽然摔倒,何延锡也跌了一个倒栽葱。他慌忙爬起来。这时却突然来了一位红面大将军,兜头一棍,击破何延锡的头颅。何延锡当场毙命。

打死何延锡的正是赵匡胤。赵匡胤指挥伏兵,一阵驱杀,唐军都做了刀下鬼。五十艘战船急急驶来,正好被赵匡胤截去,乘船到御营报功。郭荣自然把他大大嘉奖了一番。随即又接到巡检使司超的捷报,奏称在盛唐击败了唐兵,夺得战舰四十余艘。郭荣大喜,对赵匡胤说:"我军处处得胜,士气大振。只是寿州久攻不下,阻碍我军前进。我想进击清流关,爱卿以为可行吗?"赵匡胤答道:"臣愿意领两万人马,去取此关。"郭荣说:"清流关很是牢固,除非偷袭,否则不易成功。爱卿既然想去,就麻烦你走一趟吧。"于是派兵两万,令赵匡胤带去;又派人去传谕给朗州节度使王逵,命他出攻鄂州,特授他为南面行营都统使。

赵匡胤前去袭击清流关,星夜前进,路上偃旗息鼓,寂静无声。在距离清流关十里的地方,赵匡胤分兵两队,前队直奔关下,自己带着后队从小路赶去。皇甫晖、姚凤两人探得周兵来到,开关迎敌,正在山下列阵,冷不防山后杀出一队雄师,直接抢关。皇甫晖和姚凤连忙回军,奔入关内,周军已经赶到。守兵来不及关门,被周军一拥杀入,吓得皇甫晖和姚凤失魂落魄,无可奈何只好逃往滁州。

赵匡胤占领了清流关，便进逼滁城。皇甫晖、姚凤刚刚入城，后面已有鼓声传到，回头遥望，远远的旗帜飘扬，飞一般就到了跟前。最大的帅旗上面隐约露着一个"赵"字。皇甫晖叫苦不迭，急忙下令把城外的吊桥拆去，以阻住来军，自己与姚凤关门据守。两人登城俯看，见周军已逼近城壕，一起下马凫水，到了濠西。那赵匡胤来得更突兀，勒马一跃，竟跳过七八丈宽的大渠！

没过多久，就见赵匡胤督令攻城。皇甫晖喊道："赵都帅不必逞雄，我们彼此各为其主，请容我列阵出战，决一胜负，不要逼人太甚！"赵匡胤笑道："你尽管出来交锋，我让你一箭地，容你列阵，好叫你死而无怨！"说完，便用鞭一挥，令部众退后几步，自己也勒马倒退，静候守兵出战。

等了很久，听见城门一响，守兵滚滚涌出，后面就是皇甫晖、姚凤二人。两军对阵，赵匡胤持着一杆通天棍，冲上前来，并且大喊道："我只抓皇甫晖，其他人不是我的对手，不要来送死！"唐兵见他来势凶猛，就让开两旁，由他驰入。赵匡胤冲到皇甫晖的马前，皇甫晖慌忙拔刀迎战。刚刚几个回合，皇甫晖就被击落马下。姚凤急忙来相救，那马首已挨了一棍，马蹄前蹶，把姚凤掀翻在地。周军乘势齐上，把皇甫晖和姚凤都活捉了去。唐兵没了主帅，自然溃散。赵匡胤入城安民，派人报捷。

郭荣命马军副指挥使赵弘殷攻取扬州。赵弘殷路过滁城时，已经是半夜了。赵弘殷是赵匡胤的父亲。他打算入城休息，就到城下叩门。赵匡胤问明来意，说道："父子虽是至亲，只是城门之事是国家之事，深夜不便开城。请父亲在城外住一晚，儿子早晨再出去迎接您！"

赵弘殷只好在城外留宿一宵。第二天天明，赵匡胤出城把父亲接入城内。后来，又来了三个钦使，一个是翰林学士窦仪，来接管滁州金库；一个是左金吾卫将军马承祚，来接管滁州府事；还有一个是蓟州人赵普，来做滁州的军事判官。赵匡胤一一接见，很是欢洽，并派人将皇甫晖、姚凤解押到郭荣那里。

皇甫晖已经受伤，见了郭荣，不能站起来，躺在地上说："并非是臣不忠于职守，只是贵朝的士兵实在是太厉害了，又有智勇过人的统帅赵匡胤，难怪臣丧师委命。臣死也值得了！"郭荣十分同情他，命左右替皇甫晖松绑，把他抬到帐后养伤。没过几天，皇甫晖不治身亡。郭荣探知扬州没有守备，令赵弘殷即刻进兵，又派韩令坤、白延遇二将前去援应赵弘殷。赵弘殷那时已经生病，与韩、白二人会师后，立即带病起程。

唐主李璟多次接到战败的消息，惶急得很，特派泗州牙将王知朗奉书郭荣，情愿求和。书中自称唐皇帝奉书大周皇帝，请求息兵修好，愿将郭荣当做兄长，愿意年年进贡。郭荣没有回复，斥退了王知朗。李璟没有办法，再次派翰林学士钟谟、工部侍郎李德明，带着御药、黄金一千两、白银五千两、缯帛两千匹、牛五百头、酒两千斛，来到寿州城下，奉表称臣。郭荣下令大陈军备，从帐内直达帐外，两旁都站着雄赳赳的武夫，握刃操兵，非常严肃，然后传令唐臣入见。钟谟、李德明一入御营，瞧着这军容，已经觉得十分惊慌。硬着头皮走近御座，见上面坐着一位威灵显赫的周天子，二人吓得魂飞魄散，拜倒在案前。

赵匡胤威名初震

唐使钟谟、李德明见了郭荣，拜倒在座前，战战兢兢地报上姓名，说明来意，并呈上唐主的表文。郭荣看完以后，扔在桌子上，对唐使说："你们主上既然说自己是唐室的后裔，那就应该知道礼法。从我太祖据有中原，到朕嗣位，已经六年多了。我国与你们国家只有一水相隔，你们主上却从不派人修好。只听说他泛海通辽，他的礼法在哪里？现在你们两人来这里，是不是想要说服朕罢兵？朕又不是昏君，岂是你们的三寸之舌说得动的？回去告诉你们主子，叫他速速来见朕，亲自谢罪。朕或许可以看在他的诚意上罢兵。否则朕立即进军金陵，借你们的国库，犒赏朕的士兵。你们君臣可不要后悔！"

钟谟与李德明一向很有口才，此时却都被吓得大气也不敢出，只是叩头听命，立即辞行。郭荣留住钟谟，派回李德明。随后，又接到广陵的捷报，韩令坤、白延遇等人攻陷扬州，赶跑唐营屯使贾崇，捉住扬州副留守冯延鲁。只是赵弘殷在途中生病，已经返回滁州去了。于是，郭荣命韩令坤攻取泰州。

广陵就是扬州，以前扬州的大街上，有一个疯子，嘴里喊着："显德三年，要把你们全部杀光。"后来又说："如果不是韩、白二人，你们就死光了。"百姓们都对他毫不理睬。哪知周显德三年春季，果然有周军来到。周将白延遇先入城，唐东都营屯使贾崇不敢抵抗，立即焚去官府民舍，弃城南逃。不久，韩令坤接踵而至，下令抓捕守吏。冯延鲁是副留守，一时来不及逃避，慌忙削发披缁，藏到了寺庙里。偏偏有人认出他，报告了周军。周军找到似僧非僧的冯侍郎，把他像捆猪一样捆了去。韩、白两人抓住了冯延鲁，便禁止杀掠，安抚百姓，果然应验了疯人的话。

韩令坤奉郭荣之命，转攻泰州。泰州是杨氏遗族的居住地，杨溥让位给李昇以后，病死在丹阳，子孙被囚禁在泰州永宁宫中，从此与外界隔绝。唐主李璟因江北成了战场，担心杨氏子孙乘势起变，特派园苑使尹延范把他们迁到京口，共计杨氏遗男还有六十余人，妇女也有几十个。尹延范奉李璟密嘱，竟将杨氏男子六十余人赶到江滨，全部杀死，仅率妇女渡江，杨氏从此断子绝孙。李璟反而归咎尹延范，下令将他腰斩。尹延范有口难言，做了个冤死鬼。后来，李璟哭着对左右说："尹延范也成了魏成济了。我并非不知道他是个忠臣，只怕百姓不服，只好判他死罪！"随即下令抚恤尹延范的家属。

不久，传来消息说泰州被韩令坤攻下，刺史方讷逃跑了。接着是鄂州长山寨守将陈泽，被朗州节度使王逵抓去，解献到周营；天长制置使耿谦举城降周；常州、宣州又有吴越兵入侵，静海军制置使姚彦洪投奔吴越。李璟急得心慌意乱，天天召入宋齐邱、冯延巳等人商议军事。宋齐邱、冯延巳也没有办法，只劝李璟向辽国乞援。李璟不得已派使者北去。使者走到淮北，被周将截住，搜出蜡书，将他拘送寿州御营。

唐廷等不到援军，冯延巳再次奏请，特派司空孙晟、礼部尚书王崇质，带着表文去了周廷，说愿意奉周为正朔。孙晟对冯延巳说："这本应是你的职责，只是孙晟受国厚恩，始终不能辜负先帝，愿意代你走一趟，能讲和就讲和，不能讲和就以身殉国。你们都是国家大臣，应该知道主辱臣死的大义，不要再误国。"冯延巳惭愧得无言以对，只让工部侍郎李德明与孙晟同行。孙晟对王崇质说："你家有一百多口人，应该自己找一条生路了。我已经下定决心，绝不辜负先帝对我的厚恩！"随后草草整理行装，与王崇质、李德明二人以及一百名从吏，出都西去。

途中孙晟等人又接连听到失败的消息：光州兵马都监张延翰降周，刺史张绍弃城逃走；舒州也被周军攻陷，刺史周宏祚投水自尽；蕲州将领李福被周廷收买，杀死了知州王承俊，然后举州降周。孙晟不禁长叹道："我此行恐怕回不来了！"随即兼程前进，直抵寿州城下。孙晟晋谒郭荣，呈上表文。

郭荣边看边说："又拿一纸虚文来搪塞，朕就是那么好骗的吗？"孙晟从容答道："称臣纳币，并非虚文。何况陛下南征不停，已由敝国谢罪回命。背叛了就讨伐，顺服了就安抚，自古以来圣明的帝王都是这样。望陛下俯纳臣言！"郭荣说："朕率军南来，难道就是为了这点金帛？如果想要朕罢兵，速将江北各州县全部献给朕！"孙晟正色说道："江北的土地是先朝传下来的，并非从大周得来，并且江南已经奉表称臣。陛下何不网开一面，稍假隆恩呢？"郭荣大怒："少在这里胡搅蛮缠！如果不割让江北，朕绝不退师！"又对李德明说："你上次来见朕，朕命你回去转告你的主子，叫他亲自来谢罪，结果何如？"李德明慌忙叩首，又想起冯延巳的密嘱——愿意献上濠、寿、泗、楚、光、海六州，每年进贡金帛百万，乞请罢兵——当下便和盘托出。郭荣说："光州已经是朕的了，还用得着你来献？其他的各州，朕也不难攻取。只是寿州长时间抗拒王师。你们的节度使刘仁赡，很有能耐啊！朕喜欢他！你们可以替朕把他招来！"李德明还来不及回答，孙晟已经拿眼瞪着他，满眼都是怒火。郭荣看这情形，索性逼孙晟去招降刘仁赡。孙晟爽快地答应了。

郭荣派中使监视着孙晟，一起来到城下，招呼刘仁赡答话。刘仁赡在城上行礼，问孙晟的来意。孙晟对他喊道："我来周营议和，还没有头绪。你深受国恩，一定不要开门纳寇！主上已经发兵来援，不久就到了！"说完就回去了。中使报告了郭荣，郭荣斥责孙晟说："朕令你招降刘仁赡，你为什么反而叫他坚守？"孙晟朗声答道："臣是唐国的宰相，能叫节度使投降吗？如果是大周有这样的叛臣，陛下肯容忍吗？"郭荣见他理直气壮，倒也不能驳斥，就说："你算是淮南的忠臣，无奈天意要亡淮南，你虽然尽忠，也没用了。"随后命孙晟留居帐后，对他优礼相待。郭荣只与李德明、王崇质商议和款，一定要南唐献上江北之地，才答应修好。李德明、王崇质不敢力争，只说要回去报告李璟。郭荣就派二人带着诏书回去了。

李德明和王崇质回到金陵，把郭荣的诏书呈给李璟。李璟看了以后，犹豫不决。宋齐邱进言说："江北是江南的藩篱，江北一失，江南也保不住了。李德明是去与周主议和，并不是去献地，为什么反而替周主传诏，叫我国割献江北呢？"李德明忍耐不住，竟然抗议说："周主英武过人，周军气焰强盛，如果不割让江北，恐怕江南也要惨遭蹂躏。"宋齐邱厉声问道："你们两人也想学张松吗？张松献上西川版图，世人都唾骂他，你们不知道吗？"王崇质被他一吓，慌忙推诿责任，把所有的过错都推到李德明头上。枢密使陈觉和副使李征古同时上奏说："李德明奉命出使，不能扬我国威，与邻国修好，反而奴颜婢膝，低声下气，情愿割弃疆土，放弃要害，这与卖国贼有什么区别？请陛下先将他正法，再想办法退敌!"李德明听了，更加暴躁，竟然挽起袖子，破口大骂。惹得李璟大怒，立刻给李德明定了个卖国求荣的罪名，命人将他推出去斩首。

随后，李璟挑选了六万精锐士兵，任命齐王李景达为诸道兵马元帅、授陈觉为监军使；起用前武安节度使边镐为应援都军使，统兵拒周。中书舍人韩熙载上疏说，皇弟最亲，元帅最重，不必另用监军。李璟不听，又派鸿胪卿潘承佑赶赴泉州，招募勇士。潘承佑举荐前永安节度使许文缜、静江指挥使陈德诚，以及建州人郑彦华、林仁肇，说他们都是将帅之才。于是，李璟命许文缜为西面行营应援使，郑彦华、林仁肇为副将，再次与周军决战。李璟还派右卫将军陆孟俊率一万人，从常州出发，攻打泰州。

周将韩令坤已经回屯维扬，只留了一千人驻守泰州城。势孤力单，哪里敌得过孟俊？守兵纷纷逃走，泰州被孟俊占领。孟俊又乘胜攻打扬州。到了蜀冈，韩令坤听说孟俊人马众多，也感到心惊。他又刚刚纳娶了爱姜杨氏，正是朝欢暮乐的时候，更不免英雄气短，儿女情长。当下令部兵护着杨氏出去，自己也弃城出逃。忽然有诏旨颁到，已派滑州节度使张永德赶来支援，韩令坤只好勒马回城。入城以后，又听说赵匡胤调守六合，下令不准放过扬州兵，如有扬州兵过境，一概把他们的脚砍掉。韩令坤见没有了退路，心想不如决一死战，与孟俊比个高低。主意已定，韩令坤索性将爱姜杨氏也追了回来，整兵备械，专待孟俊攻城，好与他鏖斗一场。

孟俊不管死活，领兵来到扬州，在城东扎寨。韩令坤先发制人，驱马杀出，挥着大刀利刃，闯进孟俊寨内。孟俊来不及防备，顿时吓跑了。主将一逃，全军溃散。韩令坤不肯放弃，只管认准了孟俊，紧紧追上去。大约相距一百多步时，他拈弓搭箭，把孟俊射落马下。士兵们一拥上前捉住孟俊。韩令坤收军还城。

韩令坤正打算将孟俊解送到金陵，偏偏爱姜杨氏哭哭啼啼地非要把孟俊剖心复仇。原来杨氏是潭州人，孟俊前时曾随边镐去攻打潭州，杀死了杨氏的家眷二百多口人。因为杨氏颇有姿色，就被楚王马希崇要去做了姜媵。马希崇降唐以后，出镇舒州，留下家属居住在扬州。后来，韩令坤攻下了扬州城，保全了马希崇的家属，见杨氏依然美丽动人，就逼她做姜。杨氏一介女流，如何反抗，只好随遇而安。此时杨氏见了仇人孟俊，便请求韩令坤为自己报仇。韩令坤当然答应，就将孟俊洗刷干净，挖心取肝，活祭杨氏父母。

那边唐军元帅李景达听说孟俊战死，急忙从瓜步渡江，到了六合县附近，探知赵匡胤据守六合，料想赵匡胤不是好惹的人物，便在六合东南二十余里，安营设栅，逗留不进。赵匡胤早已探知了李景达的行踪，也按兵不动。诸将请求去攻打李景达，赵匡胤说："李景达率众前来，半道下寨，设栅自固，明明是怕我。现在我只有两千士兵，如果前去攻打，他见我兵少，反而胆子就大了。不如等李景达来攻，我以逸待劳，不怕不胜。"果然，过了好几天，城外鼓声大震，有唐兵一万余人杀来。赵匡胤已养足锐气，立即麾兵杀出，仗剑督军，与唐兵奋战多时，不分胜负。两军都饿了，各自鸣金收军。

第二天早晨，赵匡胤升帐，令军士们呈上皮笠。皮笠上留有剑痕的，约有几十个人。他对军士们说："你们随军出战，为何不肯尽力？我督战时，见有临阵退缩者，便划刺皮笠，作为记号。像你们这样没有忠心，留着又有何用？"于是下令将这几十个人推出去斩首示众。部兵从此都很畏服，不敢有一丝松懈。

赵匡胤即令牙将张琼悄悄带着一千人出城，绕到唐军背后，截住他们的去路，自己率一千人直捣唐营。唐军营中正在吃早饭，忽然听说周军驰到，急忙开营迎敌。李景达也出来观战。不料周军勇猛得很，突然冲入中军，竟将李景达马前的帅旗用矛钩翻。李景达大吃一惊，急忙勒马往回跑。帅旗一倒，全军大乱。何况李景达跑了，军中已没人指挥。你也逃，我也跑，反被周军前截后追，杀死了无数人马。

李景达跑到江口，正巧周将张琼在那里列阵等着，要活捉李景达。幸亏李景达的部将岑楼景拦住张琼，大战几十个回合。李景达得以带着残军冲出，找了一条小船，匆匆渡河。岑楼景还在与张琼力战，见赵匡胤追到，也只好舍了张琼，夺路逃命去了。张琼与赵匡胤合兵，追到江口，杀了约五千人。余众大多泅水逃跑，又淹死了几千人。周军这才奏凯还城。

这次大战，李景达挑选了精兵两万人，自己作为前驱，留下陈觉、边镐为后应。陈觉与边镐正要渡江，偏偏李景达已经败回，精兵伤亡了一大半。赵匡胤只有两千士兵，却把唐兵两万人驱杀过江，自然威震淮南！

郭荣听说六合大捷，就要从扬州进兵。宰相范质等人牵住马的缰绳，拼命阻谏，说兵疲粮少，乞请回銮。郭荣不肯听，经范质再三哭谏，才有了回去的意思。正巧李璟又派使者上表，力请罢兵。于是，郭荣准备回銮，留下李重进围攻寿州，任命向训为淮南节度使，兼任沿江招讨使，韩令坤为副招讨使。郭荣去濠州巡阅各军，又去了涡口视察浮桥。这时，唐国舒州节度使马希崇，带着十七个兄弟来投奔大周。郭荣任命马希崇为右羽林统军，随驾北归。还把唐国的使臣孙晟、钟谟以及俘虏冯延鲁等人，也一起带了回去。

随后，郭荣召赵匡胤父子回都。赵匡胤留下士兵镇守六合，自己带着亲兵去了滁州，看望父亲赵弘殷。赵弘殷的病已经好了许多，赵匡胤于是带着父亲一起起程回都。判官赵普也跟着回都。

路过寿州，正值南寨指挥使李继勋被刘仁赡打败，将士伤亡数百人，李继勋逃往东寨。李重进在东寨仅能自保，将士们受了挫折，都很灰心，请求班师回朝。幸亏赵匡胤驰入行营，助李重进一臂之力，替他修垒济师，部署军队。忙活了十几天，周军才又重新振作起来。随后，赵匡胤辞别李重进，驰回大梁。

郭荣加封赵弘殷为检校司徒，赵匡胤为定国军节度使，兼殿前都指挥使。赵匡胤举荐赵普，郭荣就任命赵普为定国军节度推官。

忽然吴越王表奏常州军情，说被唐国燕王钱弘冀打败，伤亡了一万士兵。郭荣大吃一惊。不久，又接到荆南的奏表，代报朗州节度使王逵被部下杀害，将士们推立潭州节度周行逢为帅。郭荣叹息道："吴越丧师，湖南又失去一支人马，恐怕唐兵要乘机作乱，仍要劳朕亲征。"

严夫人的苦心

王逵据有湖南，然后攻克了朗州，令周行逢掌管朗州之事，自己返回长沙。随后，他又由潭州迁到朗州，调周行逢主持潭州之事，任命潘叔嗣为岳州团练使。周廷已经授给王逵符节和斧钺，因此令他攻打唐国。王逵于是派兵出境。经过岳州时，潘叔嗣小心谨慎地接待了王逵。王逵的左右都是贪得无厌的人，多次向潘叔嗣索要贿赂。潘叔嗣不肯多给，因此遭到诬陷。王逵听信了谗言，把潘叔嗣责备了一番。两下里争论起来，惹得王逵性起，当面呵斥道："等我拿下鄂州，再来问你！"说完就走了。

王逵进入鄂州境内，忽然成千上万的蜜蜂攒集在麾盖上，赶也赶不走，有些还飞集到王逵身上。王逵不禁大惊。王逵的部下十分擅长拍马溜须，都向王逵称贺，说是封王的预兆。王逵这才转惊为喜。

果然，王逵进攻长山寨，一战即胜，还捉住了唐将陈泽。王逵正打算乘势继续进军，忽然接到朗州的警报，说潘叔嗣挟恨怀仇，带兵偷袭朗州。王逵吃惊地说："朗州是我的根基，怎么可以让潘叔嗣夺去？"于是仓促回军，自己乘着轻舟急忙往回赶。

王逵到了朗州附近，先派哨兵去打探消息。哨兵回来说全城无恙，城外也没有乱兵。王逵半信半疑，命舵手急驶数里，到达朗州。远远望见城上兵甲森森，城下十分平静。王逵也来不及细问，立即登岸。谁知走了几步，树丛中一声暗号，跑出许多士兵，来捉王逵。王逵的随兵不过几十个人，哪里抵挡得住？王逵想要逃跑，偏偏被士兵追上，像老鹰捉小鸡一样，把他捉了去。王逵被牵到树下，有一员大将跨马立着，不是别人，正是岳州团练使潘叔嗣。潘叔嗣将王逵责骂了几句，就拔刀把他砍死了。

潘叔嗣想要率军回去，部将纷纷请求占据朗州。潘叔嗣说："我如果不杀王逵，担心他战胜回来以后，把我们全部杀光。现在仇人死了，朗州不是我的，我们不如仍回岳州吧！"部将们问道："那谁来镇守朗州呢？"潘叔嗣说："最好是去找周公。他近来深得民心。"说完，即留下部将李简去安抚朗州官民，自己则率部众回了岳州。

李简进入朗州城，令官民去迎接周行逢。众人听了都很高兴，立即与李简赶往潭州，请求周行逢做朗州的主帅。于是，周行逢去了朗州，自称武平留后。有人替潘叔嗣说情，让潘叔嗣升补潭州的空缺。周行逢摇摇头说："潘叔嗣擅自杀死主帅，罪不容诛。我如果提拔他，就好像是我指使他杀了主帅。这怎么可以呢？"随后，周行逢任命潘叔嗣为行军司马，潘叔嗣称病不来。周行逢说："我任命他做行军司马，他不肯来，是不是想杀我？"于是，周行逢再次传召潘叔嗣，谎称要把潭州交给他，叫他到府中受命。

潘叔嗣欣然应召，立即来到朗州。周行逢传他进来，自己端坐在堂上，叫潘叔嗣站在庭下，厉声斥责道："你以前是小校，没立过大功，王逵就让你做了团练使，待你不薄！如今你反而杀死主帅，你可知罪？我不忍心斩你，你却违抗我的命令！"说完，即喝令左右拿下潘叔嗣，推出去斩首。周行逢立即奉表周廷，把事情详细地说了一遍。郭荣立刻任命周行逢为武平军节度使，命他统领武安、静江等军。

周行逢本是朗州的农家子弟，出身田间，很了解百姓的疾苦，平时励精图治，守法无私。女婿唐德前来请求援予自己官职，周行逢说："你没有什么才能，怎么能做官呢？我今天叫你做了官，以后你不能胜任，反而是害了你。你不如回去种田，还可以保全身家。"于是，周行逢给了他一些钱，叫他回乡下去了。

先前湖南闹饥荒时，百姓都吃野草。周行逢那时还在潭州，开仓赈贷，救活了很多人，因此深受百姓爱戴。可是，周行逢自己却很节俭。有人说他有些不近人情，周行逢叹道："当年，马氏父子穷奢极欲，不体恤百姓。如今他们的子孙都成了乞丐，伸手向别人讨吃的。我难道应该学他们吗？"

周行逢治军很严。一天，他听说有十几个将吏密谋作乱，就暗中埋伏下壮士，假装召将吏来喝酒。酒到半酣时，命壮士把这十几个人全部拖出去处斩。百姓有了过失，无论大小，大多被判处死刑。妻子严氏见周行逢用刑太重，曾经规谏说："人总是有犯错的时候，怎么可以一次机会都不给，一概滥杀呢！"周行逢生气地说："这是外事，你一个妇道人家，管那么多干什么？"严氏知道劝不了他，就不再说什么了。

过了几天，她骗周行逢说："家田佃户都十分狡黠。他们知道你没有时间处理那些琐碎的小事，就经常故意拖延着，不按时交租。臣妾愿意亲自去调查一下。"周行逢同意了。严氏立即回到故里，修葺故居，一住就不回去了。周行逢多次派仆人去叫她，严氏却说自己喜欢清闲，不愿意住在城里。只是每年春秋两季，亲自带着佃户进城送租。周行逢传令让她不用送租税。严氏说："租税是官物，如果主帅免了自己家的税，还怎么管其他人？"周行逢无言以对。

一天，闲来无事，周行逢带着侍妾，回到故里。他见严氏在田间督视农人，催促耕种，不禁下马慰劳："我们现在要什么有什么，夫人为何自讨苦吃？"严氏回答说："你忘了做户长时的情形了吗？农民一边干活，一边还要挨打。如今你已经飞黄腾达了，就把百姓的生活都忘了！"周行逢笑道："夫人可以说是'富贵不移'了！"于是指令侍妾，强拥着严氏上轿，把她抬回了朗州。

严氏住了一两天，仍向周行逢辞行。周行逢不想让她回去，就再三询问严氏回去的原因。严氏说："臣妾实话告诉你，你用法太严，将来一定会失去人心。臣妾不是不愿意留下来，只怕一旦祸起，仓促难逃，所以预先回故里。我情愿过得穷苦一些，也不想天天担惊受怕。"周行逢听了以后，什么都没说。严氏回去后，周行逢的刑罚减轻了许多。

唐驾部员外郎朱元颇有武略，李璟命他收复江北，统兵渡江；派大将李平作为援应。朱元攻打舒州，周刺史郭令图弃城而逃。李璟立即授朱元为舒州团练使。李平收复了蕲州，升任为蕲州刺史。朱元乘胜进军，接连收复光、和等州，兵锋直指扬州和滁州。周淮南节度使向训，打算全力攻扑寿州，就把扬、滁二州的将士，调到寿州城下。唐兵乘机夺去了扬州和滁州。

刘仁赡驻守寿州城，见周兵一天比一天多，多次请求唐廷济师。唐主只令齐王李景达前去支援。李景达被上一次败仗吓怕了，只在濠州境内驻军，不敢前进。监军使陈觉胆子比李景达还要小，权力却比李景达的大，往来的军书都由陈觉一人管着，李景达只要在后面署名就可以。所以李景达虽然拥兵五万，却毫无斗志。部众也乐得逍遥，过一天算一天。

只有唐将林仁肇等人心急如焚，率水陆各军，进援寿州。偏偏周将张永德屯兵下蔡，截住了唐援。林仁肇想出一个办法，用战船载着干柴，借风纵火，来火烧下蔡的浮桥。张永德出兵抵御，险些被火烧死。不久，风向逆转，火焰反而扑入唐舰，林仁肇只好逃了回去。张永德赶紧打制了千余尺铁缆，横在淮河上，并在上面系着大木头，以阻止敌船，免得唐军再来攻扑。

可是，林仁肇等人仍不死心，再次来攻。张永德特悬重赏，招募了很多熟悉水性的壮士，潜游到敌船下面，系上铁锁，然后派兵从四面进攻敌船。敌船不能划动，被张永德夺走了十几艘。船上的唐兵无路可逃，只好跳下水，大多溺死。林仁肇自己乘着小船逃跑了。

张永德大捷，解下所佩的金带，赐给泗水的总头目。见李重进这么长时间也没立功，张永德心里不禁怀疑他。上表奏捷时，附着密信，说李重进屯兵城下，恐怕有二心。郭荣认为李重进是皇亲国戚，不至于这样，就示意李重进，叫他自己解释。李重进骑着马来到张永德的军营，张永德不能不见他，只好设宴相待。李重进从容饮宴，笑着对张永德说："我与你同受重任，各拥重兵，都应该为主效力，不可生二心。我并非不知道旷日持久，有过无功。无奈刘仁赡善守，寿春城也很坚固，一时实在无法攻克。你应该能体谅我，为什么反而要怀疑我呢？天日在上，李重进誓不负君，也不负友！"张永德见他十分诚恳，就向他当面道歉。二人尽欢而散。

一天，李重进在帐内批阅文书，巡兵捉到一名敌军的侦察兵，送到帐下。那人不慌不忙，说有密事相报，请求屏退左右。李重进说："帐前都是我的亲信，你尽管说来！"那人才从怀中取出蜡丸，呈给李重进。李重进剖开一瞧，里面有李璟的手书。信中离间李重进和郭荣，并劝李重进投降。李重进看完以后，大怒道："无知的昏君，还敢来下反间书吗？"即令左右拿住来人，特差快马驰奏蜡书。

郭荣看了也很生气，传入唐使孙晟，厉声问道："你多次对朕说，你主子决计求和，并无他意，他现在为什么要用反间计，陷害我朝军将？我们君臣同心同德，岂会听信你主子的诳言？你主子刁滑得很，你也明明是在欺骗朕。你该当何罪？"说完，即将原书扔下去，叫孙晟自己看。孙晟看完以后，从容答道："你认为我主上在欺骗你，难道你对我主上是真心相待吗？我主上一再求和，如果你们同意了，理应班师示诚。为什么还要围困寿州，经年不撤？这又是什么道理？臣奉使北来，原本是奉我主之命，订约修好。到现在，已经在这里住了好几个月，也没听到你一句诚意的回答。这就不能怪我主变计，改和为战了！"郭荣更加生气："朕前些日子回都，原本是想休兵。偏偏你们唐兵夺去我扬、滁各州，这难道是真心求和吗？"孙晟答道："扬、滁各州原本就是我们的土地，哪能说是'夺'呢？"郭荣拍案而起："你真不怕死吗？敢与朕斗嘴！"孙晟愤然说道："臣既然来了，生死早已置之度外。要杀就杀，虽死无怨！"

郭荣起身入内，令都承旨曹翰把孙晟送到右军巡院，并且在他耳边说了几句话。曹翰应命而出，喊孙晟下殿。两人一起来到右军巡院中，曹翰命院吏备了酒菜，自己与孙晟对饮。两人谈了很久，无非是曹翰想要盘问唐廷的底细。偏偏孙晟讳莫如深，一句也不肯说。曹翰不禁十分暴躁，站起来对孙晟说："有诏旨要将你赐死！"孙晟怡然答道："我死得其所！"随后，他站起来，整了整衣冠，向南方拜道："臣孙晟以死报国了！"说完就服刑了。一百多名从吏也都被杀，只赦免了钟谟，把他贬为耀州司马。

不久，郭荣自己也十分后悔，说："孙晟不愧是个忠臣啊！朕对他那么好，哪知他始终恋旧，不愿受恩。这样的忠臣，是朕误杀他了。"随后，起用钟谟为卫尉少卿。孙晟去世的消息传到南唐，李璟痛哭流涕，升他为太傅，追封鲁国公，谥号文忠，提拔孙晟的儿子为祠部郎中，重重抚恤他的家属。

郭荣杀死了孙晟，更加下定决心要征服南唐。他觉得水军不够用，就下令在城西汴水中制造了数百艘战舰，命南唐降将天天督练，准备出发。但是连年征讨，国库不免空虚，军费也很难凑足。听说华山隐士陈抟具有道骨，懂得飞升黄白之术，郭荣就派人传陈抟入朝。陈抟因主命难违，无可奈何地随官吏入都。郭荣和颜悦色地问他说："先生精通飞升黄白各术，可否指教一二？"陈抟回答说："陛下贵为天子，应当潜心治国，为什么要用这些异术呢？"郭荣答道："先生劝朕励精图治，用意可嘉。朕愿意与先生共治天下，还请先生留侍朕的左右！"陈抟说："臣是山野之人，不懂得治国之道。今天臣能够寄居华山，长享太平，也是出自圣恩啊！"郭荣还想挽留陈抟，任命他为左拾遗。陈抟再三推辞，郭荣就放他回去了。

刘仁赡夫妇殉节

周兵围攻寿州，经年不下，转眼间已是显德四年。城中的粮食渐渐吃光，有些支撑不住，刘仁赡连日求援。齐王李景达还在濠州，听说寿州危急万分，就派应援使许文缜、都军使边镐、团练使朱元等人，统兵数万，支援寿州。各军都盘踞在紫金山上，扎下十几个营寨，与城中遥相呼应；还在南边修筑了甬道，绵亘数十里，直达寿州城。随后，许文缜等人疏通道路，向城中运粮。

李重进急忙召集诸将，当面嘱咐道："刘仁赡死守孤城，已经一年有余。我军累攻不克，无非是因为他城坚粮足，守将得人。听说最近城内的粮食就快吃光了，我们正好乘势急攻。偏偏来了许文缜、边镐等军筑道运粮。如果不用计破敌，此城是永远都攻不下了。我打算今夜去劫寨，兵分两路，一路在山前，一路在山后，前后夹攻，不怕不胜。现在是你们为国效忠的时候了！"众将齐声应命。

时值孟春，天气还很寒冷。李重进命牙将刘俊为前军，自己做后军，乘着夜半肃霜的时候，悄悄进军，直达紫金山。唐将朱元也担心李重进会在夜里偷袭，就与许文缜、边镐商量，说要小心戒备。许文缜和边镐自恃兵众，毫不在意。朱元叹息着回营，令部下严行巡察。

三更已过，朱元还不敢安睡，只是和衣就寝。刚合上眼，忽然巡兵

336

进来报告说周兵来了。朱元一跃而起，命将士坚守营寨，不能乱动，并派人通知许文缜和边镐。他们二人已经睡熟，接到朱元的军报以后，才从睡梦中惊醒，慌忙号召士兵出寨迎敌。周将刘俊已经杀到。一边是锐气十足，游刃有余，一边是睡眼蒙眬，临阵先怯。前队的唐兵已被周军乱砍乱剁，杀死了好多。边、许两人手忙脚乱，只好倾寨御敌。不防寨后又有一军杀入，当先的一员大将正是李重进。边、许吓得魂不附体，急忙抛弃正营，逃进了旁寨。

朱元坚守营帐，没有人能够侵入，只是觉得一片喊声震动耳鼓。他料知边、许失手，于是令壕寨使朱仁裕守营，自己率部将时厚卿等赶去支援边、许二人。正赶上李重进跃马麾兵，蹂躏各寨。朱元大吼一声，率众抵敌，与周军鏖战多时，杀了个平手。边镐、许文缜见朱元来了，才前来指挥。李重进慢慢退了回去。朱元也不追赶，随后与边、许检查营盘。周军破了两寨，正是边、许二人的正营。唐军伤亡了数千名士兵，失去数十辆粮车，边、许懊悔不已。只有朱元寨中不折一矢，不丧一兵。朱元向边、许冷笑了几声，回营安睡去了。

刘仁赡听说边、许兵败，更加气愤，立即写信给李景达，请求叫边镐守城，自己督领各军决战。偏偏李景达不同意。刘仁赡郁郁成疾，渐渐不能起床。小儿子刘崇谏担心父亲病危，城就守不住了，心想不如偷偷出去降周，还可以保全家族。于是，他乘夜出城，打算泛舟渡河。偏偏被小校拦住，送到城中。刘仁赡问他要干什么去，刘崇谏直言不讳。刘仁赡大怒："生为唐臣，死为唐鬼。你怎么能够违弃君父，私自出去降敌？快给我推出去斩首！"左右不好违令，只得将刘崇谏拉了出去。

监军使周廷构把他们拦下，跑到刘仁赡面前求情。刘仁赡命人关上中门，不让周廷构进去，并叫人传话说："逆子犯法理应腰斩，如果有谁为逆子说情，一起严惩不贷。"周廷构听了，一边哭一边喊，号叫了好一阵子，也没有人来开门。他慌忙另派小吏，向刘仁赡的夫人求救。刘仁赡的夫人薛氏皱着眉头说："崇谏是我的小儿子，我怎么忍心看着他死呢？可是他触犯了法令，罪不容诛。如果饶恕了一个刘崇谏，我刘氏一门的忠孝就丧尽了，还有什么脸面去见将士们？"说完，反而派人促令速斩，然后举丧。众人都很感动，只有周廷构说他夫妇太残忍，心里十分不平。

李重进听说这件事以后，也为之感叹。部将大多都想回去，说刘仁

337

赡军令如山，不徇私情，紫金山的援兵更是虽败不退，看来寿州是不易攻入，不如奏请班师，以后再作打算。李重进不得已只好如实上奏。

郭荣接到李重进的奏章，犹豫不决。这时，李谷病得很厉害，在家里休养。郭荣特派范质、王溥去李谷家里，征求李谷的意见。李谷说："寿州被困已久，危在旦夕。如果御驾亲征，一定能振奋士气。可以先破援兵，后扑孤城。城中自知必亡，当然会迎降。"

范质、王溥回去以后，转告了郭荣。郭荣立即下诏亲征，仍命王朴留守京城，授右骁卫大将军王环为水军统领，带领数十艘战舰，从闵河沿颍州进入淮河，作为水军的前队，自己坐着大船，督率百余艘战舰前进。真的是舳舻横江，旌旗蔽空。

先前周军的陆军非常精锐，唐军不是对手。但是周军的水军很少，远远比不过唐军。唐军为此感到很骄傲。这时，唐军见周军的战船顺流而下，都十分吃惊。朱元探知周军进了淮河，便登上紫金山的高冈，向西遥望。见战船如织，飞驶而来，不禁失声叹道："罢了！罢了！周军的水军如此精锐，我们反而比不上他们了，真是出人意料！"话音刚落，周军已经逼近紫金山。郭荣身披铠甲，带着将士们陆续登岸。其中有一位威风凛凛的大将，跟随着郭荣，龙颜虎步，英气逼人。朱元不由得暗暗喝彩。有人认得那是赵匡胤，随即报明。

朱元立即下冈，来到边、许的寨中，对二人说："周军来势凶猛，不能轻易与他们交战。我军只好守住山麓，等他锐气稍减，才可以与他们交锋。"许文缜反驳道："周军远道而来，正应该与他速战。为什么跟个缩头乌龟似的？"还没说完，一位军吏进来报告："周将赵匡胤前来踹营了！"许文缜立即上马，领兵杀了出去，边镐也跟着去了。只有朱元没有行动，望着他们的背影，摇摇头说："此行必败！"

果然，没过多久，边、许两军狼狈地跑了回来，都说赵匡胤十分厉害。朱元嘲笑他们说："我原说周军气势强盛，不可以与他们立即交战，只能坚壁以待。两位不听忠告，现在失败了吧？"边、许不肯认错，还埋怨朱元不来相救。朱元说："我如果去接应两位，恐怕各寨都要失守了。"说完以后，愤愤不平地回营去了。

许文缜因此记恨朱元，私下里告诉陈觉，请陈觉上表奏请更换主帅。陈觉已经因为朱元特功自大，桀骜不驯，上疏弹劾过他，此时又补上一道奏章，诬陷朱元怎么骄横，怎么观望不前。李璟听信了谗言，另派武昌节度使杨守忠去代替朱元。

杨守忠到了濠州，陈觉传齐王李景达的命令，召朱元前往濠州议事。朱元料到事情不妙，喟然叹道："将帅不才，妒贤嫉能，恐怕淮南就要被他断送了。我迟早总是一死，不如现在就做个了断吧！"说完，拔出剑就要自刎。忽然，有人闯了进来，把剑夺下，说到："大丈夫到哪里不能富贵，怎么可以就这样死去？"朱元定睛一看，是门客宋珀，就问："你是要叫我降敌吗？"宋珀答道："死有什么用？何不另选明主？"朱元叹息道："像这样的君臣，原本不值得与他们共事。只是如果投降，我反而觉得有些惭愧。罢！罢！我也顾不上什么名节了。"于是把剑一扔，秘密派人去贿赂周军。

郭荣当然收纳，并且乘势督攻紫金山。许文缜、边镐两人还仗着人多，下山抵敌，被赵匡胤用诱敌计引到寿州城南，然后三路杀出，把唐兵冲成了好几段。边、许连声叫苦，飞马奔回。后面的周军紧紧追来，他二人只盼望朱元出来相救，谁知朱元的寨内却竖起了降旗。边、许只好弃山逃走。朱元开营迎敌。裨将时厚卿不肯从命，被朱元杀死。

郭荣督众追赶逃兵，沿着淮河东下。郭荣从北岸进军，令赵匡胤等人带兵从南岸追击。水军统领王环领着战船，自中流而下，沿途杀死了一万多人。边镐和许文缜正向淮东窜去，遇上了杨守忠带兵前来支援，并且说濠州全军都已从水路赶来。边、许放大了胆，回过头来与杨守忠一起攻击周军，碰巧又与赵匡胤相遇。

杨守忠不知好歹，前来挑战。周军阵内，冲出骁将张琼，拦住了杨守忠。二人战了十多个回合，杨守忠打不过张琼，渐渐地刀法散乱。许文缜拨马前来相助，周将中又杀出一个张怀忠。四个人打斗了一阵，忽然"扑通"一声，杨守忠被拨落下马，被周军活捉了去。许文缜见杨守忠被擒，不免慌乱，一个失手，也被张怀忠抓了去。唐军中三个将官被抓去了一双，当然大乱，边镐拨马就跑。赵匡胤驱军追上，用箭射倒边镐的坐骑，边镐摔落地上，也被周军抓了去。其余的人无路可逃，纷纷跪下来乞降。

这时候，齐王李景达和监军使陈觉，正坐着大船，顺风而来。周军水军统领王环与他们相遇，两军便在中流大战起来。两下里正在酣斗，只听岸上鼓声大震，两旁站满了周军，发出连珠箭，射向唐兵。唐兵大多中箭身亡，李景达手足无措，对陈觉说："莫非紫金山已经沦陷了？"陈觉也很纳闷："如果紫金山已经沦陷，为什么杨守忠一军也杳无踪迹呢？"李景达十分沮丧："岸上都是周军，看来凶多吉少，我军将如何抵

339

挡呢？"陈觉答道："不如赶紧回去吧。再不撤退，就要全军覆没了。"李景达急忙传令退回。战舰一动，顿时散乱。王环乘势杀上前去，夺走了很多唐舰，所得的粮食和兵甲更是数不胜数。唐兵有人淹死，有人投降，差不多损失了两三万人。李景达、陈觉都逃往濠州去了。

郭荣追到镇淮军，才停了下来。那时天色已晚，郭荣就在镇淮军留宿。第二天，他派人到镇淮军筑城，并把下蔡的浮桥也迁移到镇淮军，扼住濠州的来路，免得唐军支援寿州。

唐濠州都监郭廷谓率水军来毁浮桥，偏偏被周右龙武都军赵匡赞探悉，伏兵邀击，把他杀败。郭廷谓慌忙逃回去了。陈觉听说郭廷谓失败，连濠州都不敢继续待下去，竟然怂恿李景达返回金陵。只有静江指挥使陈德诚一军不曾与敌人交战，还是完好无恙。他见李景达等人都跑了回去，担心孤军难保，就渡江退去。

李璟听说诸军败退，打算亲自督领诸将迎敌。中书舍人乔匡舜上疏谏阻，李璟说他动摇军心，把他流放到抚州。后来，李璟又向神卫统军朱匡业、刘存忠询问军情。朱匡业不好直言，只是背诵了罗隐的诗："时来天地皆同力，运去英雄不自由。"刘存忠也只说自己的意见与朱匡业的相同。李璟大怒："你们坐视国危，不知道为朕出谋划策，反而吟诗调侃。朕岂会由你们嘲弄！"两人叩首谢罪，李璟还不解气，竟然贬朱匡业为抚州副使，流放刘存忠到饶州。一面部署兵马，要立即亲征。偏偏这时陈觉逃了回来，说服宋齐邱等人，替朱匡业和刘存忠求情，说周军精锐异常，李璟一腔锐气顿时化为乌有。李璟竟把督军亲征的事搁在一边，不再提起。因此，濠州、寿州一带更加孤危。

郭荣命向训为淮南道行营都监，统兵戍守镇淮军，自己率亲军回到下蔡。他写信给寿州，叫刘仁赡自己选择出路。过了三天，仍然没有回音。于是，郭荣亲自来到寿州城下，再行督攻。刘仁赡听说援兵大败，扼腕叹息，以致病上加病，卧床不起。郭荣的书信传来时，他也不曾过目，只是昏昏沉沉地睡着，满口呓语，不省人事。周廷构见郭荣再次攻城，料知守不住了，于是和营田副使孙羽、左骑都指挥使张全约商议投降之事。当下写好降表，擅自签下刘仁赡的名字，派人送到了周营。郭荣看了以后十分高兴，立即派合门使张保续入城，传谕宣慰。

刘仁赡对这些全然不知。周廷构、孙羽等人款待来使，并且迫令刘仁赡的儿子刘崇让与张保续同去周营，叩首谢罪。郭荣在寿州城北大陈兵甲，行受降礼。周廷构令刘仁赡的左右抬着刘仁赡出城，刘仁赡气息微弱，不能说话，只好由他们摆弄。郭荣温言劝慰，见刘仁赡瞟了几眼，也不知他能不能听见，于是命人将他抬回城中，服药调养。随后，郭荣下诏安民，并授刘仁赡为天平节度使，兼中书令。

这为国效死的刘仁赡，连爱子都不能宽恕，怎么肯背唐降周？因为病得厉害，只好任人摆布，但是他始终不肯渝节，过了一宿，就升天了。刘仁赡的妻子薛夫人抚棺大哭，晕过去好几次。随后，她水米不沾，饿了四五天，一道贞魂，也随丈夫去了。

郭荣派人前去吊祭，追封刘仁赡为彭城郡王，任命刘仁赡的长子刘崇赞为怀州刺史，赐庄宅各一处。李璟听说刘仁赡夫妇为国殉节，也非常悲痛，追封刘仁赡为太师中书令，赐谥忠肃。那天夜里，李璟梦见刘仁赡拜谒阶下，仿佛生前受命的样子。醒来后更加惊叹，晋封刘仁赡为卫王，妻子薛氏为卫国夫人，立祠致祭。后来，宋朝也将刘仁赡列入祀典，赐祠额曰"忠显"，累世祭祀不绝。

郭荣命朱元为蔡州防御使，周廷构为卫尉卿，孙羽为太仆卿，开仓发粮，分给寿州的饥民；另派右羽林统军杨信为忠正军节度使，管辖寿州，自己率亲军回都，留下李重进等人进攻濠州。

周主亲征

唐将郭廷谓听说郭荣北还，就悄悄率水军来到涡口，折断浮桥，并且攻破了定远军营。周军武宁节度使武行德猝不及防，竟然抛弃全营，孑然一身逃走。郭廷谓向金陵报捷，李璟提拔郭廷谓为滁州团练使，兼任淮上水陆应援使。郭荣接到失败的消息，按律定罪，降武行德为左卫将军，又追究李继勋失寨的罪名，把他降为右卫将军。

郭荣的生父柴守礼，以太子少保光禄卿致仕。他经常与前许州行军司马韩伦去洛阳游玩。韩伦是韩令坤的父亲。二人仗势欺人，横行霸道。洛阳人都很怕他们，称他们为"阿父"。一天，柴守礼与百姓发生口角，竟然叫家丁打死了好几个人。韩伦在一旁煽风点火。后来终于激起公愤，百姓向地方官申诉。地方官见了诉状，吓得瞠目结舌，不敢批复，只好叫人去劝和。柴、韩怎么肯认错？百姓也不肯罢休，索性把诉状递到了朝廷。周廷接到冤诉，没有人敢评论曲直，只好上报郭荣。郭荣只是追究韩伦的罪行。后来，听说韩伦干预郡政，横行乡间，罪恶多端，于是下令斩首。韩令坤苦苦哀求，情愿削职赎罪。最后，郭荣只削去韩伦的官爵，把他流放沙门岛；韩令坤仍任职如故，柴守礼更是逍遥法外。

显德四年十一月，郭荣又要出征濠州、泗州。符皇后以天气严寒为由，拼命谏阻。郭荣执意不听，符皇后抑郁成疾，饭也吃得少了。郭荣也顾不上那么多，命王朴为枢密使，留守东京；自己率赵匡胤等人出都，日夜兼程来到镇淮军。五鼓时分渡过淮河，直抵濠州城西。濠州东北十八里，有一个巨滩，唐军在滩上立栅，环水自固。郭荣派内殿直康保裔率军先进，赵匡胤为后应。康保裔还没有渡完，赵匡胤已经跃马入水，截流而进。骑兵霎时间全部登滩，攻入敌栅。栅内的守兵猝不及防，纷纷溃散。于是，赵匡胤拔去栅栏，疏通道路，直通濠州城下。

李重进进攻濠州南关，很久都没有进展。忽然听说御驾亲征，众将士顿时鼓足了勇气，有人爬梯，有人攀墙，不到半天，就攻入南关城。城东有个水寨，与城中互为掎角。王审琦奉郭荣之命，领兵捣入水寨。城北还屯有敌船数百艘，郭荣命水师纵火焚敌，烧毁了七十多艘敌船，其余的人都逃跑了。

濠州只剩下一座孤城，怎么防守？郭廷谓想出一个办法，他派人到周营上表，说自己的家属留居江南，现在如果投降，一定会连累家人；请求郭荣允许自己先派人到金陵禀命，然后再投降。郭荣微笑道："他无非是用缓兵之计，想去金陵乞援。朕也不妨答应他，等援兵来了，一举歼灭，叫他死心塌地地举城投降！"于是，郭荣留下一部分士兵守在濠州城下，自己移军攻打泗州。

途中遇着敌船，大约又有数百艘。当下水陆夹击，斩首五千余级，降兵两千余人，随后东下。赵匡胤为前锋，焚南关、破水寨、拔月城，直逼泗州。泗州守将范再遇惊慌得不得了，立即开城乞降。赵匡胤入城，禁止掳掠，秋毫无犯。百姓们都很高兴，纷纷拿出酒肉犒劳将士。郭荣来到城下，范再遇在马前迎拜，被授为宿州团练使。赵匡胤奏明郭荣，报称全城安定。于是，郭荣没有进城，而是分三路进兵。赵匡胤率步骑从淮南出发，郭荣督领亲军从淮北出发，诸将率水军从中流进军。

因为连年战乱，淮河两岸没有人行走，芦苇如织，并且有很多泥淖沟堑。周军乘胜长驱，踊跃向前，几乎忘记了劳苦。沿途与唐兵相遇，边战边进，金鼓声传达数十里以外。走到楚州西北的清口，唐应援令陈承昭驻扎下来，扼守楚州。赵匡胤逆流而上，乘夜袭击，捣入唐营。陈承昭来不及防备，慌忙逃跑了。赵匡胤进入帐内，找不到陈承昭，料他从帐后逃跑，就急急追赶，最后抓住了他。清口的唐船，除烧毁的以外，周军缴获了三百余艘；将士除杀死的、淹死的以外，收降七千人。淮河上的唐舰被扫得精光，周军水军出没纵横，毫无阻碍。

濠州守将郭廷谓曾派使者到金陵乞援。使者回来报告说，李璟正催促陈承昭去支援泗州，所以叫濠州将士闭城等着。不料陈承昭被擒，全军覆灭。郭廷谓无计可施，只得依着郭荣的命令，送呈降表。郭廷谓命录事参军李延邹起草降书，李延邹勃然大怒：“与城池共存亡，这是人臣的大义，为什么要降敌？”郭廷谓说：“我并非不能效死，只是不忍心看着满城的生灵无辜遭到涂戮。何况泗州已经投降，清口区区一城，怎么能保全？不如灵活对付，屈节保民。请你不要拘泥于小节！”李延邹把笔一扔：“大丈夫始终不能负国，我不会替叛臣写降表的！”郭廷谓大怒，拔剑相逼：“你敢不听我的命令吗？”李延邹说：“你即使要把我杀了，我也不会写！”话还没说完，郭廷谓把剑一挥，李延邹的头就落到地上。

濠州还有戍兵一万人，粮数万斛，郭廷谓举城降周，全城的士兵和军粮都成了大周的了。郭荣因泗州已经投降，没有了后顾之忧，当然非常高兴，任命郭廷谓为亳州防御使，另派将吏驻守濠州，自己前去楚州攻城。郭荣对郭廷谓说：“朕南征以来，江南诸将相继败亡。只有你能拆断涡口的浮桥，攻破定远寨，也算是报国了。濠州一个小城，怎么能持久？即使李璟自己来戍守，恐怕也坚持不了多久！现在朕命你去攻打天长，你愿意吗？”郭廷谓答应了。郭荣即令他率领自己的部众，攻打天长；另派铁骑右厢都指挥使武守琦，率数百骑赶赴扬州。刚到高邮，扬州的守将已毁去官府民宅，驱赶百姓渡江南行。等武守琦进入扬州城，看到的只是一片废墟。武守琦只好付诸一叹，据实上奏。郭荣仍命韩令坤安抚扬州，招集流亡之人，掌管军府之事。

随后，郭荣又派兵将拔泰州，攻陷海州。只是楚州防御使张彦卿，与都监郑昭业，都是铁石心肠，就像寿州的刘仁赡。郭荣亲自指挥士兵，连日攻扑。随后，他命州民凿通老鹳河，带着战舰入江，水陆夹击楚州城。炮声震地，鼓角喧天，张彦卿纹丝不动，只与郑昭业同心防御，视死如归。张彦卿的儿子张光祚随父亲登城，见周军气势强盛，城中危在旦夕，就哭谏张彦卿说：“敌强我弱，难以支撑，城外又没有一个人来

343

支援，看来徒死无益，不如投降吧。"张彦卿没有回答，回头对诸将说："哪里有敌军来攻，你们看见了吗？"诸将纷纷四处张望，张光祚也扭头张望。冷不防，张彦卿拔出腰剑，竟向张光祚的颈后劈去，瞬间头随剑落。诸将听到剑声，慌忙转过头来看，只见一颗血淋淋的头颅，已在城上摆着，众将士不禁咋舌！张彦卿哭着对诸将说："这是彦卿的爱子，劝彦卿降敌，彦卿受李氏厚恩，不能不报答。这座城就是我的葬身之地！你们如果怕死可以投降，只是不能来劝我。谁要是来劝我，请看我儿子的首级！"

苦守了四十天，忽然城外一声怪响，好像天崩地裂一般。城上的守兵飞向天空，城墙坍陷了数十丈。周军从缺口处杀来，一拥而入。原来，郭荣命将士在城墙上凿出窟窿，填满火药，把城墙炸毁了。张彦卿誓死巷斗，战到天黑，杀得枪折刀缺，还不肯罢休。不久，他退到州署，刀和剑都没有了，就拿着绳子杀死了十几名周军，自己也已身受重伤。张彦卿大呼一声："臣已经没有力气了！"随即自刭而死。郑昭业被周将所杀，其余的人也都战死了，没有一人投降。周军也伤亡不少，郭荣大怒，下令屠城。赵匡胤捕杀张彦卿的家属，只留下了张彦卿的小儿子张光佑，说是忠臣的遗裔，不可以全部杀死。等屠完城，赵匡胤这才入奏郭荣，请求留下张彦卿的一条血脉。郭荣怒气已平，就答应了他的请求。

随后接到郭廷谓的奏报，唐天长军刺史易赟已举城归顺，郭荣仍令易赟做刺史。不久，又接到黄州刺史司超的捷报，说与控鹤指挥使王审琦，打败了舒州军，擒获唐刺史施仁望。郭荣出巡泰州，再次来到迎銮镇，进攻江南。他临江遥望，见有数十艘敌舰停泊在江心，即命赵匡胤带着战船，前去攻击。敌舰不敢迎战，望风退去。赵匡胤直抵南岸，捣毁唐军的营栅，然后收军驶回。过了一天，郭荣又派都虞侯慕容延钊、右神开统军宋延渥，水陆并进，沿江直下。慕容延钊在东沛州大破唐兵，震惊江南。

那时已是周显德五年三月，即唐中兴元年。李璟听说周军已经到了江边上，担心他们立即南渡，又耻于降号称藩，就打算传位给他的弟弟李景遂，令他出面求和。李景遂上表推辞，说不能挽救时局，愿意出镇外藩。齐王李景达因为打了败仗，辞去了元帅之职。李璟于是改封李景遂为晋王，兼江南西道兵马元帅；李景达为浙西道元帅，兼润州大都督；立皇子燕王李弘冀为太子，参理朝政。李璟派枢密使陈觉，奉表到迎銮镇拜见郭荣，献上财物，并且请求传位给太子，听命中朝。

344

郭荣对陈觉说："你主上如果是诚心归顺，又何必传位？并且江北的郡县，还有庐、舒、蕲、黄四州，以及鄂州的汉阳、汉川二县，没有归服我。如果想乞和，先把这些地方割让给我再说！"陈觉趴在案桌前，不敢违命，只是说要派回随员，另取表章。郭荣说："朕想拿下江南，并非难事。不但我军个个斗志昂扬，就是荆南、吴越也要来助顺讨逆。"说完，即挑出两份奏章给陈觉看。一份是荆南高保融奏称，自己率水军已到鄂州；一份是吴越王钱弘俶奏称，已派战棹四百艘，水军一万七千人，停泊在江岸，等候命令。看完以后，陈觉更加惊惶。又见迎銮镇一带，战舰如林，兵戈如蚁，大有气吞江南的架势，不由得魂飞魄散，趴在地上磕了无数响头，再三乞哀。郭荣说："你速速派人去取表章，割献江北。朕能休兵就休兵，也不是非要攻打江南。"陈觉拜谢而退，立刻派随员回金陵，说应该速割江北，以保全江南。

李璟不得已，再次派合门承旨刘承遇去迎銮镇，说愿意将庐、舒、蕲、黄四州，及鄂州的汉阳、汉川二县，全部献上，只是乞求留下海陵盐监仍属江南。郭荣不同意。经刘承遇苦苦哀求，许诺每年献上赡军盐三十万石，郭荣这才答应了。此外，陈觉、刘承遇还同意奉周正朔，年年进贡。郭荣这才答应罢兵，并且颁诏江南。

陈觉、刘承遇议和已成，就向郭荣辞行。郭荣又对陈觉说："传位一事，大可不必。朕有一封信，麻烦你转交给你主上就是了。"陈觉与刘承遇拜谢而去。回到金陵，将郭荣的书信呈给李璟。郭荣在信中把李璟安抚了一番，劝他不要传位，应当励精图治，振兴国家。

郭荣派回陈觉等人，随即命吴越军、荆南军各回本道，赐钱弘俶犒军布帛二万匹，高保融布帛一万匹，下令在庐州设置保信军，提拔右龙武统军赵匡赞为节度使。郭荣从迎銮镇回了扬州。李璟又派同平章事冯延巳、给事中田霖，为江南进奉使，献上犒军银十万两，绢十万匹，钱十万贯，茶五十万斤，米麦二十万石，附以表文。冯延巳等人到了扬州，呈上表文。紧接着，汝郡公徐辽和客省使尚全，献上买宴钱二百万缗，附有一篇表文。

郭荣连得二表，特在行宫赐宴。冯延巳、田霖、徐辽、尚全，一并列座。宴毕辞去，车驾于是起程还京。郭荣下诏提拔侍卫诸军及各道将士，重赏行营将士，抚恤临阵伤亡的士兵家属。对新得的淮南十四州六十县，免除他们所欠的赋税。授唐将冯延鲁为太府卿，任江南国信使，并以卫尉少卿前唐使钟谟为副，令他们带着国书及本年的历书，回江南去。并赐李璟御衣玉带及锦绮罗谷共十万匹，黄金千两，白银万两，御马五匹，散马百匹，羊三百匹，犒军帛一千万匹。李璟接到国书以后，取消帝号，自称国主，用周朝显德年号，一切仪制，都自降一等；并因周信祖庙讳为璟，特将自己的名字除去偏旁，改名为景；再次派冯延鲁、钟谟到周都，奉表谢恩。郭荣下令在京师设置进奏院，款待来使，升任冯延鲁为刑部侍郎，钟谟为给事中，然后把他们派回江南。不久，郭荣释放了南唐的降兵，共五千七百五十人。随后，他又把许文缜、边镐、周廷构等人也一并放了回去。

唐主戏陶穀

先前冯延巳、陈觉等人自诩多才，藐视一切，经常夸夸而谈，以为经略中原，全掌握在自己手里。冯延巳擅长谱曲，作了百余阕乐章，都是些粉饰隆平的大话空话。李景喜欢诗词，经常与冯延巳互相唱和。翰林学士常梦锡多次进谏，说冯延巳等人浮夸无术，不能轻信。怎奈冯延巳正是皇上面前的大红人，任你说得口干舌燥，也不起丝毫作用！淮南开战，唐兵多次失败，常梦锡又密谏道："冯延巳他们表面上装作很忠诚的样子，其实都是些小人。陛下再不觉悟，恐怕国家就要灭亡了！"李景仍然听不进去。

李德明被杀，虽然是宋齐邱、陈觉等人从旁怂恿，冯延巳也与他们串通一气，斥责李德明是卖国贼，应该伏诛。后来，许文缜等人战败紫金山，做了俘虏，陈觉和齐王李景达从濠州逃了回来，国人都心惊胆战，惶惶不可终日。李景召入冯延巳等人商议军事。李景甚至都哭了，冯延巳还说没什么好怕的。枢密副使李征古与冯延巳是同党，大声说道："陛下应该治兵御敌，为什么跟个小孩子似的，只是对着我们哭泣？难道是喝醉酒了不成？还是因为乳母不在呢？"李景不禁变了脸色，李征古却神态自若，好像自己什么都没说一样。

这时，司天监上奏说，天文有变，人主应禅位禳灾。李景召谕群臣说："我想卸下重担，好好休息一下。究竟什么人，才值得我把这个国家交给他呢？"李征古首先答道："宋公齐邱能够使国家转危为安。陛下如果厌弃国机，何不让位给宋公？"陈觉也在一旁插嘴说："陛下深居宫中，国事全部委任于宋公，臣等可以随时进来伺候您，陪您聊天解闷。"

李景听了，看着冯延巳，冯延巳好像也表示同意。于是，他命中书舍人陈乔起草诏书，要把国事全部交给宋齐邱。

陈乔等群臣退去以后，拿着写好的诏书入内，密陈道："宗社重大，怎么可以交给别人呢？如果陛下今天颁布此诏，从此江山百姓，就都不是自己的了。即使陛下甘心淡泊，愿意过清静的日子，就不想想烈祖创业，有多么艰难？难道想抛弃就抛弃吗？古有齐淖齿、赵李兑，近有让皇，都是很好的例子啊。前事不忘，后事之师！臣担心大权一去，就算陛下想做个种田的农夫，也是不可能的啊！"李景恍然大悟："如果不是你提醒了我，我差点儿就中了他们的诡计了！"于是，李景把诏书撕毁了，带着陈乔去见皇后钟氏，以及太子钱弘冀，对他们说："这是我的忠臣！以后，如果国家陷入急难，你们母子可以把大事托付给他，我即使死了，也没有什么遗恨了。"从此，李景就对宋齐邱、陈觉等人心存芥蒂了。

陈觉去周廷议和，回到金陵，假传郭荣的诏命，说江南连年拒周，严续是主谋，应立即将他杀死。严续是故相严可求的儿子，为人正直，不与宋齐邱等人同流合污。李景任命他为门下侍郎，兼同平章事。陈觉与严续有嫌隙，所以借机陷害他。李景已有三分明白，不忍心杀死严续，只把他贬为少傅。并令陈觉退出枢密，只令他做兵部侍郎；除去冯延巳的相位，把他降为太子少傅，罢黜枢密副使李征古。

钟谟回来以后，见了李景，乘机进言说："宋齐邱累受国恩，却不能见危效命，反而阴谋篡位，陈觉、李征古等人是他的同党，罪不容诛，请陛下申罪正法！"李景忽然想起陈觉的话，便向钟谟问道："陈觉曾传周主之命，逼我杀死严续。周主真的说过要杀死严续吗？"钟谟答道："臣没听说过，恐怕是陈觉捏造的。就是前时李德明与臣同去议和，他也无非是衡量强弱，然后要求割地求成。宋齐邱和陈觉说李德明卖国，要求杀死他。今天陈觉前去议和，比起前时李德明的请求，让我们国家少受损失了吗？李德明受诛，陈觉怎么就无罪？"李景沉吟了很久，然后又问钟谟："周主究竟有没有要求诛杀严续？"钟谟回答说："周主一定没有说过这样的话。如果不信，臣可以去周廷问个清楚。"李景点点头，随即派钟谟再次带着表文去了周廷，说久拒王师，都是因为自己昏愚所致，与严续无关，请求周主加恩宽宥。郭荣看了表文，不禁惊诧地说："朕什么时候要诛杀严续了？即使严续想要拒绝朕，也是各为其主，朕又何必过于苛求呢？"严谟就奏明严续的刚正，以及陈觉等人假传周主旨意。

郭荣说："据你说来，严续是你国的忠臣。朕是天下之主，难道会叫人杀害忠臣吗？"钟谟叩谢而回，报明李景。

李景要杀死宋齐邱等人，又派钟谟去周廷请示。郭荣说："诛杀奸佞，录用忠臣，是你们国家的内政，叫你主子自己看着办吧。"于是，李景命枢密使殷崇义颁布诏书，历数宋齐邱、陈觉、李征古的罪行；命宋齐邱回九华山；贬陈觉为国子博士，把他调到饶州；削去李征古的官爵，流放洪州。陈觉和李征古刚刚出都，途中又接到李景的敕书，赐他们自尽。宋齐邱到了九华山，李景命地方官封住宋齐邱的住宅，只在墙上凿了个洞，好把饭给他递进去。宋齐邱叹道："我以前为李氏出谋划策，把皇族幽禁在泰州。现在我也落了个这样的下场，这就是报应啊！我不想再活了！"于是自杀身亡。

南唐五鬼，陈觉为首，魏岑、查文徽已经病死，只剩二冯，李景没有问罪。不久，李景升任冯延巳为太子太傅，冯延鲁为户部尚书，仍像以前一样宠信他们。李景曾在内殿设宴，席上对冯延巳说："你的'吹皱一池春水'真是好听！"冯延巳答道："怎么能比得上陛下吟诵的'小楼吹彻玉笙寒'呢？"那时，江南山河动荡，衰败不堪，他们君臣不思卧薪尝胆，励精图治，反而在那里吟诗作赋。难怪南唐一蹶不振，最终走向灭亡。

李景派使者去周廷献上冬季的贡品。郭荣特派兵部侍郎陶榖去唐廷答谢。陶榖很有才气，郭荣听说江南人士都擅长文才，所以命陶榖担任使者。陶榖来到金陵，见了李景，李景见他温文尔雅，谈吐不俗，对他也肃然起敬，特命韩熙载陪客，殷勤款待他。韩熙载是有名的江南才子，家中有很多藏书，陶榖向他借阅，一时不能离开。

唐宫有个歌妓叫秦蒻兰，知书识字，色艺兼优。李景命她到客馆中，扮作女仆。陶榖见她容颜秀丽，体态娉婷，已不禁暗暗喝彩，只是身为使臣，不便细问姓名，还以为她是驿吏的女儿，不敢唐突。哪知她故意撩人，有时眼角留情，有时眉梢传意，有时轻颦巧笑，有时卖弄风骚，惹得陶榖不能自持，忍不住与她交谈了几句。偏偏她应对如流，不管什么诗歌都能记得，更令陶榖倾心钟爱，青眼垂怜，渐渐地两人就如漆似胶起来。美人解意，才子多情，哪有不移篙近岸，成就美事的？一宵好梦，极其欢娱。

第二天早上，那美人自己走了，一整天都没有露面。陶榖心里不禁怀疑，这时韩熙载奉李景之命，请他去吃晚饭。陶榖不好推辞，只好跟着他去了。见了李景，寒暄过后，就入席坐下。李璟召歌伎上前倒酒，陶榖十分矜持。李景暗暗讽刺他说："你来了有些日子了，整天待在馆中，不感到寂寞吗？"陶榖回答说，借了韩熙载的书来阅读，所以也不感到寂寞。李景笑道："江南春色，听说已被你采得一枝，何必来欺骗我呢？"陶榖极力辩解，李景付之一笑，仍然举杯劝酒。陶榖喝了两杯，忽然听见从屏后传来幽咽的歌声。有人唱道："好姻缘，恶姻缘，只得邮亭一夜眠。"陶榖听了这两句，大吃一惊。那人接着唱道："别神仙，琵琶拨尽相思调，知音少！再把鸾胶续断弦，是何年！"这首词名为《春光好》，陶榖精通词曲，当然知道，料想一定有其他原因。果然走出一个歌女，似曾相识。陶榖仔细一看，正是昨夜相偎相抱的秦蒻兰，脸马上就红了。他立即起座谢宴，借口自己已经醉了，想回去休息。李景嘲讽了他几句，让他回去了。第二天，陶榖就辞行，回大梁去了。李景得意不已。

且说郭荣回都以后，皇后符氏已经病逝，年仅二十六岁。皇后的妹妹也颇有姿色，郭荣想要册她为继后，因南征已经得手，又要考虑北伐的事情，所以没有时间行礼。郭荣勤于政事，励精图治，每天都忙得不可开交。

郭荣派王朴去巡视汴口，督建斗门。竣工以后，王朴在回来的路上忽然生病，医治无效，竟然谢世，享年五十四岁。郭荣亲自去吊丧，悲痛不已。左右在一旁慰劝，郭荣仰天长叹："老天不想叫我平定中原吗？为什么要夺去我的王朴？"回宫以后，郭荣好几天情绪都十分低落。王朴病逝以后，郭荣虽然失去了一个得力助手，但北伐的雄心仍然不改。很快，郭荣就下诏亲征了。

陈桥兵变

郭荣南征时，北汉主刘钧乘虚袭击周国，派兵围攻隰州。隰州刺史孙议得病暴亡，下一任刺史还没来到。突然听说河东兵到，隰州城不免惊惶。幸亏都监李谦溥挑起重担，接管州事，率兵坚守，才不致失守。时值盛夏，河东兵冒暑围城，李谦溥带着两个小吏登城，从容指挥，手里摇着羽扇，丝毫不慌张。河东将士也猜不透他葫芦里卖的什么药，不敢猛攻。李谦溥又悄悄与建雄军节度使杨廷璋约定，各自招募了一百名敢死之士，夜里偷袭河东兵的营寨。河东兵猝不及防，仓皇逃跑。李谦溥率领守军，开城追击，向北追赶了数十里，斩首数百级，隰州得以解围。

李谦溥将一切奏明郭荣。郭荣当即任命他做隰州刺史，并且命昭义军节度使李筠，与杨廷璋联兵北讨。李筠进攻石会关，连破河东六寨。杨廷璋命李谦溥入侵汉境，李谦溥夺下一座孝义县城。刘钧不禁担忧起来，慌忙派人到辽国求援。辽主述律不想出兵，急得刘钧如热锅上的蚂蚁，再三派人前去求援。于是，述律授南京留守萧思温为兵部都总管，令他帮助北汉抵御大周。

这时，郭荣已经征服南唐，回到大梁，接到辽汉联军的消息，决定亲征。他想北汉跳梁，全仗着辽人相助，如果要釜底抽薪，不如首先攻辽，辽人一败，北汉势孤，自然就好办了。主意已定，于是命宣徽南苑使吴延祚任东京留守，宣徽北院使昝居润为副，三司使张美为大内都部署。其余各将，各领马步诸军及大小战船，驰赴沧州，自己率禁军做后应。都虞候韩通由沧州沿着水道，节节进兵，立栅干宁军南，修补河堤，开通了三十六个游口，可以直达瀛、莫各州。

郭荣来到乾宁军，下令进攻宁州。宁州刺史王洪知道不能守御，开城乞降。于是，郭荣派韩通为陆路都部署，赵匡胤为水路都部署，水陆并举，向北长驱；自己乘着龙舟，随后进军。北方的州县好几年不见兵革，突然听说周师入境，都吓得魂飞魄散，官吏百姓纷纷望风而逃。周军顺风顺水，直逼益津关。关中守将终廷辉登城南望，见河中的敌舰一字儿排开，旌旗招展，矛戟森严，不由得心惊胆怯，连打了好几个寒战。正在设法布阵，有个人连连喊着开关。终廷辉一看，是宁州刺史王洪，便问他的来意。王洪只是说有要紧的事，须入关面谈。终廷辉见他一人一骑，不足生畏，于是开关把他放了进来。两下里晤谈，王洪先自述降周的原因，并劝终廷辉也投降。终廷辉还在狐疑，王洪又说："此地本是中原的版图，你我又都是中原人，以前被时势所迫，无可奈何归属北廷，现在周师到了这里，我们正好重回故里。有什么好迟疑的？"终廷辉听了这番话，答应投降。

郭荣命王洪回去驻守宁州，留终廷辉镇守益津关，派赵匡胤为先锋，溯流西进。渐渐地水路狭窄，不便行舟，于是舍舟登陆，直捣瓦桥关。赵匡胤到了关下，守将姚内斌见来兵不多，立即率数千骑兵，出城截击。赵匡胤大杀一阵，姚内斌伤亡了数百名士兵，连忙退了回去。过了一天，郭荣也到了，都指挥使李重进等人也相继来到。韩通一军收降了莫州刺史刘楚信、瀛州刺史高彦晖，一路上所向披靡，也到瓦桥关下会师。周军云集，慑服雄关。

赵匡胤督军攻城，先在城下招降姚内斌，说王师前来，各城纷纷投降，单靠这偌大关隘，很难把守，如果见机投顺，仍可保全富贵，否则玉石俱焚，不要后悔！姚内斌沉吟了很久，才回答说明天报命。赵匡胤也不强迫他，按兵不动，静守了一宿。第二天，正打算再去攻关，已有探骑来报告，说敌将姚内斌开城来降。赵匡胤等他来到，带着他去见了郭荣。姚内斌拜倒在座前，郭荣把他好言抚慰一番，授他为汝州刺史。姚内斌叩首谢恩，随即带着周军入关。

郭荣大摆酒席，遍宴群臣，席间商议攻取幽州之事。诸将上奏道："陛下出师只有四十二天，没费多大力气，就得到了关南各州，这全靠陛下的威名，所以得此奇功。只是幽州是辽南要隘，必有重兵把守，将来如果久攻不下，反而不是一件好事，还请陛下三思！"郭荣默然不答。散席后，郭荣召见指挥使李重进，对他说："我军前来，势如破竹，毫不费力就拿下了关南各州县。这正是灭辽的好机会，为什么要中道还师？朕要统一中原，平定南北，机不可失，朕决定继续进军！你率领一万士兵，明天就出发，朕立即统兵去接应你。不捣辽都，誓不回军！"李重进知道自己劝阻不了，只好应声退出。郭荣又传谕散骑指挥使孙行友，率五千名骑兵，去攻打易州。

李重进走到固安，城门大开，守吏已经逃跑。李重进令将士稍微休息一下，另派哨骑到前面去探路。哨骑回来报告说，固安县北有一条河叫安阳水，既没有桥梁，也没有舟楫，可能是辽兵故意拆桥藏舟，阻断了我军的去路。李重进听了，颇费踌躇。忽然听说郭荣驾到，立即出城迎接，奏明当前的情形。郭荣锐意进取，当即与李重进巡视河流，果然水势很大，深不见底。郭荣命将士造桥，限期完工，自己率亲军回了瓦桥关。

天有不测风云，人有旦夕祸福。郭荣忽然生病，好一阵子都没有康复。赵匡胤前去劝他回朝，郭荣不得已同意。他改称瓦桥关为雄州，留陈思让据守，改益津关为霸州，留韩令坤据守，然后下令回銮。

到了澶渊，郭荣却逗留不行，下令文武百官只能在寝门外问安，不许入见。众人都很纳闷。澶州节度使兼殿前都点检张永德，与郭荣是郎舅亲，可以到寝室问安。他婉言进谏说："天下未定，国内空虚，四方藩镇大多幸灾乐祸，只盼望京师有变，自己可以从中获利。澶、汴两地相距很远，车驾若不速回，容易使人心摇动。还请陛下尽快回都！"郭荣幽幽地问："谁叫你来说这些的？"张永德回答说："群臣都有此意。"郭荣盯着张永德说："我也知道你是被别人教唆的，难道他们都不明白朕的意思吗？"没过多久，又摇摇头说："我看你福薄命穷，怎么担当得起大任？"张永德听了，感到莫名其妙，只是低着头沉思。猛然听见郭荣厉声说道："你退下吧，朕马上就回京！"张永德慌忙退出，部署各军，专待郭荣出来。郭荣随即走出帐篷，乘辇回都去了。

原来，郭荣在南下的途中，觉得病稍稍好了些，批阅文书的时候，忽然看见一块木条，上面写着"点检作天子"五个字，不由得十分惊异。他不便询问左右，仍然藏了起来，暗想石敬瑭是明宗的女婿，后来篡唐为晋，如今张永德娶了长公主，难道周家的天下，也要被他篡夺了去吗？左思右想，怎么也解不开这个疙瘩。后来，张永德劝他回京，郭荣心中忍耐不住，露了一些口风。张永德哪里知道这些，当然摸不着头脑，也没放在心上。

郭荣入京以后，身体好了一些，便册宣懿皇后的胞妹符氏为继后，封长子宗训为梁王，次子宗让为燕国公。命范质、王溥两相参知枢密院事；授魏仁浦为枢密使，兼同平章事；授吴延祚为枢密使；都虞侯韩通兼任宋州节度使、检校太尉；赵匡胤为殿前都点检、检校太傅，兼忠武军节度使。罢免了都点检张永德的官职，只令他做检校太尉。大臣们都很吃惊，不知郭荣葫芦里卖的是什么药。

先前，郭荣还没有登基时，曾梦见一位神人撑着一把黄色的大伞，手上拿着一卷道经。郭荣阅读道经，似懂非懂。醒来后回忆，还能记得几句。后来得以继位称帝。征辽回国以后，郭荣精神委靡不振，御医天天诊治，也没有效果。一天，他卧床休息，恍惚间又看见了神人，来索要大伞和道经。郭荣立即还给了他，又向神人探问以后的事。神人没有回答，拂袖而去。郭荣追上去，抓住他的衣服，突然听见有人说话，就惊醒了。睁开眼一瞧，手中牵着的衣袖，是榻前侍臣的。梦中听见的声音，也是侍臣的惊问，自己也觉得很好笑。郭荣回想梦中的情景，感觉很不祥，便对侍臣说："朕梦见了不祥的事，想是天命已去了。"侍臣答道："陛下春秋鼎盛，福寿正长。不过是个梦而已，请陛下安心！"郭荣随即将前后的梦境大体说了一遍。侍臣仍是劝解了一番。

偏偏从那以后，郭荣的病情就加重了。显德六年六月，竟然弥留，郭荣急忙召入范质等人，立梁王郭宗训为太子，并下令起用故人王著，委以相位。范质等人都纷纷应命。退出宫门以后，他们私下里议论道："王著是个酒鬼，怎么可以做宰相呢？大家不要把这件事情说出去。"众人都点头会意。当晚，郭荣死在万岁殿中，享年三十九岁。可怜新皇后正位仅十几天，就遇上了这样的事，叫她怎么不难过？还有梁王郭宗训年仅七岁，懂得什么国事？真是寡妇孤儿，难以度日。

宰相范质等人亲受遗命，奉着七岁的郭宗训在灵柩前即位。翰林学士兼判太常寺窦仪，追上先帝尊谥为睿武孝文皇帝，庙号世宗。那年冬天奉葬庆陵。郭宗训嗣位以后，一切政事均由宰相范质等人主持，尊符氏为皇太后，恭上册宝。朝中的大臣都有一些变动。宋州节度使兼检校太尉韩通，调任郓州节度使，仍任侍卫亲军副都指挥使。改许州节度使赵匡胤为宋州节度使，仍任殿前都点检，兼任检校太傅。封晋国长公主，即张永德的妻子，为大长公主，令驸马都尉兼检校太尉张永德，为许州节度使，晋封开国公。范质、王溥、魏仁浦、吴延祚四人都封了公爵。

北面兵马都部署韩令坤上奏说，在霸州打败了辽骑五百人。周廷因为国遇大丧，没有时间考虑战事，只令边将们谨慎防守，不要轻易出师。辽主述律本来是沉湎于酒色，无志南侵，关南各州失守时，他曾对左右说："燕南本是中原的土地，现在仍然还给中原，有什么好可惜的呢？"北汉主刘钧多次战败，也不敢轻易来生事。

好不容易过了残年，周廷仍然沿称显德七年。正月朔日，幼主郭宗训不曾御殿，只由文武百官进表称贺。忽然接到镇定的急报，说是辽兵联合北汉，大举入侵，请求速速派兵防守边疆。宰相范质等人急忙奏明符太后。符太后是一介女流之辈，哪里懂得什么军事？一切都由范质处理。范质等人派定殿前都点检赵匡胤出师北征，令副都点检慕容延钊为前锋，率兵先行出发。此外如高怀德、张令铎、张光翰、赵彦徽等人，陆续会齐，然后出都。赵匡胤随后进军。

京都中起了一种谣传，说点检将会做天子。朝中的大臣也有几个听说的，却认为不过是谣言，不足为信。符太后和幼主什么都不知道。哪知正月三日出兵，正月四日晚间，陈桥驿就传来警报，满朝的文武大臣都大吃一惊。原来，赵匡胤他们到了陈桥，都指挥高怀德、都押衙李处耘、掌书记赵普等人，与赵匡胤的弟弟赵匡义秘密商议，竟然要推立点检为天子。几个人忙了一宵，把将士们嘱咐妥当，于正月四日黎明，一起来到赵匡胤的寝所，高呼万岁。赵匡胤听到喊声，十分吃惊。这时，赵匡义进来把一切向他说清楚。赵匡胤不肯答应，出来安抚将士，只见众人手里举着刀，整齐地站在外面，高怀德捧上黄袍，披在赵匡胤身上。众人一起下拜，三呼万岁。赵匡胤还要推辞，可是众人不由分说地把他扶上马，逼迫他回汴京。赵匡胤说："如果你们肯听我的命令，我就回都，否则我不能做你们的主子！"众人都答应服从命令。于是，赵匡胤与他们约法三章：一是不得冒犯太后母子，二是不得欺凌公卿大夫，三是不得抢掠朝市府库。众人齐声答应，然后整队入都。

殿前都指挥石守信、都虞侯王审琦，早已接到赵匡义的密报，知道了大概的情况。他们两人与赵匡胤兄弟，一向关系很好，有心推戴赵匡胤，便暗中传令禁军，放赵匡胤全军入城。因此赵匡胤等人平平安安地进入大梁。刚刚抵达都城，赵匡胤先派属吏楚昭辅，去通知自己的家人。那时赵匡胤的父亲赵弘殷已经病逝，只有老母亲杜氏还在。杜氏听了以后，惊喜地说："我儿一向胸怀大志，今天果然出人头地了！"

等赵匡胤入城，已是正月五日上午。百官在早朝上正议论陈桥之事，忽然客省使潘美闯进来，报称各军推戴点检，奉为天子，现在已经入都，专等大臣问话。范质等人仓皇失措，只有侍卫亲军副都指挥使韩通还算头脑清醒，慌忙退朝，打算召集士兵前去抵御。途中遇到赵匡胤的部校王彦升，他朗声喊道："韩侍卫快去接驾，新天子到了！"韩通大怒："天子就在宫中！哪里来的叛徒，竟敢想篡位？你们贪图富贵，帮助那逆贼，更是可恨！快快回头吧，免得被诛灭九族！"王彦升不等他说完，已是怒不可遏，立即拔出刀，向他扑过来。韩通手无寸铁，只好转身就跑，王彦升穷追不舍。韩通跑进家里，来不及关门，王彦升就闯了进来，王彦升手下的数十名骑兵也一拥而入。韩通赤手空拳，没有地方躲避，竟被王彦升活活砍死了。王彦升索性闯进去，把韩通一家老小杀得一个不留。

赵匡胤入城以后，命将士一律回营，自己退居公署。不到半天，军校罗彦等人把范质、王溥他们，拥入署门。赵匡胤流着泪对他们说："我受世宗厚恩，被六军胁迫到这种地步，真不知道该怎么办才好啊！"范质等人面面相觑，什么话都不敢说。罗彦厉声说道："我们没有主子，愿意奉点检为天子，如果有人不肯从命，就问问我手中的剑答应不答应！"吓得王溥面色如土，慌忙跪倒在地。范质也跟着跪了下来。赵匡胤急忙把他们扶了起来，叫他们入座，然后与他们商量即位之事。

按照商议的结果，当天下午，赵匡胤在崇元殿被服衮冕，即皇帝位，受文武百官的朝贺。草草行完礼，赵匡胤即命范质等人入内，胁迫郭宗训和太后符氏，移居西宫。寡妇孤儿如何抗拒？符太后大哭了一场，然后带着幼主郭宗训，去了西宫。赵匡胤下诏，奉周主为郑王，符太后为周太后，命郭圮祭祀郭氏陵庙，下令年年祭享。没过多久，赵匡胤又把周郑王迁到房州。十二年以后，周郑王病逝，年仅十九岁，追谥为周恭帝。周太后符氏也在房州病逝。大周一共传了三主，总计九年有余。

　　赵匡胤做了天子，改国号为宋，改元建隆，派使者遍告郡国藩镇。内外官吏一律加官晋爵，追封韩通为中书令，命人依礼殓葬。赵匡胤还打算给王彦升治罪，百官都替他求情，王彦升才得以免罪。说来也怪，那辽、汉联军入侵的事，竟然再也没有人提起过。华山隐士陈抟听说赵匡胤继位，高兴地说："天下从此太平了！"后来，陈抟的话果然验证了。

　　宋主嗣位初年，中原共有五个国家，除了赵宋以外，就是北汉、南唐、南汉、后蜀；北方有一个辽国，其余为南方三镇，即吴越、荆南、湖南。后来，宋朝调兵遣将，把它们依次削平。

五代世系图

(公元907年—公元960年)

梁

(公元907年—公元923年)

(1)太祖朱温

(2)末帝友贞

唐

(公元923年—公元936年)

(1)庄宗李存勖

(2)明宗嗣源

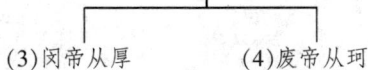

(3)闵帝从厚　　　　(4)废帝从珂

晋

(公元936年—公元947年)

(1)高祖石敬瑭

(2)出帝重贵

汉

(公元947年—公元950年)

(1)高祖刘知远

(2)隐帝承祐

周

(公元951年—公元960年)

(1)太祖郭威

(2)世宗荣

(3)恭帝宗训

图书在版编目（CIP）数据

五代 / 蔡东藩著；闻幼译释. — 北京：北京联合出版公司，
2014.10（2019.3重印）
（蔡东藩中华史）
ISBN 978-7-5502-3363-8

Ⅰ．①五… Ⅱ．①蔡… ②闻… Ⅲ．①章回小说－中国－现代 Ⅳ．
①I246.4

中国版本图书馆CIP数据核字(2014)第173264号

五代

出版统筹：新华先锋
责任编辑：孙志文
特约编辑：王亚松
封面设计：王　鑫
版式设计：朱明月

北京联合出版公司出版
（北京市西城区德外大街83号楼9层　100088）
大厂回族自治县德诚印务有限公司印刷　新华书店经销
字数333千字　787毫米×1092毫米　1/16　23印张
2019年3月第2版　2019年3月第3次印刷
ISBN 978-7-5502-3363-8
定价：69.00元
